세네카의 대화 : 인생에 관하여

세네카의 대화 : 인생에 관하여

루키우스 안나이우스 세네카

김남우, 이선주, 임성진 옮김

까치

Dialogorum Libri Duodecim
Lucii Annaei Senecae

김남우(金南佑)
연세대학교 철학과를 졸업하고, 서울대학교 서양고전학 협동과정에서 희랍 서정시를
공부했고, 독일 마인츠에서 로마 서정시를 공부했다. 정암학당 연구원으로 서울대학교
등에서 희랍 문학과 로마 문학을 가르쳤다. 마틴 호제의 『희랍 문학사』, 오비디우스의
『변신이야기』, 에라스무스의 『격언집』과 『우신예찬』, 토머스 모어의 『유토피아』, 헤
르만 프랭켈의 『초기 희랍의 문학과 철학 1, 2』(공역), 베르길리우스의 『아이네이스』,
키케로의 『투스쿨룸 대화』, 『몸젠의 로마사 1, 2, 3』(공역), 키케로의 연설문 선집 『설득의
정치』(공역), 호라티우스의 서정시집 『카르페 디엠』과 『소박함의 지혜』 등을 번역했다.

이선주(李宣周)
고려대학교 철학과를 졸업하고, 서울대학교 서양고전 협동과정에서 오비디우스 연구
로 석사학위를 받았으며 박사과정을 수료했다. 정암학당 연구원이다. 키케로의 연설
문 선집 『설득의 정치』(공역)를 번역했다.

임성진(林成眞)
서울대학교 정치학과를 졸업하고, 서울대학교 철학과 서양철학 전공에서 플라톤 연구
로 석사학위를 받았으며 박사과정을 수료했다. 공군사관학교 전임강사를 역임했다.
정암학당 연구원이다. 논문으로 「트라시마코스 정의(正義) 규정의 일관성 고찰」, 「글
라우콘의 도전」 등이 있다. 키케로의 연설문 선집 『설득의 정치』(공역)를 번역했다.

세네카의 대화 : 인생에 관하여

저자 / 루키우스 안나이우스 세네카

역자 / 김남우, 이선주, 임성진

발행처 / 까치글방

발행인 / 박후영

주소 / 서울시 용산구 서빙고로 67, 파크타워 103동 1003호

전화 / 02 · 735 · 8998, 736 · 7768

팩시밀리 / 02 · 723 · 4591

홈페이지 / www.kachibooks.co.kr

전자우편 / kachibooks@gmail.com

등록번호 / 1-528

등록일 / 1977. 8. 5

초판 1쇄 발행일 / 2016. 10. 25

　　　4쇄 발행일 / 2022. 1. 25

값 / 뒤표지에 쓰여 있음

ISBN 978-89-7291-627-7 93100

이 도서의 국립중앙도서관 출판시도서목록(CIP)은 서지정보유통지원시스템 홈페이지(http://seoji.nl.go.kr)와 국
가자료공동목록시스템(http://www.nl.go.kr/kolisnet)에서 이용하실 수 있습니다. (CIP 제어번호 : CIP2016024037)

역자 서문

　누구나 제 나름대로 책을 읽는다. 아니, 자기의 선택과 방식대로 책을 읽는다는 편이 정확할 듯싶다. 세네카의 글 역시, 혹자에게는 고대 철학의 한 학파에 대한 자료이고, 혹자에게는 당대 사실과 사건에 대한 보고이고, 혹자에게는 후대 문학의 원천이다. 이런 접근들 각각도 중요한 의의가 있겠으나 독자의 시야를 편벽되이 가둘 수도 있는바, 지금까지의 국내 세네카 연구로는 원전을 풍부히 읽는 것이 훨씬 필요하다는 판단 하에, 역자들은 이번 판본에 상세한 해제를 싣지 않기로 했다. 다른 무엇보다도 우선 작품을 자유롭게 맛보고 즐기는 것이 책 읽기의 시작이자, 너무 나아갔는지도 모르겠지만, 감히 끝이라고 생각한다.

　하지만 지나친 자의적 해석, 즉 고전 작품의 실제적이고 직접적 사용이라는 측면은 역자들이 번역하면서 극히 조심하고자 했던 바였음을 적어두고자 한다. 『현자의 항덕에 관하여』를 덕을 함양하기 위해 읽는다면, 『분노에 관하여』를 분노를 다스리는 법을 배우기 위해 읽는다면, 『폴뤼비우스에게 보내는 위로』를 가족을 잃은 상실감을 달래기 위해 읽는다면 어리석은 일일 것이다. 지금 이 시대를 사는 우리가 그대로 따르기에, 내용은 너무나 시대착오적이고, 더 나아가 위선과 가식으로 가득차 있음을 쉽게 간파할 수 있다. 오히려 그런 직접적이고 목표지향적인 사고를 벗어나기 위해, 아니, 내려놓기 위해 작품을 마주한다면, 작품이 주는 즐거움은 배가 되리라 믿는다. 여유를 가지고 천천히. 책도 사람과 같아서 자신을 이용하려는 사람에게는 자신을 보여주지 않는 법이다. 천천히 같이 가다 보면 일미진중함시방(一微塵中含十方)이요, 우주현상과 같은 거대한 섭리에 대한 철학적 설명 사이 곳곳이 숨어 있는 저자의 자책감, 자기 위로, 고대인의 삶의 방식에 대한 사유를 부드럽게 음미해볼 수 있을 것이다.

이 번역은 몇 년 전 까치글방 박종만 사장님의 권유로 시작되었다. 당시 역자들은 이전에 같이 작업했던 키케로의 명료하고 경쾌한 문체에 비해, 어둡고 둔중한 세네카의 어법에 놀라기도 했지만, 차츰 세네카의 문장에 매료되었다. 세네카의 문장은 깊고 어두운 모순과 궤변들의 풍성한 혼화로서, 글쓰기의 격조와 우아함을 찬란하게 과시한다. 이런 경험에 참여할 기회를 마련해주신 사장님께 진심으로 감사드린다. 그리고 세네카의 중요성을 일깨워주시고 또 가르쳐주신 서울대학교 인문대학 영문학과 이종숙 교수님께 소박한 감사의 마음을 올린다.

2016년 9월
역자 일동

차례

<일러두기>

1. 이 책은 L. D. Reynolds, *L. Annaei Senecae Dialogorum Libri Duodecim*, Oxford, 1977을 번역했다.
2. 아래의 책들을 참고했다.

　가. J. W. Basore, *Seneca, Moral essays*, vol. 1-3, Cambridge : Loeb classical library, 1935.

　나. O. Apelt, *Seneca Philosophische Schriften*, Bd. 1-2, Hamburg : Felix Meiner Verlag, 1993.

　다. Peter J. Anderson, *Selected Dialogues and Consolations*, Indianapolis; Cambridge : Hackett, 2015.

　라. A. Bourgery & René Waltz, *Dialogues / Sénèque*, Paris : Les Belles Lettres, 1965.

　마. C.D.N. Costa, *Seneca : four dialogues*, Warminster : Aris and Phillips, 1994.

　바. C.D.N. Costa, *Dialogues and letters / Seneca*, London; New York : Penguin Books, 1997.

　사. John Davie, *Dialogues and essays / Seneca*, Oxford; New York : Oxford University Press, 2007.

　아. 김경숙, 『화에 대하여』, 사이, 2013.

　자. 김천운, 『세네카 인생론』, 동서문화사, 1956(2007).

　차. 천병희, 『인생이 왜 짧은가?』, 숲, 2015.
3. 고유명사는 원음대로 표기하는 것을 원칙으로 했다. 따라서 현행 외래어 표기법과 다를 수 있다.

제1권

섭리에 관하여

De Providentia

1 　루킬리우스여, 세계가 섭리로 운용된다고 할 때 선한 이들에게
어떻게 저토록 많은 나쁜 일이 생길 수 있는지 당신은 물었습니
다. 이 질문은, 섭리가 우주를 지배하고 신이 우리를 돌본다는 점을 증
명하는 가운데 답하는 것이 좀더 적절할 것입니다. 하지만 전체적인 논
쟁은 보류하고, 전체에서 부분을 떼어내 우선 한 가지 반론을 해소하기
로 합의했으니, 저는 어렵지 않은 문제인바 신들에 대한 변호를 수행하
고자 합니다.

　광대무변한 세계는 감독관 없이 존재할 수 없다거나, 천체의 이합집
산은 우연한 충돌의 결과가 아니라는 사실, 우연에 의한 것들은 종종
무질서하고 쉬이 상충하는 반면, 영원한 법칙의 명령에 따라 천체의 빠
른 회전운동이 땅과 바다의 수많은 것들, 질서정연하게 빛나는 별들을
무수히 생성해냈다는 사실을 입증하는 것은 지금으로써는 불필요합니
다. 이런 질서는 부유하는 질료에서 생길 수 없으며, 아무렇게나 모인
것들 사이에서는 불가능하다는 사실을 입증하는 것도 불필요한 일인바,
제 무게로 고정되어 있으면서 주변을 빠르게 운행하는 천체를 지켜보는

땅, 빗물로 골짜기에 떨어져 흙을 깎아내며 강물로 다시 흘러들어도 넘치지 않는 바다, 큰 작물을 키워낸 작디작은 씨앗은 대단한 솜씨에 의한 것입니다. 무질서하고 불확실해 보이는 것들, 예컨대 비, 구름, 벼락, 산정(山頂)이 폭발하며 쏟아지는 용암, 지진으로 흔들리는 땅, 자연의 불안정한 부분이 땅 주변에서 일으키는 여타의 움직임들은 비록 갑자기 발생할지라도 까닭 없이 생기기는커녕, 낯선 곳에서 발견되는 바닷속 온천이나 평활한 바다에서 솟아오른 새로운 섬 같은 기적만큼이나 제나름의 원인이 있습니다. 간조(干潮)에 드러났던 해안이 순식간에 사라지는 것을 보는 사람은, 알 수 없는 어떤 흔들림에 의해 때로 바닷물이 수축하여 물러나고, 때로 팽창하여 큰 파도가 되어 이전 자리로 복귀한다고 믿을 것입니다. 그렇지만 사실 파도는 대양의 방출을 통제하는 달의 인력에 의해 시간과 일자에 따라 높아졌다가 낮아지는 것입니다. 하지만 당신이 섭리의 존재를 의심하는 것이 아니라 섭리에 대해 불평하고 있는 만큼, 이 문제는 적절한 시기가 될 때까지 미루어두도록 합시다.

저는 당신을 신들과, 가장 선한 사람들을 가장 선하게 대하는 신들과 화해시키고자 합니다. 자연도, 좋은 것들이 좋은 것들에게 해를 끼치는 일을 허용하지 않습니다. 선한 사람들과 신들 사이에는 덕에 기초한 우정이 있습니다. 제가 우정이라 말했습니까? 오히려 친족 관계와 유사성이 맞다 하겠습니다. 선한 사람과 신은 오직 수명에서만 다를 뿐입니다. 신의 제자이며 모방자이고 참된 자손인 훌륭한 사람을, 덕의 철저한 실행자인 위대한 아버지는 엄격한 우리 선조들처럼 더욱 혹독하게 기릅니다. 그러니, 신들이 받아들인 선한 사람들은 일하고 땀 흘리며 험한 길을 오르지만 악한 사람들은 방종하고 쾌락에 빠진 것을 보면서, 아들들의 절제와 어린 노예들의 방종을 기뻐하는 우리, 아들들을 보다 엄격한 규율로 통제하고 어린 노예들의 만용을 조장하는 우리를 떠올려보십시오. 신도 이와 마찬가지임을 당신이 확신하기를! 신은 선한 사람을 쾌락의 대상으로 대하는 것이 아니라, 시험하고 단련하고 준비시킬 존재로 생각합니다.

2 "왜 선한 사람들에게 나쁜 일이 많이 생기는가?" 선한 사람들에게 나쁜 일은 생길 수 없습니다. 반대되는 것끼리는 섞이지 않기 때문입니다. 수많은 강줄기와 퍼붓는 빗줄기와 광천수의 약효가 바닷물 맛을 바꾸지도 없애지도 못하는 것처럼, 역경의 습격은 용감한 사람의 마음을 바꾸지 못합니다. 그의 마음은 제자리를 유지하고, 일어나는 모든 일을 자신의 성향에 맞춥니다. 그는 자기 밖의 모든 것들보다 강합니다. 제가 말하려는 바는, 그가 그것들을 느끼지 못한다는 말이 아니라, 그것들을 극복한다는 의미입니다. 그는 평소 조용하고 차분하지만, 공격해오는 것들에는 맞섭니다. 그는 모든 역경을 훈련으로 생각합니다. 고귀한 것들을 지향하는 사람이라면, 마땅한 노고를 갈망하고, 위험이 따르더라도 의무를 기꺼이 수행하지 않겠습니까? 부지런한 사람에게 여가는 오히려 형벌이 아니겠습니까? 우리가 보건대, 체력을 키우려는 운동선수들은 가장 강한 자들과 대결하고, 연습 상대에게 온 힘을 다해 자기와 맞서달라고 요청합니다. 그들은 맞고 쓰러지면서도 고통을 참아내며, 적수가 될 만한 사람을 발견하지 못할 경우에는 여러 명과 동시에 싸웁니다. 적수가 없으면 그들의 용기는 사라집니다. 인내함으로써 무엇을 할 수 있는지를 보여줄 때, 용기가 얼마나 크고 얼마나 강력한지가 드러납니다. 선한 사람들은 이처럼 행동할 수밖에 없으며, 힘들고 어려운 것들을 회피해서는 안 되고, 운명을 불평해서도 안 되며, 일어나는 모든 일을 좋게 받아들이고, 이를 좋은 것으로 바꿔야 함을 아십시오. 중요한 것은 견디는 대상이 아니라, 견디는 방식입니다.

아버지와 어머니가 자식을 사랑하는 방식이 다르다는 것을 알지 못합니까? 아버지는 자식에게 일찍 일어나 공부하라고 명하고, 휴일조차 놀지 못하게 하며, 자식한테 땀을, 가끔은 눈물을 흘리게 하지만, 어머니는 자식을 품에 안고, 그늘진 곳에서 쉬게 하며, 자식이 절대로 슬퍼하지도, 울지도, 고생하지도 않기를 바랍니다. 신은 선한 사람들에게 아버지의 마음, 몹시 아끼는 마음으로 말합니다. "참된 힘을 얻기 위해 고생과 고통과 시련을 겪기를!" 움직이지 않아서 비둔한 몸은 무력하며, 일은 고사하고 작은 움직임에도 제 무게 때문에 쓰러집니다. 시련을 겪은 적 없는 행운은 단 한 번의 타격조차 견디지 못합니다. 하지만 자신의 불운과 계속 싸운 사람은 불의로 인해 굳은살이 박여 불행에 쓰러지지 않고, 아니 쓰러져도 무릎을 꿇은 채로 싸웁니다. 선한 사람들을 더없이 사랑하고, 그들이 가장 좋고 가장 뛰어나기를 원하는 신이 그들에게 단련이라는 운명을 부여하는 일이 뭐 그리 놀랄 일입니까? 신은 가끔 위대한 사람들이 재앙과 싸우는 모습을 보려는 충동을 느낀다고 해도 저는 놀라지 않습니다. 젊은이가 침착한 마음가짐으로 자신에게 덤벼드는 짐승에 사냥용 창으로 맞서거나, 또는 사자의 공격에 두려움 없이 상대함에 우리는 기뻐합니다. 그가 고귀하게 대처할수록, 이 광경은 우리에게 더 큰 기쁨을 줍니다. 하지만 유치한 인간이 제공하는 오락 거리는 신들의 관심을 끌 수 없습니다. 신이 자신의 창조물을 바라볼 때 눈여겨볼 가치가 있는 광경이 여기에 있습니다. 신과 같은 사람, 불운의 도발에도 침착하고 용감한 사람이 여기에 있습니다. 제가 말하건대, 아름다운 광경을 보고 싶어 하는 유피테르에게 이보다 더 아름다운 광경은 없습니다. 그러니까 자기 당파가 이미 여러 차례 패배하여 공화정이 파괴되었음에도 꿋꿋하던 카토[1]보다 아름다운 모습은 없습니다. 카토는 말

---

1) 카토 우티켄시스.

합니다. "한 사람이 세계를 지배하고, 육지는 군단이, 바다는 함대가 감시하며, 카이사르의 병사들이 성문을 장악할지라도, 카토에게는 빠져나갈 곳이 있다. 그는 한 손으로 자유를 위한 넓은 길을 만들 것이다. 내전에서조차 깨끗하고 죄짓지 않은 이 칼은 마침내 훌륭하고 고귀한 일을 수행할 것이니, 조국에 줄 수 없었던 자유를 카토에게 줄 것이다. 마음아, 오랫동안 심사숙고해오던 일에 착수하라. 너 자신을 인간사에서 벗어나게 하라. 같은 편이던 페트레이우스와 유바는 이미 서로를 찔러 죽었다.2) 죽기로 한 그들의 약속은 용감하고 고귀했으나, 나의 위대함에 어울리지는 않는다. 카토가 누군가에게 죽음을 간청하는 것은 목숨을 애걸하는 것만큼 추하다." 확신하건대, 자신을 엄벌한 그가 타인의 안전을 염려하고, 도주하는 자들을 보내주고, 마지막 밤에도 공부하고, 경건한 가슴에 칼을 꽂고, 칼로 오염될 수 없는 거룩한 영혼과 내장을 손으로 끄집어내는 것을 신들은 매우 기쁘게 바라보았을 것입니다.3) 제 생각에, 카토의 상처는 결정적이지도 않고 치명적이지도 않았습니다. 불멸의 신들은 카토의 행동을 한 번 보는 것에 만족하지 않았습니다. 더욱 어려운 상황에서 드러나도록 용기를 유예하여 소환했습니다. 처음 죽고자 했을 때보다 재차 죽으려 할 때 더 큰 용기가 필요하기 때문입니다. 신들이 왜 영광스럽고 기억에 남을 죽음을 맞이한 자손을 기꺼이 바라보지 않겠습니까? 죽음을 두려워하는 사람들마저 칭송할 정도의 죽음을 치러낸 사람들은, 죽음을 통해 신의 반열에 올랐습니다.

---

2) 기원전 46년 카이사르가 탑수스에서 승리하자, 그의 정적 페트레이우스와 유바는 용서받을 수 없다는 생각에 서로가 서로를 찔러 죽였다.

3) 플루타르코스가 전하는 바에 따르면, 카토는 죽기 전날 밤 플라톤의 『파이돈 (Phaidon)』을 읽었으며, 죽어가며 자신의 내장을 꺼내 보여주었다고 한다.

3 논의를 진행하여, 나쁘게 보이는 것들이 왜 나쁜 것들이 아닌지를 논해보겠습니다. 당신이 가혹하고 불행하고 가증스럽다고 말하는 것들은, 우선 이를 겪는 사람들에게, 다음으로 신들이 더 많은 관심을 두는 인류 전체에 이롭다고 저는 주장합니다. 또 이런 일은 원하는 사람들에게 일어나며, 원하지 않는다면 그들은 불행을 겪기에 마땅한 사람들이라고 저는 주장합니다. 불행은 운명에 의해 일어나며, 동일한 운명의 법칙에 따라 선한 사람들에게도 일어난다는 점을 덧붙이고자 합니다. 그리고 저는 선한 사람을 결코 불쌍히 여기지 말라고 당신을 설득할 것입니다. 선한 사람에 대해 불쌍하다고 말할 수는 있지만, 그들은 불쌍할 수 없기 때문입니다.

저의 주장들 가운데 첫 번째 주장, 즉 우리가 무서워하고 두려워하는 것들이 이를 당하는 사람에게는 이롭다는 것이 가장 어려운 주장으로 보입니다. 당신은 묻습니다. "망명하는 것, 곤궁해지는 것, 처자(妻子)를 장사 지내는 것, 불명예를 받는 것, 불구가 되는 것이 당하는 사람에게 이로운가?" 이것들이 누군가에게 이롭다는 것이 믿기 어렵다면, 사람들을 칼과 불뿐 아니라 허기와 갈증으로 치료하는 것도 믿기 어려운 일일 것입니다. 하지만 치료를 위해 뼈를 깎거나 제거하고, 피를 뽑아내고, 붙어 있으면 몸 전체를 파괴할지도 모를 사지를 절단한다는 것을 생각한다면, 어떤 불편한 것들은 이를 겪는 사람에게 이롭다는 사실을 당신은 인정할 것입니다. 반면 신께 맹세코, 사람들이 칭찬하고 추구하는 것들은 이를 즐기는 사람들에게 해가 되는데, 이것들은 과식과 만취 등 쾌락을 통해 죽음을 부르는 것들과 매우 흡사합니다. 저의 친구 데메트리오스의 위대한 명언 중 최근에 들은 말이 아직도 생생히 제 귓전에 울립니다. 그가 말합니다. "역경을 당하지 않은 사람보다 불행한 사람은 없는 것 같다." 역경을 당하지 않은 사람은 시험대에 올라본 적이 결코 없었기 때문입니다. 그런 사람은 자기가 바라는 대로, 심지어는 바라기도 전에 모든 일이 잘 이루어졌을지는 몰라도, 신들은 그를 나쁘게 평가한 것입니다. 신들은 그가 운명을 이겨낼 만한 사람이 아니라고 보았던 것입니다. 운명은 겁쟁이들을 외면하며 이처럼 말할지도 모릅니다. "어떤가? 내가 저 사람을 적으로 취급해야 하나? 그는 즉시 무기를 내려놓을 것이다. 내가 그에게 힘을 다 쏟아부을 필요는 없다. 그는 가벼운 위협만으로 격퇴될 것이다. 그는 내 모습을 견딜 수 없을 것이다. 나와 싸울 수 있는 다른 사람을 찾겠다. 패할 준비가 되어 있는 사람과 다투는 것은 부끄러운 일이다." 검투사는 열등한 자와 대결하는 것을 불명예로 여기고, 위험 없는 승리는 영광 없는 승리임을 알고 있습니다. 운명도 마찬가지입니다. 운명은 자기와 대등한 가장 용감한 사람들을 찾으며, 그렇지 못한 사람들은 경멸하며 지나칩니다. 운명은 자기의 힘을 발휘하고자 가장 굳세고 올바른 사람에게 다가갑니다. 운명은 무키우스를 불로, 파브리키우스를 가난으로, 루틸리우스를 추방으로, 레굴루스를 고문으로, 소크라테스를 독약으로, 카토를 죽음으로 시험합니다. 위대한 본보기는 불운에 의해서만 드러납니다.

무키우스[4]는 불행합니까? 오른손으로 적의 화로를 붙잡아 자기의 잘못에 대한 벌을 스스로에게 내렸기 때문에? 무장한 손으로는 벗어날 수 없었던 왕을 불탄 손으로 벗어났기 때문에? 어떻습니까? 애인의 품속에서 그의 손이 따뜻해졌더라면 그가 더 행복했겠습니까?

파브리키우스[5]는 불행합니까? 공직에서 물러나 있는 동안 밭을 갈았

---

4) 가이우스 무키우스 스카이볼라. 기원전 508년 로마와 에트루리아의 전쟁에서 무키우스는 적의 왕을 암살하기 위해 에트루리아 진영에 잠입했으나, 암살에 실패하여 포로가 되었다. 이때 무키우스는 자신의 오른손을 불에 넣어 용맹함을 증명했다.
5) 가이우스 파브리키우스 루스키누스. 기원전 282년과 278년 집정관. 로마가 퓌로스와의 전쟁에서 패했을 때, 퓌로스와의 강화조약 협의를 이끌었다. 그는 청렴결

기 때문에? 그가 퓌로스를 상대로 그리고 부(富)를 상대로 전쟁했기 때문에? 개선식을 올렸던 이가 노인이 되어 화덕 앞에서 풀뿌리와 산나물을 뜯어먹었기 때문에? 어떻습니까? 먼바다에서 올라온 생선과 외국에서 잡아온 새로 배를 채웠더라면, 탈이 난 배를 윗바다와 아랫바다6)에서 올라온 조개로 진정시켰더라면, 많은 사냥꾼을 희생시켜 잡아온 최고의 짐승 주변에 엄청난 과일 더미를 쌓았더라면, 그가 더 행복했겠습니까?

루틸리우스7)는 불행합니까? 그에게 유죄판결을 내렸던 사람들이 자손만대에 옳다 여겨질 것이기 때문에? 그가 추방의 종료보다 오히려 추방을 담담하게 받아들였기 때문에? 오직 그만이 독재관 술라의 요청을 거부하고, 귀환 명령을 받았음에도 돌아오지 않고 멀리 도망갔기 때문에? 그는 술라에게 말했습니다. "당신의 '행운'8)에 붙잡힌 로마 사람들은 알게 될 것이다. 광장에 뿌려진 엄청난 피를, 술라에게 처형당한 자들의 시체가 쌓이는 저 세르빌리우스 호수에 던져진 원로원 의원들의 머리를, 도시 여기저기를 오가는 암살자들의 무리를, 안전을 보장받은 후에, 아니 오히려 안전 보장 때문에 한곳에서 학살당한 수천 명의 시민을 그들은 망명을 갈 수 없게 되어서야 알 것이다." 어떻습니까? 루키우스 술라는 행복합니까? 그가 광장으로 내려갈 때 칼로 길을 열었기 때문에? 대리집정관들의 머리를 보고 나서 재무관으로 하여금 공금으로

백함의 대명사로 불렸다.
6) 윗바다는 아드리아 해, 아랫바다는 튀레늄 해.
7) 푸블리우스 루틸리우스 루푸스. 공명정대하고 엄격한 관리였으며, 이 때문에 아시아 속주의 세금 징수업자들에게 고발당했고, 유죄판결을 받아 스뮈르나로 망명했다. 술라가 귀향을 허락했으나, 그는 끝내 이를 거절했다.
8) '행운아(*felix*)'라는 술라의 칭호에 대한 역설적 표현. '술라의 행운에 붙잡힌 사람들'이란 그에게 죽임을 당한 사람들을 가리킨다.

살인의 포상금을 지불했기 때문에? 코르넬리우스 법9)을 제정한 그가 이 모든 일을 저질렀습니다.

레굴루스10)에게로 가봅시다. 그를 충성과 인내의 본보기로 만든 운명은 그에게 어떤 해를 끼쳤습니까? 못이 생살을 꿰뚫었고, 어디로 기대든 지친 몸은 고통을 느꼈으며, 잠을 잘 수 없도록 눈은 계속 벌려져 있었습니다. 고문이 커질수록 영광도 커질 것입니다. 덕을 그토록 값지게 평가했던 것을 레굴루스가 후회하지는 않았는지 당신은 알고 싶습니까? 그를 풀어주고 원로원으로 보내십시오. 그는 똑같은 의견을 말할 것입니다. 그렇다면 그보다 마에케나스11)가 더 행복하다고 생각합니까? 그는 욕정으로 안절부절못하고, 변덕스러운 아내의 잦은 잠자리 거부를 슬퍼하며 멀리서 부드럽게 울려 퍼지는 조화로운 음악을 들으면서 잠들고자 했습니다. 물을 타지 않은 포도주로 잠을 청했으며, 폭포 소리로 마음을 돌리고, 수천 가지의 쾌락으로 불안을 속였을지라도, 레굴루스가 십자가 위에서 밤을 지새우듯, 마에케나스는 깃털 침대 위에서 잠을 이루지 못할 것입니다. 레굴루스는 고귀한 것을 위해 고난을 견디는 것을 위안으로 받아들이고, 고통보다 고통의 이유에 시선을 돌렸던 반면, 오히려 쾌락들로 약해져 과도한 행복 때문에 고통받던 마에케나스는 고통보다 고통의 이유로 더 괴로워합니다. 운명이 선택권을 부여할 경우, 레굴루스보다는 마에케나스로 태어나기를 원할 사람들이 많을 만

---

9) 술라가 제정한 살인 및 독살에 관한 법이다.

10) 마르쿠스 아틸리우스 레굴루스. 기원전 267년과 256년의 집정관. 카르타고 전쟁 당시 카르타고인들은 포로 교환 협상을 위해 돌아오겠다는 맹세와 함께 그를 로마에 파견했고, 그는 로마 원로원에서 포로 교환을 반대하는 연설을 한다. 레굴루스가 카르타고에 돌아왔을 때, 카르타고인들은 그를 고문하여 죽였다.

11) 가이우스 마에케나스. 에트루리아 출신의 거부(巨富)로서, 아우구스투스의 지지자이며 조언자였다. 호라티우스와 베르길리우스 등 많은 시인들을 후원했다.

큼 인류가 악덕에 사로잡혀 있지는 않습니다. 누군가 레굴루스보다 마에케나스로 태어나기를 원한다고 감히 말한다면, 그는 말은 안 해도 테렌티아[12]로 태어나기를 더 원하는 것입니다.

당신은 소크라테스가 부당한 대우를 받았다고 생각합니까? 죽는 순간까지 죽음을 논의하고 국가가 명한 독약을 영생의 약처럼 마셨기 때문에? 그가 부당한 대우를 받았습니까? 피가 굳고 점차 오한이 들어 결국 심장이 멈추었기 때문에? 보석 잔으로 술을 마시는 사람들, 무엇이든 받아들이도록 배운 거세되거나 남자임이 의심스러운 미소년이 금잔에 따라주는 눈[雪]으로 희석한 술을 마시는 사람들보다 소크라테스가 얼마나 많은 부러움을 삽니까! 저들은 마신 것을 토해서 게워내고, 괴로워하며 자기의 담즙을 다시 맛볼 것입니다. 하지만 소크라테스는 독약을 기꺼이 즐겁게 마실 것입니다.

카토에 관해서는 충분히 말했습니다. 그가 더없이 행복했음에 모두 동의할 것입니다. 자연은 그를 선택하여 두려운 일들을 겪게 했습니다. "강력한 자들의 적의는 감당하기 힘들다. 그렇다면 폼페이우스, 카이사르, 크라수스와 맞서게 하라. 열등한 사람들보다 낮은 공직에 있는 것은 감당하기 힘들다. 그렇다면 바티니우스[13]보다 낮은 직위에 있게 하라. 내전에 참여하는 것은 감당하기 힘들다. 그렇다면 정당한 대의명분을 위해 불행하지만 꿋꿋하게 전 세계에서 싸우게 하라. 자살하는 것은 감당하기 힘들다. 그렇다면 자살하게 하라. 내가 이를 통해 무엇을 성취할까? 내가 카토에게 어울린다고 생각한 이것들이 나쁜 것이 아님을 모두가 알게 될 것이다."

---

12) 마에케나스의 아내.
13) 바티니우스는 카이사르의 지시에 따라 기원전 55년 법무관 선거에 출마하여 카토를 제치고 당선되었다.

4 번영은 평범한 대중도 누리지만, 재앙과 공포를 멍에 아래 굴복시키는 것은[14] 위대한 사람뿐입니다. 늘 행복하며 마음의 고통 없이 살아가는 것은 실로 자연의 절반을 모르는 것입니다. 당신은 위대한 사람입니다만, 운명이 당신에게 덕을 보여줄 기회를 주지 않는다면, 제가 당신의 덕을 어떻게 알겠습니까? 당신은 올림피아 경기에 참가했습니다만, 당신 말고 다른 참가자가 없다면, 월계관을 썼어도 당신이 승리자는 아닙니다. 저는 집정관 혹은 법무관에 당선된 당신을 축하합니다만, 당신의 용기는 아닙니다. 당신은 관직이 높아진 것뿐입니다. 선한 사람에게도 똑같이 말할 수 있습니다. 더 힘든 상황이 그에게 자신의 정신력을 보여줄 기회를 주지 않는다면 말입니다. "네가 결코 불행한 적이 없었기 때문에 나는 네가 불행하다고 여긴다. 너는 역경 없이 삶을 지나쳐왔다. 누구도, 심지어 너조차도 네가 무엇을 할 수 있는지 모를 것이다." 자신을 알기 위해서는 시험이 필요합니다. 자신을 시험하지 않고서는 누구도 자신이 무엇을 할 수 있는지 알아낼 수 없습니다. 따라서 어떤 사람들은 불행이 가는 데로 일부러 찾아가, 드러나지 않았을 뻔한 덕을 빛낼 기회를 찾았습니다. 제가 말하건대, 위대한 사람들은 때때로 역경을 기뻐하는데, 이는 용감한 군인들이 전쟁을 기뻐하는 것과 같습니다. 제가 듣건대, 검투사 트리움푸스는 티베리우스 카이사르 치하에서 경기 수가 줄어들었음을 불평했습니다. 그는 말했습니다. "얼마나 좋았던 시절이 가버렸는가!"

덕은 위험을 열망하며, 고생할 일들이 아니라 목표를 생각합니다. 고생조차 영광의 일부이기 때문입니다. 군인들은 상처를 영광으로 여기고, 참혹한 재난으로 인해 흘리는 피를 흔쾌히 과시합니다. 전선에서 무

---

14) 원문 'sub iugum mittere'는 로마의 군사용어이다. 창을 멍에처럼 가로놓고 패배한 적에게 수치를 안기기 위해서 창 밑으로 기어가게 하는 관례가 있었다.

사히 돌아온 사람들도 같은 전과를 거두는 것이겠지만, 다치고 돌아온 사람은 더욱더 존경받습니다. 신은 가장 고귀해지기를 바라는 자들을 고려하여 그들에게 고난을, 굳세고 용감하게 행동할 기회를 줍니다. 조타수는 폭풍우 속에서, 군인은 전투 중에 알게 됩니다. 당신이 풍요에 묻혀 있다면, 당신이 가난에 어떻게 대처할지를 제가 어찌 알 수 있겠습니까? 당신이 박수갈채 속에서 늙어간다면, 당신에게 호의를 불러오는 절대 식지 않을 인기가 당신을 뒤따른다면, 불명예와 오명과 대중의 증오에 맞서 당신이 얼마나 꿋꿋한지를 어찌 알 수 있겠습니까? 들어올렸던[15] 자식들을 모두 당신이 보고 있다면, 자식의 상실을 당신이 평상심을 가지고 견뎌낼지를 어찌 알겠습니까? 저는 당신이 다른 사람들에게 건넨 위로의 말을 들었습니다. 하지만 당신이 당신 자신을 위로했을 경우에만, 당신 스스로 슬퍼하는 것을 금했을 경우에만 저는 당신의 진면목을 보게 될 것입니다. 간청하건대, 불멸의 신들이 마치 채찍처럼 정신에 가하는 저런 것들에 겁먹지 마십시오. 재앙은 덕에는 기회입니다. 과도한 행운으로 무감각한 사람을, 마치 잔잔한 바다에서 나른함에 빠진 사람처럼 불행한 사람이라고 정당하게 말할 수 있습니다. 그들이 겪는 일은 모두 낯설게 다가올 것입니다. 끔찍한 일들은 경험 없는 사람들을 더 강하게 옥죕니다. 연약한 목에 멍에는 무거운 법입니다. 신병은 상처를 생각만 해도 창백해지는 반면, 노병은 대담하게 자신의 피를 응시하는데, 피를 흘린 후에야 종종 승리했음을 알기 때문입니다. 그래서 신은 진실로 인정하고 사랑하는 사람들을 단련하고 살펴보고 훈련시키는 반면, 아낌과 총애를 받는다고 착각하는 사람들은 내버려두고 다가오는 불행에 유약하게 만듭니다. 예외가 있다고 믿는다면, 잘못 생각하는 것

---

15) 땅바닥에 내려놓은 갓난아이를 아버지가 "들어올린다"는 것은 친자임을 확인하는 상징적 행위이다.

입니다. 오랫동안 운이 좋았던 사람도 언젠가는 제 몫을 치르게 됩니다. 예외로 보이는 사람은 단지 미루어졌을 뿐입니다.

신은 왜 더없이 선한 사람이 질병이나 슬픔, 기타 불행을 겪게 합니까? 군대에서도 위험한 임무는 가장 용감한 사람들에게 부여됩니다. 장군은 정예병을 보내서 적을 야습하거나 길을 정찰하고 적병들을 진지에서 몰아냅니다. 출전하는 자들은 "장군이 나를 해코지했다"고 말하지 않고, "나를 인정했다"고 말합니다. 비겁하고 소심한 사람이라면 눈물을 흘릴 만한 그런 일들을 부여받은 사람들도 이와 똑같이 말해야 합니다. "신은 우리를 인간의 본성이 얼마나 많은 것을 견딜 수 있는지 시험하기에 적합한 자로 인정했다."

환락도, 사람을 무기력하게 만들고 정신을 무르게 하는 행운도 피하십시오. 인간의 운명을 상기시킬 무엇인가가 끼어들지 않는다면 정신은 영원히 취하여 잠든 양 스러집니다. 항상 창문으로 외풍을 피하고, 계속 갈아붙이는 습포 찜질로 발을 데우고, 바닥과 벽을 감싸는 훈기가 감도는 식당을 가진 사람은 약한 바깥바람에도 중병을 앓을 것입니다. 적정함을 넘어서는 모든 것이 해롭지만, 그중에서도 과도한 행운이 가장 위험합니다. 그것은 머리를 교란시켜 마음에 망상을 불러일으키며, 참과 거짓에 모호한 안개를 뿌려댑니다. 과도한 무한정의 행복으로 파멸하는 것보다, 덕의 도움으로 영원한 불행을 견디는 것이 훨씬 낫지 않겠습니까? 토사곽란(吐瀉癨亂)보다는 굶어 죽는 것이 깔끔한 일입니다.

그래서 신들은 스승이 제자를 대할 때의 원칙으로 선한 사람을 대합니다. 더 크게 기대하는 제자에게 스승은 더 많은 노력을 요구합니다. 당신은 공개적으로 채찍질을 가해 자식의 능력을 시험한 라케다이몬 사람들이 자식을 미워했다고 생각합니까? 아버지는 자식에게 채찍질을 용감하게 견디라고 격려했고, 몸이 찢기거나 반죽음을 당해도 상처 위에 상처를 덧씌우라고 요구했습니다. 신이 고결한 정신을 가혹하게 시험한다 할지라도, 놀랄 것이 있습니까? 덕의 가르침은 절대 부드럽지 않습니다. 운명은 우리를 채찍질하고 찢습니다. 견딥시다. 이것은 잔인함이 아니라 싸움이며, 자주 싸울수록 더욱 용감해질 것입니다. 가장 많이 사용하는 신체 부위가 제일 단단합니다. 운명에 맞서, 운명에 의해 강해지기 위해 우리는 자신을 운명에 내주어야 합니다. 운명은 서서히 우리를 자신의 짝으로 만들 것입니다. 위태로운 상황이 반복될수록 우리는 위험을 가볍게 여기게 될 것입니다. 그리하여 바다를 이겨내면서 선원의 몸은 강해지고, 농부의 손은 탄탄해지며, 군인의 팔은 창을 휘두른 만큼 강력해지고, 달리기 선수의 다리는 민첩해집니다. 각자 자기가 단련한 부분이 가장 단단합니다. 악을 인내함으로써 정신은 인내를 불편하지 않게 여기게 됩니다. 옷도 걸치지 못했지만, 그 가난만큼 더 용감해진 민족들에게 얼마나 많은 것을 고역이 가져다주는지 관찰한다면, 당신은 인내가 우리에게 어떤 성과를 가져다줄지 알 것입니다. 로마의 평화가 미치지 못하는 온갖 종족을 생각해보십시오. 게르만족과 히스터 강[16] 주변에서 떠도는 종족들을 말입니다. 그들은 계속되는 겨울과 찌푸린 하늘에 짓눌리고, 척박한 토양에서 어렵사리 생계를 유지합니다. 그들은 짚과 나뭇잎으로 비를 피하고, 얼어서 단단해진 늪지대를 뛰어다니며 야생 짐승을 잡아먹습니다. 당신은 그들을 불행하다고 생각합니까? 인이 박여 본성이 된 것은 불행을 주지 않습니다. 어쩔 수 없이 시작한 것들이 점차 즐거워지기 때문입니다. 그들에게는 집도 거처도 없고, 돌아다니다가 지쳐 하룻밤 쉴 곳만 겨우 있습니다. 식량은 손수 마련한 보잘것없는 것이고, 날씨는 끔찍하고 위협적이며 몸을 가릴 것이라곤 없습니다. 당신에게는 재앙으로 보이는 것이 수많은 종족들의 삶

---

16) 오늘날의 도나우 강 하구.

입니다. 선한 사람들이 굳건해지기 위해 휘둘리는 것을 두고 놀랄 이유가 있습니까? 자주 바람을 맞지 않으면 나무는 단단해지지도 굳세어지지도 않습니다. 흔들림을 통해 대지에 꽉 엉겨붙어 뿌리를 더욱 깊이 내리기 때문입니다. 양지바른 골짜기에서 자란 나무는 쉬이 꺾입니다. 그러므로 겁쟁이가 되지 않도록 무시무시한 것들 사이에서 많은 시간을 보내는 것, 그리고 견뎌내지 못하는 사람에게는 불행이 될 일들을 차분하게 견디는 것, 그것은 바로 선한 사람들 자신을 위한 일입니다.

5 덧붙이거니와, 최고로 선한 사람이 예를 들어 군인으로 복무하거나 노역을 수행하는 것은 모두를 위한 일입니다. 현자도 그리고 신도 보여주고자 하는바, 대중이 욕망한다고 해서 좋은 것이 아니며 대중이 혐오한다고 해서 나쁜 것도 아닙니다. 선한 사람들에게만 부여된다면 그것은 좋은 것임이 분명하며, 나쁜 사람들에게만 부과된다면 그것은 나쁜 것임이 분명합니다. 눈이 뽑혀 마땅한 사람만 눈을 잃는다면 실명(失明)은 혐오스러운 일이었을 것입니다. 그러니 아피우스와 메텔루스도 시력을 잃을 수 있습니다.[17] 풍요가 좋은 것도 아닙니다. 그래서 포주 엘리우스도 풍요롭게 될 수 있습니다. 사람들은 신전에 바치는 한편 유곽에도 가져다 바칩니다. 신은 욕망의 정체를 폭로하는 더없이 좋은 방법으로, 가장 수치스러운 사람들에게는 주고 가장 선한 사람들에게서는 빼앗는 방법을 택했습니다. "하지만 선한 사람들은 불구가 되고 못 박히고 결박당하는 반면, 나쁜 사람들은 성한 몸으로 마음대로 흥청대며 돌아다니는 것은 불공정하다." 또 어떻습니까? 용감한 사람들은 무기를 들고 군영에서 밤을 새우고 진지 앞에서 상처를 동여매고 서 있지만, 고자(鼓子)와 탕자(蕩子)는 도시에서 근심 없이 지내는 것이 불

---

17) 로마를 대표하는 위대한 영웅들이었으며 둘 다 실명했다.

공정합니까? 또 어떻습니까? 더없이 고상한 처녀들[18]은 제사를 지내기 위해 밤에 일어나는 반면, 탕녀들은 깊은 잠에 **빠져** 있는 것이 불공정합니까? 노고는 가장 선한 사람들을 소집합니다. 원로원은 종종 종일 회의를 하지만, 바로 그 시간에 가장 하잘것없는 사람은 마르스 광장에서 여가를 즐기거나 선술집에 붙박여 있거나 사교로 시간을 버립니다. 막중국사(莫重國事)에서도 마찬가지입니다. 선한 사람들은 일하고 고생하고 부림을 당합니다. 그것도 자진해서 말입니다. 그들은 운명에 끌려다니는 것이 아니라, 운명을 따르고 운명과 보조를 맞춥니다. 운명을 알았다면 그들은 운명을 앞질렀을 것입니다. 제가 들었던, 용감한 데메트리오스의 굳건한 목소리를 기억합니다. "불멸의 신들이여, 내게 미리 당신들의 의지를 알려주지 않은 것이 당신들에게 품는 유일한 불만일 것이오. 알았더라면 부름을 받고서 온 현재보다 더 일찍 올 수 있었기 때문이오. 당신들은 내 자식들을 데려가고 싶소? 나는 당신들을 위해 그들을 길렀소. 내 몸의 일부를 원하는 거요? 가져가시오. 대단한 것을 약속하는 것은 아니지만, 곧 내 몸 전부를 내놓을 것이오. 내 목숨을 원하는 거요? 당신들이 주었던 것을 회수하는데 내가 왜 지체하겠소? 당신들이 무엇을 청구하건, 나는 기꺼이 가져가게끔 하겠소. 그러니 어떠한가? 나는 돌려주기보다는 기꺼이 바치려 했던 사람이오. **빼앗을** 필요가 있소? 당신들은 가져갈 수 있소. **빼앗을** 일은 없을 것이오. 붙잡고 늘어지는 사람한테서만 **빼앗을** 수 있기 때문이오."

저는 아무것도 강요받지 않고, 제 의지에 반한 일도 겪지 않습니다. 저는 신의 노예는 아니지만 신을 따릅니다. 모든 일이 이미 선포된 영원한 법칙에 따라 운행된다는 것을 제가 알고 있기 때문에 더욱 신을 따릅니다. 운명은 우리를 이끌며, 각자의 수명은 태어나면서 결정됩니

18) 베스타 여사제들.

다. 사건은 사건의 꼬리를 물고, 사건의 긴 연쇄가 공적인 일이건 사적인 일이건 모두를 지배합니다. 그래서 모든 것을 용감하게 견뎌야 합니다. 우리가 생각하듯이 모든 일은 한 번에 우연히 일어난 것이 아니라 계획에 따른 것이기 때문입니다. 당신이 무엇을 기뻐하고, 무엇을 슬퍼할지는 이미 일찍이 정해졌습니다. 개인들의 삶은 차이가 아주 커 보이지만 결국 매한가지입니다. 곧 없어질 우리가 없어질 것들을 받았습니다. 그렇다면 왜 분개합니까? 왜 불평합니까? 이를 위해 우리는 준비되어 있습니다. 자연이 자신의 것을 원하는 대로 처분하게 하십시오. 모든 일에 즐거워하고 용감한 우리는, 우리 것은 어떤 것도 사라지지 않는다고 생각합시다. 선한 사람이 할 일은 무엇입니까? 자신을 운명에 내맡기는 것입니다. 우리가 우주와 함께 끌려간다는 사실은 무한히 큰 위안입니다. 우리에게 그렇게 살고 그렇게 죽으라고 명령했던 것이 무엇인지 간에, 그것은 똑같은 필연성으로 신들 또한 구속합니다. 인간적인 것들이나 신적인 것들이나 되돌릴 수 없는 길 위로 똑같이 실려갑니다. 만물의 창조자이자 지배자는 운명의 법칙을 제정했고, 자신도 이를 따릅니다. 그는 일단 명령한 다음 항상 스스로 복종합니다. "하지만 어떤 이유에서 신은 운명을 배분할 때, 불공정하게도 선한 사람들에게 가난과 상처와 고통스러운 죽음을 정해놓았는가?" 제작자가 재료를 바꿀 수는 없습니다. 이는 용납되지 않습니다. 어떤 것들은 어떤 것들과 분리될 수 없고 나눌 수 없게 달라붙어 있습니다. 무기력하게 잠들려 하거나, 깨어 있어도 수면 상태에 다름없는 성질을 가진 불활성의 원소들이 있습니다. 제대로 된 사람이라고 불릴 수 있기 위해서는 좀더 강한 운명이 필요합니다. 그에게 길은 평탄하지 않을 것입니다. 오르막길과 내리막길을 오르내리고 그는 폭풍우 속에서 항해하며 표류합니다. 그는 운명에 맞서 항로를 유지하며 나아가야 합니다. 힘들고 가혹한 많은 일을 겪겠지만, 그는 그런 일을 스스로 완화시키고 약화시킬 수 있습니다. 불이 금을, 불행이 용맹을 시험합니다. 덕이 얼마나 높이 올라가야 하는지를 보십시오. 당신은 덕이 안전한 길을 통해 나아가서는 안 된다는 것을 알게 될 것입니다.

길의 첫 부분은 가팔라서 아침에 생기 있는
말들조차 겨우 올라간다. 중천에 길이 가장 높이 있어서,
거기에서 바다와 땅을 보면 나는 종종 두렵고,
겁에 질린 내 가슴은 무서워서 벌벌 떤다.
길의 마지막 부분은 내리막이라 확실한 통제가 필요하다.
그때 물속에서 나를 받아주는 테튀스조차
내가 아래로 떨어질까 걱정하곤 한다.[19]

고귀한 청년이 이 말을 듣고 나서 말합니다. "이 길은 마음에 듭니다. 저는 오를 것입니다. 제가 떨어질지라도, 이 길은 지나갈 가치가 있습니다." 아버지는 아들의 대담한 마음에 두려움으로 계속 겁을 줍니다.

네가 실수 없이 길을 갈지라도,
너는 덤벼드는 황소의 뿔들과 하이모니아의 활과
사나운 사자의 아가리 사이를 지나갈 것이다.[20]

---

19) 오비디우스, 『변신 이야기(*Metamorphoseon libri*)』 제2권 63-69행(김진식 역, 웅진, 2007). 아폴론과 그의 아들 파에톤의 이야기이다.
20) 오비디우스, 『변신 이야기』 제2권 79-81행 이하(김진식 역, 웅진, 2007). 역시 아폴론과 그의 아들 파에톤의 이야기이다.

이에 아들이 대답합니다. "마차를 주고 멍에를 얹으십시오. 저에게 겁을 주려고 하시지만, 그것들이 저를 자극합니다. 저는 태양신도 벌벌 떠는 곳에 서 있고 싶습니다." 안전한 길을 쫓아다니는 것은 하찮고 게으른 자가 하는 일입니다. 높은 곳을 넘어 덕은 나아갑니다.

6 "하지만 신은 왜 선한 사람들에게 나쁜 일이 일어나는 것을 용인하는가?" 신은 용인하지 않습니다. 신은 모든 나쁜 것을 선한 사람들에게서 제거했습니다. 범죄, 악행, 음모, 인색함, 맹목적 욕정, 남의 것을 노리는 탐욕 말입니다. 신은 선한 사람들을 보호하고 구해냅니다. 도대체 선한 사람들의 짐까지 구해달라고 신에게 요청하는 사람은 누구입니까? 바로 선한 이들 자신이 신에게서 이런 수고를 덜어줍니다. 그들은 외적인 것들을 경멸합니다. 데모크리토스는 좋은 정신에 부담이 된다 하여 부를 던져버렸습니다. 그러므로 선한 사람이 때로 스스로 택하는 것을 신이 용납한다 해서 뭐 그리 놀랄 일이겠습니까? 선한 사람들은 아들을 잃습니다. 그들은 때로 아들을 죽이기도 하는데, 왜 아니겠습니까? 그들은 추방당합니다. 때로 다시는 돌아오지 않으려고 조국을 떠나기도 하는데, 왜 아니겠습니까? 그들은 살해당합니다. 때로 자살하기도 하는데, 왜 아니겠습니까? 왜 그들은 힘든 일을 견딥니까? 다른 사람들에게 견디는 법을 가르치기 위해서입니다. 그들은 본보기가 되기 위해 태어났습니다. 그래서 신이 다음과 같이 말한다고 생각하십시오. "올바른 것에 동의했던 너희가 나에게 어떤 불평을 할 수 있는가? 나는 다른 사람들을 가짜로 좋은 것들로 에워쌌고, 그들의 텅 빈 마음을, 말하자면 기만적인 꿈으로 오랫동안 조롱했다. 나는 그들을 금과 은과 상아로 치장했지만, 그 속에 좋은 것이라곤 없다. 행복해 보이는 자들의 겉이 아니라 속을 본다면, 그들은 불쌍하고, 더럽고, 추하고, 자기 집의

담벼락처럼 겉만 치장한 것이다. 그런 행운은 확고하지도 성하지도 않다. 그것은 얇은 껍질에 불과하다. 그래서 그들이 버티며 자기 뜻대로 자신을 보여줄 수 있는 동안, 그들은 빛나며 남을 속인다. 그들이 동요하여 그들의 가면이 벗겨지는 사건이 발생하면, 그들이 빌려온 광채로 참된 추악함을 얼마나 깊이 숨겼었는지가 드러난다. 나는 너희에게 확실히 지속될 좋은 것들을 주었다. 누군가 그것들에 주목하여 사방을 살펴볼수록 그것들은 더욱 좋고 위대해진다. 나는 너희로 하여금 두려움을 주는 것들을 가볍게 여기며, 욕망을 혐오하게 했다. 너희는 겉으로는 화려하지 않다. 너희의 좋은 것들은 내면을 향하고 있다. 이처럼 세계는 외적인 것들을 무시하고, 자신의 본성에 기뻐한다. 나는 모든 좋은 것을 안에 넣었다. 행운이 필요하지 않다는 것이 너희의 행운이다.

'하지만 슬프고 두렵고 참기 어려운 많은 일이 생깁니다.' 나는 너희를 거기에서 구할 수 없었기에, 모든 것에 맞서도록 너희의 정신을 무장시켰다. 용감하게 견뎌라. 이 점에서 너희는 신을 능가할 수 있다. 신은 나쁜 것들을 겪지 않지만, 너희는 이를 극복한다. 가난을 무시하라. 태어난 순간보다 가난한 사람은 없다. 고통을 무시하라. 고통에서 해방되거나 고통이 사라질 것이다. 죽음을 무시하라. 죽음은 너희를 끝내거나 다른 곳으로 옮겨준다. 운명을 무시하라. 나는 운명에 너희의 정신을 공격할 무기를 주지 않았다. 무엇보다 먼저 나는 너희가 원하지 않는데도 누군가 너희를 붙잡지 않도록 조처했다. 출구는 열려 있다. 싸우고 싶지 않으면 도망쳐도 된다. 그래서 나는 너희에게 필수적인 것으로 고안해 두었던 온갖 것들 중에서, 죽음을 가장 손쉬운 것으로 만들었다. 너희의 목숨을 벼랑길에 내려놓았다. 보라! 너희는 그 길이 얼마나 빨리, 얼마나 쉽게 너희를 자유로 인도할지 알 것이다. 나는 너희가 인생에 들어설 때보다 더 빨리 인생을 떠나게 했다. 그렇지 않고 인간이 태어날 때만큼 천천히 죽게 되었다면, 운명이 너희를 강력하게 지배했을지도 모를 일이다. 자연에 거절을 통고하고 선물을 던져버리는 일이 얼마나 쉬운지를 매 순간, 매 장소에서 배워라. 희생제를 올리는 사람들은 제단에서 삶을 기원할 때, 죽음도 같이 배워라. 황소의 큰 몸이 하찮은 상처로 쓰러지고, 엄청난 힘을 가진 동물이 인간의 손에 넘어진다. 목덜미를 작은 칼로 베고, 머리와 목을 잇는 관절을 잘랐을 때, 거구가 쓰러진다. 목숨은 깊이 있지 않아서 그것을 칼로 들추어낼 필요도 없다. 깊숙이 상처를 내어 내장을 찾을 필요도 없다. 죽음은 가까이 있다. 나는 찌를 곳을 정하지 않았다. 네가 원하는 곳마다 길은 있다. 소위, 영혼이 몸에서 떠나는 것인 죽음은 알아차릴 새도 없이 짧다. 매듭이 목을 조르든, 물이 기도를 막든, 단단한 땅이 곤두박인 자들을 박살내든, 들이마신 연기가 호흡을 차단하든, 어떻든 간에 순식간이다. 너희는 부끄럽지 않은가? 잠깐 사이에 지나갈 것을 오랫동안 두려워하고 있다!"

제2권

현자의 항덕(恒德)에 관하여

De Constantia Sapientis

1 세레누스여, 스토아 철학자들과 여타 지혜의 선생들은 남자와 여자만큼이나 서로 다르다는 주장은 과언이 아닌바, 남녀 각각은 공동체에 똑같이 기여하기는 하지만, 남자는 명령을 위해, 여자는 복종을 위해 태어났으니 말입니다. 다른 현자들은, 평소 친분이 있는 의사가 가장 강력하고 빠른 방법이 아니라 적응할 만한 치료 방법을 써서 환자를 돌보듯, 부드럽게 달래가는 데 반해, 남자의 길을 걷는 스토아 철학자들은, 초심자들이 치료에 쾌적하게 여길 만한 길이 아닌, 최대한 빨리 구출하는, 무기의 사정거리 밖으로, 운명 너머의 정상으로 우리를 인도할 길을 도모합니다. "우리가 가기에는 길이 험난하고 거칠다." 도대체 무슨 말입니까? 평탄한 길로 높은 곳에 도달할 수 있습니까? 사실 길은 생각만큼 가파르지는 않습니다. 처음에만 바위와 절벽이 있고 갈 수 없어 보일 뿐, 멀리서 쳐다보면 길이 끊겼다 이어졌다 하는 것으로 보이는 많은 경우처럼, 먼 거리가 눈을 속이기 때문이며, 착시로 인해 하나로 보이던 것들은 가까이 가면서 점차 뚜렷이 보이게 되어, 결국 멀리서 벼랑으로 보였던 곳은 완만한 비탈로 변하게 됩니다.

평소 부당함을 참지 못하는 당신은 최근 마르쿠스 카토1)를 거론하면서 의분(義憤)을 드러냈습니다. 시대가 카토의 진가를 알아주지 않았다고, 폼페이우스와 카이사르보다 뛰어난 그를 바티니우스 부류보다 못하게 여겼다고 말입니다. 광장에서 법안 반대 연설을 하려던 그가 옷이 찢기고, 연단에서 파비우스 홍예문으로 가는 내내 불한당들에게 붙들려 미친 군중의 욕설과 침과 온갖 모욕을 당한 것을 당신은 부당하다고 본 것입니다.

2 그때 저는 국가를 걱정하는 당신의 개탄은 당연하다고 대답했습니다. 여기서는 푸블리우스 클로디우스, 저기서는 바티니우스 등 극악한 자들은 눈먼 욕망에 휩싸여, 자신들이 국가를 파는 동안 자신들 역시 팔리고 있음을 깨닫지 못한 채 국가를 팔고 있었기 때문입니다. 하지만 저는 당신에게, 카토에 대해서라면 염려하지 말라고 당부도 했습니다. 현자는 불의도 모욕도 당할 수 없기 때문입니다. 불멸의 신들은, 선대의 울릭세스와 헤르쿨레스2)보다 확실한 현자의 본보기로 우리에게 카토를 주었습니다. 실로 우리 스토아 철학자들은, 고통에 굴하지 않고 쾌락을 경멸하며 모든 두려움을 이겨낸 자들을 현자라고 선언합니다. 카토는 사냥꾼이나 야만인들이 쫓는 짐승과 맞붙어 싸운 것도, 불과 칼로 괴물을 뒤쫓은 것도 아니며, 한 사람3)의 어깨가 하늘을 떠받치고 있다고 믿던 시절에 산 것도 아닙니다. 옛날의 순진함은 사라지고 아주 교활해진 시대에, 부정선거라는 여러 모습의 악에 대항하여, 온 나라를

---

1) 마르쿠스 포르키우스 카토는 호구감찰관 카토의 증손자이다. 그는 카이사르의 최대 정적이었으며, 독재정에 반대하여 싸우다 탑수스 전투에서 패하자 우티카에서 자살했다. 그래서 우티카의 카토라고 불린다.

2) 『오뒷세이아』와 헤라클레스의 12가지 위업으로 널리 알려진 희랍의 신화적 영웅들이다.

3) 아틀라스.

셋4)이 나누어 가지고도 만족하지 못하는 무한한 욕망에 맞서, 오직 카토만이 제 무게로 가라앉는 타락한 국가의 악덕에 저항했고, 무너지는 국가를 붙잡아 혼자 손으로 최대한 국가를 회복시키려 했습니다. 그러다 결국 내쳐진 그는 오랫동안 미루어진 파멸에 자신을 동료로 내주었으며, 분리해서는 안 될 둘은 함께 사라져 카토가 자유보다, 자유가 카토보다 오래 살아남지 않았던 것입니다. 인민이 카토의 법무관직을 박탈했기 때문에, 시민 평상복을 벗겼기 때문에, 그의 신성한 머리에 침을 뱉었기 때문에 그에게 불의를 가할 수 있었으리라 생각합니까? 현자는 안전하며, 어떤 불의도 모욕도 그에게 영향을 끼칠 수 없습니다.

3 불타 끓어오르는 당신의 영혼이 보이는 것 같습니다. 당신은 고함칠 기세입니다. "바로 그 점이 너희 학설의 권위를 훼손하는 것이다. 믿기는커녕 희망할 수조차 없는 엄청난 것들을 너희는 공언한다. 호언장담과 함께, 현자가 가난하지 않다고 주장하면서, 동시에 으레 현자에게 노예와 집과 음식이 없음을 부정하지 않는다. 너희는 현자가 미치지 않는다고 주장하면서, 동시에 현자가 제정신을 잃어 엉뚱한 말을 지껄이고 질병에서 나온 행동을 그대로 감행함을 부정하지 않는다. 너희는 현자가 노예가 아니라고 주장하면서, 동시에 현자가 노예로 팔려가서 명령에 복종하고 노예로서 주인을 섬기리라는 점을 부정하지 않는다. 그래서 너희는 눈썹을 치켜들고 명칭만 바꾸었을 뿐 여타 철학자들이 내려간 곳에 똑같이 떨어진다. 따라서 처음 들으면 멋있고 그럴듯한 말, 즉 현자는 불의도 모욕도 당하지 않을 것이라는 말 역시 그렇지 않을까 나는 의심한다. 현자를 분개함을 그친 자로 놓느냐, 아니면 불의에서 벗어난 자로 놓느냐는 크게 다른 일이다. 현자가 평온한 마음으로

---

4) 카이사르, 폼페이우스, 크라수스.

불의를 견딜 사람이라고 한다면, 그것은 특별한 것이 아니다. 그것은 아무나 할 수 있는, 되풀이되는 불의를 통해 익힌 인내일 뿐이다. 현자가 불의를 당하지 않을 사람이라고 한다면, 다시 말해 누구도 그에게 불의를 가할 시도조차 못할 사람이라고 한다면, 이것저것 따질 것 없이 나도 스토아 철학자이다.”

저의 진정한 의도는, 겉보기에 그럴싸한 말뿐인 영예로 현자를 치장하는 것이 아니라 어떤 불의도 닿지 못하는 곳에 그를 놓는 것입니다. “어떤가? 현자를 괴롭히거나 시험하는 자가 없단 말인가?” 이 세상에 성물절도(聖物竊盜)를 당하지 않을 그런 성물은 없습니다. 하지만 자기보다 훨씬 더 높은 곳의 위대한 것에, 손이 닿지 못함에도 불구하고 이것에 덤비는 자가 있다고 해서 신성이 덜 숭고해지는 것은 아닙니다. 상처받지 않는다 함은, 맞지 않은 것이 아니라 맞아도 손해를 입지 않은 것입니다. 저는 이를 당신에게 현자의 특징이라고 제시하겠습니다. 도전에 굴복하지 않은 힘이 도전받지 않는 힘보다 굳건한 힘이라는 데 의심의 여지가 있습니까? 시험당하지 않은 힘은 의심스러운 반면, 온갖 공격을 물리친 굳건한 힘은 가장 확실하다고 여기는 것이 마땅하지 않습니까? 마찬가지로 불의가 가해지지 않기 때문이라기보다 불의로 인해 해를 입지 않기 때문에, 현자가 좀더 훌륭한 본성을 가진 자임을 알아야 합니다. 그리고 저는, 한가한 사람들과 어울려 풍부한 여가를 즐기는 사람이 아니라, 전쟁이 굴복시킬 수 없는 사람, 적군이 다가와도 놀라지 않는 사람을 강인한 사람이라 말하겠습니다. 이런 뜻에서 저는 현자가 어떤 불의에도 묶이지 않는 자라고 말합니다. 그러므로 그를 향해 얼마나 많은 무기가 던져지는지는 중요하지 않은바, 어떤 무기도 그를 뚫고 지나갈 수 없기 때문입니다. 어떤 돌은 단단해서 쇠로도 긁을 수 없고, 금강석은 자를 수도 쪼갤 수도 부술 수도 없고 오히려 내려치는 칼날을 무디게 하듯, 어떤 것은 불에 타지 않고 화염에 휩싸여도 강도와 형태를 유지하듯, 높이 솟은 어떤 바위는 바다에 버티고 앉아 오랜 세월 파도의 타격을 입어도 격랑의 자취를 보이지 않듯, 현자의 영혼도 그만큼 견고하고, 제가 위에서 열거한 것들처럼 불의로부터 안전할 힘을 모아두고 있습니다.

4 "어떤가? 현자에게 불의를 가하려고 시도하는 자가 없단 말인가?" 시도할 것입니다. 하지만 불의는 현자에게 도달하지 못할 것입니다. 해로운 힘이 영향을 미치기에는, 현자가 나쁜 것들과의 접촉으로부터 너무나 멀리 떨어져 있기 때문입니다. 신봉자들의 지지로 강력하고, 권력으로 높은 세력가들이 현자에게 해를 끼치려고 할 때, 그들의 공격은 모두 지혜에 이르지 못하여, 마치 화살이나 돌들이 높이 발사되어 눈에 보이지 않는 곳까지 솟아오르더라도 하늘에 닿기 전에 떨어지는 것과 같습니다. 무슨 말입니까? 저 어리석은 왕5)이 수많은 화살로 태양을 가리려고 했을 때, 화살이 하나라도 태양에 닿았다고 생각합니까? 그가 깊은 바다에 사슬을 던졌을 때, 넵투누스에게 다다랐다고 생각합니까? 천체는 인간의 손에 닿지 않고, 신전을 파괴하고 신상을 불태우는 자들이 신성을 해치지 못하듯, 현자를 향한 안하무인격의 뻔뻔한 행위는 모두 헛된 시도로 끝납니다. "하지만 불의를 가하려는 자가 없었다면 더 좋았을 것이다." 이것은 인류에게는 어려운 것으로, 죄짓지 않기를 기원한 것입니다. 그리고 불의가 가해지지 않음은 장차 불의를 가할 사람들에게 물어볼 문제일 뿐, 불의가 가해져도 당하지 않을 사람과는 무관한 일입니다. 모르긴 몰라도, 괴롭힘 속의 평상심은 지혜의 힘을 보여주는데, 군사령관이 적국에서도 안전하고 걱정 없는 것은 무기와 병력으로 강력하다는 가장 큰 증거인 것과 같습니다.

5) 크세르크세스. 헤로도토스, 『역사(*Histories apodexis*)』, 제7권 226을 보라.

5 세레누스여, 괜찮다면 불의와 모욕을 구분합시다. 불의는 본성상 좀더 힘든 일이며 모욕은 덜 힘든 것으로, 모욕은 민감한 사람들에게만 힘들며, 모욕으로 부아가 치밀 수는 있지만 상해를 입지는 않습니다. 모욕이 무엇보다 괴로운 것이라는 생각은 마음의 허약이자 허영입니다. 그래서 따귀를 맞기보다 채찍으로 맞기를 원하고 모욕적 언사보다 죽음과 구타를 선택하는 노예가 발견됩니다. 어리석음의 정점에 이르러 우리는 고통 자체뿐만 아니라 고통이라는 생각만으로도 질질 끌려다닙니다. 어린아이들처럼 그림자, 추한 몰골, 못생긴 얼굴에 두려움을 느끼고, 귀에 거슬리는 명칭, 손가락의 움직임, 갑작스러운 장난 등에 놀라 도망치며 울음을 터뜨립니다.

불의의 목적은 누군가에게 악을 가하는 것입니다. 그런데 지혜에는 악의 여지가 없습니다(지혜와 대립하는 유일한 악은 비열함이지만, 그것도 덕과 고귀함이 이미 자리잡은 곳에는 들어갈 수 없습니다). 불의는 악 없이는 아무것도 아니고, 악은 비열함 없이는 어떤 것도 아닐진대, 비열함이 고귀한 사람에게 다다를 수 없는 고로, 불의는 현자에게 닿지 못합니다. 불의가 어떤 악을 당하는 것이라 할 때, 현자는 악을 당하는 자가 아니므로, 불의는 현자에게 이르지 못합니다. 모든 불의는 불의를 당한 사람에게 손실을 입히며, 지위나 몸이나 외적인 손해를 입지 않고서는 불의란 불가능합니다. 그런데 현자는 어떤 것도 잃을 수가 없습니다. 그는 모든 것을 자기 안에 가지고 있으며, 운에 맡기지 않습니다. 그는 덕에 만족하여 덕이라는 재산을 확고하게 지키는데, 덕은 운에 좌우되지 않으며 운에 따라 늘지도 줄지도 않습니다. 정점에 도달한 것은 더 커질 여지가 없으며, 운은 자기가 주었던 것이 아니면 빼앗아가지 않기 때문입니다. 그런데 운은 덕을 주지 않았으며, 그런 고로 걷어가지도 않습니다. 덕은 자유롭고, 침해할 수 없고, 흔들리지 않고, 동요하지 않으니, 마찬가지로 완강히 재난에 맞서 굽히기는 고사하고 휘지도 않습니다. 덕은 형틀 앞에서도 당당하게 고개를 들며, 순경이든 역경이든 표정을 바꾸지 않습니다. 따라서 현자는 자신이 잃는다고 느낄 만한 어떤 것도 잃지 않습니다. 그는 결코 빼앗길 수 없는 덕만을 점유할 뿐, 다른 것들은 언제든 반환할 가점유(假占有)로서 사용하기 때문입니다. 그런데 누가 남의 손실에 대해서 마음 상하겠습니까? 불의가 현자의 것을 해칠 수 없다면, 덕이 온전할 때 현자의 소유물도 온전하므로 현자가 불의를 당하는 상황이란 일어날 수 없습니다.

별명이 도시 함락자인 데메트리오스 왕이 메가라를 점령했습니다. 그가 철학자 스틸본에게 잃은 것이 없냐고 묻자, 스틸본은 대답했습니다. "아무것도 잃지 않았다. 내 것은 모두 나에게 있다." 하지만 그의 상속 재산은 약탈당하고, 딸들은 적에게 빼앗기고, 조국은 외국의 지배를 받고, 자신은 승리한 군대의 무기에 둘러싸여 자신을 내려다보는 왕의 심문을 받았습니다. 그러나 스틸본은 데메트리오스의 승리에 고개를 저었고, 국가가 점령되었을지언정 자신에게는 패배는커녕 손해조차 없었음을 입증했습니다. 타인이 소유권을 주장할 수 없는 진정한 재산은 여전히 자신이 지니고 있으며, 약탈당하여 사방으로 흩어진 것은 자기 재산이 아니라 운명에 따라온 우연적인 것으로 판단했기 때문입니다. 다만 자기 소유가 아닌 것으로서 잠시 간수했을 뿐입니다. 외부에서 흘러들어온 것의 점유란 모두 위태롭고 불확실하기 때문입니다.

6 이제 도둑이나 남소자(濫訴者)나 난폭한 이웃이, 혹은 자식 없는 노인의 왕국을 통째로 삼킨 부자(富者)가, 전쟁과 적군, 그리고 뛰어난 도시 함락자조차 아무것도 빼앗을 수 없었던 그 사람에게 불의를 가할 수 있는지 생각해보십시오. 사방에 번쩍이는 칼과 약탈하는 군

인들의 혼란 속에서, 파괴된 도시의 화염과 유혈과 대학살 속에서, 신상들 위로 무너져내리는 신전의 굉음 속에서 한 사람은 평화를 누렸습니다. 따라서 당신은 저의 장담6)이 무모하다고 생각할 이유가 없습니다. 저를 믿지 못하겠다면, 당신에게 신명(信命) 보증인을 제시하겠습니다. 인간에게 그토록 큰 확고함과 영혼의 위대함이 있다는 데 당신은 회의적이기 때문입니다. 스틸본이 말하고자 앞으로 나섭니다. "인간으로 태어난 자가 인간적인 것을 넘어설 수 있음을, 고통, 손해, 종기, 상처, 자기 주변에서 맹위를 떨치는 대재앙을 개의치 않고 직시할 수 있음을, 역경은 침착하게, 순경은 절도 있게 받아들이며, 전자에 굴복하지도 후자에 의지하지도 않고 무수한 사건 속에서도 의연할 수 있음을, 오로지 자신만을 자신의 것으로 여기며 그것도 자신을 더 훌륭하게 만들어주는 바로 그 부분만이 자신의 것임을 너는 의심할 필요가 없다. 자, 내가 여기 있다. 수많은 국가를 파괴한 자의 지휘로 요새가 파성추의 충격에 흔들리고, 높은 탑이 땅굴과 감춰진 도랑으로 순식간에 무너지며, 성채만큼 높이 쌓은 토루가 솟아오르지만, 견고하게 자리잡은 마음을 뒤흔들 수 있는 기계는 발견할 수 없음을 너희에게 증명하려고 내가 여기 있다. 방금 나는 파괴된 집에서 몸을 빼내, 사방을 밝히는 화재 가운데 핏자국을 따라 화염을 피했다. 내 딸들에게 어떤 운명이 닥쳤는지, 국가가 당한 것보다 더 나쁜 것인지 어떤지 나는 모른다. 나는 늙은 나이에 혼자고, 주변에 온통 적들만 보이지만, 내 재산은 무사하며 온전하다고 나는 선언한다. 나는 내 재산을 여전히 지니고 있으며, 내가 내 것으로 가졌던 것을 가지고 있다. 내가 패하고, 네가 승리했다고 믿을 이유는 없다. 너의 운명이 나의 운명을 이긴 것이다. 소유자가 없거나 소유자가 바뀌는 것들이 어디에 있는지 나는 모른다. 내 재산에 관한 한 그것은

6) 현자는 아무것도 잃지 않고, 불의를 당하지도 않는다.

나와 함께 있고 함께 있을 것이다. 부자는 재산을, 호색한은 큰 수치를 무릅쓰면서까지 아끼던 매춘부와 애인을, 야심가는 원로원과 광장 등 악덕을 공적으로 실행할 장소를 잃었다. 고리대금업자는 기만에 기뻐하는 탐욕과 함께 부(富)를 꿈꾸던 장부를 잃었다. 하지만 나는 진정으로 모든 것을 손실 없이 온전하게 가지고 있다. 그러니 물어보라. 울고 탄식하는 자들에게, 뽑아든 칼에 맞서 맨몸으로 돈을 지키려 덤비는 자들에게, 적에게서 도망치면서도 가득 찬 돈주머니를 버리지 않는 자들에게."

따라서 세레누스여, 인간적이고 신적인 덕으로 가득 차 있는 완벽한 자는 아무것도 잃지 않는다고 생각하십시오. 그의 재산은 정복될 수 없는 견고한 성벽으로 둘러싸여 있습니다. 이는 알렉산드로스 대왕이 쳐들어갔던 바빌론 성채, 한 사람7)의 손에 정복된 카르타고나 누만티아 성벽, 카피톨리움이나 어떤 로마 요새와도 비교할 수 없습니다. 저기에는 적의 발자취가 남아 있습니다. 현자를 화염에서 보호하고 침략에도 안전한 이 성벽은 어떤 침입도 허용치 않는, 드높은, 난공불락의, 신들에 버금가는 요새입니다.

7 당신이 늘 말하는바, 우리의 현자를 어디에서도 찾을 수 없다는 주장은 근거가 없습니다. 우리는 인간 본성에서 나온 공허한 장식물을 지어내거나, 허위에 대한 거대한 조각상을 상정하는 것이 아니라, 우리의 생각에 부합하는 현자가 있음을 보여주었고 보여줄 것입니다. 아마도 드물게, 아주 오랜만에 겨우 한 사람이 나타나지만 말입니다. 평시의 범작을 뛰어넘은 위대한 걸작은 자주 나타나지 않는 법입니다. 물론 지금 논의의 계기가 된 마르쿠스 카토는 우리의 본보기 이상일

---

7) 소(小) 스키피오 아프리카누스는 기원전 146년에 카르타고를, 기원전 133년에 누만티아를 정복했다.

지도 모르겠습니다.

요컨대, 해를 입히는 것은 해를 입는 것보다 강력해야 합니다. 그런데 악덕은 덕보다 강하지 않습니다. 그러므로 현자는 해를 입을 수 없습니다. 선한 사람들에게 불의를 꾀하는 것은 악한 사람들입니다. 선한 사람들은 서로 평화롭게 공존하지만, 악한 사람들은 서로에게는 물론 선한 사람들에게도 해롭습니다. 그런데 약한 자만이 해를 입는다고 할 때, 악한 사람은 선한 사람보다 약하고, 선한 사람은 악한 자에게서가 아니라면 불의를 당할 걱정이 없으니, 따라서 불의는 현자에게 닥치지 않습니다. 여기서, 현자만이 선한 사람이라는 사실을 당신에게 상기시킬 필요는 없을 것입니다. 누군가 말할지 모릅니다. "소크라테스가 부당하게 유죄를 선고받았다고 한다면, 그는 불의를 당한 것이다." 여기서 우리는, 누군가 우리에게 불의를 가하지만, 우리가 불의를 당하지 않는 경우가 생김을 이해할 필요가 있습니다. 누군가 우리 별장의 물건을 훔쳐서는 우리 집에 가져다놓는다면, 그가 절도를 범했지만 우리는 아무것도 잃지 않은 것과 같습니다. 누군가에게 피해를 주지 않았어도 가해자가 될 수 있습니다. 남편이 자기 아내를 남의 부인이라고 여기고 잠자리를 한다면, 아내는 간부(姦婦)가 아니지만, 그는 간부(姦夫)일 것입니다. 누군가 저에게 독약을 주었지만, 독약이 음식과 섞이자 효력을 잃었다고 할 때, 그는 해를 끼치지 않았지만, 독약을 주었으므로 범죄를 저지른 것입니다. 마찬가지로 옷 때문에 칼이 비껴갔어도 강도는 강도입니다. 모든 범죄는 행위의 완수 이전에 이미 충분한 과실(過失)로써 완성됩니다. 갑은 을이 없이도 가능하나, 을은 갑이 없이는 불가능한 방식으로 갑을이 연결된 행위가 있습니다. 제 말을 분명히 해보겠습니다. 저는 달리지 않고도 발을 움직일 수 있지만, 발을 움직이지 않고서는 달릴 수 없습니다. 저는 물속에 있지만, 헤엄을 치지 않을 수 있습니다. 제가 헤엄을 친다면, 물속에 있지 않음은 불가능합니다. 우리의 논의 주제는 이런 부류에 속하며, 바로 그렇습니다. 제가 불의를 당했다면 불의가 행해진 것은 필연입니다. 하지만 불의가 행해졌을 때 불의를 당하는 것이 필연은 아닙니다. 불의를 쳐내는 많은 일이 일어날 수 있습니다. 휘두른 손이 막히고 던져진 창이 빗나가는 우연처럼, 불의든 무엇이든 간에 그것을 막고 도중에 차단하는 일이 생기며, 그리하여 불의가 가해져도 불의를 당하지 않을 수 있게 됩니다.

8 게다가 정의(正義)는 불의를 당할 수 없으니, 반대되는 것들은 서로 엮이지 않기 때문입니다. 그런데 불의한 방식이 아니라면, 불의가 행해질 수는 없습니다. 따라서 현자에게 불의가 가해질 수는 없습니다. 또한, 마땅히 그 누구도 현자에게 불의를 가할 수 없듯이, 실로 어떤 사람도 현자에게 이로움을 줄 수는 없습니다. 현자는 부족함이 없어 남에게 선사받을 일이 없을뿐더러, 악한 사람에게는 현자에게 나누어주기에 합당한 것이 없습니다. 주기 전에 먼저 가지고 있어야 하는데, 악한 사람은 현자가 받아서 기뻐할 만한 것을 가지고 있지 않습니다.

그러므로 누구도 현자에게 해를 입히거나 이로움을 줄 수 없습니다. 신적인 것들은 도움이 필요하지도 않고 해를 입을 수도 없기 때문입니다. 그런데 현자는 신들에게 가장 가까운 이웃이고, 죽는다는 점을 제외하면 신과 닮았습니다. 현자는 신적인 것, 드높고, 질서정연하고, 용감하고, 한결같이 조화롭게 흘러가고, 안전하고, 자비롭고, 공익을 위해 태어났으며, 자신과 타인에게 안녕을 가져다주는 신적인 것을 향해 도야하고 정진하며, 하찮은 것을 욕망하거나 눈물을 보이지 않습니다. 이성에 기대어 신적인 마음으로 인간의 우연을 헤쳐나가는 사람에게 불의를 당할 여지란 없습니다. 오직 인간에게서 오는 불의만을 제가 말하는 것으로 보입니까? 운명에서 오는 불의도 전혀 아닌바, 운명은 덕과 접전할 때마다 늘 덕의 적수가 되지 못합니다. 운명이 모든 힘을 발휘해서 성난 통치자와 사나운 주인 이상으로 가하는 커다란 위협을 침착하고 평온한 마음으로 받아들인다면, 그리고 죽음은 악이 아니며, 그러므로 결코 불의가 아님을 안다면, 우리는 손실, 고통, 불명예, 거처의 변화, 가족의 상실, 이혼 등을 훨씬 더 쉽게 견딜 것인바, 이것들은 현자를 개별 공격으로 슬퍼하게 만들지 못할뿐더러, 한꺼번에 현자를 사방에서 에워싸더라도 현자를 제압하지 못합니다. 게다가 현자가 운명의 불의를 침착하게 견딘다면, 그가 운명의 하수인이라 생각하는 세도가의 불의는 얼마나 더 잘 견디겠습니까!

9   그러므로 현자는 겨울의 강추위와 악천후, 열병과 질환 등 우연적 사건 모두를 견뎌냅니다. 그러나 현자는 사람들 개개인이, 현자 고유의 숙고에 따라 행동한다고 호의적으로 판단하지는 않습니다. 이들은 숙고가 아니라 기만과 음모, 감정의 동요 등 현자가 우연이라고 칭하는 것들에 따라 행동합니다. 그런데 우연들이 온통 우리 주변에서 미쳐 날뛰며 흔하게 널려 있습니다.

이 또한 생각해보십시오. 불의는 우리를 위험에 빠뜨리는 것들, 예컨대 매수된 고발자, 거짓된 무고, 우리를 향한 권력자들의 증오, 로마 시민들끼리의 강도질 등에 편재합니다. 빈번히 일어나는바, 누군가의 이익 또는 오랫동안 갈망해오던 혜택, 많은 노력을 들여 획득한 상속재산을 잃거나, 이득이 되는 집안들과의 호혜 관계를 상실할 때도 불의가 발생합니다. 그러나 기대하지도 두려워하지도 않으며 살기에, 현자는 이것들에서 벗어나 있습니다. 이제 이 점, 즉 확고부동한 마음을 지닌 사람은 결코 불의를 당해도 흔들리지는 않지만, 그래도 불의를 느낌으로써 격정에 빠진다는 주장을 살펴봅시다. 그런데 오류에서 벗어나 자신을 통제하는 사람은 격정에서 벗어나 있으며, 깊은 평온과 고요를 누립니다. 불의가 현자를 건드려, 그를 흔들고 넘어뜨리려 합니다. 하지만 현자는 불의의 외형 때문에 분노하지는 않습니다. 그에게 분노가 일어날 경우는 오직 불의가 실제로 그에게 일어날 경우뿐일 텐데, 불의가 자신에게 일어날 수 없음을 그는 알고 있습니다. 거기서 현자는 우뚝 서 기뻐합니다. 거기서 끊임없는 즐거움에 환호합니다. 현자는 사람과 사태의 공격에 위축되지 않는바, 경험을 쌓고 덕을 시험해본다는 점에서 그에게 불의는 유익할 뿐입니다.

당신들에게 요청하노니, 현자가 불의로부터 자유롭다는 이 주장에 대해 입은 닫고, 마음과 귀는 열어 받아들입시다. 현자가 이런 자유를 누린다고 해서, 당신들의 몰염치, 사나운 욕망, 무모한 경솔과 오만에 손해될 것은 없는바, 당신들의 악덕은 그대로입니다. 우리는 당신들이 불의를 저지르지 못하게 막으려는 것이 아니라, 현자로 하여금 모든 불의를 바다에 던져버리고, 인내와 자긍심으로 자신을 지키게 하려는 것입니다. 신들에게 바쳐진 경기[8])에서 많은 사람이 불굴의 인내로 공격자의 손을 버텨내고 승리를 얻는데, 현자도 이런 부류라고 생각하십시오. 그들은 오랫동안 한결같은 훈련을 통해 적의 공격을 견디고 이를 지치게 하는 강인함을 얻었습니다.

10 첫 번째 부분을 훑어보았으니 두 번째 부분으로 넘어갑시다. 여기서 모욕에 직접 관련된 몇몇 논의 및 불의와 모욕에 공통된 상당수의 논의를 통해 우리는 모욕을 물리칠 것입니다. 모욕은 가벼운 불

---

8) 예를 들면 올림피아 경기, 네메이아 경기, 퓌티아 경기, 이스트미아 경기 등 희랍의 제전.

의로서, 모욕에는 응징보다 불평이 가능한 대처인바, 법 또한 모욕은 처벌할 가치가 없다고 판단했습니다. 모욕이라는 정념은, 예의를 차리지 못한 말이나 행위에 스스로 마음이 위축되어 느끼는 굴욕감입니다. "저 사람이 오늘 다른 사람의 인사는 받더니 내 인사는 받지 않았다", "내 말을 건방지게 묵살하거나 공개적으로 비웃었다", "나를 상석이 아니라 말석에 앉혔다" 등등. 이를 불편한 마음의 투정 말고 달리 무어라 불러야 하겠습니까? 이런 데 빠지는 것은 대개, 잘살고 호사스러운 취향의 사람들입니다. 더 나쁜 것들에 쫓기는 사람은 이런 것을 의식할 여유가 없기 때문입니다. 과도한 여가에 물러진 본성, 진실로 불의를 당해보지 못한, 여성적인 방종함을 지닌 사람이 이런 데 흔들리며, 대부분은 그렇게 느끼는 사람의 잘못에 기인합니다. 따라서 모욕을 느끼는 사람은 자기 안에 어떤 사리분별도 자신감도 없음을 보여줍니다. 의심할 수 없이 확실한 것인바, 그는 자신이 경멸당했다고 판단하지만, 그런 고통은 오로지 억압되고 짓눌린 마음의 어떤 비굴함 때문입니다. 반면 현자는 누구에게도 경멸받지 않는데, 그는 자신의 위대함을 알고 누구도 절대로 자신에게 영향력을 행사할 수 없음을 스스로 상기하며, 또 마음의 근심이 아니라 성가심이라고 일컫는 것이 더 적당할 그런 것을, 극복해내는 것이 아니라 전혀 느끼지조차 않습니다.

그런데 비록 현자를 쓰러뜨리지는 못하지만, 현자를 공격하는 것들이 있는바, 예컨대 육체적 고통, 신체적 불구, 친구와 자식의 상실, 전화(戰火)에 휩싸인 조국의 재난 등입니다. 현자가 이것들을 감지한다는 사실을 부정하지는 않습니다. 우리는 현자를 무감각한 목석이라 하지는 않기 때문입니다. 느끼지도 못하는 것을 견뎌내는 것은 결코 덕이 아닙니다. 그렇다면 어떻습니까? 현자는 어떤 타격을 입습니다. 하지만 당한 것을 극복하고 치료하고 진정시킵니다. 그렇다 해도 사소한 것에는 무감하고, 대단한 것을 참아낼 때 쓰던 덕을 사소한 것들의 대응에 쓰지 않으며, 그냥 지나치거나 대수롭지 않게 웃어넘깁니다.

11 나아가 모욕을 가하는 것은 대부분 행운에 겨워 오만방자하게 구는 자들인데, 현자는 이 우쭐대는 정념을 물리칠 수단을 가지고 있는바, 이것은 모든 덕 중에서 가장 아름다운 덕인 자긍심입니다. 자긍심은, 진정하고 참된 것이라고는 전혀 없는 공허한 꿈과 밤의 환영 같은 것은 무엇이든 재빨리 지나쳐버립니다. 동시에 자긍심은 알고 있는바, 저들 모두는 숭고한 것을 멸시하는 오만함을 가졌다고 하기조차 어려울 만큼 저열한 사람이라는 사실 말입니다. '모욕(contumelia)'은 '무시(contemptus)'에서 파생된 말로, 무시당하는 사람에게만 가해지는 그런 종류의 불의이기 때문입니다. 하지만 일반적으로 누군가 무시하는 행동을 한다고 해도, 더 크고 더 훌륭한 사람을 무시할 수는 없습니다. 아이들이 부모의 얼굴을 때리고, 아기가 어머니의 머리카락을 헝클어뜨리고, 침을 뱉고, 가족이 보는 앞에서 어머니가 감춘 속살을 드러내고, 상스러운 말을 내뱉는다고 하더라도, 우리는 이런 행동들을 모욕이라고 하지 않습니다. 무엇 때문입니까? 이를 행하는 자가 누구를 무시할 능력이 없는 사람이기 때문입니다. 주인을 모욕하는 노예들의 익살에 우리가 즐거운 이유도 이와 같은바, 주인을 상대로 시작한 노예들의 대담한 농담은 마침내 잔치 손님을 상대로도 권리를 가지며, 더욱 심한 모욕을 가할수록 더욱더 자유롭게 혀를 놀리도록 허용합니다. 이를 위해 어떤 사람들은 뻔뻔한 아이들을 사들여 그들의 뻔뻔함을 연마시키고 선생을 붙여서 전문적으로 욕설을 퍼부을 수 있게 가르치는데, 우리는 이를 모욕이 아니라 농담이라고 부릅니다. 그런데 똑같은 것에 대해 때로는 기뻐하고 때로는 화를 내며, 친구가 말한 것은 악담이라 하고, 어린 노예가

말한 것은 익살스러운 조롱이라 하는 것은 얼마나 어리석은 짓입니까!

12 우리가 아이들에 대해 가지는 마음을 현자는, 청년을 지나 백발이 되어도 철부지인 모든 사람에 대해 가집니다. 아이들과 오직 덩치와 모습만 다를 뿐, 여타에서는 아이들 못지않게 우왕좌왕하고, 무분별하게 쾌락을 추구하고, 안절부절못하고, 성품 때문이 아니라 두려움 앞에서야 조용해지고, 마음의 병이 깊어갈수록 더욱 큰 잘못을 저지르는 사람들에게 도대체 나은 점이란 무엇입니까? 아이들이 주사위와 호두와 동전에 욕심낼 때, 이들은 금과 은과 국가에 대해 그러하며, 아이들이 자기들끼리 벼슬 놀이를 하고 미성년 평상복과 권표(權標)와 재판석을 흉내낼 때, 이들은 진지하게 마르스 연병장과 로마 광장 및 원로원에서 똑같은 놀이를 펼치며, 아이들이 바닷가에서 모래성을 쌓을 때, 이들은 무언가 대단한 것이라도 하는 듯 돌을 쌓고 벽을 세우고 지붕을 올려, 몸을 의탁하려고 고안한 거처를 위험물로 만듭니다. 따라서 물론 이들에게 다른 더 큰 잘못이 있지만, 아이들과 이들 나이 먹은 자들은 똑같습니다. 그러므로 합당한바, 현자는 이들이 가하는 모욕을 농담으로 여기며, 이따금 이들을 아이들처럼 고통과 처벌로 훈계합니다. 자신이 불의를 당했기 때문이 아니라 이들이 불의를 가했기 때문이며, 이들이 더는 불의를 가하지 않도록 하기 위해서입니다. 우리는 사람을 태우기를 마다하는 가축에게 분노하지 않고, 이를 채찍으로 다스려 고통이 고집을 제압하도록 가축을 단속합니다. 그러므로 당신은 우리에게 제기된 질문의 답을 알 것입니다. "현자는 불의도 모욕도 당하지 않는다는데, 왜 이를 저지른 자들을 처벌하는가?" 현자는 복수가 아니라 이들을 훈육하는 것입니다.

13 그런데 현자에게 마음의 굳건함이 없다고 믿을 이유가 있습니까? 비록 같은 원인에서 나오지는 않았으나, 다른 사람들에게도 바로 그것이 있음을 당신이 관찰했는데도 말입니다. 어떤 의사가 미치광이에게 분노합니까? 냉수 금지 처방을 받은 열병 환자가 악담을 한다고 해서 누가 나쁘게 여깁니까? 모든 사람에 대한 현자의 반응은 바로 의사가 환자를 대할 때의 것인바, 치료를 위해 의사는 환자의 음부를 만지는 것이나, 배설물이나 분비물을 살펴보는 것, 난폭한 사람들의 광기에 기인한 욕설을 당하는 것도 마다하지 않습니다. 현자의 판단으로는, 평상복이나 자주색 예복을 입은 사람들 모두는 혈색과 달리 전혀 건강하지 않으며 자제력 없는 환자들에 불과합니다. 따라서 병든 이들이 치료자에게 무참한 짓을 저질러도 치료자는 화내지 않으며, 그들이 주는 명예를 무가치한 것으로 평가하듯, 그들이 주는 불명예도 마찬가지로 여깁니다. 마치 거지가 경의를 표한다고 한들 기뻐하지 않고, 천민이 인사에 답례하지 않는다고 한들 모욕으로 여기지 않듯, 현자는 많은 부자가 우러러보더라도 이에 아랑곳하지 않으며, 부자들이 거지들과 다르지 않을뿐더러 거지들은 조금 부족한 반면, 부자들은 많이 부족하기 때문에 오히려 부자들이 더 불쌍하다고 생각합니다. 또 현자는 메디아의 왕 또는 아시아의 아탈루스 왕이 현자의 인사에 응대하지 않고 거만한 표정을 짓고 지나치더라도 개의치 않습니다. 현자는 왕의 지위를 대가족에서 병들고 미친 사람들을 단속하는 일을 맡은 노예 정도로 여기기에, 전혀 부러워할 만한 것이 아님을 알기 때문입니다. 카스토르 신전 근처에서 노예들을 매매하는, 더없이 저열한 노예들로 가득한 가게 주인들 가운데 누군가가 저에게 답례하지 않는다 해서 언짢아할 이유가 있습니까? 없습니다. 제 생각에는 말입니다. 열등한 자들만 다스리는 이에게 무슨 좋은 것이 있겠습니까? 이런 자의 예의나 무례에 무관심하

듯, 현자는 왕의 예의나 무례에 대해서도 그러합니다. "파르티아인들, 메디아인들, 박트리아인들을 무릎 꿇게 만든 당신은 그들을 두려움으로 제압한다. 하지만 그들 때문에 당신은 활을 내려놓지 못하니, 가장 끔찍한, 돈에 팔리는, 새 주인을 찾아다니는 그 적들 때문에 말이다." 따라서 현자는 모욕 때문에 동요하지 않을 것입니다. 모든 사람은 서로 다르지만, 현자는 모든 사람이 같은 어리석음으로 인해 똑같다고 생각합니다. 불의나 모욕에 동요되어 이에 말려든 사람은 결코 평온할 수 없습니다. 그런데 평온함은 현자에게 고유한 덕입니다. 또한, 현자는 모욕을 가한 사람에게서 모욕을 받았다고 판단하여 그자에게 명예를 헌납하지는 않을 것입니다. 무시당했다고 언짢아한다면, 모욕을 가한 사람은 모욕이 받아들여졌음에 기뻐할 것이 분명합니다.

14 여자에게 모욕을 당할 수 있다고 생각하는 사람은 정말로 정신 나간 사람입니다. 얼마나 부유하든, 얼마나 많은 가마꾼이 수행하든, 얼마나 무거운 귀고리를 달고 있든, 얼마나 큰 가마에 타고 있든, 무슨 상관입니까? 어떤 경우든 하나같이 여자는 생각 없는 동물이며, 학식과 많은 배움을 갖추었다면 모를까, 욕망을 절제하지 못하는 사나운 짐승입니다. 사람들은 이발사가 함부로 만지면 언짢아하고, 문지기의 불손함을, 호명 노예의 우쭐댐을, 침실 노예의 자만을 모욕이라 부릅니다. 얼마나 웃긴 일입니까! 타인들의 잘못으로 야기된 소란 속에서도 자신의 평정을 관조하는 영혼의 즐거움은 얼마나 큽니까! "그렇다면 어떤가? 현자는 거친 문지기가 지키는 문에 다가가지 않을 것인가?" 꼭 필요하다면 현자는 시도할 것이고, 문지기가 누구건 간에 사나운 개인 양 먹이를 던져 달랠 것이며, 문턱을 넘기 위해 돈을 내도 못마땅하게 여기지 않을 것인바, 다리를 건너기 위해서는 돈을 내야 하는 법이라고

생각하기 때문입니다. 따라서 현자는 문안 인사 세금을 요구하는 자에게도 그가 누구건 간에 세금을 낼 것입니다. 현자는 팔려고 내놓은 물건은 돈을 내야 살 수 있음을 압니다. 문지기에게 욕하고, 지팡이를 부러뜨리고, 채찍으로 치라고 주인에게 요구함으로써 기뻐한다면 이는 도량이 좁은 소치입니다. 다투는 사람은 자신을 맞수로 만들어, 이기려고 하다가 자기도 상대와 똑같은 사람이 되었습니다.

"하지만 주먹질을 당한다면 현자는 어떻게 할 것인가?" 현자는 카토가 얼굴을 맞았을 때처럼 처신할 것입니다. 카토는 불끈하지 않았고, 불의에 대해 복수나 용서를 하기는커녕 오히려 불의가 행해지지 않았다고 말했습니다. 관대함보다 더 큰 자긍심으로 인해, 그는 불의를 인정하지 않았던 것입니다. 이 점에 길게 머물지는 않을 것입니다. 현자는 모두와는 다르게 좋음과 나쁨을 판단한다는 것은 누구나 알지 않습니까? 현자는 사람들이 추하거나 불쌍하다고 여기는 것에 괘념치 않고, 대중이 가는 길로 가지 않으며, 행성이 하늘과 반대로 움직이듯이 현자는 모든 사람의 의견에 맞서 전진합니다.

15 그러니 이렇게 묻지 마십시오. "그렇다면 얻어맞고 눈이 뽑힐지라도 현자는 불의를 당하지 않는 것인가? 광장에서 저속한 말을 쏟아놓는 자들의 욕설과 계속 부딪칠지라도, 현자는 모욕을 당하지 않는 것인가? 왕의 연회에서 식탁 아래 앉아 허드렛일을 하는 노예들과 같이 먹으라고 명을 받을지라도? 자유인의 자존심에 부적절하다고 생각될 무엇인가를 감내하라고 강요당할지라도?" 그것들의 숫자나 크기가 얼마이든, 그것들의 본성은 같습니다. 작은 것들이 현자를 건드리지 못한다고 할 때 큰 것들도 그러하며, 적은 숫자가 그를 건드리지 못한다고 할 때 많은 숫자라도 그러합니다. 당신들은 당신들의 허약함에서 현

자의 위대함을 유추하며, 당신들의 인내 한계에 비추어 현자의 한계를 조금 더 높이 설정합니다. 그러나 현자의 덕은 그를 우주의 다른 영역에 놓아두며, 현자는 당신들과 공통점을 가지지 않습니다. 모질고 참기 힘든, 차마 보고 들을 수 없는 것들을 찾아보십시오. 이것들에 현자는 압도당하지 않으며, 이것들 하나하나는 물론이고 이것들 모두에 맞설 것입니다. 현자가 어떤 것은 참고 어떤 것은 참지 못한다고 말하면서, 영혼의 위대함을 특정 한계 내에 가둔다면, 이는 잘못입니다. 운명 전체를 이기지 못한다면 우리는 운명에 제압될 것입니다.

이것이 스토아적 냉정함이라고 생각하지 마십시오. 당신들이 은둔의 변호인으로, 유약함과 나태와 쾌락의 선생으로 여기는 에피쿠로스의 말입니다. "운명이 현자를 방해하는 경우는 드물다." 얼마나 사내대장부에 가까운 소리입니까! 이보다 용감하게 주장하여, 운명을 완전히 제거해 버리는 것은 어떻습니까? 현자의 집은 협소하고, 장식이 없고, 소란스럽지도 호사스럽지도 않으며, 돈벌이를 위해 방문객을 차별하는 문지기들이 거만하게 문 앞을 지키지도 않습니다만, 이렇게 비어 있는 문지방을 지나 문지기 없는 문으로 운명은 들어서지 않습니다. 자신에게 속한 것이 없는 곳에는 자신이 끼어들 여지가 없음을 아는 것입니다.

16 육체를 굉장히 아끼는 에피쿠로스까지도 불의에 맞설진대, 어찌 우리에게 이것이 불가사의한 일이거나 인간 본성의 한계를 넘어서는 일로 보이겠습니까? 에피쿠로스는 현자가 불의를 참을 수 있다고 말하고, 우리는 현자에게는 불의가 없다고 말합니다. 실로 이것이 본성에 어긋난다고 말할 이유는 없습니다. 우리는 채찍질당하고 구타당하고 신체 일부를 잃음이 불편임을 부정하는 것이 아니라, 이 모든 것이 불의라는 점을 부정하는 것입니다. 우리는 여기서 고통을 느낀다는 점을 떼

어내는 것이 아니라, 불의라는 이름을 떼어내는 것으로, 덕이 온전할 때 불의라는 이름은 용인될 수 없습니다. 둘 중 누가 더 참되게 말하는지는 나중에 보겠지만, 일단 둘 다 불의를 무시하는 데는 일치합니다. 사람들은 둘이 어떻게 다른지 묻습니까? 최고로 용감한 두 검투사, 즉 상처를 누르며 버티고 서 있는 검투사와, 함성을 지르는 대중을 바라보며 건재함을 과시하고 시합을 이어가는 검투사만큼의 차이입니다. 우리 둘이 크게 다르다고 생각할 이유는 없습니다. 중요한 논점이자, 당신들과 관련하여 두 예가 하나같이 권하는 것은, 불의를 무시하고, 제가 불의의 그림자와 기미라고 칭했던 모욕을 무시하는 것인바, 이것들을 무시하기 위해서는 현자가 될 필요는 없고 바른 정신만 가지면 되는 것으로, 바른 정신을 가진 사람은 다음과 같이 자문해볼 수 있습니다. "이것들이 나에게 일어나는 것은 마땅한가? 그렇지 않은가? 마땅하다면, 모욕이 아니라 심판이다. 그렇지 않다면, 불의를 저지른 사람이 부끄러워해야 한다." 모욕이라는 것은 무엇입니까? 누군가 저의 대머리, 근시, 앙상한 다리와 체격을 조롱했습니다. 명백한 사실을 듣는 것이 어째서 모욕입니까? 우리는 한 사람 앞에서 이런 말을 들으면 웃으면서, 여러 사람 앞에서 들으면 분개합니다. 또 평소 우리끼리 자유롭게 말하도록 허용하면서, 다른 사람들에게는 허용하지 않습니다. 적절한 조롱은 즐거워하면서, 지나치면 분노합니다.

17 크뤼십포스가 전하기를, '물에 빠진 거세된 숫양[9]'이라고 불렸다 하여 분개하는 사람이 있었다고 합니다. 우리는 원로원에서 오비디우스 나소[10]의 사위인 코르넬리우스 피두스가 코르불로에게서 '털 뽑

---

9) 확실한 뜻은 알려지지 않았으나, 양이 물에 빠져 허우적대는 꼴에 빗대어 다른 사람을 비방할 때는 쓰는 말로 보인다.

힌 타조'라는 말을 듣고 우는 것을 보았습니다. 인격과 삶에 상처를 주려는 악담에 맞서서는 눈도 꿈쩍하지 않던 그가, 이런 말에 어이없게도 눈물을 쏟았던 것입니다. 이성이 떠난 곳에서 마음의 허약함은 이처럼 큽니다. 우리가 못마땅하게 여기는 이런 경우는 어떻습니까? 누군가 우리의 말이나 걸음걸이를 모방하여, 발음이나 몸의 흠결을 흉보는 경우 말입니다. 이것들은 우리 자신이 할 때보다는 다른 사람이 흉내낼 때 더 잘 드러납니다. 어떤 사람들은 연륜과 백발 등을 소망하다가도 막상 남들이 언급하면 언짢아합니다. 어떤 사람들은 가난을 숨김으로써 자신의 가난을 스스로 비난하지만, 남들이 자신의 가난을 비난하면 괴로워합니다. 따라서 당신이 먼저 말을 꺼내면, 모욕하고 조롱하려던 뻔뻔한 자들은 이야깃거리를 뺏기게 됩니다. 자조하는 사람을 조롱하는 사람은 없습니다. 전하는바, 바티니우스는 조롱과 혐오를 받기 십상인 외모로 태어났으나, 매력적인 익살꾼이자 만담꾼이 되었습니다. 그는 자진해서 자신의 발과 짧은 목에 대해 수많은 이야기를 늘어놓았습니다. 그리하여 그는 자신의 결함만큼이나 많은 적의 조롱, 특히 키케로의 조롱마저도 피했던 것입니다. 끊임없는 자기비하를 통해 부끄러워하는 법마저 잊어버렸던 그도 할 수 있었던 일을, 자유인의 학문과 지혜를 연마하여 어느 정도 진전을 보인 사람이 왜 할 수 없겠습니까? 덧붙여, 모욕하는 사람에게서 모욕하는 쾌락을 빼앗는 것도 일종의 복수입니다. 누군가 말하곤 합니다. "망했다. 그는 알아듣지 못했다." 모욕의 즐거움은 당하는 사람의 알아차림과 분개에 달려 있습니다. 다음으로, 모욕을 준 사람은 언젠가 임자를 만나게 될 것입니다. 당신의 복수를 해줄 사람이 나타날 것입니다.

---

10) 기원전 1세기에서 기원후 1세기에 활약했던 로마 시인. 대표작으로『변신 이야기』가 있다.

18 수많은 악덕을 가진 가이우스 카이사르[11]는 특히 모욕을 심하게 즐겼는바, 모두에게 치욕을 안기려는 이상한 욕망에 사로잡혀 있었지만 그 자신 역시 대단한 조롱의 대상이었습니다. 광기 서린 창백함은 매우 흉측했고, 노파 같은 이마 밑에 숨겨진 눈은 극히 사나웠고, 머리카락이 듬성듬성 남은 대머리는 볼품이 없었습니다. 여기에 털로 덮인 목, 앙상한 다리, 큰 발을 덧붙이십시오. 그가 부친과 조부, 모든 계층의 사람들을 모욕했던 사례를 하나하나 언급하는 것은 엄청난 일입니다. 그러니 그에게 파멸을 가져온 사례만을 언급하겠습니다.

발레리우스 아시아티쿠스는 가이우스의 가장 친한 친구였는데, 그는 사나운 사내로, 평정심을 가지고서 모욕을 받아들이지 못할 인물이었습니다. 연회, 그러니까 집회에서 가이우스는 발레리우스에게 발레리우스의 아내가 보인 잠자리 행동을 놓고 아주 큰 목소리로 불평했습니다. 선한 신들이여, 남편이 이를 듣다니! 카이사르가 이를 알다니! 카이사르가 집정관 역임자도, 친구도 아니고, 남편에게 자신의 간통과 불만거리를 거리낌 없이 말할 정도라니! 또 군사 대장 카이레아는 용맹에 어울리지 않는, 그의 업적을 몰랐다면 의구심을 불러일으킬 정도로 가느다란 목소리를 가진 사람이었습니다. 카이레아가 당일의 암구호(暗口號)를 요청하자, 가이우스는 그에게 때로는 '베누스', 때로는 '프리아푸스'를 쓰라고 답하면서, 매번 그의 군인답지 않은 가느다란 목소리를 조롱했습니다. 그것도 번쩍이는 옷을 걸치고 샌들을 신고 금으로 치장하고서 말입니다. 그래서 카이레아는 더는 암구호를 묻지 않으려 가이우스에게 칼을 사용했습니다. 카이레아는 반역자들 가운데 가장 먼저 손을 들어올렸고, 단번에 가이우스의 목을 찔렀습니다. 사방에서 공적 불의와 사적 불의를 복수하려는 수많은 칼이 가이우스를 향했을 때, 가장 사내다

---

11) 칼리굴라.

워 보이지 않던 카이레아의 칼이 가장 빨랐던 것입니다.

한편 바로 그 가이우스는 모든 것을 모욕으로 받아들였습니다. 이는 모욕하기를 아주 좋아하는 사람들이 모욕당하면 참지 못하는 것과 같습니다. 헤렌니우스 마케르에게 분노한 이유는 자신을 '가이우스'라고 부르면서 인사했기 때문입니다. 어떤 백인대장도 처벌했는데, 자신을 '칼리굴라'라고 불렀기 때문입니다. 가이우스는 병영에서 태어나 군대에서 자랐기 때문에 군인들은 그를 '칼리굴라'[12]로 불렀으며, 이 이름이 가장 친숙했지만, 희극 장화를 신은 그는 지금 '칼리굴라'를 비방이자 욕설로 여겼습니다. 그렇다면 이런 일이 위안이 될 것인바, 우리가 관용을 베풀어 복수를 단념하더라도, 후안무치하고 오만하고 모욕을 즐기는 사람을 처벌하는 누군가가 나타날 터이니, 그런 사람의 악덕은 결코 한 사람에게 또는 한 번의 모욕으로 끝나지 않는 법입니다.

인내 때문에 칭찬받은 사람들의 본보기, 소크라테스로 돌아가봅시다. 소크라테스는 자신을 겨냥하여 상연된 희극[13]의 풍자를 좋게 받아들여, 아내 크산티페가 더러운 물을 자신에게 뿌릴 때처럼 웃어버렸습니다. 안티스테네스[14]는 어머니가 트라키아 출신의 이방인이라는 이유로 비난받자 신들의 어머니도 이다 산에서 왔다고 대답했습니다.[15]

19 논쟁과 싸움에 의지해서는 안 됩니다. 이것들에 최대한 발을 들여놓지 말아야 하며, (오직 미숙한 자들만이 저지를 수 있는바) 미숙한 자들이 행하는 그런 것들을 무시해야 하고, 대중이 주는 명예와

---

12) 칼리굴라는 병영 장화라는 뜻이다.
13) 아리스토파네스, 『구름(Nephelai)』.
14) 소크라테스의 제자들 가운데 한 명이다.
15) '신들의 어머니'인 레아 여신의 숭배가 트라키아의 이다 산과 관련되기 때문에, 아테네인들은 여신을 '이방(異邦)의 신'이라고 불렀다.

불의를 같게 여겨야 합니다. 여기에 괴로워해서도, 저기에 즐거워해서도 안 됩니다. 그렇게 하지 않는다면, 우리는 모욕에 대한 두려움이나 혐오 때문에 필요한 많은 것들을 소홀히 하여, 공적 의무와 사적 의무를, 때로는 생명과 관련된 일까지도 행하지 못하게 됩니다. 듣기 싫은 말을 들었다 해서 여자처럼 근심하고 괴로워한다면 말입니다. 우리는 가끔 권력자들에게 화가 나서 무절제하게 그리고 마음대로 감정을 드러낼 것입니다. 하지만 참지 못함이 결코 자유는 아닙니다. 우리는 자신을 기만했던 것입니다. 자유란, 불의를 넘어선 곳에 마음을 올려놓고, 자기 자신을 즐거움의 유일한 원천으로 만들며, 자신으로부터 외적인 것들을 떼어놓는 일인바, 모든 사람의 비웃음과 모든 사람의 혀를 두려워하는 불안한 삶을 살지 않도록 말입니다. 모욕할 수 있을 때 모욕하지 못할 사람이 누가 있겠습니까? 하지만 지혜를 추구하는 현자는 다른 치유책을 쓸 것입니다. 실로 완벽하지 못해서 대중의 판단에 자신을 맞추는 사람들이 마음에 새겨두어야 할 것은, 그렇게 살 경우 불의와 모욕 속에서 살아가야 한다는 사실입니다. 이를 예측하는 사람들은 모든 것을 가볍게 견뎌냅니다. 가문, 명성, 상속재산에 있어 뛰어난 사람일수록 최전방에 가장 큰 병사들이 서 있음을 명심하며, 더욱 용감하게 견디라 하십시오. 모욕, 욕설, 불명예, 여타의 굴욕을 적의 함성, 멀리서 날아온 무기, 투구에 부딪혀 소리를 내지만 상처를 입히지 못하는 돌처럼 견디어, 때로는 갑옷에, 때로는 가슴에 박힌 상처와도 같은 불의에 쓰러지지 말고 한 치도 물러섬 없이 버티라 하십시오. 적들의 위협적인 힘에 포위되어 압박당할지언정, 항복은 추한 일입니다. 자연이 당신에게 배정한 자리를 지키십시오. 어느 자리냐고 묻는 것입니까? 사내대장부의 자리입니다. 현자의 방법은 이와 다릅니다. 당신들은 여전히 싸우고 있지만, 현자는 이미 승리했기 때문입니다. 이익을 위해 다투지 말고, 진리에 도달할 때까지 마음에 희망을 키우고, 더 좋은 것들을 가슴에 품고, 기대와 소망으로 기뻐하십시오. 정복되지 않는 것이 있다는 사실, 운명이 어떤 힘도 가할 수 없는 사람이 있다는 사실, 이는 인류의 공동자산입니다.

제3권

분노에 관하여 I

De Ira I

1 노바투스여, 당신은 저에게 분노를 누그러뜨릴 방법을 적어달라고 요청했습니다. 당신이 가장 끔찍하게 미쳐 날뛰는 이 정념을 특히 두려워하는 것은 당연합니다. 다른 정념들에는 고요하고 평온한 무엇인가도 들어 있지만, 분노는 전적으로 격렬하며 공격적입니다. 분노는 광분하여 고통의 무기와 피의 처벌을 비인간적으로 욕구하며, 실성하여 타인에게 해를 끼치고, 자신마저 파멸로 이끌 복수를 열망하여 복수의 창끝에 자신의 몸을 던집니다.

어떤 현자들은 분노란 순간적 광기라고 말했습니다. 자신을 제어하지 못하고, 품위를 망각하고, 친구를 잊고, 집착하고 골몰하여 이성과 충고는 배척하고, 작은 이유로 흥분하고, 공정함과 바름을 분간해내지 못하니, 분노는 허물어져 쏟아져내리는 돌 더미와 같습니다. 분노에 사로잡힌 사람들의 모습을 보면 그들이 제정신이 아님을 알 수 있습니다. 무모하고 위협적인 표정, 찌푸린 이마, 험한 얼굴, 빠른 걸음, 떨리는 손, 돌변하는 안색, 잦고 거친 호흡이 미친 사람의 확실한 증거라고 할 때, 분노한 사람의 증거도 이와 같습니다. 눈은 불타오르고, 피가 심장 깊은 곳에서 솟구쳐 얼굴 전체가 뻘겋게 달아오르며, 입술은 떨리고, 이를 꽉 물며, 머리카락은 곤두서고, 숨은 가쁘게 헉헉대며, 관절은 비틀려 우두둑 소리를 냅니다. 신음하며 소리칩니다. 말은 알아들을 수 없는 데다가 종종 끊깁니다. 자주 손을 내려치고 발을 구릅니다. 온몸은 흥분하여 분노의 커다란 위협을 가합니다. 찌푸리고 열 받은 얼굴은 끔찍하고 소름이 끼칩니다. 분노가 혐오스러운 악인지 아니면 추한 악인지 말하기란 어렵습니다.

다른 정념들은 감춰진 채 몰래 커질 수 있습니다. 그러나 분노는 드러나 얼굴에 나타나고, 클수록 더욱 분명하게 끓어오릅니다. 모든 동물은 자신이 덤벼들 것이라는 신호를 보낸다는 사실을 당신도 알지 않습니까? 몸 전체가 평소의 조용한 상태에서 벗어나 사나워집니다. 멧돼지는 입에 거품을 물고 이빨을 날카롭게 갈며, 황소는 뿔로 허공을 받고 발로 모래를 차고, 사자는 포효하며, 뱀은 흥분하여 목을 부풀리고, 미친개는 사납게 얼굴을 일그러뜨립니다. 위협적이고 위험한 동물치고 분노에 덧붙여 포악함을 드러내지 않는 동물은 없습니다. 저는 몇몇 정념들 또한 감추기 어렵다는 것을 잘 알고 있습니다. 욕정과 공포, 만용 또한 겉으로 드러나며 미리 알아볼 수 있게 합니다. 격렬한 동요가 일면 표정이 바뀔 수밖에 없기 때문입니다. 그렇다면 이들 정념들과 분노가 다른 점은 무엇입니까? 전자의 것들은 드러나지만, 후자는 두드러집니다.

2 이제 원한다면, 분노가 야기한 결과와 손실을 살펴보십시오. 분노보다 인류를 더 많이 희생시킨 재앙은 없었습니다. 당신은 살육과 독살, 지저분한 고소와 맞고소, 국가의 붕괴, 인류의 멸망, 귀족신분의 매매, 주택의 방화, 성벽 안쪽만이 아니라 성벽 너머 주변 지역까지 모조리 불태우는 화염을 마주하게 될 것입니다. 아주 유명했던 도시

라고는 전혀 알아볼 수 없는 빈터를 보십시오. 분노가 도시를 붕괴시킨 것입니다. 수십 리를 가도 인적 없는 황무지를 보십시오. 분노가 그곳을 폐허로 만든 것입니다. 불운의 예로 기억된 수많은 지도자를 보십시오. 분노는 어떤 이를 침상에서 찔렀고, 어떤 이를 신전 제단에서 때려 죽였으며, 어떤 이를 법정의 청중 앞에서 찢었고, 어떤 이를 아들에게 살해되어 피 흘리게 했으며, 왕족의 목을 노예의 손에 내맡겼고, 어떤 이의 사지를 십자가에 못 박았습니다. 지금까지는 개인의 처형을 말했습니다. 당신이 괜찮다면, 분노가 개개인을 상대로 불타오른 경우는 그만두고, 칼 아래 살해당한 민회의 군중, 침략한 적들에게 학살된 민중, 무차별한 파멸 속에서 사형을 선고받은 전체 인민을 살펴보면 어떻겠습니까? [……]

(브라카의 마르티누스, 『분노에 관하여[De ira]』 제2장) 분노는 모든 것들을 가장 정의롭고 훌륭한 상태와는 정반대의 것으로 만듭니다. 분노에 사로잡힌 사람은 누구든지 자신의 의무를 잊어버립니다. 아버지를 분노케 하십시오. 원수가 됩니다. 아들을 분노케 하십시오. 살인자가 됩니다. 어머니를 분노케 하십시오. 계모가 됩니다. 시민을 분노케 하십시오. 적이 됩니다. 왕을 분노케 하십시오. 참주가 됩니다.

(락탄티우스, 『신의 분노에 관하여[De ira dei]』 제17권 13장) 그런데 철학자들이 분노의 이유가 무엇인지를 몰랐다는 사실은 세네카의 분노에 관한 저술에서 열거된 철학자들의 정의로부터 분명히 드러납니다. 그가 말하기를, 분노는 불의에 복수하려는 욕망, 또는 포세이도니오스가 말하듯이, 당신에게 불의한 손해를 입혔다고 당신이 생각하는 자를 응징하려는 욕망입니다. 어떤 사람들은 이렇게 정의합니다. 분노

는 해를 끼친 혹은 해를 끼치려고 했던 자에게 해를 입히려는 영혼의 충동이라고 말입니다.[1]

[……] 우리의 관심을 경멸하거나 우리의 권위를 무시하는 사람들에게처럼 [……] 군중은 왜 검투사들에게 분노합니까? 부당하게도 군중은 그들이 기꺼이 죽지 않는 것을 잘못되었다고 생각합니다. 그들이 기꺼이 죽지 않으면 군중은 무시당한다고 여깁니다. 군중의 표정과 몸짓과 열망은 구경꾼에서 적으로 바뀝니다. 하지만 이러한 것은 무엇이든지 간에 분노가 아니라 유사 분노에 불과합니다. 이는 넘어지고 나서 땅에 분풀이하려는 어린아이들의 경우와 같습니다. 어린아이들은 종종 자기가 분노하는 이유를 모릅니다. 어린아이들은 불의를 당했다는 인상[2]과 처벌에 대한 욕망을 가지고 실제로는 불의를 당하지 않았는데도 뚜렷한 이유 없이 분노합니다. 그래서 어린아이들은, 사람들이 땅에다 주먹질하는 척하고 거짓 눈물로 땅을 용서하라고 간청하면 화를 풉니다. 가짜 고통은 가짜 복수에 의해서 사라집니다.

3 누군가는 말합니다. "우리는 종종 우리에게 해를 입힌 사람이 아니라, 해를 입히려는 사람에게 분노한다. 그러니 분노는 불의를 당해서 생기는 것이 아니다." 사실 우리는 우리에게 해를 입히려는 사람

---

1) 제2장의 본문은 크게 훼손되었기에 세네카의 글을 인용한 후대의 철학자들에게서 훼손 부분의 흔적을 찾아 보충했다. 락탄티우스의 인용문에 언급된 분노의 세 가지 정의 중 첫 번째는 헬레니즘 철학에서 통용된 정의이고, 두 번째는 스토아 철학자 포세이도니오스가 제시한 정의이며, 세 번째는 아마도 에피쿠로스 철학자들이 제시한 정의일 것이다.
2) 스토아 정념론에서 '인상(印象)'은 마음에 수용되어 '동의'를 얻은 다음 '충동'이나 정념적 반응을 불러일으킨다.

들에게 분노합니다. 바로 그런 의도만으로도 그들은 우리에게 불의를 끼친 것으로서, 불의를 가하려는 의도를 가진 사람은 이미 해를 입힌 것입니다. 누군가는 말할 것입니다. "분노는 처벌에 대한 욕망이 아니다. 약한 사람은 강한 사람에게 종종 분노하지만, 가망 없는 처벌을 욕망하지는 않는다." 첫째, 분노는 처벌을 실행할 욕망이지 능력이 아니라고 우리는 말했습니다. 사람들은 자기가 실행할 수 없는 것조차도 욕망합니다. 둘째, 제 아무리 비천한 사람일지라도 극히 존귀한 사람의 처벌을 바랄 수는 있습니다. 우리는 모두 해를 입힐 가능성은 가지고 있습니다.

아리스토텔레스의 정의(定義)는 우리의 정의와 크게 다르지 않습니다. 왜냐하면 그는 분노란 고통을 되갚으려는 욕망이라고 말하기 때문입니다. 그의 정의와 우리의 정의가 가진 차이를 일일이 설명하자면 오랜 시간이 걸립니다. 누군가는 그의 정의나 우리의 정의에 맞서 반론할 수 있습니다. '그러나 짐승이 분노하는 것은 불의에 자극받은 것도 아니고, 타자에게 처벌이나 고통을 주려는 것도 아니다. 짐승은 결과적으로 고통을 주기는 하지만 그것을 목적으로 삼지는 않는다.' 그렇다면 인간 이외의 어떤 짐승에게도 분노는 없다고 말해야 합니다. 분노는 이성의 적으로서 오직 이성을 가진 존재에게서만 생겨나는 것입니다. 짐승에게는 충동, 사나움, 잔인함, 공격성은 있지만, 사치만큼이나 분노 또한 없습니다. 물론 어떤 쾌락들은 짐승이 인간보다 더 추구하지만 말입니다. "멧돼지는 분노함을 잊었고, 암사슴은 제 빠른 발에 기대지 않았으며, 곰은 저보다 더 강한 가축 떼를 공격하기를 잊었다"고 말한 시인을 믿을 이유는 없습니다.[3] 그가 말하는 '분노함'은 '자극받음', '추동됨'을 의미

---

3) 오비디우스, 『변신이야기』(천병희 역, 숲, 2005) 제7권 545행 이하(번역자 부분 수정). 이 구절은 아이기나의 역병으로 짐승들이 본래적 성격을 잃고 죽어간다는 대목에서 인용한 것이다.

합니다. 짐승은 용서할 줄도 분노할 줄도 모릅니다. 말 못하는 동물에게는 인간의 정념은 없으나, 이와 비슷한 어떤 충동은 있습니다. 그렇지 않고 만약 동물이 사랑하거나 증오할 수 있다면, 우정과 시기, 불화와 화합도 할 수 있었을 것입니다. 동물에게도 그 자취가 일부 남아 있기는 하지만, 이것들은 좋든 나쁘든 간에 오직 인간의 마음에만 있습니다. 지혜, 예지, 신중, 숙고는 인간에게만 주어져 있습니다. 동물은 인간의 덕뿐만 아니라 악덕에서도 배제됩니다. 동물의 모습은 안팎 전체적으로 인간의 모습과 다릅니다. 동물의 영혼 중심부[4]는 인간과 다르게 형성되었습니다. 동물은 소리를 내기는 하지만 분절되지도 또렷하지도 않으며, 언어를 만들 수도 없습니다. 동물도 혀가 있기는 하지만 고정되어 있기 때문에 다양하게 움직일 수 없습니다. 이와 마찬가지로 동물의 영혼 중심부는 섬세하지도 세밀하지도 않습니다. 그래서 동물은 충동을 불러일으킬 사물의 인상, 즉 혼란스럽고 어지러운 인상을 받아들입니다. 이 때문에 동물의 소란과 몸부림은 격렬해집니다. 그러나 그것은 공포, 근심, 슬픔, 분노가 아니라 유사 정념에 불과합니다. 때문에 동물은 순식간에 정반대로 바뀝니다. 동물은 격렬하게 미쳐 날뛰거나 겁을 내다가도 풀을 뜯고, 으르렁거리고 미친 듯 사방팔방 돌진하다가도 갑자기 조용해져 잠이 듭니다.

4 분노가 무엇인지는 충분히 설명되었습니다. 분노와 분노 기질의 차이는 분명합니다. 이는 술에 취한 사람과 술꾼의 차이이자, 두려워하는 사람과 겁쟁이의 차이입니다. 분노한 사람이 분노 기질의 사람은 아닙니다. 분노 기질의 사람이 분노하지 않을 수도 있습니다. 희랍인들이 더 많은 명칭으로 구분해놓은 여타의 분노들은 생략하겠습니다.

---

4) '영혼 중심부'는 영혼의 '명령 중심지'이자 지각과 충동과 사유의 장소이다.

우리 라티움어에는 그에 맞는 용어가 없기 때문입니다. 비록 우리가 '가혹한', '가차 없는' 뿐만 아니라, '짜증내는', '성난', '고함지르는', '까다로운', '사나운'이라는 말을 쓰지만 말입니다. 이것들은 모두 다른 종류의 분노입니다. 이것들 사이에 '쉽게 삐치는'이 포함될 수 있는데, 이는 분노 기질의 약한 종류입니다. 고함치는 도중에 진정되는 분노가 있고, 자주 생기고 오래가는 분노가 있으며, 행동은 사납지만 말은 사납지 않은 분노가 있고, 악담과 거친 말이 튀어나오는 분노가 있으며, 불평이나 혐오만 표출하는 분노가 있고, 내면 깊이 무겁게 내려앉은 분노가 있습니다. 복합적 악은 수천 가지 모습을 가지고 있습니다.

5 우리는 분노가 무엇인지, 인간 이외의 다른 동물에게 분노가 생기는지, 분노는 분노 기질과 어떻게 다른지, 분노의 종류는 얼마나 많은지를 고찰했습니다. 이제는 분노가 자연스러운 것인지, 분노는 유용한 것인지, 분노는 어느 정도 표출해야 하는지를 고찰해봅시다.

우리가 인간을 잘 들여다보면, 분노가 자연스러운 것인지 아닌지가 명백히 드러날 것입니다. 마음이 정상 상태일 때 무엇이 이보다 더 온화하겠습니까? 반면 무엇이 분노보다 더 잔인하겠습니까? 인간만큼 타자를 사랑하는 존재는 무엇입니까? 무엇이 분노보다 더 적대적이겠습니까? 인간은 서로를 돕기 위해 태어났지만, 분노는 서로를 파괴하기 위해 태어났습니다. 인간은 모이기를 원하지만, 분노는 흩어지기를 원합니다. 인간은 이로움을 주기를 원하지만, 분노는 해를 끼치기를 원합니다. 인간은 모르는 사람도 돕기를 원하지만, 분노는 심지어 가장 소중한 사람마저 공격하기를 원합니다. 인간은 타인의 이익을 위해 스스로 희생할 준비가 되어 있지만, 분노는 타인을 끌어내려 위험에 빠뜨릴 준비가 되어 있습니다. 그렇다면 자연의 가장 훌륭하고 완전한 피조물을 사납고 치명적인 악덕에 내맡기는 사람보다 자연에 무지한 사람이 어디 있겠습니까? 우리가 말했듯이, 분노는 처벌을 열망합니다. 처벌에 대한 욕망이 가장 평화로운 곳인 인간의 가슴 안에 있다는 사실은 전혀 자연스럽지 않습니다. 인간의 삶은 호의와 화합에 달려 있으며, 인간들은 서로 두려워하지 않고 서로 사랑함으로써 상호 이익을 위해 뭉칩니다.

6   "어떤가? 때로 꾸짖음이 반드시 있어야 하지 않는가?" 왜 아니겠습니까? 꾸짖음은 분노가 아니라 이성과 함께해야 합니다. 꾸짖음은 해를 끼치는 것이 아니라, 해를 끼치는 것처럼 보여도 실제로는 치료이기 때문입니다. 구부러진 창날을 바로잡기 위해 열을 가하고, 부수지 않고 펴기 위해 뾰족 망치로 두드리듯이, 악덕으로 망가진 성품을 몸과 마음에 고통을 줘서 바로잡습니다. 확실히 의사는 병이 가벼울 경우 처음에는 환자의 생활습관을 약간 바로잡고자 합니다. 음식과 운동을 조절하고 생활방식의 변화를 통해 환자의 건강을 회복시키고자 합니다. 그다음 처방은 절제입니다. 절제와 조절에도 차도가 없으면 일부 음식을 제한합니다. 회복의 기미가 없으면 모든 음식을 금하고 단식으로 몸을 비우게 합니다. 상대적으로 가벼운 조치들이 효과가 없으면 피를 뽑고, 붙어 있는 사지가 병을 확산시켜 몸을 해롭게 만들 경우 사지를 절단합니다. 건강을 회복시키는 치료를 모질다고 생각하는 사람은 아무도 없습니다. 마찬가지로 법을 수호하고 국가를 통치하는 사람의 임무는 할 수 있는 한 말로, 아니 부드러운 말로 사람들의 성품을 치료하는 것입니다. 의무를 행하라고 설득하고, 사람들의 마음을 사로잡아 훌륭하고 공정한 것을 욕망하게 하며, 악덕을 미워하고 덕을 높이 평가하도록 하는 것입니다. 그다음으로 쓴소리를 해야 하는데, 경고와 책망을 위함입니다. 마지막으로 되돌릴 수 있는 가벼운 처벌을 해야 합니다. 극형

은 극악한 범죄자에게만 내려야 하는데, 사형을 당하는 사람에게 이익이 되는 경우를 제외하고 누구도 사형해서는 안 되기 때문입니다. 통치자는 한 가지 점에서 의사와 다릅니다. 살릴 수 없는 사람에게 편안한 죽음을 맞이하게 하는 것이 의사라면, 통치자는 사형수에게 수치스럽게 공개적으로 사형을 집행합니다. 통치자는 처형을 즐기기 때문이 아니라 (비인간적 잔인함은 현자와 동떨어진 것입니다), 사형수가 모든 사람에게 본보기가 되도록, 살아 있는 동안 이로움을 행하지 않던 사람이 죽어서나마 국가에 이익이 되도록 사형에 처합니다.

그러므로 인간의 본성은 처벌을 탐하지 않습니다. 분노는 인간의 본성을 거스릅니다. 분노는 처벌을 추구하기 때문입니다. 플라톤의 논변 또한 제시하겠습니다. 우리와 똑같은 견해를 가진 남의 말을 인용하는 것이 무슨 해가 되겠습니까? 플라톤은 말합니다. "선한 사람은 해를 끼치지 않는다." 처벌은 해를 끼칩니다. 그러므로 처벌은 선한 사람에게 어울리지 않으며, 그 때문에 분노도 그에게 어울리지 않습니다. 처벌은 분노에 어울립니다. 선한 사람은 처벌하기를 좋아하지 않는다고 할 때, 그는 처벌에 즐거워하는 정념에도 기뻐하지 않을 것입니다. 그러므로 분노는 본성적인 것이 아닙니다.

7 비록 분노가 본성적인 것은 아니지만, 유용하다는 이유로 종종 이를 취해야겠습니까? 분노는 용기를 불어넣고 북돋아줍니다. 분노 없는 용기는 전쟁에서 위대한 공적을 남길 수 없습니다. 분노가 불길을 일으키고, 대담한 자들을 자극하여 위험에 맞서도록 하지 않는다면 말입니다. 그래서 어떤 이들은 분노를 없애지 말고 조절하는 것이 가장 좋다고 생각합니다. 과도한 것을 잘라내고 유익할 정도로 억제하여, 행동이 둔해지고 정신력이 풀리지 않을 만큼 분노를 유지하는 것이

가장 좋다는 것입니다. 첫째, 해로운 것들을 다스리기보다는 차단하는 것, 받아들이고 나서 조절하기보다는 아예 받아들이지 않기가 더 쉽습니다. 이것은 일단 소유물이 되고 나면 소유자를 압도하여 잘라내거나 없앨 수 없습니다. 둘째, 고삐를 잡은 이성은 오직 정념과 떨어져 있는 동안에만 강력합니다. 일단 정념과 뒤섞여 오염되고 나면, 멀리할 수 있었던 정념을 더는 이성이 억제할 수 없습니다. 충격을 받고 흔들린 정신은 자신에게 충격을 가한 것의 노예가 되기 때문입니다. 어떤 것들의 시작은 우리에게 달려 있으나, 다음 단계에서 그것들은 우리를 강압하여 이전 단계로 되돌아가지 못하게 합니다. 낭떠러지에서 몸을 일단 던지고 나면 사람은 자기 뜻대로 몸을 가누지 못하며, 추락에 저항할 수도 이를 지연시킬 수도 없습니다. 추락은 되돌릴 수 없기 때문에 던지고 나면 더는 숙고와 후회를 할 수 없으며, 피할 수도 있었던 그곳으로 갈 수밖에 없습니다. 마찬가지로 만약 마음이 분노, 사랑, 그밖의 정념에 사로잡히면 마음은 충동을 억제할 수 없습니다. 충동은 마음을 낚아채며, 충동의 무게와 추락하는 악덕의 본성이 마음을 나락으로 떨어뜨릴 것이 분명합니다.

8   분노의 자극을 처음부터 멀리하고, 그 싹을 자르며, 분노하지 않도록 노력하는 것이 가장 좋습니다. 분노 때문에 길을 잃기 시작하면 건전한 상태로 되돌리기가 어렵습니다. 정념을 불러들여서 자발적으로 어떤 권한을 부여하자마자 이성은 무력해지기 때문입니다. 그때부터 정념은 자신에게 허용된 것이 아니라 자신이 원하는 일을 할 것입니다. 말하자면, 적은 최전선에서 막아야 합니다. 쳐들어온 적이 일단 성문을 돌파한다면 패자들로부터 적당히 약탈하는 경우란 없기 때문입니다. 마음은 정념과 분리되지 않고, 정념이 정도 이상으로 나아가지 못하

도록 밖에서 감시하기는커녕 아예 정념으로 바뀌어버립니다. 그리하여 건전하고 유용한 힘이 약화되어 상실되고 나면, 마음은 이를 회복할 수 없습니다. 제가 말했다시피 이성과 정념의 자리가 분리되지 않으면, 마음은 악화와 호전 사이를 오락가락하게 되기 때문입니다. 따라서 이성이 일단 분노에 굴복하게 되면, 악덕에 사로잡힌 이성이 어떻게 다시 일어설 수 있겠습니까? 또는 나쁜 요소들이 우세한 혼란 속에서 이성이 어떻게 해방될 수 있겠습니까? 누군가 말할지도 모릅니다. "하지만 어떤 사람들은 분노를 통제한다." 그렇다면 그들은 분노가 명령하는 것이라곤 아무것도 하지 않습니까? 아니면 무엇인가는 합니까? 만약 그들이 아무것도 하지 않는다면, 당신들은 분노를 이성보다 더 강력하다는 이유에서 추천했지만, 분명 분노는 행위하는 데 반드시 필요한 것이 아닙니다. 다음으로 저는 분노가 이성보다 더 강한지, 더 약한지를 묻겠습니다. 만약 분노가 더 강하다면, 이성이 어떻게 분노를 통제할 수 있겠습니까? 흔히 약한 것들이 복종하기 때문입니다. 만약 분노가 더 약하다면, 이성은 분노 없이 혼자서도 충분히 성과를 얻을 수 있으며 약한 것의 도움을 바라지도 않습니다. "하지만 어떤 이들은 분노하더라도 한결같고 자신을 절제한다." 언제입니까? 그것은 분노가 누그러지고 저절로 사그라질 때이지, 끓고 있을 때는 아닙니다. 그 순간 분노가 좀더 강력하기 때문입니다. "그렇다면 어떤가? 때로 사람들은 분노하더라도 자신이 미워하는 자들을 해치지도 건들지도 않고 그냥 놓아주며 해를 끼치는 일을 삼가지 않는가?" 그렇기는 합니다. 언제입니까? 그것은 한 정념이 다른 정념을 쫓아냈거나, 공포나 욕망이 소기의 목적을 달성했을 때입니다. 그때 분노는 이성이 아니라 정념들 간의 불안하고 위태로운 평화로 인해 멎은 것입니다.

9 게다가 분노는 유용한 것도 가지고 있지 않고, 전쟁에서 용기를 북돋아주는 것도 아닙니다. 덕은 악덕의 도움이 필요하지 않으며, 그 자체로 충분합니다. 싸울 필요가 있을 때는 분노 없이 덕을 발휘하고, 필요하다고 생각한 만큼 당기거나 늦춥니다. 투척기에서 발사된 창이 얼마나 날아갈지는 투척자의 힘에 달린 것과 같습니다. 아리스토텔레스는 말했습니다. "분노는 필요하다. 분노 없이 싸울 수 없다. 분노가 마음에 가득하고 열의가 불타올라야 한다. 하지만 분노를 장군이 아니라 병사로 취급해야 한다." 이것은 틀린 말입니다. 분노가 이성의 말을 잘 듣고 이성이 이끄는 대로 따른다면, 그것은 더 이상 분노가 아닙니다. 분노의 고유한 특징은 반항이기 때문입니다. 반면 분노가 반항하고 명령 받은 곳에 잠자코 있지 않으며 난폭한 욕망에 이끌리는 것이라면, 분노는 퇴각 신호를 무시하는 병사만큼이나 쓸모없는 부하입니다. 따라서 분노가 통제될 수 있다면, 분노는 다른 이름으로 일컬어져야 합니다. 그것은 더 이상 분노가 아닙니다. 제가 이해하는 바에 따르면, 분노는 제멋대로 굴고 길들지 않기 때문입니다. 반면 통제될 수 없는 것이라면, 분노는 목숨을 위협하는 것에 불과하며 도움을 주는 것으로 여겨져서는 안 됩니다. 결국 분노는 분노가 아니거나 무용한 것입니다. 누군가가 처벌을 탐해서가 아니라 처벌해야 하므로 처벌한다면, 그를 분노하는 사람으로 간주해서는 안 됩니다. 장군의 명령에 복종할 줄 아는 병사는 유용합니다. 하지만 정념은 장군으로서 쓸모없는 만큼이나 부하로서도 쓸모없는 것입니다.

10 따라서 생각 없이 난폭한 충동에 이성은 도움을 청하지 않을 것입니다. 이성은 충동에 영향력을 행사하지 못하며, 공포에 분노를, 분노에 게으름을, 욕망에 두려움을, 충동에 충동을 대립시킴으로써만 충동을 억누를 수 있습니다. 이성이 악덕에 의존하는 그런 나쁜 일이 덕에

는 없기를! 악행으로 보호받고, 오직 분노로 용감하고, 오직 욕망으로 부지런하고, 오직 두려움으로 잠잠한 마음은 견고한 평온을 누릴 수 없으며, 따라서 흔들리고 동요할 수밖에 없습니다. 정념의 노예가 된 마음은 참주의 지배를 받으며 살 수밖에 없습니다. 덕을 악덕의 피호민으로 강등시키는 것은 부끄러운 일이 아닙니까? 게다가 정념 없이는 이성이 힘을 발휘하지 못한다면, 이성은 정념과 같은 것으로 되기 시작합니다. 이성 없이 무분별한 정념과 정념 없이 무기력한 이성이 뭐가 다릅니까? 둘 중 하나가 다른 하나 없이 존재할 수 없다면, 둘은 같은 것입니다. 그런데 정념과 이성을 같게 만드는 것을 누가 용인할 수 있겠습니까? 누군가는 말할지 모릅니다. "정념이 적당히 있으면 유용하다." 정념이 본성상 유용한 경우라면 모르겠습니다. 하지만 정념이 이성의 명령을 받아들이지 못할 때, '적당함'이란 다만 정념이 적으면 적을수록 좋다는 것을 의미합니다. 적당한 정념은 적당한 악에 불과합니다.

11 누군가 말할지도 모릅니다. "하지만 적을 상대할 때 분노는 필요하다." 전혀 필요하지 않습니다. 이 경우, 충동을 절제하고 명령에 따라야 하며 제멋대로 굴면 안 됩니다. 신체가 아주 튼튼하고 노고를 아주 잘 견디는 이민족들을 무력하게 만드는 것은 가장 큰 적, 분노 말고 무엇입니까? 검투사의 경우에도 기술은 그들을 보호해주지만, 분노는 무방비 상태로 만듭니다. 게다가 이성으로도 똑같은 목적을 달성하는 데 굳이 분노가 필요한 까닭이 무엇입니까? 사냥꾼이 사냥감에 분노한다고 생각합니까? 그는 사냥감이 다가오면 잡고 도망가면 뒤쫓는데, 이 모든 일을 분노 없이 이성이 행합니다. 수천의 킴브리아인들과 테우토네스인들[5]이 알프스 산맥에서 쏟아져 나왔을 때, 그들이 대패했다는

5) 킴브리아인들과 테우토네스인들은 북부 게르마니아로 이주한 후에 여러 번 로마

소식을 전령이 아니라 소문만이 고향에 전해줄 정도로 그들은 전멸했거니와, 용기 대신 분노를 취한 것 말고 그 무엇이 그들을 전멸시켰겠습니까? 분노는 가끔은 도중에 부딪히는 것을 쓰러뜨리지만, 자주 스스로 무너집니다. 누가 게르만족보다 더 용맹합니까? 누가 더 맹렬하게 공격합니까? 무기 사이에서 태어나 그것으로 길러져서 오직 그것에만 관심을 두고 다른 것을 등한시하는 게르만족보다 누가 더 무기를 열망합니까? 계속되는 혹한기에도 몸을 보호할 옷가지들과 거처조차 거의 마련하지 않는 게르만족보다 누가 더 굳건하게 온갖 것을 견디겠습니까? 그러나 로마 군단이 시야에 들어오기도 전에, 게르만인들은 히스파니아와 갈리아인들 그리고 전사답지 않은 아시아와 쉬리아인들에게 살육되었습니다. 그들은 쉽게 분노하는 기질 때문에 살육당하기 십상이었습니다. 자, 향락과 사치와 부를 모르는 몸과 마음에 이성과 규율을 주십시오. 간단히 말하자면, 확실히 우리는 옛 로마 전통을 되살릴 수밖에 없을 것입니다. 파비우스가 국가의 약화된 힘을 어떻게 회복시켰습니까? 지체하고 시간을 끌고 늦출 줄 알았기 때문에 그는 이를 할 수 있었습니다.[6] 그런데 분노하는 자들은 이를 전혀 모릅니다. 파비우스가 분노가 권하는 대로 감행했더라면, 당시 절체절명의 위기에 빠져 있던 국가는 사라졌을 것입니다. 파비우스는 국가의 운명을 염두에 두었고, 힘을 평가해본 결과 약간의 손실에도 전부를 잃게 되기 때문에 분을 참고 복수를 단념하고서 이로운 기회를 기다렸던 것입니다. 그는 한니발을 이기기 전에 분노를 이겼습니다. 스키피오는 어떻습니까? 그는 한니발, 카

군대를 이겨서 로마를 놀라게 한 야만인들이다. 마리우스는 기원전 102년에 아쿠아이 섹스티아이에서 테우토네스인들을 이겼고, 이듬해에 카툴루스와 함께 라우디우스 평야에서 킴브리아인들을 섬멸했다.

6) 퀸투스 파비우스 막시무스는 기원전 217년 트라시메네스 호수 전투 이후 독재관으로 임명되었으며, 지연작전을 펼쳐 한니발과 대적한 것으로 유명하다.

르타고 군대, 분노를 일으키는 모든 대상을 내버려둔 채, 그에게 적의를 품은 자들에게 방탕하고 게으르다는 인상을 줄 정도로 천천히 전선을 아프리카로 옮기지 않았습니까?[7] 다른 스키피오[8]는 어떻습니까? 그는 아주 오랫동안 누만티아를 포위하고서, 카르타고 정복보다 누만티아 정복이 더 오래 걸린다고 하는 자신과 국가를 향한 저 비난을 침착하게 견디지 않았습니까? 그가 적들을 포위하고 봉쇄한 결과,[9] 적들은 자신들의 칼로 자결할 수밖에 없었습니다. 따라서 분노는 전투나 전쟁에서 전혀 유용하지 않습니다. 분노는 무모하기 십상이고, 다른 사람을 위험에 빠뜨리고 싶어할 뿐 자신의 위험을 경계하지 않기 때문입니다. 가장 확실한 덕은 아주 오랫동안 주위를 두루 살펴보고, 자신을 통제하며, 목표를 향해 천천히 나아가는 것입니다.

12 누군가 말할지도 모릅니다. "그러면 어떤가? 아버지가 살해당하고 어머니가 끌려가는 것을 보아도 훌륭한 사내는 분노하지 않는가?" 그는 분노하지 않고서 복수할 것이고 보호할 것입니다. 그런데 당신은 왜 그가 분노 없이 효심만으로는 이러지 못할까봐 두려워하는 것입니까? 마찬가지로 당신은 다음과 같이 말할지도 모릅니다. "그러면 어떤가? 아버지나 아들이 칼에 찔리는 모습을 보고도 훌륭한 사내는 기운을 잃지 않고 울지도 않을 것인가?" 위험을 조금이라도 느끼고 충격을 받을 때마다 여자들이 기운을 잃고 눈물을 흘리는 것을 우리는 목격합니다. 그러나 훌륭한 사내는 혼란과 두려움에 빠지지 않은 채 의무를

---

7) 스키피오는 기원전 205-204년에 시킬리아에서 아프리카 원정 계획을 세우느라 오랜 시간을 보냈다.

8) 카르타고의 정복자(기원전 146년)인 푸블리우스 코르넬리우스 스키피오 아이밀리아누스.

9) 기원전 134-133년.

이행할 것입니다. 그리고 그는 훌륭한 사내에게 합당한 일을 행하고, 사내에게 합당하지 않은 일은 행하지 않을 것입니다. 아버지가 살해당하려 한다면 아버지를 지킵니다. 아버지가 이미 살해당했다면 복수합니다. 고통스럽기 때문이 아니라 마땅히 해야 하기 때문입니다. "훌륭한 사내들은 가족과 친구가 당한 불의에 분노한다." 테오프라스토스여, 당신은 이렇게 말함으로써 더 용감한 가르침을 배척하고, 심판인을 무시하고 대중에 영합한 것입니다. 불의한 일이 가족과 친구에게 닥칠 때 모두가 분노한다고 당신이 생각하는 것처럼, 사람들은 자신이 행하는 것은 마땅히 행해져야 하는 것이라고 판단할 것입니다. 대부분 각자는 자신의 감정이 옳다고 생각하기 때문입니다. 그러나 뜨거운 물이 잘 준비되지 않은 경우, 유리잔이 깨진 경우, 신발이 진흙에 빠진 경우에도 사람들은 같은 방식으로 행동합니다. 하지만 이런 분노를 일으키는 것은 도의(道義)가 아니라 허약함입니다. 부모를 잃을 때나 호두를 잃을 때나 똑같이 우는 아이들의 경우도 마찬가지입니다. 가족과 친구를 위해 분노하는 것은 깊은 도의를 아는 마음이 아니라 허약한 마음의 특징입니다. 의무에 따라 부모, 자식, 친구, 시민을 보호하기를 원하고 판단하며 예견하되, 충동적이지 않고 광분하지 않는 것이 아름답고 마땅한 일입니다. 분노보다 더 복수를 욕망하는 정념은 없으며, 그 때문에 분노는 복수에 적합하지 않습니다. 대부분의 욕망과 마찬가지로 매우 조급하고 제정신이 아니므로, 분노는 목표에 이르는 데 방해가 됩니다. 따라서 분노는 평화에도 전쟁에도 도움이 되지 않았습니다. 사실상 분노는 전쟁과 유사한 평화를 만들고, 전쟁에서 마르스 신은 공평하다는 사실[10]을 잊고서 자신을 통제하지 못한 채 타인의 손아귀에 먹힙니다.

---

10) 호메로스, 『일리아스』 제18권 309행(천병희 역, 숲, 2007). "전쟁의 신은 공평하며 죽으려는 자를 죽이는 법이니까요."

게다가 가끔 어느 정도 효과가 있었다는 이유로 악덕을 사용해서는 안 됩니다. 신열 또한 어떤 종류의 병을 완화시키겠지만, 신열이 전혀 없는 것이 더 좋습니다. 병으로 건강해지는 것은 혐오스러운 치료방법입니다. 마찬가지로, 분노가 극약 또는 추락이나 파선(破船)처럼 가끔 예기치 않게 도움이 되더라도, 건강에 좋은 것으로 간주해서는 안 됩니다. 치명적인 것들이 때로 건강을 가져다주었다는 이유로 말입니다.

13 게다가 반드시 가져야 하는 것들이라면 많을수록 좋고, 더 많기를 희망하는 것들입니다. 정의(正義)가 좋은 것일진대, 누구도 정의가 조금이나마 줄어들 때 그것을 좋아졌다고 말하지 않을 것입니다. 용기가 좋은 것일진대, 누구도 용기가 어떤 점에서 줄어들기를 바라지 않을 것입니다. 따라서 분노도 많을수록 더 좋아야 했을 것입니다. 누가 좋은 것이 늘어나는 것을 거부하겠습니까? 하지만 분노가 커지는 것은 무용(無用)합니다. 나아가 분노는 그 존재조차 무용합니다. 좋은 것이 늘어나서 나쁜 것이 되는 경우란 없습니다.

누군가 말할지 모릅니다. "분노는 유용하다. 분노는 사람들을 좀더 호전적으로 만들기 때문이다." 그런 이유라면 만취도 유용합니다. 만취는 사람들을 대담하고 저돌적으로 만들며, 많은 사람들은 만취했을 때 쉽게 무기를 잡기 때문입니다. 그런 이유라면 광란과 광분도 힘을 위해 필요하다고 말해야 합니다. 광기가 종종 사람들을 더 강하게 만들기 때문입니다. 어떻습니까? 때로는 반대로 두려움이 사람을 대담하게 만들고, 죽음의 공포가 극히 태만한 사람들조차 전투에 임하게 만들지 않습니까? 그러나 분노, 만취, 두려움 등은 흉한 일시적 자극제입니다. 그것들은 덕을 제공하지 않으며, 덕은 그런 악덕을 필요로 하지 않는바, 느리고 게으른 마음을 약간 북돋아줄 뿐입니다. 분노를 통해 용감해질 사람이 있다면 모를까, 누구도 분노함으로써 더 용감해지지 않습니다. 분노는 덕을 도우러 온 것이 아니라 밀어내려고 옵니다. 어떻습니까? 분노가 좋은 것이라면, 분노는 가장 완벽한 모든 사람에게서 나타날 것입니다. 하지만 아이들과 노인들, 병자들이 가장 쉽게 분노합니다. 무엇이든지 약한 것은 본성상 불평을 늘어놓습니다.

14 테오프라스토스는 말합니다. "훌륭한 사람은 나쁜 사람들에게 분노하지 않을 수 없다." 그런 이유라면 훌륭한 사람일수록 더 쉽게 분노할 것입니다. 하지만 실제로는 정반대입니다. 훌륭한 사람은 차분하며 정념에서 벗어나 있고 누구도 미워하지 않습니다. 참으로 그가 죄지은 자들을 미워할 이유는 무엇입니까? 그들은 실수로 악행을 저질렀으니 말입니다. 잘못을 범하는 자들을 미워하는 것은 현명한 자가 아닙니다. 그렇지 않다면 그는 자신을 미워하게 될 것입니다. 옳은 품행에 반하는 행동을 얼마나 많이 했는지, 자신의 행위에 얼마나 많은 용서를 구했는지 그는 생각해야 합니다. 그렇다면 그는 심지어 자신에게도 분노할 것입니다. 공정한 심판인은 자신이 얽힌 소송사건의 판결과 타인에 관한 소송사건의 판결을 다르게 내리지 않기 때문입니다. 제가 말하듯, 자신에게 무죄를 선고할 수 있는 사람은 없을 것입니다. 자신이 무죄라고 주장하는 사람은 자신의 양심이 아니라 증인을 고려한 것입니다. 죄지은 자들에게 온화하고 아버지 같은 마음을 보여주어 그들을 처벌하지 않고 다시 불러들이는 것은 얼마나 인간적입니까! 길을 몰라 들판을 배회하는 자를 쫓아내기보다는 올바른 길로 인도하는 것이 더 낫습니다.

15 따라서 잘못을 저지른 자는 훈계나 강제를 통해 부드럽게 혹은 준엄하게 바로잡아야 합니다. 그는 타인을 위해서나 자신을 위해

서 더 나은 사람이 되어야 합니다. 질책은 필요하지만, 분노는 필요하지 않습니다. 누가 환자에게 분노합니까? 누군가 말할지도 모릅니다. "하지만 그들은 고칠 수 없다. 그들에게는 치료할 여지도, 나을 희망도 없다." 그렇습니다. 무엇이든 건드려서 망쳐놓는 사람들은 사회로부터 격리시켜야 하는바, 이것이 그들이 나쁜 사람이기를 멈출 유일하고 가능한 방법일 때 말입니다. 하지만 이것은 증오 없이 행해져야 합니다. 저의 도움을 통해 그 자신으로부터 빠져나와, 가장 많은 혜택을 입게 된 사람을 제가 왜 미워합니까? 사지를 잘라낼 때 그것을 미워서 하는 사람이 과연 있습니까? 사지를 잘라내는 것은 분노가 아니라 고뇌에 찬 치료입니다. 우리는 미친개를 없애고, 거칠고 길들여지지 않는 소를 죽이며, 양 떼에 전염병이 돌지 않도록 병든 양을 칼로 찌릅니다. 우리는 기괴한 새끼 짐승들을 제거하며, 기형이나 불구로 태어난 아이들 역시 익사시킵니다. 무용한 것을 건강한 것으로부터 분리하는 일은 분노가 아니라 이성입니다. 처벌하는 사람에게 분노보다 부적절한 것은 없습니다. 이성적 판단으로 부과된 처벌이 교정에 더 많은 효과가 있기 때문입니다. 그런 이유에서 소크라테스는 노예에게 말했습니다. "내가 분노하지 않았다면, 너를 때렸을 텐데." 그는 노예에 대한 훈계를 냉정해질 때로 미루었고, 당장은 자신을 다스렸습니다. 소크라테스도 감히 분노를 다스리지 못했는데, 누가 도대체 자신의 정념을 제어할 수 있겠습니까?

16 그러므로 잘못과 악행을 저지르는 자들을 벌주기 위해 처벌하는 사람이 분노할 필요는 없습니다. 분노는 영혼의 과오인데, 타인의 잘못을 고치려는 자가 정작 잘못을 저지른 사람이 되어서는 안 됩니다. "그러면 어떤가? 내가 강도에게 분노해서는 안 되는가? 내가 독살하려는 사람에게 분노해서는 안 되는가?" 분노해서는 안 됩니다. 사혈

(瀉血)을 시행할 때, 저는 제 자신에게 분노하지 않습니다. 저는 온갖 종류의 처벌을 치료제로 씁니다. "너는 잘못의 첫 단계에 있으며 아직 심하지 않은 잘못을 자주 저지른다. 처음에는 개인적으로, 다음에는 공개적으로 꾸짖어 너를 변화시키고자 할 것이다. 너는 말로 치유될 수 있는 한계를 넘어섰다. 불명예가 너를 제지할 것이다. 네가 감지할 만한 더 가혹한 낙인이 찍혀야 한다. 너는 미지의 장소로 추방될 것이다. 네 안에 사악함이 단단해져서 더 강한 치료제를 요청한다. 족쇄에 묶여 감옥에 갇힐 것이다. 악들이 서로 얽혀 있는 너의 마음은 치유될 수가 없다. 악한 사람이 항상 가지게 마련인 악행의 동기가 너에게는 필요 없으며, 악행 자체가 악행을 저지른 동기가 되기에 충분하다. 너는 사악함을 들이마셔 내장과 뒤섞이게 한 결과, 내장과 함께 빼내지 않으면 사악함은 빼낼 수 없다. 비참한 너는 진작부터 죽음을 찾은 것이다. 우리는 너에게 좋은 일을 할 것이다. 우리는 네가 다른 사람에게 가하고, 다른 사람이 너에게 가했던 광기를 너에게서 제거할 것이다. 너와 다른 사람의 고통 속에서 뒹굴었던 너에게 우리는 남아 있는 유일한 좋은 것, 즉 죽음을 선사할 것이다." 왜 제가 가장 많은 이로움을 준 자에게 분노해야 합니까? 때로는 죽이는 것이 가장 좋은 종류의 자비입니다. 제가 의학 지식을 갖추고서 환자 요양소나 부자의 저택에 들어갔다면, 다양한 병을 앓고 있는 자들에게 똑같은 처방을 내리지는 않았을 것입니다. 저는 그토록 많은 마음 안에서 저토록 다양한 악덕을 봅니다. 국가를 치유하라고 부름받은 저는 각자의 병에 알맞은 치료제를 찾아야 합니다. 어떤 이는 부끄러움이, 어떤 이는 여행이, 어떤 이는 고통이, 어떤 이는 가난이, 어떤 이는 칼이 치료해야 합니다. 따라서 제가 관복을 뒤집어 입고서[11] 나팔을 불어 민회를 소집해야 한다면, 미치거나 적개심을 품은 상

---

11) 사형을 집행할 때의 복장.

태가 아니라 법처럼 공정한 모습으로 재판석에 오를 것이고, 사납기보다는 부드럽고 위엄 있는 목소리로 엄숙히 논변할 것이며, 분노한 상태가 아니라 엄정한 상태에서 법을 집행하라고 명할 것입니다. 제가 죄인을 참수하라고 명령하거나, 부친 살해범을 가죽부대에 넣고 꿰매거나, 군인을 처형하거나, 배신자나 공적을 타르페이아 언덕 위에 세워놓았을 때, 저는 분노하지 않고 뱀이나 독을 지닌 동물을 죽일 때와 동일한 표정을 짓고 동일한 마음을 품을 것입니다. "쉽게 분노함은 처벌을 위해 필요하다." 어떻습니까? 당신이 생각하기에, 알지도 보지도 못했고 장차 있기를 바라지도 않는 사람들에게 법이 분노합니까? 법의 정신을 받아들여야 하는바, 법은 분노하는 것이 아니라 판결을 내리는 것입니다. 그런데 악행에 분노하는 것이 선한 사람이 할 일이라면, 악인들의 번영에 분개하는 것도 적절한 일일 것입니다. 왜냐하면 일부 악인들이 번영을 누리며, 운명이 그들에게 어떤 불행을 마련해두어도 모자랄 판에 운명이 베푸는 관용을 악용하는 것보다 부당한 일이 무엇입니까? 하지만 선한 사람은 악인들의 이익을 분개하지 않고 바라보며, 악인들의 악행을 분노하지 않고 바라볼 것입니다. 좋은 심판인은 용납되어서는 안 되는 행위를 유죄로 판결하되, 행위를 미워하지 않습니다. "그러면 어떤가? 현자가 이와 같은 사안을 다루게 될 때, 그의 마음은 영향을 받아 평소보다 동요하는가?" 현자가 동요함을 저는 인정합니다. 현자는 약간의 가벼운 움직임을 느낄 것입니다. 제논이 말하듯, 현자의 마음에도 상처가 치유될 때 흉터가 남기 때문입니다. 따라서 현자는 정념의 조짐이나 그림자를 느끼겠지만, 정념 자체에서는 벗어나 있을 것입니다.

17 아리스토텔레스가 말하길, 어떤 정념은 잘 사용하면 무기와 같다고 합니다. 정념을 무기처럼 사용자 뜻대로 들었다 놓았다 할 수

있다면 그 말은 옳을 것입니다. 하지만 아리스토텔레스가 덕에 수단으로 준 정념이라는 무기는 전사의 손을 기다리지 않고 제멋대로 싸웁니다. 전사가 그것을 통제하는 것이 아니라, 그것이 전사를 지배합니다. 우리에게 다른 무기는 필요 없습니다. 자연이 우리를 무장시킨 이성으로 충분합니다. 자연의 무기는 확고하고, 영원하며, 순종하고, 달리 사용되어 주인을 공격하는 일이 없습니다. 예측과 행동을 위해서도 이성 자체로 충분합니다. 이성이 분노에서 보호를, 의심에서 확신을, 불신에서 신뢰를, 질병에서 건강을 찾는다 하는 것은 무엇보다 어리석은 일이 아니겠습니까? 분노의 도움이 필요해 보이는 유일한 행위에서도 이성 자체가 훨씬 더 강력하지 않겠습니까? 이성은 뭔가를 해야 한다고 판단하면 이를 고수합니다. 바꾸더라도 더 좋은 것을 발견하지 못할 것이기 때문에, 이성은 일단 결정하면 이를 유지합니다. 분노는 종종 연민에 의해 쫓겨납니다. 분노는 확고한 힘이 없으며, 텅 빈 채 부풀어올라 처음에만 맹렬합니다. 이는 땅에서 올라오는 바람과 같은데, 강과 늪에서 생긴 이 바람은 강력하지만 오래가지 못합니다. 분노는 큰 추동으로 시작하지만 금방 기세가 꺾여 풀이 죽고, 새로운 종류의 처벌과 잔인함만을 생각했던 분노는 막상 처벌해야 할 때는 약해져 유순해집니다. 정념은 빨리 사라지지만, 이성은 한결같습니다. 때때로 분노는 지속되다가도 두세 명의 피를 보고 나서, 죽어 마땅한 사람들이 많은데도 죽이기를 멈춥니다. 분노의 첫 타격은 강력합니다. 굴에서 갓 기어나온 뱀의 독은 해롭지만, 계속 공격하여 독이 고갈된 뱀의 송곳니는 해롭지 않습니다. 따라서 동일한 죄가 동일한 벌로 처벌되지 않습니다. 이제 막 시작된 분노와 맞닥뜨리면, 작은 죄를 저지른 사람이 종종 큰 벌을 받습니다. 분노는 전혀 한결같지 않습니다. 때로는 필요 이상 달리고, 때로는 필요한 만큼에 미치지 못해서 멈춥니다. 분노는 하고 싶은 대로 하고, 욕망에 따라 판단하며, 들으려고 하지 않고 변론의 기회를 주지 않으며, 잘 못된 것일지라도 일단 손에 들어온 것은 붙잡아두고서 자신의 판단을 고수합니다.

18 이성은 쌍방에 시간을 주고, 이어 진실을 찾아낼 시간을 확보하기 위해 자신 역시 시간을 가지지만, 분노는 서두릅니다. 이성은 판결이 공정하기를 원하지만, 분노는 자신의 판결이 공정해 보이기를 원합니다. 이성은 오직 사안에만 집중하지만, 분노는 사안과 무관한 지엽적인 것들에 연연합니다. 자신만만한 표정, 명료한 목소리, 기탄없는 말솜씨, 세련된 옷차림, 뛰어난 변론, 대중적 지지가 분노를 자극합니다. 분노는 종종 변호인에 대한 증오 때문에 피고에게 유죄판결을 내립니다. 진실이 눈앞에 쌓여 있어도 분노는 거짓을 좋아하고 옹호합니다. 분노는 반박당하기를 원하지 않습니다. 분노는 잘못 시작한 경우에도 후회하기보다는 고집하는 것이 더 좋다고 생각합니다.

제 기억으로 그나이우스 피소는 결점 많은 사내는 아니었지만, 성격이 비뚤어져서 꿋꿋하기보다는 완고한 사람이었습니다. 그는 동료를 데려오지 않은 채 휴가에서 복귀한 병사에게 분노하여 그를 처형하라고 명했는데, 병사가 동료를 살해했다고 의심했기 때문입니다. 그는 동료를 찾을 시간을 달라는 병사의 요청을 묵살했습니다. 유죄판결을 받은 병사가 성벽 밖으로 끌려가 목을 내밀고 있었을 때, 살해당한 것으로 간주되었던 동료가 갑자기 나타났습니다. 바로 그 즉시 처형을 관장하는 백인대장은 부하에게 칼을 거두라고 명하고서는, 피소가 다시 무죄판결을 하도록 죄인을 피소에게 도로 데려왔습니다. 병사는 운명에 의해 죄가 없음이 드러났기 때문입니다. 병영에 있는 많은 군인이 크게 기뻐하며 서로 껴안은 두 동료를 무리지어 따라갔습니다. 피소는 격노하여 연단에 올라 두 사람 모두를, 즉 살해당하지 않은 병사와 사형당하지 않은 병사를 모두 처형하라고 명했습니다. 무엇이 이보다 더 부당하겠습니까? 한 사람의 무고함이 밝혀졌기 때문에 두 사람이 죽었습니다. 피소는 제삼의 것도 추가했습니다. 죄인을 도로 데려왔던 백인대장도 처형하라고 명했습니다. 같은 곳에서 한 사람의 무고함을 근거로 세 사람이 사형을 선고받았습니다. 쉽게 분노함은 광기 어린 거짓 죄목을 만들어내는 데 얼마나 능수능란합니까! 피소는 말합니다. "너는 유죄판결을 받았기 때문에 나는 너에게 사형을 명한다. 너는 동료가 유죄판결을 받게 한 원인이기 때문에 나는 너에게 사형을 명한다. 너는 처형하라는 명을 받았으나 상관의 말에 불복했기 때문에 나는 너에게 사형을 명한다." 그는 아무 죄도 찾을 수 없었기 때문에 세 가지 죄목을 궁리해냈던 것입니다.

19 제가 말하건대, 쉽게 분노함은 다음과 같은 악을 가지고 있습니다. 통제받기를 원하지 않습니다. 진실이 자신의 의사에 반하는 것으로 보이면, 진실 자체에 분노합니다. 고함을 치고 소란을 일으키며 온몸을 떨고 욕설과 악담을 퍼부으며 제물로 삼을 사람들을 뒤쫓습니다. 이성은 이렇지 않습니다. 해야 할 경우 이성은 찬찬히 그리고 조용히 집안 전체를 뿌리째 뽑고, 국가에 위험한 가정을 그 처자와 함께 제거하며, 집을 무너뜨려 폐허로 만들고, 자유에 적대적인 자들의 이름을 지웁니다. 하지만 이때 이성은 이를 갈거나 고개를 내젓는 등 심판인으로서 부적절한 행동을 하지 않습니다. 심판인이 중요한 선고를 내릴 때 그의 표정은 최대한 평온하고 침착해야 합니다. 히에로뉘모스가 말합니다. "누군가를 때리고 싶을 때, 먼저 너의 입술을 꽉 깨물 필요가 있는가?" 대리집정관이 재판석에서 뛰어내려 수행원으로부터 권부를 빼앗

아 드는 것을, 다른 사람의 옷이 찢어지지 않는다고 자기 옷을 찢는 것을 히에로뉘모스가 본다면 어떻겠습니까? 식탁을 엎을 필요가 있습니까? 잔을 깨부술 필요가 있습니까? 기둥을 들이받을 필요가 있습니까? 머리카락을 뽑고, 넓적다리와 가슴을 때릴 필요가 있습니까? 자신이 원하는 만큼 빨리 다른 사람에게 분노를 분출할 수 없기 때문에 자신을 향해 분출된 분노는 얼마나 큽니까? 그러므로 곁에 있는 사람들은 그런 자들을 만류하여 그들이 평정을 되찾도록 요청해야 합니다.

분노로부터 자유로운 사람은 각자에게 마땅한 처벌을 부과할 때 이런 일을 하지 않습니다. 그는 죄가 발각된 사람을 종종 풀어줍니다. 죄인이 자신의 행위를 후회함으로써 밝은 기대를 약속할 경우, 그리고 악행이 마음 깊은 곳에서 나오지 않고, 사람들이 말하듯 마음의 표면에만 달라붙어 있음을 알게 될 경우, 그는 벌을 주는 사람에게나 받는 사람에게나 해가 되지 않는 사면을 내릴 것입니다. 때때로 그는 큰 죄보다 작은 죄를 무겁게 다스리는데, 잔인해서가 아니라 실수로 저지른 큰 죄와, 감춰지고 숨겨지고 만성적인 교활함이 깃든 작은 죄의 경우입니다. 두 사람이 동일한 범죄를 저질렀어도 동일한 처벌을 받지 않을 것인바, 한 사람은 부주의하여 저지르고 다른 사람은 해를 끼치려고 저지른 경우입니다. 그는 처벌할 때마다 이런 원칙을 항상 지킬 것인바, 어떤 처벌은 악인들을 교정하고자 어떤 처벌은 악인들을 없애고자 함입니다. 두 경우에 그는 과거가 아니라 미래를 염두에 둘 것입니다. (플라톤이 말하듯, 죄를 저질렀기 때문이 아니라 죄를 저지르지 않도록 처벌하는 것이 사려 깊은 사람입니다. 과거는 되돌릴 수 없지만, 미래는 미리 막을 수 있기 때문입니다.) 악행이 나쁜 결과를 가져온다는 본보기를 보이기 위해 그는 공개적으로 사형을 집행하는데, 그들 자신을 처형하기 위해서뿐만 아니라, 그들의 처형으로써 다른 사람들로 하여금 죄가 되는 일을 단념하도록 하기 위해서입니다. 매우 신중하게 다루어야 하는 생사여탈권에 임해서, 이런 일들을 공평하게 저울질하고 평가해야 하는 사람은 어떤 동요도 없어야 함을 당신은 압니다. 분노하는 자에게 칼을 맡기는 것은 나쁜 일입니다.

20 분노가 영혼의 위대함에 무엇인가 기여한다고 생각해서는 안 됩니다. 분노는 위대함이 아니라 부종(浮腫)이기 때문입니다. 병이 들어 팽팽해진 몸은 성장이 아니라 치명적인 과도함에 기인합니다. 제정신이 아니어서 인간적인 사고를 넘어선 사람들은 모두 자신들이 드높고 숭고한 것을 제시한다고 믿습니다. 하지만 굳건한 것이 밑에 놓여 있지 않고, 토대 없이 쌓아올린 것들은 붕괴할 가능성이 높습니다. 분노는 디딜 곳이 없습니다. 분노는 지속되는 확고함에서 생기는 것이 아니며, 바람과 같고 공허합니다. 만용과 용기, 오만함과 자부심, 가혹함과 엄격함, 잔인함과 엄정함의 차이만큼, 분노와 영혼의 대범함에도 큰 차이가 있습니다. 제가 말했듯, 숭고한 영혼과 오만한 영혼에는 큰 차이가 있습니다. 쉬이 분노함은 훌륭하고 멋진 것을 목표 삼지 않습니다. 거꾸로, 쉬이 분노함은 자신의 허약함을 알고 있는 무기력하고 불행한 영혼이 자주 괴로워하면서 드러내는 것으로, 이는 아프고 지친 몸이 아주 사소한 접촉에도 비명을 지르는 것과 같습니다. 따라서 분노는 무엇보다도 여자와 아이 같은 악덕입니다. '하지만 분노는 남자에게도 발생한다.' 남자에게도 여자와 아이 같은 천성이 있기 때문입니다. '그러면 어떤가? 분노한 사람들은 대범한 영혼에서 나온 것으로 보이는 말을 할 수 없단 말인가?' 진실한 위대함이 무엇인지를 모르는 사람들은 그렇습니다. 가혹하고 가증스러운 말을 예로 들겠습니다. '두려워하는 한 증오하게 놓아두라.' 이 말이 술라 시대에 쓰였음을 당신은 알 것입니다. 증오하기를 바라는 것

과 두려워하기를 바라는 것 중에 어느 것이 더 나쁜지 저는 모르겠습니다. '증오하게 놓아두라.' 그는 사람들이 자신을 저주하고 음모를 꾸미고 몰아낼 때가 올 것을 예감했습니다. 그가 무엇을 덧붙였습니까? 증오에 대처할 해결책으로 이것을 찾은 그를 신들이 저주하시길! "증오하게 하라." 어떤 한에서입니까? "복종하는 한?" 아닙니다. "받아들이는 한?" 아닙니다. 그럼 무엇입니까? "두려워하는 한"입니다. 두려워하는 한에서라면 저는 사랑받는 것조차 원하지 않을 것입니다. 그것이 대범한 정신에 합당한 말이라고 생각합니까? 그렇게 생각한다면 당신은 속는 것입니다. 저것은 대범함이 아니라 야만성이기 때문입니다. 소리는 크고 위협적이지만 속마음은 너무나 겁에 질린 분노의 말을 믿을 이유는 전혀 없습니다. 가장 말 잘하는 사내 티투스 리비우스가 "좋은 천성이라기보다는 위대한 천성을 가진 사내"라고 했던 말을 참이라고 생각할 이유도 전혀 없습니다. 좋은 천성과 위대한 천성은 분리할 수 없습니다. 좋은 것이 위대하지 않을 수 없습니다. 제가 이해하기로 영혼의 위대함은 확고하고, 중심까지 단단하며, 겉부터 안까지 균형 잡혀 견고합니다. 이는 나쁜 천성에는 불가능한 것입니다. 나쁜 천성은 위협적이고 요란하고 치명적입니다. 그것은 위대함을 가지지 못할 것입니다. 위대한 천성이 가진 확고함과 굳셈은 좋음이기 때문입니다. 물론 나쁜 천성들은 말과 노력과 여타의 온갖 준비로 인해 위대함의 인상을 줄 것입니다. 그들은 위대한 영혼이 한다고 여겨지는 말을 할 것입니다. 가이우스 카이사르[12]는 요란한 천둥소리가 무언극 배우들을, 그는 그들을 관람한 것이 아니라 열심히 모방했습니다만, 방해하고 (표적을 빗나간) 번개가 연회장을 두려움에 휩싸이게 했을 때, 하늘에 대고 화를 내며 싸우자고 유피테르를 불렀습니다. 그는 멈추지 않고 호메로스의 시구를 외쳤습니다. "나를

---

12) 칼리굴라.

드시오. 아니면 내가 들겠소."[13] 얼마나 미친 짓입니까! 카이사르는 유피테르로부터 해를 입지 않거나 유피테르에게 해를 끼칠 수 있다고 생각했던 것입니다. 제 생각에, 이러한 카이사르의 말은 반역자들의 마음을 부추기는 데 적지 않은 영향을 미쳤습니다. 유피테르를 참지 못하는 사람을 참아내는 일은 인내심의 한계로 생각되었기 때문입니다.

21 그러므로 분노에는 위대함도, 고귀함도 없습니다. 격렬한 분노가 신과 인간을 경멸하는 것으로 보일 때조차 그렇습니다. 분노가 대범한 영혼을 만든다고 생각한다면, 사치도 마찬가지라고 여겨야 합니다. 사치는 상아를 떠받들고, 자주색 옷을 입고, 금을 뒤집어쓰고, 땅을 통째로 옮기고, 바다를 막고, 강을 폭포로 만들고, 공중에 숲을 매달고 싶어합니다. 그렇다면 탐욕도 대범한 영혼의 산물이라고 간주해야 합니다. 탐욕은 금은보화를 품고, 속주라는 이름으로 농장을 경영하며, 집정관이 할당받은 것보다 넓은 토지를 각각의 관리인들에게 맡깁니다. 그렇다면 욕망도 대범한 영혼의 산물이라고 여겨야 합니다. 욕망은 바다를 건너고, 미소년들을 거세하고, 남편의 칼 아래 죽는 것을 불사합니다. 그렇다면 야망도 대범한 영혼의 산물이라고 생각해야 합니다. 야망은 1년 임기 관직에 만족하지 못합니다. 가능하면 하나의 이름으로만 집정관 목록을 채우고, 전 세계에 기념비를 세우고 싶어합니다. 이 모든 것들은 아무리 멀리 퍼져나가든 상관없이 궁색하고 비참하고 하찮습니다. 오직 덕만이 숭고하며 고귀하고, 평온한 것만이 위대합니다.

---

13) 호메로스, 『일리아스』 제23권 724행(천병희 역, 숲, 2007). 파트로클로스의 장례식을 치르고 나서, 희랍 장수들은 추모 경기를 펼친다. 이 구절은 오뒷세우스와 아이아스가 씨름을 벌이는 대목에서 인용한 것이다.

제4권

분노에 관하여 II

De Ira II

1 노바투스여, 제1권의 소재는 상당히 많았습니다. 악덕이라는 비
탈길에서는 쉽게 넘어지기 마련입니다. 이제는 영역을 좁혀야겠
습니다. 우리는 다음과 같은 사항을 탐구해볼 것입니다. 분노의 시작이
판단인지 아니면 충동인지, 분노는 제멋대로 움직이는지 아니면 우리
내면에서 일어나는 대부분의 것들처럼 우리가 의식하는 한에서 일어나
는지 말입니다. 사실 논의가 보다 높은 곳으로 오르기 위해서는 이런
질문을 깊이 파고 들어야만 합니다. 우리 몸에서도, 보기 흉한 뼈, 근육,
관절, 골격 전체 등 생명에 직결된 부분이 가장 먼저 구성되고, 얼굴과
용모 등 아름다움을 이루는 부분이 다음으로 구성되며, 그리고 이 모든
것을 통해 몸이 완성된 이후에야 비로소 우리의 시선을 가장 많이 끄는
피부색이 갖추어집니다.

불의를 당했다는 인상(印象)이 분노를 불러일으킨다는 점은 의심의
여지없이 분명합니다. 하지만 분노가 그런 인상에 뒤따라 곧장 나오는
지, 다시 말해서 마음이 함께하지 않는데도 튀어나오는지, 아니면 마음
이 동의한 후에야 발동하는지에 대해 우리는 묻고자 합니다. 불의의 인
상을 포착하고, 그것에 대해 복수를 갈망하고, 해를 입어서는 안 된다는

명제와 복수해야 한다는 명제, 둘을 묶는 행위, 이런 것들은 우리의 의지 없이 일어나는 충동과는 거리가 멀기 때문입니다. 충동은 단순하지만, 마음은 복잡하고 많은 것들을 안고 있습니다. '알다, 성내다, 단죄하다, 복수하다' 등 이런 것들은 마음이 여기에 동의할 때에만 가능합니다.

2 당신은 묻습니다. "이 탐구의 목적은 무엇인가?" 분노란 도대체 무엇인가를 알고자 함이라고 답하겠습니다. 만약 우리가 원하지 않는데도 분노가 일어날 경우, 분노는 결코 이성에 복종하는 것이 아닙니다. 실로 의지에 따르지 않고 생겨나는 마음의 동요는 억누를 수도 제압할 수도 없는바, 예를 들면 우리가 찬물을 맞고 한기를 느끼는 것, 어떤 것에 닿았을 때 몸을 움찔하는 것, 나쁜 소식에 머리카락이 쭈뼛 곤두서는 것, 추잡한 말을 듣고 얼굴을 붉히는 것, 절벽을 내려다볼 때 어지럼증이 생기는 것 등입니다. 이것은 우리 능력 밖의 것이기 때문에 이런 일들은 이성이 어떻게 할 수 없는 것들입니다. 하지만 분노는 지침을 통해 몰아낼 수 있습니다. 분노는 의지에 따르는 마음의 악덕이지, 인간이라는 조건에서 나왔기에 현자까지도 겪게 되는 그런 것은 아닙니다. 물론 불의를 입었다는 생각에 뒤따라나오는 첫 번째 심적 충격은 인간의 타고난 조건에 속하지만 말입니다. 더 나아가 무대 장식, 고서(古書) 낭독 중에도 이런 충격이 생깁니다. 키케로를 추방하는 클로디우스에 대해 그리고 키케로를 죽이는 안토니우스에 대해 우리는 분노하는 것으로 생각됩니다.[1] 마리우스의 군대와 술라의 살생부에 대해 흥분하지 않는 사람이 어디 있겠습니까? 테오도토스와 아킬라 그리고 어린 나이에 걸맞지 않은 범죄를 감히 저지른 소년[2]에게 적의를 품지 않을 사

─────────────────────

1) 기원전 58년 클로디우스는, 재판 없이 로마 시민을 처형한 자를 추방한다는 법을 통과시켜 키케로를 추방했다. 기원전 43년 안토니우스는 키케로를 살해했다.

람이 있겠습니까? 때로는 노래와 빠른 박자, 그리고 마르스의 나팔소리가 우리를 선동합니다. 참혹한 그림 및 비록 정의로울지언정 비참한 처형 장면에는 마음이 동요됩니다. 마찬가지로 우리는 웃는 사람을 보고 웃고, 비탄하는 무리와 같이 슬퍼하며, 남의 다툼에 끓어오르기도 합니다. 하지만 이런 것들은 분노가 아닙니다. 마치 난파된 사람을 흉내내는 무언극 배우의 얼굴을 보고 이마를 찡그리는 것이 슬픔이 아닌 것처럼, 칸나이 전투 이후 로마 성벽을 포위한 한니발에 대해 후대에 읽고 전율하는 것이 두려움이 아닌 것처럼 말입니다. 이런 것들은 원치 않는 마음의 움직임이므로 정념이 아니라 정념에 앞서 오는 발단입니다. 나팔 소리가 평화시에 평상복을 입은 군인의 귓전을 때리고 무구(武具) 소리가 군마를 긴장시키는 경우와 같습니다. 전하는 말에 따르면, 알렉산드로스는 크세노판토스3)가 피리를 연주할 때에도 손을 무기로 가져갔다고 합니다.

3 뜻하지 않게 마음을 흔드는 것들 중 어느 것도 정념이라고 불러서는 안 됩니다. 그것들은 말하자면 마음이 행한 것이라기보다는 그냥 마음이 겪은 것이라고 하겠습니다. 그러므로 정념이란, 겪는 사태의 인상에 따라 움직여지는 것이 아니라, 인상을 받은 후에 이런 뜻밖의 동요에 뒤따라오는 것입니다. 만약 창백함, 눈물, 성적 흥분, 심호흡, 갑작스런 눈 흘김 등 이와 유사한 것을 정념의 표지(標識) 또는 마음의 신호라고 생각한다면, 이는 오류입니다. 이것들은 단지 몸의 자극이라는 점을 간과한 것입니다. 아주 용맹한 사내라도 대개는 무장을 걸칠 때면

---

2) 어린 왕이었던 프톨레마이오스 13세는 군사령관 아킬라, 조언자 테오도토스와 공모하여 이집트로 도망쳐온 폼페이우스를 살해했다.
3) 알렉산드로스 대왕의 악사.

창백해지고, 전투 신호가 떨어지면 제아무리 사나운 군인의 무릎이라도 약간은 떨리며, 전열이 부딪치기 직전에는 위대한 사령관의 심장도 벌떡거리며, 아무리 유창한 연설가라도 연단에 오르면 손발이 얼어붙게 됩니다. 그러나 분노는 단지 움직이는 것이 아니라 달려나가는 것입니다. 충동입니다. 그런데 마음이 동의하지 않는다면, 어떤 충동도 일어나지 않습니다. 그리고 실제로 마음이 인지하지 못했는데 복수나 처벌을 한다는 것은 있을 수 없는 일입니다. 어떤 사람이 자신이 해를 입었다고 생각하고 복수하기를 바랐으나, 어떤 이유로 만류되어 곧 진정되었다고 합시다. 마음의 움직임이 이성에 복종할 경우 그것을 분노라고 하지는 않습니다. 이성을 넘어서고 이성을 강제로 끌고 가는 것이 분노입니다. 그러므로 불의의 인상이 일으키는 마음의 첫 번째 동요는 불의의 인상 자체와 마찬가지로 분노라 할 수 없습니다. 불의의 인상을 단지 받아들일 뿐 아니라 나아가 이에 동의하여 뒤따라오는 충동이 바로 분노입니다. 다시 말해서 의지와 결심을 통해 복수하려는 마음의 격동이 분노라 하겠습니다. 두려움은 도주를, 분노는 공격을 낳는다는 사실에 의문의 여지가 없습니다. 그러니 마음의 동의 없이 어떤 것을 추구하거나 회피하는 것이 가능할지 살펴보십시오.

4 정념이 어떻게 시작되는지, 혹은 어떻게 자라는지, 혹은 어떻게 드러나는지를 알 필요가 있습니다. 정념의 시작은 의지에 따른 것이 아니며, 다만 정념의 준비단계 혹은 어떤 위협단계 같은 것입니다. 다음 단계의 정념은 의지에 따른 것으로 완강하지는 않은 상태이며, 내가 당했으니 복수해야겠다, 혹은 저자는 죄를 저질렀으니 마땅히 벌해야겠다는 정도입니다. 세 번째는 어찌할 수 없는 단계로서, 복수해야 한다면 하겠다는 정도가 아니라 기어코 복수하겠다는 단계이며 이성이 마

비된 상태라고 하겠습니다. 첫 번째 단계에서 마음이 입은 타격은 이성으로 피할 수 없는 것인데, 다른 사람이 하품할 때 따라 하품하는 것, 갑자기 손가락으로 찌르면 눈을 감는 것 등 몸에 일어난다고 말하는 것들입니다. 습관과 지속적 주의관찰을 통해 약화할 수는 있을지언정, 이성이 저것들을 제어할 수는 없습니다. 두 번째 단계는 판단에 기인한 것이니만큼, 판단으로 제거됩니다.

5 　그런데 분별없이 가혹하고 사람의 피에 즐거워하는 자들이, 자신들에게 어떤 피해도 끼치지 않았을 뿐만 아니라 그랬다고 생각조차 되지 않는 이들을 죽이면서 분노하는 것은 여전히 살펴보아야 할 문제입니다. 아폴로도로스[4]나 팔라리스[5]가 그런 사람들이었습니다. 이들의 행위는 분노라기보다는 잔학함이라고 할 수 있습니다. 불의를 당했기 때문에 해를 입히는 것이 아니라, 해를 끼치려 불의를 당하는 것조차 감수하기 때문입니다. 복수가 아니라 즐거움 때문에 살육과 매질을 했기 때문입니다. 이런 악덕의 근원은 분노라 하겠습니다. 잦고 지나친 반복으로 인해 분노가 관용을 망각하는 데 이르고, 사람들 간의 모든 유대를 신경 쓰지 않게 되면, 결국 분노는 잔인함으로 바뀝니다. 그래서 잔인한 사람들은 웃고 즐기며, 크게 즐거워하면서 태연하게 잔혹한 짓을 저지르므로 분노한 사람의 표정과는 매우 달라집니다. 사람들이 전하기를, 한니발은 사람의 피가 가득한 해자(垓字)를 보고서 말했다고 합니다. "얼마나 아름다운 광경인가!" 강이나 호수가 그랬다면 얼마나 더 훌륭한 장관이 되었겠습니까! 당신이 이것을 최고의 장관으로 여긴다 한들, 당신은 피 속에서 태어나 학살 가운데 자라난 사람일진대 무엇이 그리 놀

---

4) 기원전 3세기 희랍의 잔혹한 참주.
5) 기원전 6세기 희랍의 잔혹한 참주.

라운 일이겠습니까? 20년 동안 당신의 잔인함은 운명의 호의를 입을 것이고, 어디서나 당신 눈에 달가운 광경이 제공될 것입니다. 당신은 저 광경을 트라시메누스 주변에서, 칸나이 주위에서 그리고 마지막으로 당신의 조국 카르타고 근처에서 보게 될 것입니다. 최근 신황(神皇) 아우구스투스 치하에서, 아시아 속주의 대리집정관이었던 볼레수스는 하루 동안에 300명을 도끼로 쳐서 죽이고는, 주검들 사이를 거닐며 흡사 어떤 위대하고 볼 만한 것을 행한 양 거만한 표정을 짓고 희랍어로 외쳤다고 합니다. "오, 왕다운 업적이여!" 이 자가 진짜 왕이었다면 무슨 짓을 했겠습니까? 이것은 분노가 아니라 훨씬 더 나쁜 고칠 수 없는 악입니다.

6 사람들은 말합니다. "덕은 고귀한 일에 호의적인 만큼, 추한 일에 분노함이 틀림없다." 만약 누군가가 덕은 비천하면서 동시에 위대함이 틀림없다고 주장한다면 어떻겠습니까? 이는 덕을 높이면서 동시에 낮추기를 바라는 사람의 주장인 셈입니다. 올바른 행위에 대해 기뻐함은 뛰어나고 고결한 것이며, 타인의 악행에 대해 분노함은 추한 것이고 편협한 마음에 속하는 것입니다. 덕은 악덕을 억제하며 결코 악덕을 모방하지 않을 것입니다. 덕은 분노 자체를, 분노를 야기하는 악행들보다 못하면 못했지 결코 나은 것이라고 생각하지 않습니다. 기뻐하고 즐거워하는 것은 덕의 자연적이고 고유한 속성입니다. 분노함이란 슬픔이 그러하듯 덕의 품위에서는 나올 수 없는 것입니다. 슬픔은 분노의 동료로서, 모든 분노는 후회하면서 혹은 반격당하면서 슬픔으로 바뀝니다. 만약 악행에 분노하는 것이 현자의 일이라면, 현자는 더 많은 악행에 더 자주 더 크게 분노하게 될 것입니다. 그리하여 현자는 단지 분노하는 데 그치는 것이 아니라, 곧잘 분노하는 기질을 얻게 될 것입니다. 그러나 현자의 마음에 크고 잦은 분노가 차지할 자리가 없다는 사실을

우리가 믿는다면, 이 정념에서 전적으로 현자를 풀어주지 못할 이유는 도대체 무엇입니까? 개개의 행위에 맞게 적절히 분노해야 한다면 적정선이란 불가능합니다. 서로 다른 악행에 똑같이 분노한다면 그는 불공평한 사람이 될 것이고, 악행이 분노를 야기할 때마다 불타오른다면 끝없이 극도로 분노하는 사람이 될 것이기 때문입니다.

7 그리고 현자의 정념이 타인의 잘못에 좌우된다는 것보다 부적절한 것이 있겠습니까? 저 소크라테스가 집을 나설 때와 똑같은 표정으로 다시 집에 돌아올 수는 없는 것입니까? 하지만 정녕 현자가 추한 일에 분노하거나 범행에 격분하고 슬퍼해야 한다면, 현자는 누구보다도 고통스러워할 것이고, 그의 삶은 온통 분노와 비탄 속을 지나갈 것입니다. 그가 그르다 하지 않을 만한 순간이 있겠습니까? 그는 집을 나서자마자 범죄자들, 탐욕스런 자들과 방탕한 자들, 파렴치한 자들과 그런 악덕에 즐거워하는 자들 사이를 지나갈 것입니다. 그가 시선을 움직이는 곳마다 그를 분노케 하지 않는 것이 없을 것입니다. 사태가 요청할 때마다 분노한다면 그는 탈진해버릴 것입니다. 새벽부터 법정으로 서둘러 가는 수많은 사람들의 소송들은 얼마나 구차하며, 그들의 변호인들은 얼마나 타락했습니까! 어떤 이는 상속받지 않는 편이 오히려 마땅한 부친의 유언에 소송을 제기합니다. 어떤 이는 모친과 대립하며, 어떤 이는 자신이 피고인 것이 뻔한 사건에 고발자로서 법정에 옵니다. 자신이 저지른 일에 스스로가 심판인으로 선출되어 단죄합니다. 변호인의 감언에 속아 넘어간 군중은 그릇된 입장을 편듭니다.

8 일일이 사건들을 살펴볼 필요가 있겠습니까? 군중이 꽉 찬 법정, 온갖 종류의 무리로 빽빽한 투표소, 인민 대다수가 모습을 드러

내는 경기장을 볼 때, 거기에는 사람 수만큼의 악행이 있다는 사실을 유념하십시오. 당신은 그들을 평상복 입은 사람들로 보지만, 그들 사이에 평화란 없습니다. 소소한 이득 때문에 이 사람은 저 사람을 파괴하려는 유혹에 이끌립니다. 남에게 손해를 끼치지 않고서는 누구에게도 이득이란 없습니다. 유복한 사람을 증오하고, 가난한 사람을 멸시합니다. 높은 사람에게 마구 대하고 낮은 사람에게 가혹합니다. 각종 욕망에 흥분합니다. 사소한 쾌락이나 횡재 때문에 온갖 타락을 꿈꿉니다. 삶은 살아남고자 하는 자들과 벌이는 검투사 경기와 다르지 않습니다. 이것은 야수들의 사회입니다. 야수들은 같은 편끼리는 평화로우며 물어뜯지 않는 반면, 사람들은 서로를 물어뜯는 데에서 만족을 느낀다는 점만 다를 뿐입니다. 사람은 말 못하는 짐승과 이 점에서 다릅니다. 짐승은 키워주면 길이 드는데, 사람들의 광기는 보살펴주는 사람을 먹어치웁니다.

9   일단 한번 분노하기 시작하면 현자는 결코 분노를 멈출 수 없을 것입니다. 세상은 온통 범죄와 악행으로 가득 차 있습니다. 처벌로 고쳐질 수 있는 그런 것보다 훨씬 더 많은 범죄가 벌어집니다. 무가치한 것을 놓고 큰 싸움이 일어납니다. 범행하려는 욕구는 매일 커지고 그만큼 수치심은 줄어듭니다. 훌륭하고 공평한 관점은 사라지고, 괜찮아 보이는 곳이면 어디든 간에 욕망이 자리를 잡으니, 범행은 이제 공공연히 행해집니다. 이런 일들이 눈앞에서 벌어집니다. 이미 공공연하게 악행이 저질러졌고, 결백함이란 드문 정도가 아니라 아예 없다는 생각이 모든 사람의 가슴 속에 자리잡았습니다. 아니, 개인들이나 소수만이 법을 어깁니까? 진군 신호가 떨어진 것처럼 어디서나 정의와 불의를 뒤섞으러 진군합니다.

친구와 친구도 편안하지 못하고

장인과 사위도, 형제들도 서로 안심하지 못했다.

지아비는 지어미가, 지어미는 지아비가 죽기를 기다렸다.

흉악한 계모들은 죽음에 이르는 독약을 만들었고,

아들은 때 이르게 아버지의 수명을 점쳐보았다.[6]

그런데 저런 종류의 범행은 얼마나 작은 부분입니까? 같은 편이 서로 대치하는 요새, 부자간에 서로 다른 충성 맹세, 시민이 조국을 향해 던진 화염, 재산을 몰수당한 추방자들의 은신처를 무리 지어 찾아다니는 끔찍한 기병들, 독으로 오염된 우물, 사람들 손에 의해 퍼진 역병, 결박된 부모 앞에 파놓은 구덩이, 가득 들어찬 감옥, 온 도시를 재로 만들어버린 화재, 파멸을 부르는 통치, 왕국과 인민을 파괴하는 음모, 억제될 수 있는 동안에는 범죄였으나 이제는 명예로 간주되는 범행, 납치와 강간, 욕망에서 벗어나지 못한 입에 대해서는 언급하지 않았습니다. 여기에 민족 간의 공공연한 위증, 조약 파기, 저항하지 못해 더 강한 자의 노획물로 되어버린 탈취품, 기만, 도둑질, 사기, 혐의 부인을 더하십시오. 이런 것들로 법정은 세 배[7]로 늘어나도 모자랄 지경입니다. 만약 현자가 범행에 상응하는 만큼 분노하기를 바란다면, 현자는 분노하기보다는 미쳐야 합니다.

10 오히려 실수에 대해 분노해서는 안 된다는 점을 생각하게 될 것입니다. 실제로 어둠 때문에 발을 내디딜 수 없는 사람에게 분노한다면 어떻습니까? 귀가 먹어서 명령을 듣지 못한 이에게 분노한다면? 할 일을 살피지 않고 동년배와 어울려 철없는 놀이와 장난에 몰두한다

---

6) 오비디우스, 『변신이야기』 제1권 144행 이하(김진식 역, 웅진, 2007).

7) 로마 법정, 율리우스 카이사르 법정, 아우구스투스 법정.

하여 어린아이에게 분노한다면 어떻습니까? 병들고 늙고 쇠약한 사람들에게 분노하려 든다면 어떻습니까? 인간의 약점 중에는 마음의 어두움도 있고, 어쩔 수 없이 저지르는 실수를 넘어 실수에 대한 욕망까지도 있습니다. 개개인 모두에 대해 분노하지 않으려면 전체를 용서하고, 인간 전체에게 관용을 베풀어야 합니다. 젊은이나 노인이 잘못했다고 해서 그들에게 분노한다면, 영유아에게도 그리해야 할 것입니다. 그들도 잘못을 저지를 것이니 말입니다. 그런데 도대체 누가 사물을 구분하지도 못하는 어린아이에게 분노하겠습니까? 더 훌륭하고 정당한 반대논리가 있습니다. '그들은 어린아이라기보다는 사람이다.' 하지만 우리는 이런 조건으로 태어났습니다. 우리는 육체의 질병 못지않게 마음의 질병에 묶여 있고, 우리는 무디거나 더디지는 않으나 영리함을 잘못 사용하며, 서로에게 악행의 본보기가 되는 생명체라는 것입니다. 잘못된 길을 걷는 사람들을 따르는 사람에게, 공공도로가 잘못되었다는데 어찌 변명의 여지가 없겠습니까? 지휘관은 개개인들을 준엄하게 꾸짖지만, 전체 군대가 이탈한다면 그들에게 관용을 베풀어야만 합니다. 무엇이 현자에게 분노를 단념하게 합니까? 악행을 저지르는 사람들이 너무 많다는 사실입니다. 누구나 저지르는 악행에 분노하는 것이 얼마나 불합리하고 위험한지를 현자는 알고 있습니다.

헤라클레이토스는 나갈 때마다 자기 주위에서 불행하게 살아가는 사람들, 아니 불행하게 죽어가는 사람들이 그토록 많은 것을 보고서 눈물을 흘렸습니다. 스스로 즐겁고 행복하다고 생각하는 모든 이들을, 온순하지만 너무도 무력한 영혼을 가진 모두를 불쌍히 여겼습니다. 그리고 그 자신도 울음의 대상 중 하나였던 것입니다. 사람들이 전하는 바에 따르면, 데모크리토스는 이와 반대로 공공장소에서 웃음을 잃은 적이 없었다고 합니다. 심각하게 행해지는 일들 중에서, 그가 보기에 심각한 것이라고는 전혀 없었기 때문입니다. 여기서 어디에 분노할 데가 있겠습니까? 모든 것은 웃어주거나 울어주어야 할 것들입니다.

　현자는 잘못을 저지른 사람들에게 분노하지 않을 것입니다. 왜냐하면 누구도 현자로 태어나지 않으며 다만 현자가 되는 것임을, 그리고 모든 시대에 걸쳐 단지 극소수만이 현자로 드러남을 알기 때문입니다. 또 인간적 삶의 조건을 명확히 파악하기 때문입니다. 실제로 정신이 올바른 사람치고 자연에 대해 분노하는 사람은 없습니다. 어떤 사람이 풀숲과 가시덤불 속에 사과가 달리지 않는다고 이상하게 여긴다면, 어떻게 해야 하겠습니까? 엉겅퀴와 찔레에 쓸모 있는 과실이 가득 차지 않는다고 이상하게 여긴다면? 누구도 자연이 허용하는 결점에 대해 분노하지 않습니다. 그러므로 현자는 잘못에 대해 관대하며 평상심을 간직하고, 잘못을 저지른 사람의 적이 아니라 교정자여야 하며, 매일매일 이런 마음으로 나아갑니다. '나는 술에 잔뜩 취한 사람들, 육욕이 넘치는 사람들, 배은망덕한 사람들, 탐욕스런 사람들, 야망의 광기로 동요하는 많은 사람을 만나게 될 것이다.' 현자는 저 모든 것들을 마치 의사가 환자를 살피듯 호의를 가지고 바라볼 것입니다. 타고 있는 배의 느슨해진 이음매로 물이 들어올 때, 선원들과 배에다 대고 분노하는 사람이 있겠습니까? 오히려 달려들어서 일부 물은 퍼내고, 일부 물은 막고, 드러난 구멍을 메우고, 숨겨져 보이지 않는 곳에서 물을 끌어들이는 구멍들을 계속 막는바, 퍼내는 만큼 떠오르기 때문에 멈추지 않고 계속 일합니다. 지속적이고 넘치는 악에 맞서, 악을 멈추기 위해서가 아니라 다만 악이 우위에 있지 않도록 하기 위해서입니다.

11　누군가 말할지 모릅니다. "분노는 유익하다. 경멸당하지 않게 하고 악인들을 겁주기 때문이다." 우선, 분노가 위협적인 만큼 힘을

발휘한다면, 그것은 무섭고 혐오스럽기 때문입니다. 경멸당하는 것보다 두려움을 사는 것이 더 무서운 일입니다. 위력을 잃은 분노는 경멸과 조롱을 살 뿐입니다. 헛되이 요란을 떠는 분노만큼 공허한 것이 무엇입니까? 다음으로, 더 무서운 것이 더 큰 힘을 발휘하는 것도 아닙니다. 현자에게 이렇게 말하기를 원치 않습니다. "두려움을 사는 것은 짐승뿐 아니라 현자에게도 무기이다." 어떻습니까? 열병, 통풍, 악성 궤양은 두려움의 대상이지 않겠습니까? 하지만 이것들이 도대체 무슨 좋음을 가지고 있습니까? 오히려 이 모두는 경멸스럽고, 역겹고, 가증스러운 것이고, 그 때문에 두려움의 대상입니다. 분노는 추한 것일 뿐 두려움의 대상이 아닙니다. 그런데도 분노는 많은 사람에게, 어린아이들에게 추한 몰골이 그러하듯 두려움을 줍니다. 두려움은 언제나 그 유발자에게로 되돌아가며, 두려움을 풍기는 자라고 해서 두려움이 없는 것은 아니라는 점에 대해 어떻게 생각합니까? 여기서 라베리우스의 시구를 떠올려봅시다. 내전이 한창일 때 그는 극장에서[8] 이 시를 노래했고 인민의 관심을 집중시켰습니다. 대중의 마음이 담긴 목소리였기 때문입니다. "많은 이가 두려워하는 자는 반드시 많은 사람을 두려워한다." 자연은 남의 두려움으로 강력해진 것은 결코 두려움을 벗어나지 못하도록 만들어놓았습니다. 사자들의 심장은 아주 작은 기척에도 얼마나 겁을 집어먹습니까! 그림자와 목소리와 익숙하지 않은 냄새가 맹수를 놀라게 합니다. 두려움을 주는 존재도 누구나 두려움에 떱니다. 이것이 바로 모든 현자가 두려움의 대상이 되는 것을 원하지 않는 이유이자, 분노가 두려움을 불러일으킨다고 해서 이를 대단한 것으로 간주하지 않는 이유입니다. 독이나 썩은 뼈, 혹은 물어뜯김 등 아주 하찮은 것들도 마찬가지로

---

8) 쉬리아 노예로 분장한 라베리우스는 율리우스 카이사르가 보는 앞에서 직접 시구를 노래했다고 한다.

두려움의 대상이기 때문입니다. 야수들의 거대한 무리가 깃털로 형형색색 장식된 그물 때문에 몰리다가 우리 안에 갇히는 것은 놀랄 일이 아닙니다. 이런 효과를 '허수아비 공포'라고 부릅니다. 헛것이 헛것에게 공포를 주기 때문입니다. 마차의 움직임과 바퀴들의 회전에 사자들은 우리로 도망치며, 코끼리들은 돼지 소리에 겁을 집어먹습니다. 이렇게 분노가 두려움의 대상인 것은, 그림자가 아이들을 겁주거나, 붉은 깃털이 맹수들을 위협하는 것과 같습니다. 분노는 강한 것 혹은 용감한 것을 가지고 있지 않지만, 약한 영혼을 흔들어댑니다.

12 누군가 말할지 모릅니다. "분노를 없애고 싶다면, 사악한 것을 자연에서 없애야 한다. 하지만 둘 다 불가능하다." 먼저 겨울인데도 춥지 않을 수는 없으며, 뜨거운 여름인데도 덥지 않을 수는 없습니다. 복 받은 고장은 불순한 계절에서 빗겨나 있으며, 단련된 육체는 더위와 추위를 견뎌냅니다. 이제 반대로 생각해보십시오. 분노를 받아들이기 전에 필연적으로 덕을 영혼에서 없애야 합니다. 왜냐하면 악덕은 덕과 함께 있지 않으며, 건강하면서 동시에 환자일 수 없는 것처럼, 훌륭한 사내이면서 동시에 분노할 수는 없기 때문입니다. 누군가 말할지 모릅니다. "분노를 전적으로 영혼에서 없앨 수는 없다. 그것은 인간의 본성이 용납하지 않을 일이다." 실로 인간의 정신이 이겨낼 수 없고 끊임없는 연습으로도 친숙해질 수 없을 만큼 그렇게 어렵고 힘든 일은 존재하지 않습니다. 훈련으로 길들이지 못할 만큼 사납고 제멋대로인 정념은 존재하지 않습니다. 영혼은 자신에게 명령한 것을 모두 성취했습니다. 어떤 이들은 절대 웃지 않기로 했고 이를 관철했습니다. 어떤 이들은 술을, 어떤 이들은 성교를, 어떤 이들은 일체의 수분을 몸에 금지했습니다. 어떤 이는 짧은 수면에 만족하며 지치지 않고 밤새 깨어 있습니다.

앞에 놓인 가느다란 외줄을 타는 것을 익혔고, 인간의 힘으로는 도저히 들 수 없는 짐을 나르는 것을 배웠고, 숨을 쉬지 않고 바닷속 깊이 잠수 하여 수압을 견뎌냈습니다. 뚝심으로 모든 장애물을 이겨내고 인간 정 신이 인내를 명하는 곳에 불가능이란 없음을 증명한 수천 가지 다른 예 들이 있습니다. 방금 제가 언급한 사람들은 끈질긴 노력의 대가를 전혀 받지 못했거나 합당한 대가를 받지 못했습니다. 팽팽한 줄 위를 걷는 것, 커다란 짐보따리를 어깨로 짊어지는 것, 쏟아지는 잠에도 눈을 뜨고 있는 것, 바닷속에 들어가는 것은 얼마나 대단한 일입니까? 이들은 수 고의 대가를 변변히 받지 못했지만 그럼에도 끝까지 일을 마무리했습니 다. 행복한 영혼의 흔들림 없는 평정이 대가로 주어져 있는데도, 자신에 게 인내를 요구하지 않을 것입니까? 최대의 악, 분노를 벗어나고, 분노 와 함께 광기와 잔혹, 잔인과 격분, 그리고 다른 정념도 벗어나게 되는 것은 얼마나 대단한 일입니까!

13 유익했다거나 어쩔 수 없었다고 말하며 자신을 변호하거나 변명 할 이유는 없습니다. 핑계 없는 악덕이 어디 있겠습니까? 뿌리 뽑지 못한다고 말할 수 있는 것은 없습니다. 우리는 치료 가능한 질병임 을 알고 있으며, 치료하기를 원한다면 자연이 우리를 도울 것입니다. 덕 에 이르는 길은 일부 사람들이 생각하는 것처럼 가파르고 험난하지 않 습니다. 평탄한 길 위에 있습니다. 저는 헛된 일의 조언자가 아닙니다. 행복한 삶에 이르는 길은 수월합니다. 길조가 드리웠고 신들이 도울 것 입니다. 그 길로 들어서십시오. 지금 당신들이 하고 있는 것들이 훨씬 더 힘든 일입니다. 영혼의 고요함보다 수월한 것은 무엇입니까? 분노보 다 힘겨운 것은 무엇입니까? 자비보다 부드러운 것은 무엇입니까? 잔 인함보다 번잡한 것은 무엇입니까? 정숙함은 한가하고, 욕정은 무엇보

다 분주합니다. 덕 모두를 보존하는 것은 간단한 일이지만, 악덕은 큰 비용이 듭니다. 분노는 제거되어야 합니다. 이 점은 분노를 줄여야 한다고 주장하는 사람들도 일부 동의하는 것입니다. 분노는 완전히 없어져야 합니다. 전혀 이로울 것이 없습니다. 분노가 사라지면 악행들이 좀더 쉽게 바로잡히며, 악인들은 처벌 받아 선한 사람으로 인도될 것입니다. 현자는 해야 할 모든 일을 일체 악의 도움 없이 행할 것이며, 한계를 지키기 어려운 일은 전혀 손대지 않을 것입니다.

14 결코 분노를 허락해서는 안 됩니다. 때로 학생의 나태한 정신을 일깨워야 할 경우라면 짐짓 분노를 가장할 수는 있습니다. 마치 꾸물거리는 말들이 질주하도록 채찍과 몽둥이로 재촉하는 것처럼 말입니다. 이성이 제대로 기능하지 않는 자들에게는 때로 두려움을 불러일으켜야 할 경우도 있습니다. 하지만 무익하기는 슬픔이나 두려움이나 분노가 매한가지입니다. "하지만 어떤가? 분노를 유발하는 일들이 발생하지 않는가?" 하지만 최대한 이를 막아내야 합니다. 마음을 억제하는 것은 어렵지 않습니다. 격투기 선수들조차 몸의 가장 하찮은 부분까지 공격당하면서도 가격과 고통을 참아내고 공격자의 힘을 소진시키며, 분노가 지시하는 대로 반격하지 않고 좋은 기회를 기다립니다. 사람들이 전하는 바에 따르면, 씨름경기의 최고 선생이었던 퓌로스는 자신의 학생들에게 분노를 억제하라고 가르치곤 했다고 합니다. 분노는 기술을 방해하고 상대를 해칠 기회만 찾기 때문입니다. 그리하여 종종 이성은 인내를, 분노는 복수를 지시합니다. 우리는 초기에 불행을 벗어날 수 있었는데도 결국 더 큰 불행에 말려듭니다. 한마디의 욕설을 차분한 마음으로 참지 못해 어떤 이들은 추방형을 당합니다. 가벼운 모욕을 조용히 참지 못했던 사람들은 심각한 불행에 휘말립니다. 최대한의 자유 가운

데 일부가 줄어든 것에 분개한 사람들은 노예의 멍에를 자신에게 씌웁니다.

15 누군가 말할지 모릅니다. "분노가 고귀한 무엇인가를 가지고 있음을 알려거든 자유로운 종족들을 보라. 예를 들면 게르만족과 스퀴티아족은 누구보다 잘 분노하는 기질을 가진다." 용맹하고 본성적으로 강건한 기질은 훈육을 통해 순화되기 전에는 분노에 쉽게 기울기 때문입니다. 훌륭한 기질에서만 자라는 것도 있습니다. 튼튼하고 기름진 대지는 돌보지 않아도 무성한 숲을 만들고, 울창한 숲은 비옥한 대지에서 자랍니다. 이처럼 본성적으로 강건한 기질은 분노 기질이며, 불같고 뜨거운 기질은 연약하고 유약한 것을 가지지 않는 법입니다. 하지만 이런 기질의 힘은, 경작 없이 자연적 우수함으로 성장한 모든 것이 그러하듯 아직 미완이며, 서둘러 길들이지 않으면 용기에 적합한 성향이 오만과 경솔함을 습득하게 됩니다. 어떻습니까? 온화한 영혼에는 연민이나 애착, 수줍음 같은 작은 악덕들이 짝을 이루는 것 아니겠습니까? 그래서 저는 때로 당신에게 이런 악덕을 보고 좋은 성품을 판별해 보일 수 있을 것입니다. 하지만 좋은 성품을 알려주는 것이라고 해서 그것이 악덕이 아닌 것은 아닙니다. 다음으로 미개함 때문에 자유로운 이런 종족들은 사자와 늑대와 같아서 누구에게 굴복할 수 없지만, 다른 한편 누구를 굴복시키지도 못합니다. 그들은 인간적 기질의 힘을 가진 것이 아니라 감당할 수 없는 야수의 힘을 가지고 있습니다. 지배당할 수 없는 사람은 지배할 수도 없습니다. 그리하여 대개의 권력은 온화한 기후에 사는 인민들이 가지고 있습니다. 혹한의 북쪽 하늘에 사는 종족들에게는 '길들지 않는 기질'이 있습니다. 시인은 말합니다. 그들은 '그들이 사는 기후와 닮았다.'

16 누군가 말할지 모릅니다. "많이 분노할수록 고귀한 동물로 대접을 받는다." 동물을 사람과 비교하는 것은 잘못입니다. 동물들의 경우에는 충동이 이성을 대신합니다. 사람들의 경우에는 이성이 충동을 대신합니다. 사실 똑같은 것이 모든 동물에게 이득이 되지는 않습니다. 분노 기질이 사자들에게는 이롭지만, 사슴들에게는 두려움이 이롭습니다. 독수리들에게는 충동이 이득이지만, 비둘기들에게는 도주가 이득입니다. 가장 귀한 동물일수록 분노하기 쉽다는 것이 옳은 말입니까? 포획으로 먹이를 구하는 동물들은 분노할수록 훌륭한 것이지만, 재갈 물린 말과 소의 경우 우리는 참을성이 클수록 칭찬합니다. 인간을 이토록 비참한 사례를 들어 비교하는 이유가 무엇입니까? 세계와 신을 놓아두고 말입니다. 인간은 동물들 가운데 유일하게 신을 본받고 신을 이해합니다.

누군가 말할지 모릅니다. "분노 기질의 사람들은 가장 순진한 사람들이다." 거짓말쟁이와 사기꾼들과 비교한다면 분노 기질의 사람들이 순진해 보입니다. 속내를 모두 드러내기 때문입니다. 하지만 이들을 순진하다기보다 조심성이 없다고 부르고자 합니다. 우리는 어리석은, 사치하는, 방탕한, 사려 없는 악덕에 이런 이름을 붙입니다.

17 누군가 말할지 모릅니다. "때로 분노할 때 연설가는 훌륭한 연설을 한다." 그는 분노를 연기하는 것입니다. 분노할 때가 아니라 분노를 연기할 때 배우들은 감동을 줍니다. 심판인들 앞에서나 집회에서나 혹은 다른 사람들의 마음을 우리의 의지대로 이끌어야 할 경우라면, 때로 분노를, 때로 두려움을, 때로 연민을 다른 사람들에게 일으키기 위해서 우리 자신이 이를 연기해야 할 것입니다. 진짜 정념도 일으키지 못할 효과를 정념의 모방이 성취합니다.

누군가 말할지 모릅니다. "분노하지 않는 영혼은 약해 빠진 영혼이다." 진실입니다. 다만 분노보다 강한 것을 가지지 못한 경우입니다. 강도가 되어서도 안 되지만 희생자가 되어도 안 됩니다. 동정심에 흔들려서도 안 되지만 가혹해서도 안 됩니다. 전자는 지나치게 무른 영혼을 가졌고 후자는 지나치게 냉정한 영혼을 가졌습니다. 현자는 중용을 지켜야 하며 일을 강력하게 추진하는바, 분노가 아니라 투지를 보여주어야 합니다.

18 이로써 분노가 무엇인가에 관해서는 살펴보았습니다. 이제 분노의 치료로 옮겨가봅시다. 제 생각에는 두 가지 치료가 있습니다. 분노에 빠지지 않는 것과 분노에 빠졌지만 잘못은 저지르지 않는 것입니다. 육체를 돌보는 것처럼 하나는 건강을 유지하는 것에 관한 방법이며, 다른 하나는 건강을 되찾는 것에 관한 방법입니다. 분노를 예방하는 방법이 다르고, 분노를 다스리는 방법이 다릅니다. 분노를 피하기 위해 삶 전반에 두루 관련되어 먼저 배워야 하는 것이 있습니다. 이는 교육할 때와 교육한 이후로 양분됩니다.

교육은 엄청난 보살핌이 필요하지만, 커다란 유익을 가져옵니다. 아직 어린 영혼을 가르치는 것은 쉬운 일이지만, 우리 안에 이미 성장해버린 악덕을 끊어내는 것은 어려운 일입니다.

19 분노 기질을 유발하는 가장 좋은 조건은 열이 많은 영혼입니다. 물, 불, 공기, 흙의 사원소가 있다고 할 때 기운도 동일하게 온(溫), 냉(冷), 건(乾), 습(濕)이 있습니다. 장소와 동물, 몸과 성격의 다양성은 사원소들의 혼합에 의해 나타납니다. 한 원소가 다른 원소들보다 많아짐에 따라 성격이 어느 한쪽으로 기울게 됩니다. 그래서 우리는 어떤 지역을 습하다 혹은 건조하다 혹은 덥다 혹은 춥다고 합니다. 동물들

간의 차이, 인간들 간의 차이도 같은 원리를 따릅니다. 각 개체에 얼마만큼의 습기와 열기가 있는가에 달려 있습니다. 개체 안에 어떤 원소의 기운이 강한지에 따라 습성이 결정됩니다. 영혼에 열기가 강할 때 분노 기질이 만들어집니다. 왜냐하면 불은 사납고 완고한 기운이기 때문입니다. 냉기가 강하면 사람은 소심해집니다. 냉기는 움츠러들고 수축하는 기운이기 때문입니다. 우리 학파[9]의 어떤 사람들은 심장 주변에 피가 끓어오르는 것을 보면서 분노가 가슴에서 일어난다고 생각합니다. 하필 가슴을 분노의 자리로 보는 이유는 다름 아니라 몸 전체에서 가슴이 가장 뜨겁기 때문입니다. 습기가 많은 이들의 경우 분노는 완만합니다. 왜냐하면 열기가 없어서 운동을 통해 축적되어야 하기 때문입니다. 그래서 아이들과 여인들의 분노는 따끔할 뿐 혹독하지 않고 오히려 초기에는 가볍기 마련입니다. 건조한 나이[10]에는 분노가 강력하고 무섭기는 하지만, 늘어나거나 커지지 않습니다. 열기가 식고 냉기가 이어지기 때문입니다. 노년은 까다롭고 불평이 많으며 아플 때나 건강할 때나 마찬가지인데, 피로 혹은 혈액 소실로 열기가 소진되었기 때문입니다. 목마른 사람들과 허기에 쇠진한 사람들 등 피가 부족하고 영양 상태가 좋지 않은 사람들도 같은 이유에서 그러합니다. 술은 분노를 유발하는데, 열기를 증가시키기 때문입니다. 각자의 본성에 따라 어떤 사람들은 술을 마시면 열기가 치솟고, 어떤 사람들은 힘이 빠져나갑니다. 머리카락이 노랗고 붉은 사람들이 강한 분노 기질을 가지는 이유도 이와 다르지 않습니다. 다른 사람들에게는 분노할 때만 나타나는 그런 색깔을 이들은 본성으로 타고난 것입니다. 이들의 혈기는 역동적이고 충동적입니다.

---

9) 스토아 학파.
10) 아마도 중년을 가리킬 것이다.

20 자연은 어떤 사람들을 분노 기질로 만들었는데, 자연 이외에도 이렇게 되는 원인은 많습니다. 어떤 사람들에게는 질병 혹은 신체적 손상이 이런 결과를 초래합니다. 어떤 사람들에게는 중노동 혹은 이어지는 불면과 밤늦은 근심과 열정, 애욕이 이런 결과를 초래합니다. 기타 육체나 영혼을 병들게 하는 모든 것은 병든 마음을 불평꾼으로 만듭니다. 하지만 이런 모든 것들은 시작과 계기일 뿐입니다. 가장 큰 역할을 하는 것은 습관이며, 뿌리 깊은 습관이 잘못을 키웁니다. 본성을 바꾸는 것은 어렵습니다. 태어날 때 일단 섞여든 원소는 바꿀 수가 없습니다. 하지만 이에 대해 알아두면 유익할 수 있습니다. 불같은 기질은 술을 삼가야 합니다. 플라톤은 포도주를 아이들에게 주지 말아야 한다고 생각했고, 불로 불을 지피는 것을 금지했습니다. 또 과도한 음식 섭취는 삼가야 합니다. 왜냐하면 몸이 부풀어오르면 몸과 함께 영혼도 부어오르기 때문입니다. 이들에게 피곤할 정도의 노동이 부가된다면, 몸의 열기가 소진되지는 않으나 줄어들 것이며 과도한 열기는 빠져나갈 것입니다. 놀이도 이들에게 도움이 됩니다. 적당한 즐거움은 영혼을 이완시키고 조절하기 때문입니다. 체질적으로 습한 사람들과 건조한 사람들과 차가운 사람들에게는 분노의 위험이 적습니다. 하지만 이들도 약한 수준의 잘못, 즉 소심함과 까다로움과 좌절과 의심병을 두려워해야 합니다. 이런 기질은 느긋해지거나 쾌활해져야 하며 즐거움을 일깨워야 합니다. 분노 치료법이 다르고 우울 치료법이 다르며, 비슷하지 않은 정도가 아니라 완전히 정반대의 치료법을 써야 합니다. 우리는 늘 자라나는 정념에 맞추어 대응할 것입니다.

21 태어날 때부터 아이들을 건강하게 기르는 것이 가장 도움이 되리라고 저는 주장하지만, 방향키를 잡기란 힘든 일입니다. 아이들의

분노를 억눌러야 하는 동시에 그들이 주눅 들지 않도록 주의해야 하기 때문입니다. 이 문제는 세심한 관찰이 필요합니다. 북돋음도 억누름도 유사한 것에 의해 이루어지며, 주의 깊은 관찰자조차 그 유사성에 쉽게 속기에 그러합니다. 정신은 자유로 인해 커지고, 굴종으로 작아집니다. 그것은 칭찬받고 희망을 품으면 의기양양해지지만, 같은 칭찬과 희망이 오만과 분노도 발생시킵니다. 따라서 우리는 아이를 이 둘 사이에서 통제하여, 때로는 고삐를 당기고 때로는 채찍을 들어야 합니다. 아이가 비열한 것도, 노예적인 것도 겪게 해서는 안 됩니다. 그는 비굴하게 애걸해서도 안 되고, 애걸해서 이익을 얻어서도 안 됩니다. 오히려 그는 자신이 받고 싶은 것을 자신의 공적, 과거의 행동, 미래의 약속에 따라 받아야 합니다. 우리는 아이가 동년배들과의 경쟁에서 지는 것도 분노하는 것도 용인해서는 안 되며, 자주 시합하는 상대와는 친구가 되어 시합에서 상대를 해치려는 습관이 아니라 이기려는 습관이 들도록 신경 써야 합니다. 아이가 이기거나 칭찬받을 만한 행동을 할 때마다 우리는 그를 격려하되 으스대게 해서는 안 됩니다. 기쁨은 의기양양을 낳고, 의기양양은 자만과 자신에 대한 과대평가를 낳기 때문입니다. 우리는 아이에게 어느 정도 휴식을 주겠지만, 나태와 무능에 빠지도록 내버려두지 않고 사치를 접하지 못하게 할 것입니다. 떠받들고 달래는 교육만큼 아이들을 분노 기질로 만드는 것은 없기 때문입니다. 이 때문에 외아들이 귀여움을 더 많이 받을수록, 후견을 받는 아이가 더 많은 자유를 가질수록, 영혼은 더 많이 망가집니다. 전혀 거부당한 적이 없었고, 안절부절못하는 어머니가 항상 눈물을 닦아주었으며, 양육자[11])의 돌봄을 받던 아이는 자신을 공격하는 것들에 맞서지 못할 것입니다. 당신은 행운이 커질수록 분노도 더 커진다는 것을 알고 있지 않습니까? 이는 주로 부자들, 귀족들,

---

11) 아이를 특별히 보호하는 노예.

공직자들에게서 나타나는데, 그들의 영혼 안에 있는 가볍고 쓸데없는 것이 순풍에 힘입어 솟아오를 때 그렇습니다. 행복은 분노를 키웁니다. 아첨꾼들의 무리가 오만한 귀를 둘러싸고 말합니다. "그가 당신에게 말 대답을 한 것인가? 당신 스스로 당신을 낮게 평가한다. 당신 스스로 자신을 낮추는 것이다." 태생적으로 건강한 정신조차 견뎌낼 수 없을 것들이 말해집니다. 따라서 아이는 아첨을 멀리해야 하며, 진실을 들어야 합니다. 때때로 두려워해야 하고, 항상 존경해야 하며, 어른 앞에서 일어서야 합니다. 아이는 분노를 통해 간청해서는 안 되며, 울었을 때 거부당한 것을 울음을 그쳤을 때 받아야 합니다. 아이는 부모의 재산을 눈앞에서 보되, 사용해서는 안 됩니다. 그의 잘못된 행동은 질책을 받아야 합니다. 아이들이 온화한 선생들과 양육자들을 두는 것은 도움이 될 것입니다. 부드러운 모든 것은 가장 가까이 있는 것들에 애착하고, 그것들을 닮아가며 성장합니다. 곧 젊은이들의 성격에는 유모와 양육자의 성격이 담기게 됩니다. 플라톤의 집에서 교육을 받은 아이가 부모의 집으로 돌아와서 아버지가 고함치는 것을 목격했을 때 말했습니다. "저는 플라톤의 집에서 이를 본 적이 없습니다." 저는 그 아이가 플라톤보다 아버지를 더 빨리 닮게 되리라 의심치 않습니다. 무엇보다 음식은 간소해야 하고, 옷은 비싸지 않아야 하며, 생활 방식은 동년배들과 비슷해야 합니다. 당신이 처음부터 아이를 많은 아이들과 동등하게 만든다면, 그는 누군가를 자신과 비교하며 분노하지 않을 것입니다.

22 지금까지의 말은 아이들에 관한 것입니다. 우리에게는 출생 운과 교육이 더 이상 악덕과 가르침의 이유가 되지 못합니다. 그 다음의 것들을 살펴야 합니다. 첫 번째 원인에 맞서 싸워야 합니다. 분노의 원인은 불의를 당했다는 생각입니다. 생각을 쉽게 믿어서는 안 됩니다.

명백하고 분명한 것들이라고 즉각 동의해서는 안 됩니다. 일부 거짓들은 참인 것으로 보이기 때문입니다. 시간을 항상 확보해야 합니다. 흘러간 시간이 진실을 드러내기 때문입니다. 비방자들에게 쉽게 귀를 기울여서는 안 됩니다. 우연히 들은 것을 거리낌 없이 믿고 판단하기도 전에 분노하니, 의심스러운 앎은 인간 본성의 결함일진저! 비난뿐만 아니라 의심에도 동요하는 것과 남의 표정과 웃음을 더 나쁘게 해석하여 무고한 사람에게 분노하는 것은 어떻습니까? 따라서 손해를 보더라도 지금 이 자리에 없는 그를 변호해야 하며, 분노는 미루어야 합니다. 처벌은 늦더라도 집행될 수 있지만, 집행된 처벌은 돌이킬 수 없기 때문입니다.

23 참주 살해범의 이야기는 잘 알려져 있는바, 참주 히피아스가 암살 결행 전에 붙잡힌 참주 살해범에게 공범을 말하라고 고문하자, 그는 주위에 서 있는 히피아스의 친구들을 거명했는데, 참주 살해범은 그들이 참주의 안전을 가장 염려한다는 것을 알고 있었던 것입니다. 히피아스는 이름이 거명될 때마다 한 명씩 처형하라고 명령한 후에 아직도 남은 사람이 있는지 물었습니다. 참주 살해범이 말했습니다. "당신만 남았다. 나는 당신을 염려하는 사람을 아무도 남기지 않았기 때문이다." 분노는 참주로 하여금 참주 살해범에게 무기를 주어 자신의 경호인들을 제 칼로 죽이게 한 것입니다. 알렉산드로스 대왕은 얼마나 용감했습니까! 그는 의사 필립포스의 독약을 조심하라고 충고하는 어머니의 편지를 읽었지만, 이에 개의치 않고 필립포스가 준 음료를 마셨습니다. 자기 친구에 관해서는 자기 자신을 더 많이 믿었던 것입니다. 그는 정직한 친구를 가질, 친구를 정직하게 만들 자격을 가졌습니다. 그가 누구보다 쉽게 분노하는 사람이었기에 저는 알렉산드로스를 더욱더 칭찬합니다. 왕에게 절제란 드문 덕목이므로, 그의 절제는 더욱 칭찬받아야 합니

다. 내전에서 승리하고도 자비로웠던 가이우스 카이사르도 절제했습니다. 그는 어느 편도 아니었거나 반대편으로 보이던 사람들이 그나이우스 폼페이우스에게 보냈던 편지들을 읽지 않고 태워버렸습니다. 평소에도 크게 분노하는 편은 아니었지만, 그때 그는 아예 분노의 가능성을 없애버리기를 원했습니다. 그들이 저지른 잘못을 모르는 것이 가장 자비로운 용서라고 생각했던 것입니다.

24 쉽게 의심하는 것이 최고악을 만듭니다. 때로는 귀담아듣지 말아야 합니다. 어떤 경우에는 불신하는 것보다 속는 것이 더 낫기 때문입니다. 의심과 추측을 마음에서 제거해야 합니다. 그것들은 기만적인 자극제입니다. "그는 나에게 정중하게 인사하지 않았다. 그는 내 입맞춤을 제대로 받아주지 않았다. 그는 대화를 곧 중단했다. 그는 나를 저녁 식사에 부르지 않았다. 그의 표정은 꽤 시무룩해 보였다." 의심의 증거는 부족함이 없을 것입니다. 단순함과 호의적인 판단이 필요합니다. 눈앞에서 일어나는 명백한 것만을 믿읍시다. 우리의 의심이 헛된 것으로 드러날 때마다 쉽게 의심함을 책망합시다. 이런 책망은 쉽게 의심하지 않는 습관을 만들어줄 것입니다.

25 이로부터 아주 사소하고 하찮은 것들에 자극되어서는 안 된다는 것이 뒤따릅니다. 느러터진 노예나 마시기에 너무 미지근한 물, 어질러져 있는 침상이나 아무렇게 차려져 있는 식탁에 흥분하는 것은 광기입니다. 미풍에 움츠러드는 사람은 건강이 좋지 않은 아픈 사람이고, 흰 옷에 눈이 부신 사람은 눈이 좋지 않은 사람이며, 남이 일하는 모습에 옆구리가 아픈 사람은 사치로 인해 무력한 사람입니다. 사람들이 말하기를, 민뒤리데스는 쉬바리스 시민으로, 그는 누군가 땅을 파면

서 곡괭이를 높이 드는 것을 보았을 때, 피곤해진다 불평하고 자신이 보는 앞에서 일하지 못하게 했습니다. 또한 그는 자신이 깔고 누운 장미꽃잎이 접혀져 있었기 때문에 자기 몸 상태가 더 안 좋아졌다고 불평했습니다. 몸과 영혼이 함께 쾌락으로 망가졌을 때는 아무것도 견디지 못하는 것으로 보이는데, 힘든 것들을 겪기 때문이 아니라 겪는 주체가 유약하기 때문입니다. 누군가의 기침, 재채기, 조용히 날아다니는 파리, 눈앞으로 지나가는 개, 부주의한 노예의 손에서 떨어진 열쇠가 당신에게 왜 격노를 불러일으킵니까? 바닥에 의자를 끄는 소리에 귀가 아픈 사람이 시민들의 언쟁과 민회나 원로원에서 퍼붓는 악담을 견뎌내겠습니까? 얼음물을 제대로 만들지 못하는 노예에게 분노하는 사람이 허기와 여름철 원정의 갈증을 참을 수 있겠습니까? 따라서 무절제하고 참을성 없는 사치보다 분노를 더 많이 키우는 것은 없습니다. 극한의 것이 아니면 느낄 수 없도록 마음을 모질게 단련해야 합니다.

26 우리는 우리에게 불의를 저지를 수 없는 존재들에게, 혹은 우리에게 불의를 저지를 수 있는 존재들에게 분노합니다. 전자에 속하는 것들 가운데 일부는 아무런 감각이 없습니다. 예를 들어 우리는 작은 서체로 쓰인 책을 집어던지고, 마음에 들지 않는 옷을 잘라내듯이 오자(誤字)가 많은 책을 찢어버립니다. 우리의 분노를 당할 만한 것들도 아니고 느끼지도 못하는 이것들에 대한 분노는 얼마나 어리석은 일입니까! '그것들을 만든 자들이 우리를 자극한다.' 먼저 우리는 왕왕 이를 구분하기도 전에 분노합니다. 다음으로, 어쩌면 그것들을 만든 장인들에게는 정당한 변명거리가 있을 것인바, 한 사람은 자신이 만들어낸 것보다 더 잘 만들 수 없었다고, 당신을 모욕하려고 기술을 덜 배운 것은 아니라고 할 것입니다. 다른 사람은 당신을 자극할 목적으로 이렇게 한

것은 아니라고 할 것입니다. 정리하자면, 사람을 향해 쌓인 분노의 담즙을 사물을 향해 쏟아내는 것만큼 정신 나간 짓이 있겠습니까? 영혼 없는 사물에 분노하는 것이 광기에 속하는 것처럼, 우리에게 결코 불의를 저지를 의사도 없고 행하지도 않는 말 못하는 짐승들에게 분노하는 것도 그러합니다. 의도적으로 행해졌을 때만이 불의입니다. 칼이나 돌이 우리를 해칠 수는 있지만, 불의를 저지를 수는 없습니다. 하지만 어떤 사람들은 자신이 모욕당했다고 생각하는데, 동일한 말이 어떤 기수(騎手)에게는 순종하면서 다른 기수는 거부할 때, 말이 판단에 의해 그런 것처럼 생각하기 때문입니다. 하지만 동물은 조련 습관과 솜씨에 따라 어떤 사람을 다른 사람보다 잘 따르는 것입니다. 또한 아이들에게 그리고 현명함에서 아이들과 크게 다르지 않은 자들에게 분노하는 것은 어리석은 일입니다. 공평한 심판인이 보기에, 이들의 모든 잘못이란 현명하지 못하여 일으킨 무죄한 행동이기 때문입니다.

27 남에게 위해를 가할 수 없는, 베풀고 살리는 능력만 있는 그런 존재들이 있습니다. 예를 들면 불멸의 신들은 해악을 원하지도 않고 행할 수도 없습니다. 신들은 본성상 온화하고 평온하며, 불의를 당하는 것만큼이나 불의를 행하는 것과도 멀리 떨어져 있습니다. 그런데 정신 나간 사람들과 진리에 무지한 자들은 바다의 격랑, 엄청난 폭우, 기나긴 겨울을 신들의 탓으로 돌립니다. 우리에게 피해를 입히는 것이나 유익을 가져다주는 것이나 사실 우리를 겨냥한 것은 전혀 없습니다. 우리 때문에 세상에 겨울과 여름이 오가는 것은 아닙니다. 그것은 법칙에 따라 그러한 것이며, 이런 법칙을 통해 신의 뜻이 실현됩니다. 그것이 우리를 염두에 두고 발생한 것으로 생각한다면, 그것은 우리 자신을 과도하게 높이 평가하는 것입니다. 이런 것들 가운데 어떤 것도 우리에

게 해가 되도록 생겨난 것은 없으며, 반대로 우리에게 이익이 되도록 일어난 것도 없습니다. 우리는 우리를 해칠 수 없는 것이 있고, 해치기를 원하지 않는 것이 있다고 말했습니다. 후자에 속하는 것으로 정직한 정무관과 부모, 선생과 심판인이 있으며 이들이 주는 벌은 마치 수술칼 혹은 절식 혹은 이익을 위해 고통을 주는 그런 것이기 때문에 우리는 이를 받아들여야 합니다. 우리에게 처벌이 가해졌습니다. 어떤 일을 당하게 될 것인가뿐만 아니라 어떤 일을 저질렀는가도 생각해야 합니다. 우리 자신의 삶을 돌이켜보아야 합니다. 우리 자신에게 솔직해진다면, 우리는 그보다 더 큰 처벌을 받아야 함을 인정하게 될 것입니다.

28 만약 만물의 공평한 심판인이 되고자 한다면, 먼저 우리 가운데 죄 없는 자가 없다는 점을 생각하십시오. 엄청난 분노가 생겨나는 원천은 바로 이것, '나는 아무런 잘못이 없다'와 '내가 한 것이라곤 없다'입니다. 아니, 당신의 자백이 없을 뿐입니다. 우리는 우리를 훈계 혹은 처벌로 바로잡으려고 한다고 분노합니다. 바로 그 순간 우리는 악행에 오만과 불손을 더하는 것입니다. 법률 전체에 비추어 자신이 무죄라고 주장할 사람이 있을 수 있겠습니까? 하지만 그렇다고 치더라도 법률에 맞추어 선하다는 것은 얼마나 편협한 무죄입니까! 법의 척도에 비해 의무의 척도는 얼마나 광범위합니까! 효심, 인간미, 자비, 정의, 신의 등은 법전에 다 옮겨 담을 수 없을 정도로 많은 것을 요구합니다. 하지만 우리는 사실 좁은 법률적 기준조차 충족시키지 못합니다. 우리는 엉뚱한 짓을 하며, 엉뚱한 생각을 하며, 엉뚱한 것을 바라며, 엉뚱한 것을 옹호합니다. 우리가 죄를 짓지 않은 경우란 그것을 완수하지 못한 경우뿐입니다. 이를 생각하여, 잘못을 저지른 자들에게 좀더 온정적으로 대하고, 우리를 질책하는 자들을 믿어줍시다. 어떤 일이 있어도 선한 자들

에게는 분노하지 맙시다(선한 자들에게까지 분노한다면 누구에겐들 분노하지 않겠습니까?). 신들에게 절대 분노하지 맙시다. 신들의 악덕 때문이 아니라, 우리의 유한성 때문에 우리는 모든 불이익을 겪는 것입니다. '아니, 질병과 고통이 우리를 공격하는 것이다.' 죽을 운명의 우리가 허술한 거처를 배정받은 것입니다.

누군가 당신을 비방한다는 말을 듣게 될 것입니다. 당신이 먼저 비방했는지를 생각해보십시오. 얼마나 많은 사람에 관해 이야기하고 다녔는지 기억해보십시오. 말하노니, 이렇게 생각합시다. 다른 이들이 불의를 행한 것이 아니라 불의로 응대한 것이며, 우리를 위해서 그리한 것이고, 어쩔 수 없이 그리한 것이며, 몰라서 그리한 것으로, 심지어 알고 원해서 그리한 자들도 우리에게 불의를 행했지만, 불의 자체를 의도하지는 않았던 것이라고 말입니다. 조롱의 매력에 이끌려 그런 것이거나, 혹은 우리를 해하려고 그런 것이라기보다 우리를 밀쳐내지 않고는 본인의 목표를 이룰 수 없기 때문일 것입니다. 때로 비위를 맞추려는 아첨에도 비위가 상합니다. 얼마나 자주 모함이 있었는지, 얼마나 많은 의무 수행을 운명은 불의하게 보이게 했는지, 얼마나 많은 이들이 처음에는 증오받다가 나중에는 사랑받게 되었는지를 돌이켜보는 사람은 그 자리에서 분노할 수 없으며, 상처 입은 것 하나하나에 대해 조용히 '나 자신도 그랬었다'라고 되뇌는 사람은 어떤 경우든 분노할 수 없습니다. 어디서 공정한 심판인을 찾을 수 있겠습니까? 다른 이의 아내를 탐하고, 남의 여자라는 점에서 탐할 정당한 이유를 찾는 사람은 다른 사람이 자기 아내를 쳐다보는 것을 참지 못하는 법입니다. 배신자가 지독하게 신의를 고집하는 법이고, 거짓 맹세를 일삼는 자가 남의 거짓을 추궁하는 법이며, 거짓 고발꾼이 자신이 고소당하는 것을 참지 못하는 법입니다. 자신의 처신을 돌보지 않는 자는 자기 노예가 처신 문제로 비방 받는 것을 용납하지 못합니다. 우리는 남의 잘못은 보면서 우리 자신의 잘못은 외면합니다. 그리하여 자식보다 더한 아비가 자식의 때 이른 술자리를 질책하고, 자신에게는 어떤 사치도 마다하지 않는 사람이 남의 사치는 조금도 용서하지 않으며, 독재자가 살인자에게 분노하며, 신전 약탈범이 절도범을 벌합니다. 대부분은 잘못 자체가 아니라, 잘못을 범한 사람들에게 분노합니다. 우리가 만약 우리 자신을 돌아보며, '우리 자신도 그런 일을 저지르지 않았는가? 우리는 실수한 것이 없는가? 그런 것을 비난한다고 우리 자신에게 무슨 도움이 되겠는가?'라고 묻는다면, 우리는 훨씬 더 온화한 사람이 될 것입니다.

29 분노를 치료하는 최선의 처방은 시간입니다. 우선 분노에 시간을, 용서하기 위해서가 아니라 판단해보기 위해서 요청하십시오. 분노는 초기에는 강한 충동을 지니지만, 기다리는 동안 약화됩니다. 분노를 한꺼번에 없애려고 하지 마십시오. 조금씩 정복하다 보면 전체를 잡게 될 것입니다. 우리를 분노케 하는 것들 가운데 일부는 전해들은 것들이며, 일부는 직접 목격하고 들은 것들입니다. 전해들은 것들을 곧바로 믿어서는 안 됩니다. 많은 사람이 속이기 위해 거짓말을 하기 때문이며, 또 많은 사람이 자신들도 거짓말에 속았기 때문입니다. 어떤 자는 고발을 통해 호의를 구하며, 불의를 당해서 고생한 것처럼 불의를 지어냅니다. 사악한 자들이 친밀한 우정을 갈라놓으려고 합니다. 멀리서 안전하게 재미삼아 서로 앙숙이 되어 싸우는 것을 지켜보는 못된 자들이 있습니다. 만약 당신이 소액이라도 재판을 지휘할 경우, 증인 없이는 아무것도 확증하지 않을 것이고, 선서하지 않은 증인은 받아들이지 않을 것이며, 양측에게 변론할 기회를 줄 것이고, 시간을 줄 것이며, 그것도 여러 번 줄 것입니다. 진실은 많이 살펴볼수록 더욱 분명히 드러나는

법입니다. 친구를 즉시 유죄로 판결하겠습니까? 들어보기도 전에, 물어보기도 전에, 친구가 자신의 고발자를 알거나 고발당한 것을 알기도 전에 친구에게 분노하겠습니까? 이미 그대는 양측의 이야기를 들었습니까? 당신에게 이야기를 전한 장본인은 입증을 요구할 때 증언하기를 거부할 것입니다. 그는 말할 것입니다. '나를 그 문제에 끌어넣지 마시오. 증인석에 나선다면 부인할 것이오. 난 그대에게 아무것도 말한 적 없소.' 그는 싸움을 부추기면서 동시에 본인은 싸움과 갈등에서 빠져나가고 있습니다. 오로지 비밀스럽게 이야기를 하는 사람은 아무것도 이야기하지 않은 셈입니다. 은밀한 것을 믿고 공개적으로 분노를 표하는 것만큼 불공정한 일이 어디 있겠습니까?

30 우리 자신이 어떤 일들의 증인이 됩니다. 이 일에서 행위자의 성격과 의지를 떼어내서 자세히 살펴봅시다. 어린아이입니다. 그러면 나이 때문에 용서됩니다. 어린아이는 자신이 잘못한 것을 알지 못합니다. 아버지입니다. 그분의 도움은 불의를 행할 권리를 가질 정도로 유익하거나, 더 나아가 어쩌면 그분의 도움이란 우리를 분노하게 만드는 바로 그 행위입니다. 여인입니다. 그녀는 다만 실수를 저지른 것입니다. 남이 시킨 것입니다. 불공정한 사람 말고 누가 어쩔 수 없었던 것에 울컥하겠습니까? 상처 입은 자입니다. 당신이 먼저 저질렀던 일로 인해 불의를 당하는 것은 불의가 아닙니다. 심판인입니다. 당신의 판단보다 그의 판단을 신뢰하십시오. 왕입니다. 왕이 죄지은 것을 벌한다면 정의에 양보하십시오. 죄 없는 것을 벌한다면 운명에 순종하십시오. 말 못하는 짐승 혹은 비슷한 종류입니다. 당신이 분노한다면 짐승처럼 되는 것입니다. 질병 혹은 재앙입니다. 참고 견디면 곧 지나갑니다. 신입니다. 신에게 화를 내는 것은, 다른 사람에게 분노하라고 신께 청하는 것만큼

큰 잘못입니다. 당신에게 불의를 저지른 사람이 선한 사람이라면, 당했다고 믿지 마십시오. 악인이라면 놀라지 마십시오. 당신이 줄 벌을 다른 사람이 줄 것이며, 죄 지은 사람은 자신에게 벌써 벌을 내린 것입니다.

31 제가 말했던 것처럼 분노를 자극하는 두 가지가 있습니다. 하나는 우리가 불의를 당했다고 느끼는 경우인데, 이는 충분히 말했습니다. 다음은 부당하게 불의를 당했다고 느끼는 경우인데 이제부터 말해야 합니다. 사람들은 어떤 것은 겪어서는 안 될 일이기 때문에 부당하다고 판단하고, 어떤 것은 겪기를 원하지 않기 때문에 부당하다고 판단합니다. 전혀 생각지도 못했던 일을 우리는 억울한 일로 여깁니다. 따라서 기대와 예상에 어긋나는 일들이 가장 크게 자극합니다. 이것이 집 안에서 사소한 것들에 언짢아하고, 친구들 사이의 무심함을 우리가 불의라고 부르는 이유입니다. 누군가 말할지 모릅니다. "그렇다면 어찌하여 적이 저지른 불의에 동요하는가?" 왜냐하면 그것을 예상하지 못했기 때문이거나, 그 정도일 것이라고는 예상하지 못했기 때문입니다. 우리의 과도한 자기애가 그런 결과를 가져오는데, 우리는 우리 자신이 적들에게조차 상해를 입을 사람이 아니라고 생각했던 것입니다. 모두는 자신에 대해 제왕의 마음을 가지고 있습니다. 그래서 자신은 무엇이든 해도 된다고 생각하며, 남들은 자신에게 그래서는 안 된다고 생각합니다. 따라서 우리를 분노하게 하는 것은 우리의 오만 혹은 무지입니다. 못난 사람들이 못난 짓을 하는 것은 놀랄 일이 아니지 않습니까? 적이 우리를 공격하고, 친구가 배신하고, 아들이 잘못을 범하고, 노예가 죄를 짓는 것은 새삼스러울 것이 없는 일 아닙니까? 파비우스가 이야기하곤 했던바, 총사령관의 가장 한심한 변명은 '나는 미처 생각하지 못했다'인데, 저는 이것이 인간의 가장 한심한 변명이라고 생각합니다. 모든 것을 생

각하고 예상하십시오. 심지어 선한 사람들에게도 뭔가 상스러운 측면이 있을 것입니다. 인간의 본성은 음모의 영혼을, 배은망덕한 영혼을, 탐욕의 영혼을, 불경의 영혼을 키웁니다. 한 사람의 모습을 보았을 때 대중의 모습을 생각하십시오. 크게 기뻐할 때 크게 두려워하게 될 것입니다. 모든 것이 평온해 보이는 곳에 불길한 일은 없는 것이 아니라 쉬고 있는 것입니다. 언젠가 당신을 공격할 무엇인가가 생길 것이라고 생각하십시오. 항해사는 안심하지 않으며 돛을 모두 펼치지 않습니다. 돛을 접어야할 때 신속히 접을 수 있도록 말입니다.

다른 무엇보다 이것을 먼저 생각하십시오. 해악을 끼치는 폭력은 혐오스럽고 가증스러우며 인간과는 아주 멀리 떨어진 것임에 반해, 자비는 야만스러운 것들도 순화시킨다는 사실을 말입니다. 멍에를 진 코끼리의 목을 보십시오. 뛰노는 아이들과 여인들을 태운 소의 등을, 주머니와 옷 주름 사이를 무해하게 스쳐가는 뱀들을, 쓰다듬는 사람들에게 얌전한 곰과 사자의 아가리를, 주인과 친한 짐승들을 보십시오. 짐승들과 성격을 맞바꾼 것을 부끄럽게 여기게 될 것입니다. 조국에 해악을 끼치는 것은 불경한 일입니다. 시민 개개인에게도 마찬가지입니다. 그들은 조국의 일부이기 때문입니다. 전체가 공경할 만한 것이면 부분도 경건한 것입니다. 따라서 인간에게도 마찬가지입니다. 인간은 더 큰 나라의 세계 시민이기 때문입니다. 손이 발에, 눈이 손에 어찌 해악을 입히려고 하겠습니까? 각 부분을 존중하는 것이 전체를 위해 유익하기 때문에 모든 지체(肢體)가 서로 단결하는 것처럼, 인간은 인간 개개인을 아껴야 합니다. 왜냐하면 인간은 공동체를 위해 태어났으며, 공동체의 안녕은 구성원들을 아끼고 사랑하는 것에서만 가능하기 때문입니다. 독사와 바다뱀 등을 길들일 수 있고 우리 누구에게나 해를 입히지 않게 만들 수만 있다면, 물고 찔러 해를 입히지 못하게 하기 위해 이들을 때려 죽이지는 않을 것입니다. 따라서 잘못했다고 사람을 해하지는 않을 것입니다. 다만 잘못하지 않도록, 과거가 아니라 미래를 위해 처벌해야 합니다. 분노하는 것이 아니라 예방하는 것이기 때문입니다. 비뚤어지고 잘못된 천성을 모조리 처벌해야 한다면, 처벌을 면할 자는 없습니다.

32 "하지만 분노에는 뭔가 쾌감이 있고 고통을 되갚는 것도 즐거운 일이다." 전혀 그렇지 않습니다. 은혜를 은혜로 갚는 것은 훌륭한 일이지만, 불의를 불의로 갚는 것은 그렇지 않습니다. 전자는 지는 것이 흉이지만, 후자는 이기는 것이 흉입니다. 비인간적인 단어이면서도 정당한 것으로 받아들여지는 단어가 있습니다. 바로 복수입니다. 이는 선후만 바뀌었을 뿐 폭행입니다. 다만 이유가 붙을 뿐 악행입니다. 어떤 사람이 마르쿠스 카토를 몰라보고 목욕탕에서 실수로 그를 때렸습니다. 누가 감히 알면서도 그런 불의를 저지를 수 있겠습니까? 나중에 용서를 구하는 그에게 카토는 말했습니다. "난 내가 맞았다는 것을 기억하지 못한다." 카토는 복수하는 것보다 눈감아주는 것이 좋겠다고 생각했던 것입니다. 당신은 말합니다. "그런 무례한 짓을 범했는데도 그자에게 아무런 해악이 없었단 말인가?" 오히려 많은 좋은 일이 있었습니다. 카토와 알고 지내게 되었습니다. 불의를 가볍게 여기는 것은 넓은 아량을 드러냅니다. 복수 가운데 가장 모욕적인 복수는, 복수할 가치가 없다는 여김을 받은 것입니다. 많은 사람은 복수를 통해서 가벼운 불의를 사무치는 불의로 만듭니다. 어린 강아지들이 짖는 소리를 아무렇지도 않게 대하는 커다란 맹수와 같은 사람은 위대하고 고귀한 사람입니다.

33 누군가 말할지 모릅니다. "우리는 불의를 복수함으로써 업신여김을 당하지 않는다." 마치 치료법처럼 복수를 사용하려거든 분노

없이 합시다. 복수가 달콤해서가 아니라 유용하기 때문에 하는 것처럼 말입니다. 하지만 종종 내색하지 않는 것이 복수보다 유용할 때가 있습니다. 힘 있는 자들이 행하는 불의는 인내가 아니라 즐거운 표정으로 참아야 합니다. 그들은 성공했다 싶으면 이를 반복할 것이기 때문입니다. 커다란 행운으로 오만해진 영혼들의 큰 결함은, 상대에게 상처를 입히면서 동시에 상대를 증오한다는 것입니다. 왕들을 모시면서도 장수한 사람이 남긴 유명한 말이 있습니다. 그에게 누군가, 왕궁에서 보기 드문 일인데 어떻게 노년까지 살아남는 데 성공했는지 물었다고 합니다. 그는 대답했습니다. "불의를 당하면 이에 감사를 표함으로써." 때때로 불의에 복수하는 것은 쉽지 않으며 전혀 내색하지 않는 것이 쉬운 일입니다. 가이우스 카이사르[12])는 유명한 기사 출신 파스토르의 아들을 감옥에 가두었는데, 그의 말쑥한 차림새와 깔끔한 머리 모양에 기분이 상해서 저지른 일입니다. 아비가 자식의 안녕을 요청했을 때 이것이 마치 처벌을 재촉한 것인 양 그는 즉시 아들의 사형을 집행하도록 명했습니다. 하지만 그는 자신이 완전히 비인간적이지는 않음을 보여주려고 그날 저녁 아비를 식사에 초대했습니다. 파스토르는 아무것도 비난하지 않는 표정으로 초대에 응했습니다. 카이사르가 그에게 술잔을 내렸고, 그가 마시는지 확인하려고 감시자를 붙였습니다. 불쌍한 아비는 마치 아들의 피를 마시는 것과 같은 상황을 견뎌냈습니다. 카이사르는 화관과 향유를 그에게 보냈고, 그가 이를 취하는지 관찰자를 붙였습니다. 그는 이를 취했습니다. 아들의 장례를 치른 바로 그날, 아니 아들의 장례도 치르지 못한 바로 그날 그는 100명의 손님들에 끼어 잔치에 참여했고 자식들의 생일날에도 들지 않을 법한 술잔을 비웠습니다. 눈물을 흘리지 않았고 고통을 어떤 식으로든 드러내지 않고 견뎌냈습니다. 마치

---

12) 칼리굴라.

아들을 위한 탄원이 받아들여진 것처럼 식사를 마쳤습니다. 왜 그렇게 했냐고 당신은 묻습니까? 그에게는 또다른 아들이 있었습니다. 유명한 프리아모스[13]는 어떻습니까? 그도 분노를 내색하지 않았고 왕[14]의 무릎을 잡고서 탄원했으며, 아들의 피로 젖은 왕의 손에 입을 맞추었고 식사를 했습니다. 하지만 그에게는 향유도 없었고 화관도 없었고 위로하며 식사를 권하는 잔혹한 적들도 없었고 감시를 받으며 엄청난 술잔을 비울 필요도 없었습니다. 로마의 아비가 자기 자신을 위해 두려워했다면 저는 그를 경멸했을 것입니다. 자식에 대한 사랑 때문에 그는 분노를 억제했던 것입니다. 아들의 유해를 수습하도록 만찬장을 떠나갈 수 있도록 마땅히 허락되어야 했었습니다. 친절하고 상냥한 청년[15]은 때로 이를 전혀 허락하지 않았습니다. 근심일랑 잊으라고 권하면서 잦은 건배로 노인을 괴롭혔습니다. 하지만 노인은 즐거운 척했으며 그날 당한 일을 잊은 척했습니다. 살인마를 식사자리에서 즐겁게 하지 않았다면 나머지 아들마저 잃었을 것입니다.

34 따라서 복수 상대가 자신과 대등하든 열등하든 또는 월등하든 분노는 자제되어야 합니다. 대등한 상대와 겨루는 것은 결판나지 않으며, 월등한 상대와 겨루는 것은 광기이며, 열등한 상대와 겨루는 것은 지저분한 일입니다. 물어뜯는다고 같이 무는 짓은 비루하고 한심한 인간의 일입니다. 쥐와 개미는 당신이 손을 뻗치면 물려고 합니다. 나약한 것들은 손만 닿아도 자신들이 상처 입는다고 생각하기 때문입니다. 우리를 분노하게 하는 사람이 한때 우리에게 유익했음을 생각한다면 우

---

13) 트로이아의 왕. 아들 헥토르의 시신을 돌려받기 위해서 아킬레우스를 찾아갔다.
14) 아킬레우스.
15) 칼리굴라.

리는 마음을 풀게 될 것인데, 그의 기여가 공격을 상쇄시킵니다. 관대함의 명성이 얼마나 높은 평판을 가져올지를, 용서가 유용한 친구를 얼마나 많이 만들어줄지를 생각하십시오. 정적과 원수의 자식들에게 분노를 표하지 맙시다. 술라의 잔혹함을 보여주는 예들 가운데 하나가, 추방자들의 자식들에게 공직 출마를 금지시킨 일입니다. 사람을 선대의 증오를 물려받은 상속자로 만드는 것만큼 불공정한 일은 없습니다. 용서하기 어렵다고 느낄 때마다, 모두가 서로에게 가혹한 것이 우리에게 이득이 될지를 생각해봅시다. 용서를 해주지 않는 자가 용서를 구하는 경우는 얼마나 많습니까! 발아래 엎드려 애원하는 자의 발아래 엎드리는 경우는 또 얼마나 많습니까! 분노를 우정으로 바꾸는 것만큼 명예로운 일이 있습니까? 로마 인민이 오늘날 누구보다 믿을 만한 동맹자로 여기는 사람들이 과거 얼마나 지독한 원수였습니까? 패자를 승자와 하나로 통합하려는 건강한 지혜가 없었다면 어떻게 로마 제국이 있겠습니까? 어떤 사람이 분노합니다. 당신은 반대로 그에게 호의를 보여야 합니다. 상대편도 돌아서면서 반목은 곧 사라집니다. 똑같이 굴지 않는다면 싸울 일은 없습니다. 양측의 분노가 경합할 때 충돌이 일어납니다. 먼저 발을 돌리는 자가 좀더 훌륭한 사람입니다. 승리한 자가 패배한 것입니다. 당신을 때립니다. 물러나십시오. 대거리하면 또 때릴 기회와 핑계를 주게 될 것이며, 물러나고 싶어도 물러설 수 없게 될 것입니다.

35 누가 과연 제 손에 상처를 입으면서까지, 상처에서 회복될 수 없을 정도로 적을 공격하려고 하겠습니까? 하지만 분노는 그런 무기입니다. 분노는 물러서지 않습니다. 우리는 우리가 가볍게 다룰 만한 무기를 찾으며 편리하고 손쉬운 칼을 잡습니다. 그렇다면 우리는 무겁고 힘겹고 돌이킬 수 없는 격정은 피하게 되지 않겠습니까? 따라서 명

령을 내리면 걸음을 멈추고 정해진 한계를 넘어서지 않으며, 돌이킬 수 있고 달리기에서 걷기로 늦출 수 있는 그런 속도가 합당합니다. 우리의 의지와 상관없이 움직일 때 우리는 근육에 병이 생겼음을 알게 됩니다. 걷고 싶은데 뛰게 되면 그것은 노인의 몸이거나 병약한 몸입니다. 영혼이 우리 의지에 복종하고 멋대로 움직이지 않는다면 아주 건강하고 튼튼한 영혼입니다.

먼저 사태의 추악함을 간파하고 이어 그 위험성을 파악하는 것만큼 유익한 일은 없습니다. 다른 어떤 정념의 얼굴보다 분노의 얼굴이 훨씬 혼란된 표정을 보입니다. 분노는 더없이 아름다운 얼굴도 망쳐놓으며, 한없이 조용한 얼굴을 광분의 얼굴로 만듭니다. 분노한 사람에게서 모든 우아함이 떠나며, 격식에 따른 옷을 걸쳤다고 하더라도 분노한 사람은 옷을 질질 끌며 자기 자신을 돌보지 않을 것입니다. 타고난 혹은 다듬어진 아름다운 머리모양도 마음의 상태처럼 흐트러질 것입니다. 핏대는 부풀어오릅니다. 잦은 호흡으로 가슴은 마구 흔들리며 목소리의 거친 폭발로 목구멍은 확장됩니다. 사지가 부들부들 떨리고 손은 가만히 있지 못하며 온몸이 요동칩니다. 겉모습이 이렇게 흉측하게 변모한 사람의 속마음은 어떨 것이라고 생각합니까? 그 가슴속 표정은 얼마나 끔찍하겠으며, 정신은 얼마나 사납겠으며, 충동은 얼마나 강력하겠습니까? 분출되지 않는다면 사람을 폭발시키고 말 것입니다. 살육으로 흥건히 젖은 혹은 살육하려고 움직이는 적이나 야수의 모습은 어떻습니까? 시인들이 노래한, 뱀들과 타오르는 화염으로 휘감긴 저승의 괴물은 어떻습니까? 전쟁을 불러오고 인민들의 화합을 부수고 평화를 파괴하는 끔찍한 여신들이 저승을 탈출한다면 어떻겠습니까? 이런 모습들이 우리가 상상하는 분노의 모습입니다. 분노의 눈동자는 화염으로 불타오르고, 울음과 비명과 탄식과 고성 그리고 이것들보다 훨씬 더 무서운 소리가 있다면 바로 그 소리로 분노는 외칩니다. 분노는 양손으로 창을 휘둘러댑니다(자신을 방어할 방패 따위는 안중에 없기 때문입니다). 분노는 험상궂고, 자신을 향한 채찍질로 피투성이, 상처투성이, 멍투성이입니다. 광분하여 돌아다니며, 깊은 어둠에 싸여 공격하고, 폐허로 만들고, 내쫓고, 모든 이들에 대한 증오로 특히 자기 자신에 대한 증오로 고통받고, 달리 해악을 줄 수 없는 경우에는 땅과 바다와 하늘이 뒤집어지기를 바랍니다. 분노는 미워하며 동시에 미움받습니다. 혹 괜찮다면, 우리 시인들이 노래한 것처럼 그러합니다. "전쟁은 피 묻은 채찍을 오른손으로 휘두르며"[16] 혹은 "불화는 찢겨진 웃옷에 기뻐하며 다가왔다." 섬뜩한 다른 정념들이 이보다 섬뜩한 표정을 만들어낼 수 있다면 분노는 바로 그 모습입니다.

36 섹스티우스는 어떤 사람들에게는 분노했을 때 거울을 들여다보는 것이 유익했었다고 말합니다. 엄청나게 바뀐 자신의 모습이 그를 당황하게 했으니, 눈앞의 모습에 놀라 자신을 알아보지 못합니다. 거울에 비친 모습은 실제의 추악함 가운데 얼마나 적은 것만을 보여주었습니까! 분노한 영혼을 비출 수 있고 영혼이 무엇인가에 선명하게 드러날 수 있다면, 쳐다보는 사람들은 기절했을지도 모릅니다. 검푸르고 얼룩덜룩하며 달아오르고 비뚤어지고 부은 모습에 말입니다. 뼈와 살 등 수많은 장애물을 뚫고 밖으로 드러난 분노의 추악함이 이 정도일진대, 만약 있는 그대로 드러난다면 어떻겠습니까? 분노에 놀라 거울에서 뒤로 물러서는 사람은 없다고 당신은 생각할지 모릅니다. 어찌된 일이겠습니까? 변화하려고 거울 앞에 선 사람이 이미 변해버린 것입니다. 실로 분노한 사람에게는, 그렇게 되고 싶은, 더 나아가 남들에게 보이고

---

16) 베르길리우스, 『아이네이스(*Aeneis*)』 제8권 703행 이하(김남우 역, 미출간).

싶은 저 사납고 끔찍한 제 모습이 무엇보다 아름다운 것이 되어버린 것입니다.

하지만 분노가 얼마나 많은 사람들에게 해를 입혔는지를 알아야 합니다. 어떤 사람들은 과도한 흥분에 혈관이 터지고, 한계를 넘는 고함에 피가 쏟아지고, 과도하게 흘린 눈물에 시력이 약해지고, 병든 몸에 질병이 또 밀려듭니다. 광기에 이르는 이보다 빠른 길은 없습니다. 그리하여 많은 사람들은 분노의 광기를 계속 이어가며 한번 잃은 정신을 다시는 찾지 못합니다. 광기가 아이아스를 죽음으로, 분노가 아이아스를 광기로 이끌었습니다.[17] 분노는 자식들에게 죽음을, 자신에게 가난을, 집안에 몰락을 가져옵니다. 미친 자들이 미친 것을 부정하듯 분노한 자들은 분노한 것을 부정합니다. 절친한 사람들에게 적이 되고, 소중한 사람들에게 피해야 할 사람이 되며, 해악을 끼치기 위한 것을 제외한 어떤 법도 생각하지 않으며, 조그만 일에도 동요하고, 말에도 의무에도 순순히 따르지 않으며, 모든 것을 힘으로 행하고, 칼을 들어 찌르거나 찔릴 태세를 갖추고 있습니다. 다른 모든 악덕들을 무색하게 하는 참으로 커다란 악이 그들을 장악했습니다. 다른 악덕들은 천천히 침입하지만 분노의 힘은 갑작스럽고 전면적입니다. 다른 모든 정념들을 제 아래 굴복시킵니다. 분노는 뜨겁고도 뜨거운 사랑을 굴복시키며, 사랑하던 육신을 찌르고, 죽어 쓰러진 육체를 안고 자신도 쓰러집니다. 분노는 끈덕지고 끈덕지며 조금도 양보하지 않는 악덕인 탐욕을 짓밟아버리며, 자신의 재산을 던져버리고, 집과 한군데 쌓아놓은 가산에 불을 놓습니다. 어떻습니까? 명예욕이 가득한 사람도 자신이 중하게 생각했던 명예와 제안 받은 관직을 거절하지 않습니까? 분노가 굴복시키지 못할 정념이란 없습니다.

---

17) 트로이아 전쟁에서, 아이아스는 아킬레우스의 무기가 오뒷세우스에게 주어지자 분노하여 광기에 빠진다.

제5권

분노에 관하여 III

De Ira III

1 당신이 몹시도 원하던 바를, 노바투스여, 지금 저는 시도해보고
   자 합니다. 분노를 영혼에서 떨쳐내는 것 혹은 적어도 분노를 제
어하고 그 충동을 다스리는 것 말입니다. 분노의 힘이 약할 때는 공개적
으로 드러내놓고 해야 하며, 너무나 크게 불타올라 온갖 억제에도 불구
하고 거칠어지고 커질 때는 조용히 다스려야 합니다. 그것을 맞상대하
여 되받아칠 것인지 아니면 초반의 노도가 잦아들 때까지 치료의 방법
마저 떠내려가버리지 않도록 분노를 받아주어야 할지는, 분노가 얼마나
크고 얼마나 지치지 않는가에 달려 있습니다. 치료 계획은 개개인의 성
격에 따라 정해져야 합니다. 어떤 사람들은 간청으로 설득되지만, 어떤
사람들은 간청하는 사람을 얕잡아보고 공격합니다. 우리는 어떤 사람들
을 위협으로 잠재웁니다. 어떤 사람들은 비난 때문에, 어떤 사람들은 죄
를 자인하고서, 어떤 사람들은 부끄러워서 품었던 마음을 접습니다. 그
리고 어떤 사람들에게는 시간이 약이긴 하지만, 이것은 발작적인 악덕
에는 너무 느린 치료법으로 가장 마지막에 사용해야 합니다. 왜냐하면
여타의 정념들은 지연을 통해 천천히 치료될 수 있지만, 분노의 맹렬하
고 갑작스러운 폭발은 조금씩 진행되는 것이 아니라, 시작과 동시에 전

체를 드러내기 때문입니다. 분노는 다른 악덕들처럼 영혼을 괴롭히는 것이 아니라, 영혼을 무너뜨려 스스로를 제어하지 못하게 하며 모두를 불행하게 만듭니다. 분노는 그것이 향하는 것에만 국한되는 것이 아니라, 우연히 부딪히는 모든 것에 대해 폭발합니다. 다른 악덕들은 영혼을 쓰러뜨리지만 분노는 영혼을 몰락시킵니다. 우리는 정념을 거역할 수는 없지만, 최소한 정념 자체를 멈출 수는 있습니다. 하지만 번개와 폭풍, 돌이킬 수 없는 어떤 것처럼, 분노는 앞으로 나아가는 것이 아니라 위에서 떨어지는 것이기에 떨어지면서 점점 더 위력이 강해집니다. 여타의 악덕들은 이성을 잃는 것이고, 분노는 제정신을 잃는 것입니다. 여타의 악덕들은 점진적으로 진행되며 눈에 띄지 않지만, 분노를 향해서는 영혼의 급류가 쏟아집니다. 따라서 이보다 더 급작스러운 것은 없으며, 이보다 제 힘에 복종하는 것은 없으며, 그것은 관철되었을 때 더없이 오만하고, 실패했을 때 더없이 광분합니다. 그래서 좌절되었을지라도 결코 물릴 줄 모르며, 어쩌다 적이 사라지면 스스로를 향해 이빨을 돌립니다. 분노의 시작이 얼마만한 것인지는 중요하지 않습니다. 제아무리 작은 것에서라도 이내 엄청난 크기로 자라납니다.

2 분노는 어떤 나이도 지나쳐가지 않으며, 어떤 인간 종족도 가만히 두지 않습니다. 몇몇 종족은 가난 덕분에 사치를 알지 못하며, 몇몇은 떠돌아다니며 고생하는 덕분에 태만을 벗어났습니다. 몇몇은 미개한 습속과 야생의 삶 때문에 기만과 사기 등 시장에서 벌어지는 악행들을 알지 못합니다. 하지만 분노가 괴롭히지 않는 민족은 없습니다. 희랍인들 사이에서처럼 야만인들 사이에서도 분노는 힘을 과시하며, 법을 엄수하는 사람들에게도 힘이 곧 정의인 사람들에게도 분노는 해악을 끼칩니다. 여타의 격정들은 개개인을 엄습하지만 분노 하나만은 때로 군

중 전체를 사로잡습니다. 인민 전체가 결코 한 여자에 대한 사랑으로 불타오르는 일은 없으며, 나라 전체가 금전이나 재물에 희망을 거는 일도 없습니다. 명예욕은 개인별로 개개인을 사로잡으며, 방종은 대중에 만연한 패악이 아닙니다. 하지만 분노에는 집단이 빠져듭니다. 남자들이나 여자들이나, 노인들이나 아이들이나, 귀족들이나 대중들이나 분노를 느끼는 것은 모두 같으며, 몇 마디 말에 격분한 대중들은 선동가를 앞서갑니다. 무기와 횃불을 향해 달려가며, 이웃나라와 전쟁이 일어나고 혹은 동포들끼리 다툼이 발생합니다. 온 집안은 식솔 전체와 함께 불타버리며, 방금 전까지 뛰어난 화술로 많은 존경을 받던 사람은 이제 청중의 분노를 삽니다. 군단병들은 자신들의 사령관에게 투창을 던집니다. 평민들 전체가 귀족들과 갈라섭니다. 원로원이라는 협의체는 예상되는 징병과 사령관 지명 절차를 무시하고 느닷없이 분노의 집행자를 선출하여, 도시 전체를 집집마다 뒤져 고귀한 사람들을 잡아 사형을 집행합니다. 만민법(萬民法)이 붕괴되고 법치가 무너지며 차마 말할 수 없는 광분이 국가를 파괴합니다. 군중의 분기가 가라앉을 여유가 주어지지 않은 채, 성난 병사들을 가득 실은 배는 바다로 출항합니다. 규율도 없이, 영도자도 없이 인민은 제 분노가 이끄는 대로 나아가, 병기 대신 손에 잡히는 대로 아무것이나 잡고, 이어 경솔한 분노를 수많은 죽음으로 갚습니다. 야만인들은 맹목적으로 전쟁에 뛰어들어 이런 일을 당하는데, 불의의 기미에도 그들의 마음은 불같이 타오르며, 분노가 이끄는 대로 폭풍처럼 군단병들에게 달려듭니다. 제대로 전열을 가다듬지도 않고 두려움도 모른 채 무모하게 자신들의 파멸을 향해서 말입니다. 그들은 기꺼이 상처 입으며, 칼을 맞고 몸으로 창을 막으며 제가 만든 상처로 죽어갑니다.

3 당신은 말합니다. "분노의 힘은 크고 치명적인 것임에 의심이 없다. 그렇다면 어떻게 치료해야 하는지를 말하라." 그런데 먼젓번 책들[1]에서 말했듯이, 아리스토텔레스는 분노의 옹호자였으며 분노를 제거하는 것을 반대했습니다. 그는 주장하기를, 분노는 덕의 박차(拍車)인데 분노가 제거되면 영혼은 비무장 상태가 되어 위대한 시도들을 포기하고 게을러진다고 했습니다. 그러므로 분노의 추악함과 잔인함을 입증하여, 인간에게 분노를 토하는 인간이란 얼마나 끔찍한 괴물인지, 위험한 그가 얼마나 맹렬한 위험을 몰고 와 그가 없었다면 파멸되지 않을 것들을 파멸시키는지 분명히 해야 할 것입니다. 어떻습니까? 누가 이런 사람을 제정신이라고 보겠습니까? 앞으로 걸어가는 것이 아니라 마치 폭풍우에 휘말린 것처럼 휘둘리는 사람, 광기라는 악당에게 봉사하는 사람, 복수를 남에게 부탁하는 것이 아니라 스스로 집행자가 되어 몸과 마음으로 울부짖는 사람, 잃어버리고는 슬퍼하게 될 것들과 가장 사랑하는 것들을 파괴하는 사람 말입니다. 덕이 무엇인가를 이루는 데 필수적인 분별력을 파괴하는 이런 정념을, 도대체 누가 덕의 보조자이며 동무라고 한다는 말입니까? 병세의 악화에도 불구하고 병자가 일시적으로 회복되는 것은 심각함의 증후이며 악화의 과정입니다. 따라서 제가 쓸데없는 일에 시간을 낭비한다고 생각한다면 그것은 사실이 아닙니다. 창피스러운 분노를 두고 사람들 사이에 의견이 분분하여, 훌륭한 철학자들 가운데 한 분[2]마저도 분노에 임무를 부여하고서, 마치 전쟁에서 용기를 북돋는 것처럼, 분노가 업무 처리에, 일종의 열화와 같은 기세로 행할 모든 것에 쓸모 있다고 말하기 때문입니다. 분노가 마치 언제 어디서나 쓸모 있는 양 속지 않도록, 분노의 놀랍고도 방종한 광기를 보여주

---

1) 『분노에 관하여 I』 9, 17, 『분노에 관하여 II』 13.
2) 아리스토텔레스.

고, 분노의 도구를 알려야 합니다. 고문 기계, 형틀, 강제노역, 십자가, 흙 속에 파묻은 육신 위에 불 지피기, 시신을 매단 갈고리, 온갖 종류의 신체 구속, 온갖 종류의 형벌, 사지 절단, 이마에 글자를 새기는 자자형(刺字刑)과 낙인, 맹수와 함께 굴에 넣기 등이 그것입니다. 이런 도구들의 중심에는 무엇인가 끔찍하고 저주스러운 소리를 내는, 이런 광기의 도구들을 넘어선 역겨움을 보여주는 분노가 위치합니다.

4 비록 다른 점들에서는 이론의 여지가 있을 수 있지만, 분명한 사실은 분노의 표정보다 더 끔찍한 것은 없다는 것입니다. 이를 저는 앞서의 책들3)에서 기술했는데, 사납고 격렬하며, 때로는 몸 안으로 몰린 혈류 때문에 혈색을 잃어 창백해지고, 때로는 열기와 호흡이 얼굴로 몰려 마치 얼굴이 피처럼 붉어지며, 혈관은 부풀어오르며, 눈동자가 흔들리며 떨리고, 때로 얼어붙어 한 군데만 응시하는 표정입니다. 이빨을 서로 부딪치며 마치 엄니를 갈아 날을 세우는 멧돼지와 같은 소리를 냅니다. 서로 맞잡고 손마디 꺾는 소리를 내는 손, 거듭 두들겨대는 가슴, 가쁜 숨소리, 깊은 신음, 가만있지 못하는 몸, 갑자기 터져나온 불분명한 고함소리, 때로는 앙다물고, 때로는 저주를 퍼붓는 떨리는 입술. 차라리 굶주림으로 악에 받친 때로 가슴에 박힌 비수에 흥분한 맹수의 얼굴이, 아니 죽어가며 사냥꾼에게 최후로 아가리를 벌려 덤벼들 때의 맹수의 얼굴이, 맹세코 성난 인간의 얼굴보다 덜 끔찍합니다. 만약 그런 자의 소리와 위협을 들을 기회가 있다면, 고문 받는 영혼의 언사(言辭)는 어떠할지 들어보십시오!

모두는 분노를 자신에게서 떼놓으려고 하지 않겠습니까? 분노가 불행의 시작임을 알게 된다면 말입니다. 당신은 원하지 않으십니까? 최고

---

3) 『분노에 관하여 I』.

지위에서 분노를 드러내며 이를 힘의 증거라고 생각하고, 큰 행운으로 엄청난 재산을 누리며 복수를 준비하는 사람은 결코 자유인이라고 불릴 수 없고, 그가 나약한 사람이며 분노의 포로임을 저는 알려주고자 합니다. 당신은 원치 않으십니까? 모두가 세심하게 신경 쓰며 자신을 돌볼 수 있도록, 영혼의 다른 결함들은 아주 형편없는 자들과 관련되지만, 쉽게 분노함은 학식을 갖춘 건전한 사람들에게도 기어든다는 것을 알려주고자 합니다. 그리하여 어떤 사람들은 쉽게 분노함이 솔직함의 증표라고 말하며, 대중은 유순한 사람일수록 분노에 빠지는 경향이 있다고 믿을 정도입니다.

5　당신은 말합니다. "그것은 무슨 뜻으로 하는 말인가?" 누구도 분노로부터 안전하다고 판단하지 말라는 것입니다. 분노는 천성적으로 유순하고 차분한 사람들도 광기와 폭력으로 끌어들입니다. 육체와 건강을 부지런히 돌본다고 해도 역병에 맞서서는 무용지물이 되듯(역병은 병약한 자들은 물론이고 강건한 자들도 무차별적으로 공격하기 때문입니다), 분노의 위험은 괄괄한 성정을 가진 이들은 물론이고 침착하고 소극적인 사람들에게조차 미칩니다. 사람이 돌변한 정도가 클수록 분노는 더욱 추하고 더욱 위험합니다. 그러므로 첫째, 분노하지 않기, 둘째, 분노에서 벗어나기, 셋째, 타인의 분노도 치료하기, 이렇게 세 가지가 있다고 할 때 저는 먼저 어떻게 분노에 빠지지 않을 수 있는지, 다음으로 어떻게 분노에서 벗어날 수 있는지, 마지막으로 분노한 이를 어떻게 바로잡고 진정시키며 건강으로 돌려놓을지에 관해 이야기하고자 합니다.

만약 분노가 야기하는 해악을 앞에 놓고 분노를 잘 살펴본다면 분노하지 않는 데 성공하게 될 것입니다. 분노는 고발되어야 하며 유죄판결을 받아야 합니다. 분노의 나쁜 점들이 낱낱이 조사되어야 하며 백일하에 공개되어야 합니다. 분노가 어떤 것인지 명백히 밝히기 위해 극악한 것들과 비교해야 합니다. 탐욕은 재물을 모으고 축적하는바, 어떤 사람은 이를 선용할 것입니다. 분노는 재물을 써대니, 손해 보지 않는 사람은 극소수일 뿐입니다. 분노한 주인 때문에 얼마나 자주 노예들이 도망치고, 결국 죽음으로 내몰립니까! 분노를 촉발한 손해보다 얼마나 더 큰 손실을 분노 때문에 당합니까! 분노는 아버지에게 슬픔을, 남편에게 이혼을 가져오며, 관리들에게 증오를, 관직 후보자에게 낙선을 가져옵니다. 분노는 사치보다 더 큰 악입니다. 사치는 자신의 쾌락을 즐기는 반면 분노는 타인의 고통을 즐깁니다. 분노는 악의와 질투를 넘어섭니다. 이것들은 불행을 바라지만 분노는 불행하게 만들며, 이것들은 우연한 불행에 기뻐하지만 분노는 우연을 기다릴 수 없습니다. 분노는 미운 사람이 사고를 당하기를 바라는 것이 아니라, 상해를 입히고자 합니다. 적대감보다 나쁜 것은 없습니다. 분노는 적대감을 자극합니다. 전쟁보다 치명적인 것은 없습니다. 전쟁 가운데 강자들의 분노가 폭발합니다. 나아가 대중의 분노와 개인의 분노도 무기 없는, 폭력 없는 전쟁입니다. 그밖에 분노가 형벌을 가할 때 파괴와 음모 및 상호간의 분쟁에 기인하는 지속적인 불안 등 형벌의 결과물로 나오는 것들은 논외로 하고, 분노 스스로도 형벌을 받습니다. 분노는 인간의 본성을 거부합니다. 인간의 본성은 사랑을 권고하지만 분노는 미움을 권하며, 인간의 본성은 유익을 명령하지만 분노는 해악을 명령합니다. 덧붙여 분노가 과도한 자신감에 기인하여 용감하게 보이기 위한 것이라면, 그것은 보잘것없고 저열한 것입니다. 왜냐하면 자신이 남에게 조롱받는다고 생각하는 사람만큼 못난 사람은 없기 때문입니다. 위대한 영혼, 스스로에 대한 진정한 평가자는 불의에 복수하지 않습니다. 불의라고 생각하지 않기 때문입니다. 창이 단단한 것에 부딪혀 다시 튀어나오면 오히려 단단한 것을 찌르려던 자가 고통을 당하듯이, 어떤 불의도 위대한 영혼에게 자신을 각인시키지 못합니다. 노렸던 대상보다 나약하기 때문입니다. 어떤 창도 꿰뚫지 못할 것처럼 모든 불의와 모욕들을 물리치는 사람은 얼마나 아름답습니까! 복수는 고통의 고백입니다. 못난 영혼은 불의에 굴복합니다. 당신을 괴롭히는 것은 당신보다 강한 사람이거나 약한 사람입니다. 약한 사람이면 그를 용서하십시오. 강한 사람이면 당신 자신을 구하십시오.

6 위대함을 말해주는 무엇보다 강력한 증거는, 그를 자극할 어떤 것도 있을 수 없다는 것입니다. 세계의 높은 부분은 질서정연하고 별들에 가까이 놓여서, 구름으로 모이지도 폭우로 밀려가지도 폭풍으로 바뀌지도 않습니다. 온갖 소란으로부터 멀리 있습니다. 낮은 부분은 번개를 맞는데도 말입니다. 이와 마찬가지로 숭고한 영혼은 늘 고요하고, 평상심에 머물러 있으며, 분노를 야기하는 모든 것을 안으로 억제하며, 온화하고 점잖으며 반듯합니다. 이런 것들은 분노한 영혼에서 발견할 수 없는 것들입니다. 고통에 빠져 광분하는 사람치고, 우선 염치를 내팽개치지 않는 사람이 있습니까? 도발에 발끈하여 누군가에게 달려드는 사람치고, 자신이 가지고 있던 점잖음을 내버리지 않는 사람이 있습니까? 광분한 사람이, 해야 할 의무들의 개수 혹은 순서에 아랑곳이나 하겠습니까? 말을 조심하겠습니까? 몸의 어딘들 가만두겠습니까? 일단 고삐가 풀리면 자신을 어떻게 다스리겠습니까? 데모크리토스가 알려준 생명의 가르침이 우리를 살릴 것입니다. 그에 따르면, 사적으로나 공적으로 우리가 많은 일 혹은 우리 능력에 비해 넘치는 일을 하지 않을 때에 평상심이 찾아든다고 합니다. 많은 일로 분주한 사람에게는 단 하루도 즐겁게, 사람에게서나 일로부터 영혼을 분노하게 하는 일이 생기지 않고 즐겁게 지나가는 날이 없습니다. 사람들로 넘쳐나는 골목

을 활보하는 이가 많은 사람들을 만나지 않을 수는 없으며, 어디선가 미끄러지고 어디선가 붙잡히고 어디선가 흙탕물을 뒤집어쓰지 않을 수 없는 것처럼, 삶이 번잡하고 복잡할 때에는 많은 방해물이 생겨나고 잦은 불화가 발생합니다. 어떤 이는 우리의 희망을 배신하고, 어떤 이는 늦추며, 어떤 이는 가로챕니다. 계획에 따라 지정된 대로 흘러가지 않습니다. 많은 것을 시도해서 매번 응답을 받는 행운은 없습니다. 그리하여 뜻하는 대로 일이 진행되지 않을 경우, 사람들과 일에 인내심을 가지지 못하는 사람은 사소한 일에도 때로 남에게, 때로 일에, 여건에, 운명에, 때로는 자신에게 분노하게 됩니다. 따라서 영혼의 평정을 유지하기 위해서는 분노해서는 안 되고, 제가 말했듯이 많은 일들에, 큰 일들에, 능력을 벗어난 일들에 시달려서는 안 됩니다. 짊어지기에 가벼운 것을 어깨에 지고, 미끄러지지 않고 옮기는 것이 가장 좋은 것입니다. 우리는 다른 사람들이 우리에게 지운 짐을 힘겹게 버티지만, 굴복하여 곧 떨어뜨리게 됩니다. 힘겨운 짐을 지기만 해도 벌써 우리는 무게를 이기지 못하고 비틀거릴 것입니다.

7 당신도 알다시피 공적인 일에서나 사적인 일에서나 이런 일이 동일하게 일어납니다. 일이 가볍고 손쉬운 것일 때 일은 일하는 사람에게 순응합니다. 일이 크고 일하는 사람의 한계를 넘어설 때 일은 쉽게 따르지 않으며, 일하는 사람을 장악하여 찍어누르고 끌고 다니며, 장악될 것처럼 보이다가도 이내 일하는 사람을 휩쓸어 가버립니다. 그리하여 쉬운 일에 덤비기보다 뛰어든 일이 쉬운 일이기를 희망하는 이의 바람은 종종 헛된 것이 됩니다. 당신이 어떤 일을 시도할 때에는 당신 자신을, 당신이 하려고 하는 일을, 그 일로 당신에게 생길 결과를 평가하십시오. 왜냐하면 실패한 일에 대한 한탄은 당신을 분노하게 만들

것이기 때문입니다. 물론 열정적인 성정을 가졌느냐, 아니면 무감각하고 비천한 성정을 가졌느냐에 따라 차이가 있습니다. 의욕적인 사람에게 실패는 분노를, 무기력하고 게으른 사람에게 실패는 슬픔을 야기합니다. 우리의 행동은 보잘것없는 것도 무모한 것도 하찮은 것도 아니어야 하며, 희망은 가까운 곳에 있어야 합니다. 성취했을 때에 도대체 어떻게 성취한 것인지 의아해할 그런 일은 아예 시도하지 마십시오.

8 견뎌내는 법을 몰라서 불의를 당하는 일이 없도록 노력하십시오. 가장 평온하고 유순하며, 근심 없고 우울하지 않은 사람과 더불어 살아야 합니다. 사귀는 사람들에게서 행동을 배우고, 접촉한 사람들에게서 신체적 질병이 전염되듯이, 영혼 역시 가까운 사람들에게 악덕을 전파합니다. 술꾼은 같이 식사하는 사람들을 애주가로 이끌고, 호색한들과의 교제는 강인한 사람과 차돌 같은 사내마저 유약하게 만들고, 탐욕은 가까운 사람들에게 썩은 물을 뿌려댑니다. 다른 한편으로 덕도 마찬가지이며 덕은 덕과 사귀는 것 모두를 어질게 만듭니다. 아직 여물지 않은 영혼들에게는 훌륭한 사람들과 어울리는 것만큼 건강에 유익한 장소는 없으며, 건강에 좋은 기후는 없습니다. 그것이 어느 정도까지 영향을 미치는지 알고자 한다면, 우리 인간 곁에서 함께 살고 있는 짐승이 제아무리 끔찍한 괴수일지라도 인간과 함께 오래 살면서 자신의 본성을 잃는다는 사실을 기억하기 바랍니다. 모든 포악함은 누그러지고 점차 유순해지는 가운데 잊혀갑니다. 덧붙여 차분한 사람들과 더불어 사는 사람은 본보기를 통해 훌륭해질 뿐만 아니라, 분노의 이유를 발견하지도, 악덕을 훈련하지도 않을 것입니다. 따라서 분노를 자극하려고 한다고 생각되는 사람들 일체를 피해야만 합니다. 당신은 말합니다. '그런 자란 누구를 가리키는가?' 실제로 다양한 이유에서 다양한 사람들이 그

렇게 할 것입니다. 오만한 사람은 업신여김으로, 수다스러운 사람은 비방으로, 파렴치한 사람은 무례함으로, 질투심 강한 사람은 악의로, 싸움질 하는 사람은 시비로, 허풍선이는 허황된 소리로 당신을 공격합니다. 의심 많은 사람에게 의심받는 것, 완고한 사람에게 굴복당하는 것, 사치를 즐기는 사람에게 무시당하는 것을 당신은 견디지 못할 것입니다. 당신의 분노를 자극하지 않고 받아줄, 솔직하고 무던하며 점잖은 사람을 선택하십시오. 이런 일에는 겸손하고 인간적이며 상냥한 사람들이 도움이 될 것인데, 그렇다고 아첨에까지 이르는 사람은 아닙니다. 쉬이 분노하는 사람들을 지나친 맞장구가 자극하기 때문입니다. 분명 저의 어떤 친구는 선한 사람이었습니다만, 그는 쉬이 분노하는 성격인지라 그에게 아부는 비방만큼 위험했습니다. 쉬이 분노하기로는 연설가 카일리우스가 최고라는 것은 잘 알려진 사실입니다. 사람들의 말에 따르면 카일리우스는 놀라운 참을성을 가진 의뢰인과 식사를 했는데, 그 의뢰인은 카일리우스의 시비를 피하기 어려우리라고 판단했다고 합니다. 그래서 그는 카일리우스가 무엇을 말하든 그것이 옳다고 동조하고 조연의 역할에 충실하기로 마음먹었습니다. 계속 비위를 맞추는 사람이 못마땅했던 카일리우스는 참지 못하고 소리쳤습니다. "반박을 좀 하시오, 여기 한 사람만 있는 것도 아니고." 그러나 카일리우스도 상대방이 분노하지 않는 것에 분노가 치밀었지만, 받아치지 않자 금방 포기하고 말았습니다. 그런데 우리 스스로가 쉬이 분노하는 성격임을 자각한다면, 차라리 우리의 표정과 주장에 동조할 사람들을 선택하도록 합시다. 이들은 우리를 유약하게 만들고, 반대의견을 전혀 들으려고 하지 않는 나쁜 성격으로 우리를 이끌 테지만, 최소한 버럭 하는 악습에는 여가와 휴식을 줄 것입니다. 성마르고 성격상 사나운 사람들도 아첨하는 사람은 용인합니다. 아부하는 사람에게는 거칠고 가혹한 성격도 맥을 못 춥니다. 토론이 길어지고 거칠어질 때에, 힘이 토론을 장악하기 전에 초입에서 멈춰섭시다. 쟁론은 스스로 힘을 얻어 참여자들을 더욱 깊숙이 끌고 갑니다. 논쟁에서 벗어나는 것보다는 논쟁을 삼가는 것이 보다 쉬운 일입니다.

9   쉬이 분노하는 사람들은 지나친 지적 추구도 피해야 합니다. 혹은 분명코 피로의 한계를 넘어서지 않는 범위에서만 추구해야 합니다. 이들의 영혼은 딱딱한 것들을 접하게 해서는 안 되며 달콤한 예술에 맡겨야 합니다. 시를 읽는 것이 그들의 영혼을 어루만지기를! 역사가 재미난 이야기들로 그들의 영혼을 사로잡기를! 더욱 부드럽게 더욱 즐겁게 만들어주기를! 피타고라스는 영혼의 격정을 칠현금으로 가라앉혔습니다. 뿔피리와 나팔은 영혼의 자극제이며, 어떤 찬가들은 정신의 안정제임을 모르는 사람이 있겠습니까? 피로한 눈에는 녹색이 도움을 주며, 나빠진 눈은 어떤 색깔에는 적응하지만 어떤 강력한 색깔에는 맥을 추지 못합니다. 즐거운 공부는 이처럼 지친 정신을 달래줍니다. 우리는 광장과 자문회의와 재판정을, 그리고 영혼의 결함을 악화시킬 모든 것을 피해야 하며, 또한 육체의 한계를 주의 깊게 살펴야 합니다. 그것은 우리 안의 유순함과 온화함을 모조리 고갈시킬 것이며, 자극하여 날카로운 것들을 불러일으킵니다. 그래서 허약한 위장을 가진 사람들은, 손이 많이 가는 일을 할 때에, 피로에 가장 민감하게 끓어오르는 담즙을 음식으로 달랩니다. 왜냐하면 피로는 몸속의 열기를 돋우며, 혈액에 해를 끼치고 지친 혈관의 혈액순환을 정지시키거나, 쇠약해지고 피곤해진 육체는 영혼을 지치게 하기 때문입니다. 분명 이런 이유 때문에 쇠약하고 나이든 사람들은 곧잘 분노하게 됩니다. 동일한 이유에서 허기와 갈증 또한 피해야 합니다. 그것들은 영혼을 사납게 만들고 불을 지르기 때문입니다. 옛 속담에, 지친 사람이 시빗거리를 찾는다고 했습니다. 마찬가지로 굶주린 사람

과 목마른 사람 등 무엇인가 때문에 열받은 사람도 그러합니다. 염증이 가볍게 건드려도 아프다가, 나중에는 건드린다는 생각만으로도 아픈 것처럼, 힘이 없는 영혼은 아주 사소한 자극에도 벌컥 합니다. 그래서 인사와 편지와 연설과 질문이 어떤 사람들에게는 분쟁을 일으키기도 하는 것입니다. 상처를 건드려서 시비가 없는 경우란 없으니 말입니다.

10 그러므로 병은 초기에 치료하는 것이, 또한 말은 최대한 자제하고 충동은 억제하는 것이 최선입니다. 정념이 생겨나자마자 이를 포착하는 것은 쉬운 일입니다. 질병의 징후가 선행하는 법입니다. 폭풍과 폭우가 본격적으로 시작하기 전에 조짐이 앞서 나타나는 것처럼, 분노와 욕정 등 영혼을 혼란에 빠뜨리는 모든 격동에는 그 징후가 있습니다. 간질병을 앓는 사람들은 살갗의 열기가 사라지고 눈앞이 침침해지며 신경이 과민해지면, 기억이 없어지고 머리가 어지러우면 발작이 올 것을 알게 됩니다. 그들은 이렇게 시작되는 질병을 익숙한 치료법으로 대비하는데, 영혼을 마비시키는 모든 것에 대해 어떤 것을 흡입하거나 섭취하여 물리치며, 혹은 따뜻한 것을 준비하여 오한과 경련에 대비합니다. 혹 치료제가 작용하지 않을 경우, 많은 사람들을 피해 아무도 없는 곳에서 쓰러집니다. 자신의 병을 알고 병의 기세를 사전에 현명하게 제압하는 것은 유익한 일입니다. 우리를 가장 자극하는 것이 무엇인지 알아봅시다. 어떤 이는 모욕적인 말 때문에, 어떤 이는 모욕적인 행동 때문에 동요합니다. 이 사람은 자신의 혈통이 대접받기를 원하고, 저 사람은 자신의 외모가 대접받기를 원합니다. 저 사람은 고상하다는 소리를 듣고 싶어하고, 저 사람은 많이 배웠다는 소리를 듣고 싶어합니다. 이 사람은 오만한 꼴을 참지 못하고, 이 사람은 불손한 꼴을 참지 못합니다. 저 사람은 노예한테는 분노할 수 없다고 생각하고, 이 사람은 가

솔에게는 사납고 집 밖에서는 다정합니다. 저 사람은 청탁 받는 것을 불의라고 생각하고, 이 사람은 청탁 받지 못하는 것을 모욕이라고 생각합니다. 사람들이 상처를 받는 대상은 모두 제각각으로 같지 않습니다. 그러므로 당신의 약점을 파악하고 그것을 중점적으로 방어해야 합니다.

11 모든 것을 보고, 모든 것을 듣는 것이 이로운 것은 아닙니다. 많은 불의들이 우리를 지나쳐갈지라! 알아채지 못한 사람은 불의를 당하지 않은 것과 다름없습니다. 쉬이 분노하는 사람이 되고 싶습니까? 그렇지 않다면, 알려고 하지 마십시오. 남이 자신에게 무슨 말을 했는지 궁금해 하는 사람은, 자기 모르게 악담이 오갔는지 캐는 사람은 스스로를 혼돈에 빠뜨립니다. 모욕으로 보이는 것은 다만 해석입니다. 그러므로 어떤 것들은 미루어야 하며, 어떤 것들은 웃어넘겨야 하며, 어떤 것들은 모른 체해야 합니다. 분노는 여러 가지 방식으로 절제해야 합니다. 대부분을 웃음과 장난으로 돌려 넘어갈지라! 사람들이 전하는 바에 따르면, 소크라테스는 뺨을 맞았을 때 단지 이렇게 말하고 말았다는바, 투구를 쓰고 외출해야 할 때가 언제인지 알 수 없음을 한탄한다고 말입니다. 불의가 어떻게 발생하는지가 아니라, 어떻게 참을지가 중요합니다. 참주들도 행운과 방종으로 비뚤어진 성격을 가졌지만 자신에게 친숙한 잔혹함을 억제했음을 제가 알게 되었는바, 절제란 어려운 일이 아닙니다. 전해지는 바에 따르면, 아테네의 참주 페이시스트라토스[4]는 같이 식사를 하던 사람이 술에 취해 그의 잔인함을 신랄하게 비판하고, 그에게 삿대질을 하는 사람들도 더러 있어 이 사람은 이렇게 저 사람은 저렇게 그를 자극했지만, 차분히 참아냈으며 도발하는 사람들에게 이렇게 대답했다고 합니다. 앞을 보지 못하는 사람이 자신에게 달려들었다고

---

4) 페이시스트라토스(기원전 600년경~527년)는 아테네의 정치 개혁을 이끌었다.

울분을 터뜨리는 셈이라고 말입니다.

12 많은 사람들이 제 손으로 시빗거리를 만들어냅니다. 때로 잘못된 의심을 품거나 때로는 하찮은 것을 심각하게 받아들여서 말입니다. 분노가 우리를 찾아오지만, 그보다 우리가 분노를 찾아가는 것이 흔합니다. 분노를 불러들여서는 안 됩니다. 설령 촉발되었어도 물리쳐지기를! 누구도 자기 자신에게 이렇게 말하지 않습니다. '내가 화낸 그 시빗거리는 내가 만든 것이거나 내가 만들 수 있었던 것이다.' 누구도 행위자의 마음을 헤아리지 않으며, 다만 행위 자체를 평가합니다. 하지만 행위자에 대해 의도적이었는지 아니면 우연적이었는지, 강요당한 것인지 아니면 기만당한 것인지, 미움 때문인지 아니면 이득 때문인지, 자기만족을 위해 행한 것인지 아니면 남을 위해 손을 보탠 것인지를 살펴야 합니다. 잘못을 범한 자의 나이가 중요하며, 처지도 중요합니다. 참아주고 참작해주는 것은 인간적이거나 이로울 것입니다. 우리의 분노를 촉발한 사람의 입장에 서보도록 합시다. 보십시오. 우리에 대한 불공정한 평가가 우리를 분노하게 하며, 우리 자신도 그것을 행했을지 모르건만, 우리 자신은 참으려고 하지 않습니다. 누구도 시간을 두고 살피지 않습니다. 하지만 분노의 가장 좋은 해결책은 시간을 두는 것입니다. 그리하여 분노 초기의 끓어오름을 식히고, 영혼을 압박하는 어둠이 사라지거나 혹은 옅어지게 만들어야 합니다. 당신을 뒤집어놓는 것들 가운데 어떤 것들은 며칠도 아니고 몇 시간이면 약해지며, 또 어떤 것들은 완전히 사그라집니다. 만약 변호를 위해 유예를 요청한다면, 비록 얻은 것은 없다 하더라도 이미 분노가 아니라 재판이 이어질 것입니다. 당신이 원하는 것이 무엇인지를 파악하는 일은 시간에 맡겨야 합니다. 출렁이는 물결 위에서 사물을 정확히 판단하는 것은 불가능합니다. 플라톤은 노예

때문에 분노했을 때 시간적 여유를 두지 않고, 그 즉시 노예의 옷을 벗기고 채찍질하게 등짝을 내보이라고 명하고는 직접 제 손으로 매질을 하려고 했습니다. 하지만 자신이 분노했다는 사실을 알아차린 후, 마치 일부러 손을 들어올린 것처럼, 손을 든 채 내려치는 자세로 한동안 동작을 멈추었습니다. 이어 우연히 곁에 있던 친구가 왜 그러느냐고 물었습니다. 플라톤은 대답했습니다. "쉬이 분노하는 사람을 벌주고 있네." 마치 얼어붙은 사람처럼, 그는 현자에게 어울리지 않는 분노의 몸짓을 취하고 있었습니다. 그는 노예의 일은 벌써 잊었는데, 징벌해야 할 다른 사람을 발견했기 때문입니다. 그리하여 그는 가솔에 대한 폭력을 자제했으며 자신의 잘못에 동요되어 말했습니다. "스페우시포스여, 당신이 내 노예를 채찍으로 벌주시오. 왜냐하면 나는 분노했기 때문이오." 그는 다른 사람들이라면 후려쳤을 그런 이유로 후려치지 않았습니다. 그는 말합니다. "나는 분노했소. 그리하여 정도 이상의 일을 할 것이고, 내키는 대로 하게 될 것이오. 내 노예가 스스로를 자제하지 못하는 사람의 권력에 내맡겨지지 않기를!" 플라톤도 스스로에게서 권력을 박탈했는데, 누가 분노한 사람에게 복수를 위임하겠습니까? 당신이 분노해 있다면 당신에게는 맡길 수 없습니다. 왜냐고요? 왜냐하면 당신은 스스로에게 무엇이든지 허용할 것이기 때문입니다.

13 당신 스스로와 싸우십시오! 만약 당신이 분노를 이기고자 한다면, 분노가 당신을 이길 수는 없습니다. 분노를 가두고, 분노에게 출구를 내주지 않는 것으로 당신은 벌써 승리하기 시작한 것입니다. 분노의 징표를 감추십시오. 최대한 분노를 숨기고 감추어둡시다. 그것 때문에 우리는 크게 괴로울 것입니다(분노는 뛰쳐나가려 하고, 눈에 쌍심지를 밝히려 하고, 얼굴을 붉으락푸르락 바꾸고 싶어하기 때문입니다).

그러나 일단 우리 밖으로 나가도록 허락한다면 분노는 우리의 머리 위로 올라설 것입니다. 분노는 우리 가슴 한구석에 갇혀 있을지니! 분노가 끌고 다니지 말고 끌려 다닐지니! 나아가 분노의 모든 표징(表徵)을 정반대로 바꿉시다. 표정을 누그러뜨리며, 목소리를 부드럽게 하며, 발걸음을 천천히 옮길지니! 그렇게 차차 외형적인 것들이 내면적인 것들로 자리잡게 됩니다. 소크라테스에게 분노의 신호는 목소리가 낮아지고 말수가 적어지는 것이었습니다. 그렇게 그는 스스로와 싸운 것이 분명합니다. 그의 친구들은 이를 눈치 채고 잘못을 지적하곤 했습니다. 숨겨진 분노에 대한 지적을 그는 불쾌하게 받아들이지 않았습니다. 그의 분노는 알아챘지만 그들 중 누구도 분노를 느끼지 않은 것이 왜 기쁘지 않겠습니까? 만약 그 자신이 친구들을 지적하던 것처럼 친구들에게 지적의 기회를 주지 않았다면, 친구들은 분노를 느꼈을지도 모릅니다. 우리는 이것보다 잘 해야 합니다. 친밀한 친구일수록 그만큼 더 큰 비난의 자유를, 비록 우리가 그것을 견뎌내지 못할지라도, 우리에게 남용하라고 요청합시다. 그들이 우리의 분노에 맞장구치지 않기를! 강력한 악에 대항하여 우리 자신에게도 고마운 일을, 우리가 제정신을 유지하고 우리가 스스로를 다스리게 하도록 요청합시다. 술을 이기지 못해서 음주가 야기하는 어리석음과 무례함이 두려운 사람은 주변 사람들에게 자신을 술자리에서 끌어내달라고 부탁합니다. 병 때문에 절제심을 잃은 사람들은 주변 사람들에게 자신의 병이 악화될 경우 자신의 말을 따르지 말라고 조언합니다. 무엇보다 최선은, 알려진 병증에 대해 억제방법을 사전에 강구하고 마음을 다스려, 마음이 제아무리 심각하고 돌발적인 상황에 흔들리더라도 분노를 느끼지 않는 것입니다. 그러나 예측 불가능할 정도로 엄청난 불의 때문에 치밀어오른 분노라면 이를 가슴 깊숙이 숨기고 자신의 고통을 드러내지 않는 것입니다. 분명 가능할 것입니다. 만약 많은 예화들 가운데 몇 개를 제가 이야기하여 다음의 두 가지, 그러니까 한편으로 분노가 강자의 권력을 행사할 때 얼마나 큰 악을 초래하는지, 다른 한편으로 더 큰 두려움 때문에 억제된 분노가 어디까지 스스로를 제어할 수 있는지를 배운다면 말입니다.

14 캄뷔세스 왕이 술을 지나치게 마시자, 충신 가운데 한 명인 프라이크사스페스가 술을 줄이시라 충언했습니다. 만인의 눈과 귀가 쏠리는 왕께서 취해 있는 것은 추한 일이라고 말했습니다. 이에 대해 왕은 대답했습니다. "내가 정신을 놓지 않았음을 네가 알 수 있도록, 술을 마셨으나 눈과 손은 제 일을 하고 있음을 증명할 것이다." 그리고 그는 다른 때보다 크기가 더 큰 잔으로 평소보다 더 많은 술을 마셨습니다. 한껏 마시고 대취한 후, 왕은 자신에게 충언을 올린 자의 아들에게 앞으로 나와 왼손을 머리 위에 올리고 문지방에 서라고 명했습니다. 그때 왕은 활시위를 당겨 청년의 심장을(왕은 그의 심장을 맞추겠다고 공언했고) 맞추었습니다. 갈라진 가슴의 심장을 정통으로 맞추고 청년의 가슴에 꽂혀 있는 화살을 가리키며 뒤돌아 그의 아비에게 자신의 손이 어디 떨리더냐고 물었습니다. 그러자 아비는 아폴로 신도 그보다 잘 쏠 수는 없었을 것이라고 대답했습니다. 신분이 아니라 영혼이 노예였던 이 자를 신들이 벌하시기를! 아비는 곁에서 구경만 해도 가혹한 일의 칭송자가 되었습니다. 아들의 심장이 둘로 갈라지고 심장이 상처를 입고 뛰고 있을 때 아비는 이를 아부의 순간이라고 보았던 것입니다. 하지만 그는 왕의 자랑질에 이의를 제기하여 다시 한번 쏠 것을 요청했어야 했습니다. 왕이 아비인 자신을 향해 손이 떨리지 않음을 더욱 분명히 증명하도록 말입니다. 잔혹한 왕이여! 모든 백성들의 화살을 맞아야 합당한 자여! 잔치를 처벌과 죽음으로 더럽힌 왕을 우리는 저주하지만,

화살을 쏜 것보다 화살을 칭송한 것이 더욱 끔찍합니다. 아들의 시신을 옆에 두고, 아들의 사망과 그 원인의 증인으로서 그가 어떻게 처신했어야 할지는 차차 살펴볼 것입니다.

지금 다루고 있는 문제와 관련하여 이건 분명합니다. 분노는 억제될 수 있다는 것 말입니다. 아들의 심장과 마찬가지로 자신의 심장이 찢어지는데도 불구하고 아비는 왕을 욕하지도 못했고, 일언반구 아픔을 표현하지도 못했습니다. 그가 말을 삼킨 것은 적절했다 말할 수 있겠습니다. 왜냐하면 그가 분노한 자로서 무엇인가를 말했다면, 아비로서 어떤 것도 할 수 없었을 것이기 때문입니다. 이 경우, 그는 왕에게 적당한 음주를 가르치려고 했을 때보다는 좀더 현명하게 행동했다고 말할 수 있습니다. 피가 아니라 술을 마시도록 두는 것이 더 좋았을 자의 손에는 술잔이 들려 있는 것이 평화롭습니다. 그리하여 그는 왕의 친구들에게, 훌륭한 직언이 얼마나 비싼 대가를 요구하는지를 자신의 커다란 재앙으로 증명한 사람이 되었습니다.

15 하르파고스도 자신이 모시는 페르시아 왕에게 어떤 직언을 했던 것이 분명합니다. 그의 직언에 화가 난 왕은 그의 아들들을 요리하여 그에게 먹으라고 주었고, 이어 맛이 어떠냐고 물었습니다. 그런 다음 그가 자신의 불행으로 배를 채운 것을 보고, 아들들의 머리를 가져가라고 명하는 한편 대접이 어떠했냐고 물었습니다. 불행한 그에게도 할 말이 없지 않았고 그는 입을 열었습니다. 그는 말했습니다. "전하와 함께하는 식사는 늘 즐겁습니다." 이런 아부가 어떤 도움이 되었겠습니까? 나머지 자식들을 먹으라고 초대받지 않은 것. 저는 그 아비에게 왕의 행동을 비난하지 말라고도 하지 않으며, 끔찍한 괴수에게 어울린 복수를 준비하지 말라고도 하지 않습니다. 다만 제가 여기서 얻은 것은,

커다란 불행에서 발생한 분노일지라도 이를 감출 수 있으며 마음에 없는 소리도 할 수 있다는 것입니다. 슬픔을 제어하는 것은 필연적인데, 특히 이런 삶의 운명을 살며 왕의 식탁에 초대받은 사람들은 더욱 그러합니다. 이들은 그렇게 먹고, 그렇게 마시고, 그렇게 대답합니다. 자기 자식들의 죽음에 대해서조차 웃어야 합니다. 삶이 그럴 만한 가치가 있는지 살펴보겠지만, 이건 별개의 문제입니다. 우리는 이런 참혹한 노예 감옥에 족쇄 묶인 노예 무리를 위로하지 않을 것이며, 사형 집행인의 명령을 참아내라고 권하지 않을 것입니다. 우리는 노예의 삶일지라도 언제든 삶이 자유를 향해 열려 있다는 사실을 보여줄 것입니다. 자신의 잘못으로 불행에 빠져 심적으로 고통스러운 사람이라면, 불행을 자기와 함께 끝내는 것이 가능합니다. 저는 화살로 친구들의 가슴을 겨누는 사람을 왕으로 둔 사람에게, 그리고 자식들의 살코기로 그 아비들을 대접하는 사람을 주인으로 둔 사람에게 말합니다. "왜 신음하는가? 어리석은 자여! 어떤 적이 왕족을 살해함으로써 널 위해 복수해주기를, 혹은 강력한 왕이 멀리서 너를 청하길 기다리는가? 돌아보는 곳마다 사방에 불행의 끝이 있다. 저 높다란 벼랑이 보이는가? 거기로부터 자유를 향한 낙하가 있다. 바다가 보이는가? 강물이, 늪이? 거기 밑바닥에는 자유가 가라앉아 있다. 저기 작고 앙상하고 말라비틀어진 나무가 보이는가? 거기에 자유가 매달려 있다. 네 목과 목구멍과 심장이 보이는가? 그것들은 굴종의 도피처이다. 내가 네게 너무나 힘겨운, 용기와 힘을 많이 요구하는 종말을 제시했는가? 너는 자유를 향한 길이 무엇이냐고 물었다. 네 몸 어디든 동맥이 있는 곳이 그 길이다."

16 우리를 삶에서 내모는 힘겨운 일은 없어 보이므로, 우리는 분노를 어떤 처지에서든 억눌러야 합니다. 분노는 아랫사람들에게 치

명적입니다. 모든 분노의 표출은 자신이 당할 고문으로 발전하며, 완강할수록 더욱 가혹한 권력을 실감합니다. 활개 치는 짐승은 목줄을 쓰는 법이며, 흥분하여 날개 치는 새는 깃털에 온통 *끈끈이*를 뒤집어쓰는 법입니다. 하지만 저항하는 것에 멍에가 가해지지만, 순종하는 것을 옭아맬 멍에는 없습니다. 커다란 불행의 유일한 위안은, 가해지는 강제를 참으며 따르는 것입니다.

하지만 정념들, 특히 광분하여 날뛰는 이런 정념을 억제하는 것이 아랫사람들에게 유익하다고 할 때, 이는 왕들에게 더욱 유익할 일입니다. 분노가 하자는 것을 그대로 권세가 허락할 때에 모든 것은 파멸되며, 많은 사람들의 불행을 초래하는 권력은 오래 건재하지 못합니다. 개별적으로 신음하는 사람들을 공통의 두려움이 하나로 묶을 때에 권력은 위태로워집니다. 그리하여 공동의 고통으로 분노가 한 사람을 향해 집중되었을 때, 대다수의 군주들을 때로 개인들이, 때로 백성 전체가 처단했던 것입니다. 그런데도 대다수의 왕들은 분노를 마치 왕의 표징인 양 행사합니다. 마고스에게서 왕권을 빼앗아 페르시아와 동방 대부분을 통치한 최초의 왕 다레이오스가 그러했습니다.[5] 그가 동쪽 국경에 인접해 있던 스퀴타이 사람들과 전쟁을 벌일 때, 귀족 원로 오이오바조스가 왕에게 자신의 세 아들들 가운데 한 명은 아비의 봉양을 위해 남겨주시고 나머지 두 아들의 봉사를 받으시라고 간청하자, 왕은 그가 간청한 것 이상을 약속했습니다. 왕은 노인에게 만약 모두를 데리고 간다면 자신이 잔인한 사람이 될 테니, 아들들 모두의 병역을 면제시켜줄 것이라고 말하고, 아비가 보는 앞에서 아들들 모두를 참수했습니다. 차라리 크세르크세스는 얼마나 자비로운 편입니까! 그는 아들이 다섯인 퓌티오스가 한 명의 병역 면제를 간청했을 때 원하는 대로 한 명을 고르라고 허락하

---

5) 페르시아 제국의 창건자 다레이오스는 인더스 강까지 통치 영역을 확장했다.

고 나서, 퓌티오스가 고른 아들을 둘로 찢어 길 양편에 세워놓고 이를 제물로 삼아 자신의 군대를 정화시켰습니다. 그리하여 그는 그에게 합당한 최후를 맞았습니다. 패배하여 사방으로 멀리 도망했고, 곳곳에 흩어진 폐허를 바라보며 부하들의 시신 사이를 지나가야 했습니다.

17 야만족의 왕들이 분노했을 때 이런 야만성이 나타나는데, 그들은 학식이 전혀 없음은 물론이고 학문적 교육도 받은 적 없는 자들입니다. 아리스토텔레스의 슬하에서 성장한 알렉산드로스 대왕의 이야기를 당신에게 들려드리겠습니다. 그는 함께 자란 가장 친한 친구 클레이토스를 취중에 찔러 죽였습니다. 클레이토스가 아첨을 좀처럼 하지 않는 등, 마케도니아 자유민에서 페르시아 노예로 변신하는 데 더뎠기 때문입니다. 또한 다른 친구 뤼시마코스를 사자에게 던져주었습니다. 다행히 사자의 아가리를 벗어난 뤼시마코스는 그 자신이 왕이 되었을 때, 이런 경험 때문에 보다 온화한 왕이 되었습니까? 뤼시마코스는 자신의 친구인 로도스 사람 텔레스포로스의 귀와 코를 자르고 그의 신체 여기저기를 훼손하여, 마치 새로 발견되어 알려지지 않은 짐승처럼 우리에 가두고 오랫동안 사육했습니다. 잘려나가서 훼손된 얼굴의 흉측함은 인간의 용모를 잃었는데, 굶주림, 제 배설물 속에 뒹굴던 육신의 불결함과 더러움이 한몫을 보탰습니다. 여기에 덧붙여 무릎과 손바닥은 굳은살이 덮였는데, 갇힌 장소가 협소하여 발 대신 무릎과 손바닥을 썼기 때문입니다. 또 옆구리는 긁혀서 염증이 가득했습니다. 이런 그의 모습은 그를 보러 오는 사람들에게 혐오감 못지않게 공포심을 불러일으켰고, 가해진 형벌로 인해 괴물이 된 그는 동정심조차 얻지 못했습니다. 그는 이런 일들을 겪으며 완전히 인간의 모습을 잃었지만, 그럼에도 불구하고 그를 그렇게 만든 사람은 그보다 더 크게 인간성을 잃었습니다.

18 이런 잔혹함은 외국의 사례로만 남아 있었으면 좋았을 것을! 여타의 악덕들은 물론 처벌과 분노의 야만적 악덕이 로마 사회의 미풍에 들어오지 않았으면 좋았을 것을! 마을마다 인민들이 조각상을 세우고 향유와 헌주로 기렸던 마르쿠스 마리우스의 다리를 부러뜨리라, 눈을 파내라, 혀와 손을 잘라버리라고 루키우스 술라는 명령했습니다. 마치 조금씩 그리고 하나씩 신체를 훼손함으로써 그때마다 매번 그를 처형하는 것처럼 말입니다. 이런 명령의 수행자는 누구였습니까? 온갖 악행에 손을 단련한 카틸리나 말고 누구겠습니까? 카틸리나는 마리우스를 퀸투스 카툴루스의 무덤 앞에서 찢어 죽였습니다. 더없이 온화한 인물의 유해 위에 더없이 고약한 사람이 말입니다. 그 유해 위에 나쁜 표본이 되는 인물, 자격이 없지는 않지만 과도하게 인민들에게 사랑받던 인물이 한 방울 또 한 방울 피를 흘렸습니다. 마리우스는 그런 일을 겪을 만한 사람이었고, 술라는 그런 일을 명령할 만한 사람이었으며, 카틸리나는 그런 일을 집행할 만한 사람이었습니다. 하지만 국가는 반역자와 응징자의 칼로 동시에 찔려야 할 그런 존재는 아니었습니다. 제가 왜 지난 과거를 들춘다고 말합니까? 최근에도 가이우스 카이사르[6]는 집정관을 역임했던 자를 아비로 둔 섹스투스 팜피니우스를, 그리고 자신의 대리자의 아들이자 재무관인 베틸리에누스 바수스를, 그리고 여타 원로원 의원들과 기사계급의 로마인들을 한날한시에 채찍으로 후려쳤으며 고문했습니다. 그것도 심문하기 위해서가 아니라 재미삼아 말입니다. 또 그는 쾌락이 늦어지는 것을 참지 못하여, 그의 잔혹함은 지체 없는 커다란 쾌락을 요구하곤 했는바, 그의 어머니가 만든 정원의 (회랑을 강둑과 구분하던) 산책길을 걷다 말고, 같이 있던 귀부인들과 원로원 의원들 가운데 일부의 목을 등불 아래에서 참수했습니다. 무슨 급한 일이 닥쳐오고 있었습

---

6) 칼리굴라.

니까? 개인적으로나 국가적으로 무슨 위험한 일이 하룻밤 사이에 닥쳐왔습니까? 날이 밝기를 기다리지 않고, 실내화를 신고 로마의 원로원 의원들을 죽일 수밖에 없었던 것입니까?

19 가이우스 카이사르의 오만한 잔혹성이 얼마나 대단했는지 아는 것은 본론과 관련이 됩니다. 물론 누군가는 우리가 주제로부터 벗어나 엉뚱한 곳으로 빠졌다고 생각할 수도 있습니다. 하지만 이것이야말로 비정상적으로 광분하는 분노의 일부입니다. 채찍질에 원로원 의원들은 쓰러졌습니다. "그것은 늘 있는 일이다"라는 말이 나오게 만든 사람이 바로 가이우스 카이사르였습니다. 그는 세상에서 가장 끔찍한 것들은 모조리 동원하여 고문했습니다. 형틀, 뒤꿈치 압착기, 망아지 고문대, 화염 그리고 본인의 얼굴로 말입니다. 이에 그는 이렇게 대답할 것입니다. "이 대단한 일을 보라! 세 명의 원로원 의원들을 마치 쓸모없는 노예들처럼 채찍과 화염으로 박살 낸 사람은 원로원 전체를 척살하려고 생각하던 사람으로, 로마 인민 전체가 단 하나의 목을 가지고 있었으면 좋겠다는, 그래서 여러 장소와 여러 시간에 흩어진 자신의 범죄들을 단 한 번에 단 하루에 마무리할 수 있겠다는 희망을 품었으니, 이 얼마나 대단한 일인가!" 야간 처벌만큼 해괴한 일이 무엇입니까? 절도는 어둠 속에 감추는 것이 보통이지만, 처벌은 널리 알려지면 알려질수록 본보기가 되고 계도가 되는 것입니다. 이에 저에게 이렇게 대답할 것입니다. "당신이 그리 크게 놀라는 것은 저 짐승에게는 일상이다. 그는 이를 위해 살고 있고, 이를 위해 깨어 있고, 이를 위해 밤을 샌다." 처벌을 받게 된 사람들의 입을 해면으로 채워 막으라고 명령한 사람은 분명 그 말고 아무도 없을 것입니다. 소리를 지르지 못하게 막았던 것입니다. 죽어가는 사람에게 통곡할 방법이 있었겠습니까? 최후의 고통이

그가 듣고 싶지 않은 말을 기탄없이 내뱉도록 만들까봐서 두려웠던 것입니다. 그는 알고 있었던 것입니다. 죽음에 내몰리면 모를까 누구도 감히 그에게 결코 말하지 못하는 것들이 수도 없이 많다는 점을 말입니다. 해면을 찾을 수 없을 때는 가련한 인사들의 옷을 찢어 그들의 입을 천 조각들로 틀어막으라고 명령했습니다. 이것은 도대체 어떤 잔혹성입니까? 마지막 숨은 토하기를 허락하라! 떠나는 호흡에 길을 허락하라! 떠나는 호흡이 찢어진 상처로 빠져나가는 일이 없도록 하라! 말이 길어지지만 덧붙이자면, 그는 망자들의 아비들에게도 같은 날 밤에 각자의 집으로 백인대장들을 파견하여 마무리했습니다. 다시 말해 가혹한 마음의 사내는 아비들을 슬픔에서 해방시킨 것입니다. 가이우스의 잔혹성이 아니라 분노의 잔혹성을 기술하는 것이 목적이었는바, 개개인을 향하는 분노만이 아니라 민족 전체를 박살내는 분노를, 나아가 도시와 강물 등 고통을 전혀 느끼지 못하는 것들까지도 매질하는 분노를 말입니다.

20 마찬가지로, 페르시아 왕은 쉬리아에서 살던 한 마을 사람들 모두의 코를 베어버렸는데, 여기서 '코 마을'이라는 지명이 생겼습니다. 모두의 목을 자르지 않았으니 왕이 인민을 용서한 것이라고 생각하는 것입니까? 그는 새로운 종류의 처벌을 즐긴 것입니다. 아이티오피아 사람들도 오래 산다는 이유로 '장수 마을 사람들'이라고 불리는데, 이들도 비슷한 일을 겪었을지 모릅니다. 이들이 손바닥을 하늘로 향하는 복종의 예를 거부하고, 왕들이 모욕으로 여기는 기탄없는 대답을 파견된 사신들에게 전했을 때, 이들에 대해 캄뷔세스는 노호했습니다. 그는 보급 물자를 준비하지도 않고, 행군 여정을 탐색하지도 않고, 길도 없는 곳으로, 모래땅을 지나 전쟁에 필요한 모든 인원들을 이끌었습니다. 원정 초기에 필요 물자들이 떨어졌을 때, 인간의 발길이 닿지 않은

메마른 황무지 지역은 도움이 될 것을 내주지 못했습니다. 처음에는 부드러운 나뭇잎과 갓 돋은 새싹으로 굶주림을 견뎌냈습니다. 이어 불로 부드럽게 구운 나무껍질 등 절실한 필요에 의해 먹거리로 분류된 모든 것을 먹었습니다. 이후 모래 속에서 나무도 풀도 자라지 않는 곳, 생물이라고는 흔적을 찾아볼 수 없는 사막이 나타났습니다. 굶주림에 더욱 잔혹해진 그들은 10명마다 1명씩을 제비 뽑아 식량으로 먹었습니다. 분노가 왕을 몰락으로 몰아넣었고, 왕은 군대의 일부를 잃었고 군대의 일부를 먹어치웠고, 심지어 자기 자신도 제비를 뽑아야 될 지경에 이르렀습니다. 그때서야 그는 철군 명령을 내렸습니다. 왕을 위해 품종 좋은 새들이 사육되고, 낙타들이 식기들을 실어오는 동안, 그의 병사들은 누가 불행한 삶을 마칠지 그리고 누가 더욱 불행한 삶을 이어갈지를 제비 뽑기로 정하고 있었던 것입니다.

21 이 왕은 알지 못하는 죄 없는 종족에게 분노했지만, 적어도 그들은 왕의 분노를 감지할 수는 있는 대상이었습니다. 퀴로스 왕은 강에 분노했습니다. 그가 바빌론을 침공하는 전쟁을 서두르고 있을 때, 전쟁의 성패는 시간에 달렸는바, 강폭이 넓은 권데스 강의 여울을 살펴서 건너려고 시도했습니다. 하지만 더위가 닥쳐와 가장 많이 줄어들었을 때조차도 강은 전혀 안전하지 않았습니다. 그래서 왕의 마차를 끌던 백마들 가운데 한 마리가 강물에 휩쓸려갔고 이것이 왕을 격렬하게 진노케 했습니다. 그래서 그는 왕의 수행단을 빼앗아간 그 강을 여자들도 쉽게 발을 내딛어 건너갈 수 있도록 만들어놓겠다고 맹세했습니다. 이어 그는 모든 전쟁 물자들을 그곳에 옮겨놓고 아주 오랫동안 그 일에 매달려 180개의 수로로 갈라진 강을 360개의 수로로 갈라져 흐르게 만들었고, 사방으로 흘러간 물이 말라버리게 했습니다. 그래서 그는 막중대사의 커다란

손실이라고 할 시간을 잃었고, 병사들의 사기는 쓸데없는 작업으로 소모 되었으며, 강을 상대로 적에게 포고한 전쟁을 치르는 동안, 준비되지 않은 적을 공격할 기회를 놓치고 말았습니다. 이런 광기가—달리 어떤 말이 있겠습니까?—로마인들도 찾아왔습니다. 가이우스 카이사르[7]는 헤르쿨라네움 근처의 아주 아름다운 저택을, 자신의 어머니가 일찍이 그곳에 갇혀 있었다는 이유로 무너뜨렸고, 이를 통해 어머니의 운명이 널리 알려지게 만들었습니다. 그곳에 저택이 서 있었을 때는 우리는 그저 지나치곤 했는데, 지금은 파괴의 이유를 묻곤 합니다.

22 당신은 이상의 예들을 피해야 할 것들로 인식해야 합니다. 반대로 이어지는 것들은, 분노할 이유도 있었고 복수할 힘도 있었던 사람들이 보여준 절제되고 온화한 사례들입니다. 안티고노스에게 두 명의 병사들을 끌고 가라고 명령하는 것보다 쉬운 일이 무엇이겠습니까? 이들은 왕의 막사에 드러누워, 인간들이 커다란 위험에 처하면서도 매우 즐거이 행하는 것, 즉 자신들의 왕을 비판했던 것입니다. 안티고노스는 모든 이야기를 들었습니다. 말하는 자들과 듣는 자 사이에는 천막한 장만이 가려 있었기 때문입니다. 왕은 천막을 가볍게 두드리며 말했습니다. "좀 멀리 떨어지시오. 왕께서 당신들 말을 듣지 못하도록 말이오." 같은 왕은 어느 날 밤, 병사들 가운데 일부가 왕에 대해 온갖 악담을 하는 것을 들었습니다. 자신들을 이런 헤어나올 수 없는 진흙길로 데리고 왔다고 투덜대는 것이었습니다. 왕은 그들 중 가장 많이 고생하고 있는 이들에게 다가가, 그들이 누구에게 도움을 받았는지를 모르게 진창에서 빼내주며 말했습니다. "이제 안티고노스를 비방하시오. 그의 잘못으로 당신들이 이런 불행에 빠졌으니 말이오. 하지만 당신들을 이

---

7) 칼리굴라.

런 구렁텅이에서 구해준 사람에게 행운을 빌어주시오." 같은 왕은 이런 온화한 마음으로, 자국민들의 악담은 물론이고 적들의 악담도 참아냈습니다. 그래서 희랍인들이 어느 작은 요새에 틀어박혀 농성을 벌이며 요새를 믿고 적을 크게 비방하여 안티고노스의 추한 외모를 조롱하고, 때로 그의 볼품없는 체형을, 때로 그의 주저앉은 코를 비웃었을 때, 그는 말했습니다. "나는 기쁘다. 우리 쪽에 실레노스가 있으니, 무엇인가 희망이 있구나." 이런 수다쟁이들을 기근으로 정복한 후에, 붙잡힌 자들 중에 군대에 쓸모가 있는 자들은 연대에 편입시키고, 여타는 경매를 통해 팔아버렸습니다. 그리고 그는 이렇게 고약한 혀를 가진 자들에게는 주인이 있는 것이 도움이 되기 때문에 그렇게 했노라고 말했습니다.

23 이 왕의 손자가 알렉산드로스 대왕입니다.[8] 같이 식사를 하던 친구들에게 창을 던진 사람, 앞에서 제가 언급한 것처럼 그의 두 친구들 가운데 한 명은 야수에게 던져버리고, 한 명은 자기 자신 앞에 희생물로 끌어다놓은 사람입니다. 하지만 두 친구들 가운데 사자에게 던져진 친구는 살아남았습니다. 이런 결함은 조부에게서 물려받은 것이 아니고, 부친에게서 받은 것도 아닙니다. 필립포스에게 무엇인가 다른 덕이 있었다면, 그것은 왕국을 지켜낸 강력한 수단, 모욕을 참아내는 인내였습니다. 지나치게 멋대로 지껄이는 혀 때문에 독설가라고 불리던 데모카레스가 아테나이의 사절들과 함께 필립포스를 찾아왔습니다. 필립포스는 사절들의 말을 기꺼이 듣고 나서 말했습니다. "아테나이인들이 기뻐할 것으로 내가 무엇을 할 수 있을지 말하라!" 데모카레

---

8) 알렉산드로스 대왕은 아뮌타스의 손자였다. 안티고노스는 알렉산드로스 대왕의 장군이었다. 안티고노스를 알렉산드로스 대왕의 손자로 기록한 것은 세네카의 실수이다.

스가 말을 낚아채며 이렇게 말했습니다. "그대가 스스로 목을 매는 것." 이런 무례한 대답에 주변에 있던 사람들이 격분하기 시작했습니다. 필립포스는 그들에게 조용히 하라고, 그 테르시테스[9]를 건드리지 말고 무사히 돌려보내라고 명했습니다. 그리고 말했습니다. "하지만 나머지 사신 여러분, 당신들은 아테나이인들에게 전해주시오. 아무렇지 않게 그런 말을 들은 사람들보다 그런 말을 한 사람들이 훨씬 더 오만했음을 말이오."

신황(神皇) 아우구스투스는 기록할 만한 많은 일들을 행하고 말했는 바, 이것들 가운데 유명한 것은 분노가 그에게 명을 내린 적이 없다는 것입니다. 역사가 티마게네스는 그에 관해, 그의 아내에 관해 그리고 그의 집안 전체에 관해 공격적인 언사를 행했는데, 이것들은 없어지지 않았습니다. 경솔한 희롱이 널리 사람들 입에 오르내렸습니다. 카이사르는 그에게 종종 경고를 하며 혀를 좀 부드럽게 놀리라고 말했습니다. 그래도 삼가지 않자 그에게 왕궁 출입을 금했습니다. 나중에 티마게네스는 아시니우스 폴리오의 식객으로 만년을 보냈으며, 온 시민들이 그를 데려가려고 달려들었습니다. 카이사르의 왕궁 출입금지로 인해 그에게 금지된 문턱이라곤 없었습니다. 그는 자신이 그 일 이후 저술한 역사책을 낭독했으며, 카이사르 아우구스투스의 행적을 담은 책은 불 속에 던져버렸습니다. 카이사르와 앙숙으로 지냈습니다. 하지만 누구도 그와의 우정을 두려워하지 않았으며, 누구도 벼락 맞은 자리처럼 그를 피하지도 않았습니다. 그렇게 높은 곳에서 추락하는 그를 품어주려는 사람도 있었습니다. 제가 말한 것처럼 카이사르는 이것을 묵묵히 인내했습니다. 그가 자신의 업적과 명예에 손을 대는 일을 벌여도 카이사르는 흔들리지 않았습니다. 자신의 앙숙을 잘 대접하는 일을 두고 불평하지도 않았습니다.

---

9) 호메로스, 『일리아스』 2권에 나오는 함부로 말하는 못생긴 사람.

다만 아시니우스 폴리오에게 이렇게 말했습니다. "그대는 맹수를 키우는군." 이어 용서를 청하는 그를 막아서며 말했습니다. "같이 잘 지내시게, 폴리오. 같이 잘 지내." "만약 명하신다면, 카이사르여, 그를 제 집에서 쫓아내겠습니다." 이런 폴리오의 대답에 그는 말했습니다. "내가 덕분에 자네들을 화해시키게 되었는데, 그런 명령을 내릴 성싶은가?" 폴리오는 한때 티마게네스에게 분노했는데, 분노를 버리게 된 유일한 이유는 카이사르가 그에게 분노하기 시작했기 때문이었던 것입니다.

24 그러므로 누구든 분노를 느낄 때면 스스로에게 이렇게 말하십시오. "내가 필립포스보다 강력한 힘을 가졌는가? 그럼에도 그는 악담을 듣고 성내지 않았다. 아우구스투스는 전 세계를 통치했지만, 나는 내 집이나마 다스릴 힘을 가졌는가? 그럼에도 그는 비방자를 멀리하는 것으로 만족했다." 그런데 제가 제 노예의 소리 높인 대답과 다소 완강한 표정과 제게까지는 들리지 않는 불평을 채찍과 족쇄로 처벌할 근거는 무엇입니까? 제가 누구이기에, 제 귀를 거슬리게 하는 것이 불경이 된다는 것입니까? 많은 사람들이 적들을 용서했습니다. 제가 누구이기에, 게으르고 무심한 수다쟁이들을 용서하지 못한다는 것입니까? 나이로 소년을, 성별로 여자를, 자치권으로 이방인을, 가족애로 식구를 용서하기를! 그가 지금 처음 당신의 마음을 상하게 했습니다. 얼마나 오랫동안 당신의 마음을 기쁘게 했는지 생각합시다. 그는 종종 다른 때에도 마음을 상하게 했습니다. 오랫동안 참아왔으니 참읍시다. 그는 친구입니다. 그럴 마음은 없었는데 그렇게 한 것입니다. 그는 적입니다. 그렇게 해야 했기 때문에 그렇게 한 것입니다. 사려 깊은 자를 믿어주고, 어리석은 자를 용서합시다. 그것이 무엇이든 우리 스스로에게 이렇게 말합시다. 제아무리 현자라고 해도 많은 실수를 한다, 경각심을 한번

도 잃지 않을 만큼 신중한 사람은 없다, 우연한 사고에 침착함을 잃고 어떤 격앙된 행동에 몰리지 않을 만큼 성숙한 사람은 없다, 삼간다고 해서 범하지 않을 만큼 조심할 수 있는 사람은 없다고 말입니다.

25 보잘것없는 사람에게는 대단한 사람도 불행에 비틀거리는 것이 위안이 되는 것처럼, 그리고 왕궁에서도 슬픈 장례식이 열리는 것을 본 사람이 초라한 집에서 아들의 죽음을 보다 차분한 마음으로 애도하는 것처럼, 꼭 그처럼 아무리 강력한 힘도 상처 입음을 알게 된 사람은 누구나 상처받는 것을, 조롱당하는 것을 보다 침착한 마음으로 이겨냅니다. 심지어 아주 현명한 사람들도 잘못을 저지른다고 할 때, 도대체 정당한 이유가 없는 잘못이 있겠습니까? 어린 시절 얼마나 우리가 의무에 소홀했는지, 말버릇이 얼마나 점잖지 못했는지, 음주에 얼마나 절제가 없었는지를 되새겨봅시다. 만약 그가 분노한 상태라면, 그에게 시간적 여유를 주어 그가 했던 일을 살펴볼 수 있게 합시다. 그러면 그는 스스로 바로잡을 것입니다. 처벌은 마지막에 해야 합니다. 우리가 그와 똑같이 행동할 이유는 없습니다. 도발하는 자들을 대수롭지 않게 여기는 사람은 누구나, 군중으로부터 벗어나 더 높은 곳에 서 있음은 의심의 여지가 없습니다. 공격에 상처를 입지 않는다는 것은 진정한 위대함의 징표입니다. 엄청난 맹수는 개 짖는 소리를 대수롭지 않게 지켜보는데, 거대한 바위에 덤벼드는 파도가 부서지듯 말입니다. 분노하지 않는 자는 상처 입지 않으며 견뎌냅니다. 발끈하여 분노하는 자는 흔들립니다. 하지만 제가 모든 불행보다 높은 곳에 위치시켰던 사람은 자신의 품에 최고선(最高善)을 안고, 인간만이 아니라 운명에게도 이렇게 대답합니다. "뭐든지 해도 좋다. 너는 나의 평상심을 건드리기에는 너무 작다. 내가 삶을 이끌도록 허락한 이성이 이를 금지한다. 불의보다는 분노

가 나에게 더 큰 해를 입힌다. 무엇이 그보다 크겠는가? 불의는 한계가 분명하지만, 분노가 어디까지 나를 상처 입힐지는 불확실하다."

26 당신은 말합니다. "나는 견딜 수 없다. 불의를 견디는 것은 힘들다." 당신은 거짓말을 하고 있습니다. 분노를 참을 수 있는 사람들 가운데 누가 불의를 견딜 수 없다는 말입니까? 덧붙여 당신이 하고 있는바, 당신은 분노를 참으며 불의를 견디고 있습니다. 당신은 왜 병자의 광기와 정신이상자의 헛소리, 유치한 것들의 오만한 손버릇을 언급합니까? 그들은 스스로가 무엇을 하는지 알지 못합니다. 그들 각각이 어떤 악덕에 의해 어리석어졌는지가 무슨 의미가 있겠습니까? 어리석음은 모든 경우에서 공통의 보호벽입니다. 당신은 말합니다. "무슨 말인가? 그를 면죄할 것인가?" 면죄해주기를 바란다고 생각하십시오. 그래도 면죄되지는 않을 것입니다. 저지른 불의에 대한 가장 큰 벌은 저질렀다는 것이며, 후회라는 처벌에 넘겨진 사람만큼 큰 형벌을 받는 사람은 없습니다. 이어 모든 사건들의 공정한 심판인이 되기 위해 우리는 인간 삶의 조건들을 되돌아보아야 합니다. 만인 공통의 과오에 한 사람을 책망하는 것은 공정한 사람이 아니기 때문입니다. 검은 피부색은 아이티오피아 사람들 사이에서는 두드러지지 않으며, 붉은색 머리카락을 묶어 매듭지은 것은 게르마니아 사람들 사이에서 창피스러운 일이 아닙니다. 그것은 민족 전체에 공통된 것으로, 한 개인에게 두드러지거나 창피스러운 일이 아닙니다. 제가 언급한 것들을 작은 지역의 관습이 변호합니다. 그렇다면 보십시오. 인간 전체에 널리 퍼진 것들 속에는 얼마나 정당한 면죄의 근거가 들어 있겠습니까? 우리 인간은 모두 생각이 모자라고 앞날을 내다보지 못합니다. 모두는 확신을 갖지 못하며, 불평불만이 가득하며, 잘난 체합니다.—부드러운 어휘들로 공통의 과오를 덮을 이

유가 무엇입니까?—우리 인간은 모두 악인입니다. 그러므로 다른 사람에 대해 질타하는 모든 것들이 자신의 품안에서 발견될 것입니다. 어찌하여 저 사람의 창백함을, 저 사람의 수척함을 지적합니까? 역병이 창궐합니다. 그러므로 우리는 서로에게 보다 다정한 태도를 가집시다. 우리는 악인들 사이에서 사는 악인들입니다. 한 가지가 우리를 평화롭게 만들 수 있습니다. 그것은 상호 관대의 합의입니다. "그는 나에게 해를 입혔다. 나는 그에게 그러지 않았다." 그러나 당신은 누군가에게 아마도 상처를 주었고, 주게 될 것입니다. 지금 이 시각 혹은 이 날만을 생각하지 마십시오. 당신 정신의 성향 전체를 살펴보십시오. 이제껏 어떤 악도 저지르지 않았겠지만, 언젠가는 저지를 수도 있습니다.

27 불의를 치유하는 것이 이를 복수하는 것보다 얼마나 훌륭합니까! 복수는 많은 시간이 걸립니다. 하나의 불의에 괴로워하는 동안, 자신을 많은 불의들에 노출시킵니다. 상처받은 것보다 더 오랫동안 우리 모두는 분노합니다. 잘못에 잘못으로 맞서지 말고 반대로 움직이는 것은 얼마나 훌륭합니까! 노새를 발로 차고 개를 물어 분풀이하려는 사람이 있다면, 누가 그를 충분히 제정신이라고 여기겠습니까? 당신은 말합니다. "그것들은 자신이 잘못한 것을 모른다." 우선, 용서를 관철시키는 데 인간이라는 사실이 불리하게 작용한다면 얼마나 불공평합니까? 지각이 없다는 이유가 여타 짐승들을 당신의 분노에서 구한다면, 마찬가지로 지각이 없는 사람도 누구나 당신에게 마찬가지입니다. 말 못하는 짐승들을 변호하는 것과 비슷한바, 다시 말해 정신이 박약한 경우라면, 말 못하는 짐승들과 다른 점을 다수 가졌다는 것이 무슨 대수이겠습니까? 그는 잘못을 저질렀습니다. 이것이 처음입니까? 이것이 마지막입니까? 그가 "다시는 저지르지 않겠다"고 말하더라도, 그런 그의 말을

믿을 이유는 없습니다. 그는 잘못을 저지를 것이고, 그에게 제삼자가 잘못을 저지를 것이며, 평생 잘못과 잘못 사이에서 뒹굴 것입니다. 온순하지 않은 것은 온순하게 다루어야 합니다. 눈물짓는 사람에게 흔히 하는 말을 분노의 경우에도 아주 효과적으로 말할 수 있습니다. "언젠가 그칠 것인가 아니면 결코 그치지 않을 것인가?" 만약 언젠가라면, 분노에게 버림받는 것보다 분노를 버리는 것이 얼마나 흡족한 일입니까! 혹은 이런 불안 상태를 영원히 계속 이어갈 것입니까? 당신이 얼마나 헐떡이는 삶을 스스로에게 선포한 것인지 당신은 보지 못합니까? 계속 격노하는 삶은 어떤 삶이겠습니까? 이제 덧붙이십시오. 당신이 스스로에게 불을 질러 당신을 열 받게 했던 불씨들을 되살릴지라도, 분노는 저절로 사라질 것이며 시간은 분노의 힘을 빼앗을 것입니다. 당신이 분노를 물리치는 것은 분노가 스스로 물러나는 것보다 얼마나 좋은 일입니까!

28 당신은 이 사람에게 분노했다, 저 사람에게 분노했다 합니다. 하인들에게, 이어 부모님에게. 부모님에게, 이어 자식들에게. 아는 사람들에게, 이어 모르는 사람들에게. 만약 영혼이 중재자로 나서지 않는다면, 이유는 넘치고 넘칩니다. 광기가 당신을 여기서 저기로, 저기서 다른 곳으로 끌고 다닐 것이며, 그리고 새로운 자극이 생기면서 광분은 이어질 것입니다. 불행한 이여, 당신은 언제쯤 사랑하게 됩니까? 당신은 얼마나 좋은 시절을 불행한 일로 망치고 있습니까! 친구를 사귀고 적들을 달래는 것, 국가를 경영하고 집안일에 정성을 쏟는 것, 남에게 어떤 불행을 가져다 줄 수 있는가를 주의하는 것이 남의 체면이나 재산이나 신체에 상처를 입히는 것보다 얼마나 아름다운 일입니까! 저런 것들은 당신보다 제아무리 약한 자를 상대로 하더라도 반드시 당신에게 몸싸움과 위험을 초래하는 법입니다. 그를 꽁꽁 묶어놓고 당신 뜻대로

그에게 갖은 고문들을 행한다고 합시다. 그래도 때리는 자의 과도한 힘 때문에 때리는 자의 뼈가 탈구되었고, 부러뜨린 치아에 때리는 자의 근육이 찢어졌습니다. 그렇게 분노는 많은 사람들을 병신으로, 많은 사람들을 불구로 만들었습니다. 상대가 고스란히 당하는데도 말입니다. 이제 덧붙이십시오. 제아무리 병약한 것일지라도 가해자에게 피해를 입히고서야 죽는 법입니다. 때로 고통이, 때로 우연이 약자들을 강자들과 맞먹게 만듭니다. 우리가 분노하는 원인들 가운데 대부분은 상처가 아니라 불쾌인 까닭은 무엇입니까? 어떤 사람이 저의 뜻에 반대하는 것과 따르지 않는 것은, 빼앗는 것과 주지 않는 것만큼이나 큰 차이가 있습니다. 하지만 우리는 누군가 빼앗는 것과 주지 않는 것을, 우리의 바람을 거부하는 것과 미루는 것을, 우리에게 반대하는 것과 그들 스스로를 위하는 것을, 우리를 미워한 것과 제3자를 사랑한 것을 똑같이 여깁니다. 실제로 어떤 사람은 우리에게 반대하는 정당한 이유뿐만 아니라 훌륭한 이유를 가지고 있습니다. 일부는 부친을, 일부는 형제를, 일부는 조국을, 일부는 친구를 지키려는 것입니다. 그럼에도 불구하고 우리는 이들을 용서하지 않습니다. 행하지 않았다면 오히려 우리가 나서서 비난했을 일들을 이들이 행했는데도 말입니다. 실로 믿을 수 없는 일이지만, 우리는 행위 자체는 옳다고 생각하면서도 행위자는 미워합니다. 하지만 위대하고 정의로운 사내는, 적들 가운데 아주 용감한 사람이 있어 그가 조국의 자유와 안녕을 위해 아주 끈질기게 싸우기를 바랄 일입니다. 그런 사람이 자기 시민들 가운데 있기를, 병사들 가운데 있기를 희망할 일입니다.

29 칭송할 만한 사람을 미워하는 것은 추한 일입니다. 하지만 동정받을 만하다는 이유로 미워하는 것은 얼마나 더 추한 일입니까!

포로로 잡혀서 갑자기 노예 신세로 전락한 사람이 자유의 흔적을 여전히 쥐고 있으면서 더럽고 힘겨운 시종 생활에 민첩하게 적응하지 못한다는 이유로, 예전 한가한 삶에 몸이 느려진 그가 주인의 말과 마차를 뜀뛰기로 따라오지 못한다는 이유로, 매일 이어지는 야경(夜警)으로 지친 그가 잠에 굴복했다는 이유로, 시골의 노동을 거부하거나 혹은 도시와 축제의 시종 생활에서 힘겨운 노동으로 옮겨져 용감하게 일을 맡지 않는다는 이유로 말입니다. 어떤 사람이 할 수 없는 것과 하려고 하지 않는 것을 구분합시다. 분노하기 전에 이를 판단하기 시작한다면, 우리는 많은 사람들을 용서하게 될 것입니다. 하지만 우리는 첫 충동을 따르며, 아무것도 아닌 것들이 우리를 부추겼음에도 불구하고, 아무 이유 없이 분노하기 시작했다고 보이지 않기 위해 고집을 부리며, 가장 옳지 못한 것이지만, 분노의 부당성 때문에 점점 더 완강해집니다. 마치 격하게 분노하는 것이 정당한 분노의 증거라도 되는 양, 우리는 분노를 고집하고 키워갑니다.

30 시작 자체가 사소하고 무해함을 알아두는 것은 얼마나 더 훌륭한 일입니까! 말 못하는 짐승들에게 일어나는 일이 똑같이 인간에게도 일어남을 알게 될 것입니다. 우리는 하찮고 괜한 일들에 선동됩니다. 붉은 색깔은 황소를 흥분시키고, 살모사는 그림자를 향해 몸을 일으키며, 내걸린 깃발은 곰과 사자를 자극합니다. 본성적으로 사납고 광포한 것들 모두는 괜한 일에 난리를 부립니다. 똑같은 일이 차분하지 못하고 우둔한 사람들에게 일어납니다. 사태에 대한 의심 때문에 발끈합니다. 그리하여 때로 소박한 대접을 불의라고 부르는데, 이것은 아주 빈번하게 정말 더없이 가혹한 분노의 원인이 됩니다. 우리는 아주 가까운 사람들에게 분노하는데, 그것은 마음속으로 품었던 것보다 그리고 다른 이

들이 받은 것보다 우리를 더 약소하게 대접한다는 생각 때문입니다. 두 경우 모두에 대한 치료법은 마련되어 있습니다. 그가 다른 사람에게 더 잘해줍니다. 비교하지 말고 우리가 받은 것에 기뻐합시다. 자신보다 행복한 사람 때문에 괴로워하는 사람은 결코 행복해질 수 없을 것입니다. 제가 바라던 것보다 덜 받았습니다. 하지만 아마도 제가 받아야 할 것보다 많이 바랐던 것입니다. 이 부분을 가장 두려워해야 하는바, 여기에서 가장 치명적인, 신성한 것들마저도 파괴할 분노가 생겨나기 때문입니다. 신황 율리우스를 찌른 것은 정적들이 아니라 친구들이었는데, 이들은 도저히 충족되지 않을 바람을 채우지 못했기 때문입니다. 그도 채워주고 싶었습니다— 누가 그보다 관대하게 승리를 누렸습니까? 그는 승리 후에도 분배의 권한 말고는 아무것도 요구하지 않았습니다— 하지만 어떻게 그런 과도한 바람을 충족시켜줄 수 있었겠습니까? 오로지 한 사람만이 가질 수 있는 것을 두고 모두가 그것을 원했으니 말입니다. 그래서 그는 그의 자리를 둘러싸고, 조금 전까지만 해도 당파의 열렬한 지지자였던 틸리우스 킴베르와, 폼페이우스 사후 폼페이우스 파가 된 다른 자들이 칼을 뽑아드는 것을 보게 되었던 것입니다. 이런 일은 왕의 군대가 왕을 향해 무기를 들게 만들며, 왕의 면전에서 왕을 위해 죽음을 맹세하던 이들로 하여금 왕의 시해를 꾀하도록 부추깁니다.

31 남의 것을 바라보는 사람에게 자기 것은 즐겁지 않습니다. 우리는 신들에게도 분노합니다. 얼마나 많은 사람들이 우리 뒤에 오는지를 잊고 소수가 우리를 앞서갔다는 이유로, 우리를 크게 질투할 사람들이 우리 뒤에 쫓아오는 것은 잊고 소수에게 질투하며 말입니다. 인간들의 무분별은 참으로 커서, 많은 것을 받았으면서도 더 받을 수도 있었다는 것이 불의를 저지르는 이유가 될 정도입니다. "그는 나에게 법

무관직을 주었다. 하지만 나는 집정관직을 희망했었다. 그는 12개의 권표를 주었다. 하지만 정식 집정관으로 만들어주지는 않았다. 그는 연호에 내 이름이 붙기를 원했다. 하지만 내게 사제직은 주지 않았다. 나는 사제단에 천거되었다. 하지만 왜 1개의 사제단에만 그러했나? 그는 나의 품위를 최고로 격상시켰다. 하지만 유산은 나누어주지 않았다. 그는 다른 이에게 돌아갈 것을 내게 주었다. 하지만 자신의 것에서는 떼어주지 않았다." 자, 이미 당신이 받은 것들에 대해서 감사를 드리십시오. 나머지를 기다리십시오. 아직 다 채워지지 않은 것에 기뻐하십시오. 희망하는 것이 아직 남았다는 것은 즐거움입니다. 당신은 모두를 물리쳤습니다. 친구의 마음속에 당신이 일등이라는 것에 기뻐하십시오. 많은 사람들이 당신을 앞지릅니다. 하지만 당신을 앞지른 사람보다 당신이 앞지른 사람들이 얼마나 더 많은지를 생각하십시오. 당신이 가진 가장 큰 악덕은 무엇인가를 묻는 것입니까? 계산을 정확히 하지 않고 있다는 것입니다. 준 것은 많다고, 받은 것은 적다고 생각한다는 것입니다.

32 그때그때마다 각각 다른 것들로 우리의 분노를 제지합시다. 어떤 사람들에 대해서는 분노하기를 두려워합시다. 어떤 사람들에 대해서는 존경합시다. 어떤 사람들에 대해서는 지겨워합시다. 못돼먹은 노예를 노예감옥에 보낸다면, 우리는 실로 대단한 일을 한 것입니다! 왜 채찍을 곧장 휘두르려고 하며, 다리를 부러뜨리려고 서두릅니까? 그런 힘은 뒤로 미룬다고 사라지는 것이 아닙니다. 우리 자신이 명령을 내릴 수 있을 시간이 올 때까지 기다리십시오. 지금 움직인다면 분노의 명령에 따르게 될 것입니다. 분노가 사라지고 나면 그때, 우리는 문제를 어떻게 판단해야 할지를 보게 될 것입니다. 우리가 특히 잘못을 범하는 것은, 칼을 집어들고 극형을 휘두르고 사슬과 감옥과 굶김으로써, 가벼운 질책

으로도 바로잡힐 일을 처벌한다는 것입니다. 당신은 말합니다. "어떻게 당신은 우리에게, 우리가 입은 상처를 작고 가엾고 유치한 것으로 생각하라 가르치는가?" 제가 권고하는 바는 다만 마음을 크게 먹으라는 것이며, 우리가 다투고 바쁘고 헐떡대는 그것들이 얼마나 천하고 비루하며, 어떤 높은 것 혹은 커다란 것을 생각하는 사람이 돌아볼 만한 것은 아님을 알라는 것입니다.

33 돈을 둘러싸고 가장 많이 고함소리가 오갑니다. 돈은 법정을 지치게 하며, 아비와 자식을 다투게 하며, 독약을 조제하며, 병사들과 암살자들에게 칼을 쥐어줍니다. 돈은 우리의 피로 젖어 있습니다. 돈 때문에 부부싸움은 밤을 지새우며, 군중들은 관리들의 법정으로 몰려들며, 광분한 왕들은 오랜 세월의 노고로 세워진 나라들을 약탈로 뒤집어엎어 수도의 잿더미 속에서 금붙이와 은붙이를 뒤집니다. 사람들은 집안 구석에 숨겨놓은 돈궤를 보는 것을 좋아합니다. 비명소리에 눈알이 튀어나오는 것도, 심판의 신음소리가 공회당에 울리게 되는 것도, 멀리 떨어진 지역에서 모셔온 심판인들이 앉아서 어떤 자의 탐욕이 더 정당한지를 판결하게 되는 것도 모두 이런 돈궤 때문입니다. 돈궤 때문이 아니라, 겨우 한 줌의 동전 혹은 노예가 장부에 기입한 한 닢 데나리우스 때문에 상속자 없이 죽게 될 노인이 분통을 터뜨리는 경우는 어떻습니까? 발이 뒤틀리고 손은 돈을 셀 수 없을 정도로 처참한 병을 앓고 있는 고리대금업자가, 병세가 악화되는 와중에도 0.1할의 월이자 때문에 고함을 지르며 담보를 챙기고 제 돈을 주장하는 경우는 어떻습니까? 열심히 파낸 금속을 총동원하여 만든 모든 돈을 쌓아놓으십시오. 보물창고에 숨긴 것을 모두 꺼내놓으십시오. 탐욕이 일찍이 세상에 꺼내놓았다가 다시 땅속에 묻은 돈더미 따위란 현자들이 이에 이맛살을 찌푸

릴 가치조차 없는 것이라고 생각합니다. 우리를 눈물 흘리게 한 것을
얼마나 크게 비웃어주어야 하겠습니까!

34 이제, 나머지 것들도 살펴보십시오. 음식과 음료 그리고 이것들을 위한 허영 때문에 마련된 장식들을 말입니다. 비난조의 말투, 존중의 모습이 전혀 보이지 않는 몸짓, 유순하지 않은 가축과 게으른 노예, 타인의 말에 대한 의혹과 악의적 해석(이리하여 인간에게 주어진 언어가 자연이 마련한 불의로 분류될 정도입니다) 등은 이미 보았습니다. 제 말을 믿으십시오. 우리를 크게 격분시키는 그것들은, 아이들을 싸움과 다툼에 빠뜨리곤 하는 실로 하찮은 것들입니다. 우리가 아주 심각하게 생각하는 것들 가운데 실제 심각하고 대단한 것은 없습니다. 따라서 저는 말합니다. 당신들의 분노와 어리석음은 사소한 것을 대단하게 생각하기 때문입니다. 이 사람은 제게서 유산을 빼앗으려고 합니다. 이 사람은 제가 오랫동안 유산에 대한 희망을 걸었던 사람한테 저를 고발합니다. 이 사람은 제 동거녀를 원합니다. 같은 것을 바란다는 점, 그것은 사랑의 결속이어야겠지만 거꾸로 반목과 질투의 원인이 됩니다. 골목의 협소함은 행인들에게 싸움을 야기하지만, 넓게 펼쳐진 길에서 인민들은 서로 충돌하지 않습니다. 당신이 원하는 것은, 빼앗지 않으면 타인에게서 가져올 수 없는 그런 작은 것이기 때문에, 같은 것을 원하는 사람들 사이에서 전쟁과 시비가 발생합니다.

35 당신은 노예와 해방노예, 그리고 아내와 피호민이 당신에게 대꾸할 때 분노합니다. 그러고 나서 국가의 자유가 강탈되었다고 불평합니까? 가정의 자유는 철폐했으면서 말입니다. 또 질문을 받고 침묵할 때, 다시 이를 당신은 대든다고 말합니다. 말하고, 침묵하고, 웃으라

하십시오. 당신은 말합니다. "감히 주인 면전에서?" 물론 가부장 앞에서 입니다. 왜 소리를 지릅니까? 왜 고함을 칩니까? 왜 식사 도중에 노예들이 말을 했다고 채찍을 찾습니까? 모임의 혼잡과 고립의 침묵이 같은 장소에 있지 않기 때문입니까? 당신이 귀를 가지고 있는 것은, 박자에 맞는 부드럽고, 감미롭게 만들어져 연주되는 소리만을 듣기 위함이 아닙니다. 당신은 웃음소리와 통곡소리, 서로 간에 아첨 떠는 소리와 다투는 소리, 행복한 소리와 슬픈 소리, 인간들의 목소리와 짐승들의 포효와 짖음도 들어야 합니다. 왜 당신은 가련히도 노예들의 고함, 동전들이 댕그랑거리는 소리 혹은 문 여닫는 소리에 기겁을 하는 것입니까? 그렇게 예민한 당신이지만, 그래도 천둥소리는 듣지 않을 수 없습니다. 귀에 관해서 이야기된 것들을 눈에도 적용해보십시오. 힘겹게 단련되지 않으면 눈도 혐오 때문에 못지않게 고생하게 될 테니 말입니다. 눈은 얼룩 때문에, 지저분함 때문에, 광택을 잃은 은식기 때문에, 바닥까지 투명하지 못한 연못 때문에 시달립니다. 금방 닦아 번쩍이는 다양한 대리석 말고 다른 것은, 조밀한 나무무늬로 돋보이는 식탁 말고 다른 것은 견디지 못하며, 황금보다 값비싼 바닥 말고 다른 것은 밟으려고 하지 않는 이런 눈들도, 아주 평온한 마음으로 집밖에서 진흙투성이의 더러운 골목들을, 오가는 지저분한 사람들 대부분을, 벽면이 패고 금이 가고 고르지 않은 집단주택들을 보게 됩니다. 그럼 공공장소에서는 마음을 상하게 하지 않던 것들이 집에서는 불쾌하게 만드는 이유는 달리 무엇입니까? 밖에서는 평온하고 인내하는 성정이 집에서는 까탈을 부리고 불평을 늘어놓게 되기 때문입니다.

36 모든 감각을 굳건함으로 이끌어야 합니다. 영혼이 감각을 망치지만 않는다면, 감각은 본성적으로 강인합니다. 영혼은 매일매일

결산을 위해 소환되어야 합니다. 섹스티우스가 그렇게 했습니다. 하루가 저물고 저녁의 휴식으로 돌아와서 그는 자신의 영혼에게 물었습니다. "너는 오늘 너의 어떤 악을 고쳤는가? 어떤 악행을 저지했는가? 어떤 점에서 너는 나아졌는가?" 매일매일 심판인에게 출두해야 된다는 것을 알게 된 분노는 멈추고 점잖아질 것입니다. 하루 전체를 샅샅이 조사하는 이 습관보다 무엇이 더 아름답겠습니까? 자신을 점검한 이후에 찾아오는 잠은 어떠합니까! 영혼이 칭찬받고 혹은 훈계를 듣고 자신의 관찰자와 감찰관이 조용히 자신의 행동 일체를 알게 된 이후에 찾아오는 잠은 얼마나 고요하며, 얼마나 깊고 편안합니까! 저는 이런 힘을 활용하며 매일 제 자신에 대해 변론합니다. 불빛을 보이지 않는 곳으로 치우고, 저의 습관을 잘 아는 아내가 침묵할 때, 저는 하루 전체를 점검하며 제가 행한 것과 말한 것을 다시 돌아봅니다. 저는 저 자신에게 어떤 것도 숨기지 않습니다. 어떤 것도 지나치지 않습니다. 제가 왜 제 잘못에 대해 제 앞에서 두려워하겠습니까? 그때 저는 말합니다. "그런 짓을 더는 하지 않도록 조심하라! 이제 너를 용서한다. 그 토론에서 너는 신랄했다. 이후로는 무지한 자들과 말을 섞지 마라! 전혀 배우지 못한 사람들은 배우려 들지 않는 법이다. 너는 정도 이상으로 기탄없이 훈계했다. 그래서 너는 바로잡았다기보다는 공격했던 것이다. 앞으로는 네가 말하는 것이 진실인가는 물론이고, 네가 말하는 상대가 진리를 감당할 수 있는지도 살펴라! 훌륭한 사람은 훈계에 기뻐한다. 형편없는 사람일수록 충고자에게 그만큼 더 극악한 마음을 품는다."

37 "술자리에서 누군가의 농담이, 너를 향해 던진 뼈아픈 말들이 너를 건드렸다. 저열한 무리들과의 연회를 피해야 한다는 것을 명심하라. 술을 마시면 더욱 풀려 방종해지게 마련인바, 술을 마시지 않아도

수치심이 없기 때문이다. 변호인 혹은 부자의 문지기가 출입을 막았다고 분노하는 친구를 너는 보았다. 너도 그 친구를 위해 보잘것없는 노예에게 분노했다. 그럼 줄에 묶인 개에게도 분노할 것인가? 크게 짖을 때 개는 먹이를 던져주어 달랜다. 뒤로 멀찍이 물러나서 웃음을 보여라! 지금 문지기는 의뢰인들의 무리가 문 앞을 차지하지 못하도록 문을 지킨다는 이유로, 자신이 무엇이나 된 줄로 아는 것이다. 지금 문 안에 누워 있는 자는 행복한 행운아이며, 열기 어려운 문을 행복과 권력의 징표로 판단하고 있다. 가장 열리지 않는 문은 감옥에 달려 있음을 그는 모른다. 너는 많은 것을 견뎌야 한다는 점을 마음에 단단히 새겨라! 겨울에 추운 것을, 바다에서 멀미하는 것을, 길에서 사람과 마주치는 것을 누가 이상하게 보겠는가? 미리 준비를 마친 마음은 굳건하다. 말석을 차지한 너는 주인에게, 초청자에게, 너보다 먼저 온 사람에게 분노를 표하기 시작했다. 미친 것이다. 식사자리에서 어느 자리를 차지했는가가 무슨 대수인가? 보료가 깔린 자리가 너를 높이고 낮출 수 있는가? 어떤 이가 너의 재능을 두고 험담했다고 너는 그를 곱지 않은 눈으로 보았다. 그것이 법칙인가? 만약 그렇다면 네가 호의를 표하지 않았다고, 엔니우스는 너를 증오했을 것이고, 호르텐시우스는 네게 결투를 신청했을 것이며, 그의 시를 비웃었다고 키케로는 너를 정적으로 삼았을 것이다. 후보자인 너는 평정심을 갖고서 투표 결과를 기다려야 하지 않겠는가?”

38 　어떤 이가 당신을 비방했습니다. 스토아 철학자 디오게네스가 당한 것보다 더 큰 비방이 무엇이겠습니까? 분노에 관해 대단한 논의를 펼치던 그에게 건방진 청년이 침을 뱉었습니다. 디오게네스는 이를 차분하고 현명하게 참아냈습니다. 그리고 말했습니다. ‘나는 분노하지 않는다. 하지만 나는 분노해야 하는 것이 아닐까 망설였다.’ 우리의

카토는 그보다 훌륭했습니다. 변론을 하던 그의 얼굴 정면을 향해, 선조들의 기록에 의하면, 파벌싸움을 벌이며 절제할 줄 모르던 렌툴루스라는 자가 침을 잔뜩 모아 뱉었다고 합니다. 카토는 얼굴을 닦고 말했습니다. "렌툴루스야, 나는 모든 사람들에게 잘못 알고 있었다고 말할 것이다. 네가 입이 없다고 주장하던 자들에게 말이다.[10]"

39 노바투스여, 우리는 영혼을 잘 다스리는 데 성공했습니다. 영혼은 분노를 느끼지 않거나 혹은 분노를 제압합니다. 이제 어떻게 하면 다른 사람의 분노를 진정시킬지를 살펴봅시다. 우리는 치료받기는 물론이고, 치료하기를 원합니다.

초기의 분노를 말로 달래려고 해서는 안 됩니다. 분노는 귀먹고 정신이 나간 상태입니다. 시간을 주어야 할 것입니다. 누그러질 때 치료약이 효과가 있습니다. 자극으로 병세를 악화시킬 수 있으므로 부은 눈은 건드리지 말아야 합니다. 여타의 병도 그것이 승할 때는 마찬가지입니다. 초기 질병은 휴식이 약입니다. 당신은 말합니다. "스스로 진정될 분노를 치료하는 당신의 치료법이라니 그것이 뭐 그리 대단한 것인가?" 첫째, 그것은 분노를 보다 빨리 진정시키는 효과가 있습니다. 둘째, 그것은 재발하지 않도록 막는 효과가 있습니다. 감히 진정시키지 못할 충동이라면 속임수를 씁니다. 복수의 모든 도구를 제거하고, 분노를 가장하여 마치 고통의 동조자요 동반자인 양 조언의 무게를 더욱 키워, 지금의 처벌을 연기시키고 더 가혹한 처벌을 찾도록 하여 시간을 법니다. 온갖 기술로 광분에 휴식을 주어야 합니다. 더욱 격렬해진다면, 거부할 수 없을 수치심과 두려움을 부추겨야 합니다. 점차 누그러지면, 즐거운 혹은 신

---

10) '입(낯짝)이 없다(os non habere)'는 후안무치하다는 뜻의 속담일 것으로 추정된다. 카토는 여기서 재치 있게 속담을 바꾸어 사용하고 있다.

기한 이야기를 꺼내놓아, 알고자 하는 호기심을 자극해야 합니다. 사람들은 말합니다. 어떤 의사가 왕의 딸을 치료해야 했으나 칼로 수술하지 않을 수 없었을 때, 종기가 난 젖가슴을 천천히 온찜질하면서 찜질 수건에 감춘 칼로 수술했다고 합니다. 대놓고 수술하고자 했다면 소녀는 거부했을 테지만, 전혀 생각지도 못했기 때문에 고통을 참아냈던 것입니다. 속임수가 아니고서는 치료되지 않는 것이 있습니다.

40 다른 사람에게 당신은 말할 것입니다. "너의 분노가 적에게 즐거움이 되지 않도록 하라." 또다른 사람에게 말할 것입니다. "네 영혼의 대범함과 대다수의 사람들이 믿는 너의 굳셈을 잃지 마라. 나도 화가 난다. 고통의 끝을 찾을 수 없다. 그러나 시간을 기다려야 한다. 그는 죗값을 치를 것이다. 이것을 마음속에 담아두어라. 당신이 그렇게 할 수 있다면 기다린 대가 역시 얻게 될 것이다." 분노한 사람을 질책하며 당신이 화를 내는 것은 오히려 화를 부추기는 일입니다. 상대방의 분노를 줄여줄 수 있는 능력이 있는 사람이 아니라면, 여러 가지로 달래면서 접근해야 합니다. 신황(神皇) 아우구스투스는 베디우스 폴리오의 집에서 저녁을 먹으면서 그렇게 했습니다. 노예들 가운데 한 명이 유리그릇을 깨뜨렸습니다. 베디우스는 그를 붙잡아오라고 명했고, 그를 범상치 않은 방식으로 벌하고자 했습니다. 노예를 수조에 담아두었던 거대한 곰치들에게 던져버리라고 명령했습니다. 사치 때문에 이런 일을 벌였다고 생각하지 않은 사람이 있었겠습니까? 하지만 그것은 잔혹함이었습니다. 소년은 자신을 붙잡고 있던 손을 빠져나와 카이사르의 발에 매달렸습니다. 그리고 그가 애원한 것은 다만 물고기 밥이 아닌 다른 방식으로 죽게 해달라는 것이었습니다. 새로운 잔혹함에 충격받은 카이사르는 소년을 풀어주고, 유리그릇들을 자기 앞에서 모두 깨버리고 수

조를 메우라고 명했습니다. 그렇게 크게 카이사르는 친구를 질책해야 했고, 자신의 권력을 유용하게 사용했습니다. "식사 자리에서 그대는 사람들을 잡아다 신종 처벌로 죽이도록 명하는가? 그대의 그릇이 깨질 때, 사람의 내장이 찢어졌는가? 다만 그대는 여기 카이사르 면전에서 누군가를 끌어내도록 명령할 수 있음에서 기쁨을 찾으려고 하는가?" 이렇게 우월한 위치에서 분노를 공격할 권력을 가진 사람이라면, 분노를 거칠게 다루어도 좋겠습니다. 제가 앞서 언급한 분노들처럼 난폭하고 거칠고 잔인한 분노는 오로지 더욱 강력한 것에 대한 두려움으로만 치료가 가능합니다.

41 건강한 가르침에 대한 진지한 사색과 선한 일들의 실천, 오로지 미덕에 대한 욕구로 가득한 정신이 가져다줄 평화를 영혼에 부여합시다. 양심으로 만족하며 남의 말에 걱정하지 맙시다. 올바른 일만을 추구하는 동안에도 악담이 뒤따를 것입니다. "하지만 군중은 끓어오름에 감탄하고 과감히 돌진함에 명예를 부여한다. 평온함은 무능함으로 평가받는다." 아마도 처음에는 그렇게 보일 것입니다. 하지만 늘 한결같은 삶이 영혼의 어리석음이 아니라 평화라는 신뢰를 낳으면, 인민들은 이를 칭송하고 숭배할 것입니다. 따라서 저 흉하고 무서운 정념에는 유익한 것이 전혀 없습니다. 반대로 사악한 것들, 칼과 불을 가지고 있습니다. 염치를 짓밟고 살해로 손을 더럽히고, 자식들의 사지를 찢고, 온갖 범죄를 남김없이 저지르고, 명예를 생각하지 않고 불명예를 염려하지 않으며, 분노에서 증오로 일단 굳어지면 치료할 수 없게 됩니다.

42 이런 악을 멀리하고 정신을 정화합시다. 제아무리 작은 것일지라도 남아 있다면 다시 자라나게 되므로 이를 뿌리 뽑읍시다. 분노

를 조절할 것이 아니라 전체적으로 없애버립시다. 도대체 어떻게 악습의 조절이 말이 됩니까? 없앨 수 있습니다. 다만 노력하십시오. 죽음을 생각하는 것보다 유익한 것은 없습니다. 누군가 자신에게 그리고 타인에게 말할 것입니다. "마치 영원한 생명을 타고난 것처럼 분노를 드러내어 그나마 짧은 삶을 낭비하는 일이 유익할 것이 무엇이냐? 우리의 아름다운 즐거움에 써야 할 날들을 다른 이의 고통과 고문에 쓰는 일이 유익할 것이 무엇이냐? 이에 손실은 허락되지 않으며 낭비할 시간도 없다. 왜 싸움에 끼어드는가? 왜 경합을 불러들이는가? 왜 허약함을 망각하고 커다란 증오를 떠안으며, 왜 부수기 위해 부서지기 쉬운 몸을 일으키는가? 타협 없는 마음에 품고 있는 그런 적의를 품지 못하도록 열병 혹은 어떤 신체적 질병이 곧 막아설 것이다. 격렬한 맞수를 도중에 곧 죽음이 데려갈 것이다. 왜 소동을 벌이며, 왜 삶을 분란 가운데 낭비하는가? 그대의 머리 위에 운명이 서 있으며, 사라져가는 날들을 계산하며 조금씩 가까이 다가온다. 네가 타인의 죽음을 지정할 때, 어쩌면 시간은 당신의 죽음 주변에 서 있을 것이다."

43 차라리 짧은 삶을 모아, 당신 자신과 타인들을 위해 평화로운 삶을 보여주지 않으렵니까? 살아 있는 동안 모두에게 사랑받으며, 떠날 때 모두가 당신을 그리워하게 만들지 않으렵니까? 왜 당신과 함께 일하는 높은 자리의 사람을 끌어내리려고 합니까? 왜 당신을 욕하는 천하고 저열한 자, 윗사람에게 대들며 사납게 구는 자를 당신의 위력으로 짓밟으려고 합니까? 왜 노예에게, 왜 주인에게, 왜 왕에게, 왜 피호민에게 분노를 드러냅니까? 잠시만 멈추십시오. 당신들 모두에게 공평한 죽음이 다가오고 있습니다. 이른 아침 들판에서 황소와 불곰이 서로 뒤엉켜 싸우는 것을 우리는 보곤 합니다. 서로가 상대방을 몰아세울 때에,

그것들을 없앨 이가 그것들을 기다리고 있습니다. 우리도 마찬가지입니다. 우리가 우리와 엮인 사람을 괴롭힐 때에, 승자와 패자 모두에게 종말이 실로 때 이르게 다가옵니다. 얼마가 남았든지 조용하고 차분하게 살아갑시다. 우리의 주검이 누구에게도 미움 받지 않고 누워 있게 되기를! 타오르는 이웃집의 화재가 때로 싸움을 중단시키고, 맹수의 등장이 노상강도와 행인을 떼어놓습니다. 큰 두려움이 발생할 때에는 작은 악들과 다툴 겨를이 없는 법입니다. 우리에게 음모와 갈등에 낭비할 무슨 여유가 있습니까? 당신을 분노하게 만드는 자에게 당신은 죽음 이상의 무엇을 더 바라는 것은 아닐 테니, 말하자면 당신이 가만히 있어도 그는 죽게 될 것입니다. 장차 일어날 일을 지금 하려고 드는 것은 노력을 낭비하는 일입니다. 당신은 말합니다. "나는 결코 죽이려 하지 않았다. 다만 추방이나 불명예나 상해를 생각했을 뿐이다." 적이 종기를 얻기를 바라는 사람보다는, 차라리 상처 입기를 바라는 사람을 저는 용서하겠습니다. 전자는 사악할 뿐만 아니라 소심하기까지 합니다. 당신이 가벼운 처벌을 생각하든, 혹은 극형을 생각하든, 그래서 적이 형벌로 고통받고 혹은 당신이 타인의 불행에서 사악한 즐거움을 얻겠지만, 그래 봐야 얼마의 시간이 남았겠습니까! 이제 곧 우리는 마지막 호흡을 토하게 될 것입니다. 숨을 쉬는 동안, 사람들 사이에 머무는 동안 인간애를 보입시다. 누구에게도 두려움을, 위해를 가하지 맙시다. 상해와 불의와 욕설과 비방을 멀리합시다. 대범한 마음으로 짧은 불이익을 참읍시다. 사람들의 말처럼, 뒤돌아보는 아니, 몸을 돌리는 사이 이미 죽음이 옆에 와 섰습니다.

제6권

마르키아 여사에게 보내는 위로

De Consolatione ad Marciam

1 마르키아여, 제가 만약 그대가 여타 악덕들은 물론이고 영혼의 여성적 유약함에서도 멀리 떨어져 있으며, 그대의 처신은 흡사 선조들의 모범을 보여주고 있다는 사실을 몰랐다면, 저는 감히 그대의 슬픔을 위로하려 들지는 않았을 것입니다. 그것은 실로 남자들도 일단 빠지면 헤어나지 못하는 슬픔이니 말입니다. 또한 참으로 힘겨운 시기에, 참으로 사나운 판관 앞에서, 참으로 질투 어린 고발을 당한 제가,[1] 그대를 운명에서 헤어나게 할 무엇인가를 할 수 있으리라는 희망은 품지 않았을 것입니다. 하지만 강인한 그대의 영혼과 커다란 시련으로 입증된 그대의 용기는 저에게 믿음을 주었습니다.

선친을 위해 딸로서 그대가 무엇을 했는지는 널리 알려졌습니다. 그대는 그분을 그대의 자식들만큼이나 사랑했습니다. 그대의 자식들보다 오래 살기를 원한 것은 아니지만 말입니다. 아니 원했을지도 모릅니다. 큰 효심은 순리에 어긋나는 일도 희망하는 것이 아닌가 합니다. 그대는 선친 아울루스 크레무티우스 코르두스의 자살, 그대가 할 수 있는 데 까지 말렸습니다. 세야누스의 추종자들 속에서는 그것이 굴종을 벗어나

---

1) 이 편지는 세네카가 코르시카에서 추방생활을 할 때 쓰인 것으로 보인다.

는 유일한 길임이 분명해진 뒤에도, 그대는 그분의 결심에 동의하지 않았습니다. 그러나 결국 마지못해 수긍했고, 남들 앞에서 눈물을 흘리며 비탄을 삼켰습니다. 즐거운 표정으로 이를 감추려고 하지도 않았습니다. 그때는 부모님의 뜻에 거역하지 않는 것이 큰 효도가 되던 시대였던 것입니다. 하지만 시대의 변화로 기회가 생겼는바, 그대는 그분의 재능을—그 재능 때문에 처벌을 받았지만—사람들이 접할 수 있게 만들어 진정한 죽음으로부터 그분을 구했으며, 그분이 자신의 피로 써내려갔던 책들을 공공 기념물로 부활시켰습니다. 그분의 저술들 대부분이 소실되었던 마당에, 그대는 로마 문학에 큰 공헌을 했습니다. 후세를 위해서도 훌륭한 일입니다. 당시 일들에 대한 거짓 없는 진실이 위대한 저자를 기리며 후세에 전해질 것입니다. 그대의 선친을 위해서도 훌륭한 일입니다. 그분에 대한 기억은 잊히지 않았으며, 앞으로도 잊히지 않을 것입니다. 로마적인 것을 배우는 것이 뜻있는 일이라면, 선조들의 위업을 돌아보고자 하는 사람이 한 명이라도 있다면, 로마 사내란 무엇인지를, 모두가 고개를 숙이고 세야누스에게 굴복했을 때에도 굴복하지 않는 사내란 무엇인지를, 성품과 영혼과 처신이 자유로운 사내란 무엇인지를 알고자 하는 사람이 한 명이라도 있다면 말입니다. 두 가지 아주 아름다운 일, 웅변술과 자유로 인해 망각 속에 던져진 그분을 만약 그대가 살려내지 않았다면, 하늘에 맹세코 국가는 커다란 손해를 입었을 것입니다. 그분은 읽히고, 이름을 떨치며, 사람들의 손과 마음에 받아들여져서 쇠락을 전혀 걱정하지 않게 되었습니다. 반대로 저 살인자들의 범죄는, 그것만이 기억에 남았으나, 이제 곧 아무도 언급하지 않을 것입니다.

그대의 영혼의 이러한 위대함은 저에게 그대를 성별로 판단하는 것을 금했습니다. 또한 한번 드리워진 이래 오랜 세월 사라지지 않던 슬픔이 가득한 얼굴로써 그대를 판단하는 것을 금했습니다. 그러니 보십시오,

저는 그대의 마음으로 몰래 기어들어가지도 않거니와 그대의 고통을 훔쳐낼 생각도 없습니다. 저는 과거의 불행을 되새겨, 이런 상처도 치유될 수 있음을 그대가 깨닫도록, 그대에게 상처만큼 커다란 상처 자국을 보여드렸습니다. 그리하여 다른 사람들은 상냥하게 대하며 그대에게 아첨했지만, 저는 그대의 슬픔과 싸우기로 했습니다. 지치고 탈진해버린 그대의 눈은, 사실대로 말하자면, 그리움 때문이라기보다 습관 때문에 눈물짓는 것입니다. 저는 할 수만 있다면, 그대의 동의를 얻어 그대에게 맞는 치료법으로 눈물을 멈추게 할 것입니다. 하지만 동의를 얻을 수 없다면, 강제적으로 눈물을 멈추게 할 것입니다. 그대가 고통을 붙들고, 마치 살려내려는 자식처럼 고통을 품에서 내려놓지 않을지라도 말입니다. 도대체 끝이 있겠습니까? 모든 시도는 헛되이 끝나버렸습니다. 친구들의 위로도, 그대에게 가까운 높은 사람들의 위로도 소용이 없었습니다. 그대의 부친으로부터 물려받은 유산인 학문도, 거기에 몰두하면 짧은 시간이나마 위안이 되었을 법한데, 닫혀버린 그대의 귀에는 들리지 않았습니다. 시간이라는 자연적인 치료약은 제아무리 심각한 고통이라도 치유하는 법이지만, 그대에게만은 효험이 없었습니다. 벌써 3년이 지나갔습니다. 그런데도 첫 충격에서 입은 상처는 조금도 나아지지 않았습니다. 슬픔은 매일매일 새로워지고 강력해졌으며, 시간과 함께 권리를 얻어 이제는 오히려 멈추는 것이 창피한 일이 되었습니다. 모든 악덕이 처음 고개를 들 때 억제되지 않으면 깊숙이 뿌리를 내리는 것처럼, 그대의 슬픔도 가련하게 자신에게 가혹해지면서 그 가혹함으로 새롭게 힘을 얻고 있으며, 고통은 불행한 영혼의 비뚤어진 쾌락이 되고 말았습니다. 그리하여 저는 슬픔의 초기에 치료해보기를 원했던 것입니다. 이제 막 시작된 것은 가벼운 치료약으로 막아낼 수도 있습니다. 반대로 오래된 것은 더욱 맹렬하게 싸워야 합니다. 피가 나는 초기 상처의 치료는 간단합니다. 그러나 상처가 덧나 심각한 지경에 이르면 불로 지지고 깊이 파내어 손가락으로 들쑤셔야 합니다. 저는 지금 상냥함과 부드러움으로는 그대의 심각한 고통에 접근할 수 없을 것 같습니다. 그대의 슬픔은 깨뜨려버리는 수밖에 없습니다.

2 누군가에게 훈계하려는 사람들 모두는, 원리에서 시작해서 사례로 끝을 맺는다는 것을 저도 압니다. 때로는 이런 관례를 바꾸는 것이 유리합니다. 왜냐하면 사람에 따라서 다르게 다루어야 하기 때문입니다. 어떤 사람들은 합리적 설득에 이끌리며, 어떤 사람들에게는 황홀함에 얼어붙은 영혼을 제압할 위엄과 빛나는 명성을 내세워야 합니다. 저는 그대와 같은 성별을 가진 동시대의 두 인물을 예로 들고자 합니다. 한 여성은 고통을 당하며 자신을 고통에 완전히 넘겨준 인물이며, 다른 여성은 비슷한 운명에 처하여 더 큰 불행을 맞았으나 불행에게 오랜 지배를 허락하지 않았고, 곧 영혼을 원래 자리에 되돌려놓은 인물입니다. 한 명은 아우구스투스의 누나 옥타비아이며, 다른 한 명은 그의 아내 리비아입니다. 둘 다 청년기의 아들을 잃었는데, 두 어머니는 자신의 아들들이 장차 국가 원수(元首)가 되리라고 확신했습니다. 옥타비아의 아들은 마르켈루스였습니다. 그에게 외삼촌이자 장인인 아우구스투스가 의지하기 시작했습니다. 그에게 제국의 짐을 맡기려고 했습니다. 그는 영민하고 재능이 뛰어나며, 나이와 영향력을 고려할 때 매우 놀랄 만한 검소함과 절제력을 가졌고, 쾌락을 멀리하며, 외삼촌이 부과한 일은 무엇이든, 말하자면 초석이 되기를 바랐을 때 이를 능히 짊어지려 했던 청년입니다. 외삼촌은 어떤 무게도 견뎌낼 만한 토대를 잘 선택했던 것입니다. 옥타비아는 생애 내내 한탄과 통곡을 멈추지 않았으며, 위로의 목소리가 자신을 슬픔에서 불러내는 것을 허락하지 않았습니다.

한 가지 일에만 매달려 온 정신이 거기에 머물렀으며, 마치 살아가는 내내 장례식을 치르는 듯 보였습니다. 몸을 추스르지 않은 것은 말할 것도 없고 위로받는 것을 거부했으며, 눈물을 멈추는 것을 자식을 또 잃는 일로 생각했습니다. 옥타비아는 사랑하는 아들의 밀랍 두상을 만들려고 하지 않았으며, 자기 앞에서 아들에 관해 일언반구 언급하는 것도 원하지 않았습니다. 모든 어미를 미워했으며, 리비아에 대해서는 극도로 신경질적이었습니다. 자신에게 약속되었던 행복이 그녀의 아들[2]에게로 넘어갔다고 생각했던 것입니다. 어둠과 고독의 친구가 되어 남동생도 절대 돌아보지 않았으며, 마르켈루스를 기리는 노래[3] 등 여타 문학의 꽃들을 거부하며 모든 위안에 대해 귀를 닫아버렸습니다. 모든 종교적 축제들에 불참했고, 위대한 동생의 너무나도 빛나는 운명을 혐오하며 몸을 감추고 은둔했습니다. 다른 자식들과 손자들이 곁에 있음에도 상복을 벗지 않았으며, 식구들 모두를 때로 무시하여 그들이 살아 있는데도 마치 잃은 것처럼 행동했습니다.

3 리비아는 아들 드루수스를 놓쳤습니다. 장차 위대한 국가 원수가 될 자로서 이미 위대한 장군이었던 아들을 말입니다. 그는 게르마니아 깊숙이 들어갔고, 로마인들이 존재한다는 사실조차 모르는 사람들의 땅에 로마의 깃발을 꽂았습니다. 이 원정 중에 그는 사망했습니다. 적들조차 전쟁을 멈추고 몸져누운 그에게 경의를 표했으며, 자신들에게 유리한 것을 감히 희망하지 않았습니다. 그가 국가를 위해 죽었을 때 시민들과 속주들 및 전 이탈리아에 큰 안타까움이 일어났으며, 자치도

---

2) 아우구스투스는 아들이 없어서 마르켈루스를 후계자로 임명했고, 그가 죽은 후에는 리비아의 아들인 티베리우스를 후계자로 임명했다.
3) 베르길리우스는 『아이네이스』 제6권 860행 이하에서 마르켈루스를 기렸다.

시들과 식민도시들이 일제히 장례에 참여함으로써 마치 개선행렬처럼 수도 로마까지 장례행렬이 이어졌습니다. 모친은 아들과 마지막 입맞춤도, 마지막 작별인사도 나누지 못했습니다. 멀고 먼 여정4)으로 아들 드루수스의 운구 행렬을 뒤따르며, 이탈리아 전체에서 화장목이 불타오르는 것을 볼 때마다 매번 다시 아들을 잃은 것처럼 격앙되었습니다. 하지만 아들을 무덤에 안치하자마자 그녀는 아들과 함께 슬픔도 내려놓았으며, 카이사르에 대한 예의에서, 살아 있는 다른 아들에 대한 공정함에서 벗어날 정도로 슬퍼하지는 않았습니다. 나아가 아들 드루수스의 이름을 칭송으로 언급하기를 싫어하지 않았습니다. 어디에서나 공적으로나 사적으로나 아들을 떠올리기를, 아들에 관해 말하고 듣기를 싫어하지 않았습니다. 그녀는 아들에 대한 추억으로 살아갔습니다. 추억을 슬픔으로 생각하는 사람은 그것을 간직하고 떠올리지 않겠지만 말입니다.

그러므로 이제 두 예들 가운데 옳다고 생각하는 것을 선택하십시오. 만약 앞선 예를 따르기를 원한다면, 그대는 산 사람들과 어울리지 않기로 한 것입니다. 그러면 그것은 나머지 자식들과 그대 식구들, 나아가 그대가 애석해하는 바로 그 아들을 외면하는 것입니다. 다른 어미들에게 그대는 불길한 징조로 여겨지게 됩니다. 허락된 아름다운 즐거움을 그대의 운명에 어울리지 않는 듯 걷어차는 것입니다. 증오의 시선으로 태양을 바라보며, 최대한 서둘러 그대를 데려가지 않는 세월을 원망하는 것입니다. 그것은 더 훌륭한 것을 지향한다고 알려진 그대의 영혼에 가장 어울리지 않는 추한 일인바, 살아가려고 하지 않으며 죽을 수도 없음을 보여주는 것입니다. 하지만 위대한 여성의 온화하고 절제된 나중 예를 따른다면, 그대는 고통에 빠지지 않을 것이며 고문으로 자신을 축내지 않을 것입니다. 자신에게 불행의 형벌을 가하고 자신의 고통을

---

4) 아마 아우구스투스와 함께 파비아에서 로마로 여행했을 것이다.

키우는 것은 얼마나 어리석은 일이며 악입니까! 이제껏 살아오면서 지켜왔던 삶의 정숙함과 정결함을 그대는 여기서도 보여줄 것입니다. 슬픔에도 일종의 절도(節度)가 있기 때문입니다. 자신을 늘 기억하고 이름을 부르며 기뻐하는 어머니를, 그래서 살았을 때처럼 어머니를 유쾌하고 즐겁게 만날 수 있다면, 그럴 자격이 충분한 그대의 아들은 더 나은 대접을 받는 것입니다.

4 저는 그대를 저런 용감한 가르침으로 이끌어 비인간적인 방식으로 인간적인 것을 감내하라고 명하지는 않습니다. 아들의 장례일에 눈물을 금하지도 않습니다. 다만 저는 그대를 재정인(裁定人)에게 데려갈 것이며, 저희 둘의 문제를 자문할 것입니다. 비통함이 크다고 할 것이나, 그것에 한계는 없는지를 물을 것입니다. 저는 그대가 친하게 지내던 율리아 아우구스타5)의 사례를 먼저 선택할 것임을 의심치 않습니다. 그녀는 그대를 자신의 지혜로 청합니다. 그녀는 극렬하고 참을 수 없었던 고통의 첫 순간에 남편의 친구인 철학자 아레이오스에게서 위안을 얻었으며, 자신에게는 무엇보다 큰 도움이 되었던 것이 철학이라고 고백했습니다. 자신의 슬픔 때문에 슬픔에 빠져서는 안 될 로마 인민보다, 또다시 기댈 곳을 잃고 흔들렸지만 식구들의 죽음으로 더는 휘청일 수는 없는 아우구스투스보다, 세상이 슬퍼한 쓰라린 장례식에서도 상실은 숫자에 불과하다고 느끼게 할 정도의 효심을 보여준 티베리우스보다, 철학이 말입니다. 제 생각에 아레이오스는 자신의 평판에 세심한 주의를 기울이던 그녀에게 이렇게 말을 시작했을 것입니다. "오늘까지, 율리아여, 당신 부군의 열렬한 지지자인 제게, 제가 아는 한, 부군은 공개적으로 발표된 것들뿐만 아니라 당신 내외의 숨겨진 마음을 모두 말씀

---

5) 리비아.

하셨습니다. 당신은 비난을 살 무엇도 행하지 않으려고 노력해왔습니다. 큰일에서는 말할 것도 없고 아주 사소한 일에서도 그래 왔습니다. 군주들에 대한 가장 거침없는 심판인이라는 평판에 누가 될 일은 일절 하지 않았습니다. 가장 높은 지위에 오른 사람들이 남들의 많은 일을 용서하는 한편, 자신은 용서를 구할 일을 하지 않는 것만큼 아름다운 일은 없다고 저는 생각합니다. 그러므로 이 일에서도 당신은 지금까지의 태도를 고수하며, 하지 않거나 달리해야 했다고 생각할 일은 하지 말아야 합니다.

5 　또한 저는 간청하고 간청합니다. 친구들을 무뚝뚝하고 냉정하게 대하지 마십시오. 당신도 알겠지만, 이들 모두 어떻게 처신해야 할지 모르고 있습니다. 당신 앞에서 드루수스를 이야기해야 할지 말아야 할지, 아주 탁월했던 젊은이를 망각에 묻으면 그에게 불의를 행하는 것은 아닌지, 아니면 그를 언급함으로써 당신에게 불의를 저지르는 것은 아닌지 판단하지 못하고 있습니다. 우리는 따로 다 같이 모여 젊은이의 행동과 말을 알맞은 존경으로 칭송하곤 합니다. 하지만 당신 앞에서는 젊은이에 대해 깊은 침묵으로 일관합니다. 그리하여 당신은 아들에 대한 칭찬이라는 즐거움을 놓치고 있습니다. 목숨을 내놓더라도 가능하다면 당신이 자식의 칭송을 영원히 연장하고자 바랄 것을 저는 의심치 않습니다. 그러므로 아들에 대한 이야기를 허락하고 기회를 만드십시오. 자식의 언급과 회상에 귀를 기울이십시오. 이런 일을 당했을 때 위로를 듣는 것마저 불행의 한 부분이라고 여기는 여타의 사람들처럼 그렇게 이를 심각하게 받아들여서는 안 됩니다. 지금 당신은 엉뚱한 부분으로 완전히 돌아누워, 좋았던 것들은 잊고 운명을 불행한 쪽에서 바라보고 있습니다. 아들과의 즐거웠던 생활과 재회를 돌아보지 않으며, 어

린 날의 즐거운 재롱도, 학업의 성장도 그러합니다. 당신은 아들의 마지막 얼굴만을 쳐다보고 있습니다. 그것만으로는 아직 부족한 듯 거기에 온갖 끔찍한 것들을 보태고 있습니다. 간청하오니, 부디 누구보다 불행해 보이겠다는 왜곡된 명예를 추구하지 마십시오. 인생이 순조롭게 풀릴 때 용감하게 처신하는 것은 대단한 일이 아니며, 고요하고 순조로운 바람을 만났을 때 조타수의 능력은 드러나지 않지만, 역경을 만났을 때 용기가 입증됨을 생각하십시오. 그러므로 낙담하지 마십시오. 반대로 당당한 걸음을 걸으며, 물론 첫 굉음에는 놀라겠지만 어떤 짐이 부과되더라도 견뎌내십시오. 운명의 시기를 벗어나는 데는 다른 무엇보다 평상심이 최고입니다." 이어 그는 그녀에게 다른 아들은 건강하다는 것, 죽은 아들이 남긴 손자가 있다는 것을 말했습니다.

6 마르키아여! 아레이오스는 거기서 그대의 문제를 다룬 셈이고, 그대에게 조언한 것입니다. 사람만 바꾸십시오. 그는 그대를 위로한 것입니다. 그런데 마르키아여! 그대가 잃은 것이 세상의 그 어느 어미가 잃은 것보다 훨씬 더 크다고 생각해도 좋습니다. 저는 그대를 달래려는 것도, 그대의 상실을 과소평가하려는 것도 아닙니다. 울음으로 운명을 극복할 수 있다면 그렇게 합시다. 온종일 통곡하며 지냅시다. 한밤중이라도 슬픔으로 지새웁시다. 찢어진 가슴을 주먹으로 때리고, 얼굴을 마구 할퀴고, 만약 도움이 된다면 온갖 잔혹한 행위로 슬픔을 가중시킵시다. 하지만 어떤 통곡으로도 망자가 돌아오지 않는다면, 숙명은 불변하여 영원히 고정된 것으로 어떤 탄식으로도 바뀌지 않으며, 죽음이 일단 앗아간 것을 내놓지 않는다면, 쓸데없는 괴로움은 접어 둡시다. 그러므로 우리는 자신을 다스립시다. 그런 강압이 우리를 길에서 벗어나게 하지 않기를! 파도에 키를 놓친 조타수가 배를 표류하게 내버

려두고 선박을 폭풍에 맡겨둔다면, 이는 창피한 일입니다. 반대로, 난파를 당하여 바다에 휩쓸려가도 키를 부여잡고 흔들림 없이 버티는 조타수는 칭송받아야 합니다.

7 "하지만 식솔을 그리는 마음은 자연스러운 것이다." 적절하게만 한다면, 누가 그 사실을 부정하겠습니까? 사랑하던 이들의 죽음뿐만 아니라 그들과의 이별만으로도 당연히 아픔이며, 제아무리 강한 영혼이라도 위축되기 마련입니다. 하지만 자연이 명한 것보다 의견으로 덧붙인 것이 훨씬 더 많습니다. 말 못하는 짐승들의 아픔은 얼마나 큰지, 하지만 또 얼마나 짧은지를 생각하십시오. 암소들의 울음소리는 하루 이틀 들려올 뿐, 암말들의 미친 듯한 질주도 그보다 길지는 않습니다. 들짐승들은 새끼의 흔적을 추적하여 숲 속을 돌아다니며 수시로 새끼를 잃은 굴로 돌아오지만, 그런 광분도 오래지 않아 내려놓습니다. 새들도 맹렬히 우짖으며 텅 빈 둥지를 맴돌지만, 순식간에 잠잠히 본래의 비행습관을 되찾습니다. 사실 사람을 제외하고 제 자식에 대한 그리움으로 오래도록 아파하는 짐승은 없습니다. 인간은 느끼는 정도의 아픔을 앓는 것이 아니라 생각하는 정도의 아픔을 덧붙여 아파합니다.

이런 것이, 그러니까 슬픔에 완전히 좌절하는 것이 자연적이지 않음을 그대가 이해하도록 말하자면, 남자보다는 여자가, 유순하고 문명을 이룬 인간 종족보다 야만족이, 학식을 갖춘 자들보다 갖추지 못한 자들이 자식을 잃었을 때 크게 상처를 입습니다. 자연에 따른 것들은 모든 경우에 동일하게 작용할 터이므로, 다르게 작용한다는 것은 자연적이지 않음을 증명합니다. 불은 모든 시대에 모든 도시의 시민들을, 여자나 남자나 가리지 않고 불태웠습니다. 칼은 어떤 몸이든지 가리지 않고 한결같이 베고 가르는 힘을 발휘했습니다. 그 이유가 무엇이겠습니까? 그것들의 힘이 자연에 의해 주어진 것이며, 사람에 차이를 두지 않기 때문입니다. 가난, 비탄, 야심 등은 사람에 따라서 다르게 느껴지며, 그것은 습관이 그 사람을 어떻게 만들어왔는가에 달렸습니다. 두려워할 필요가 없는 것에 대해 품은 잘못된 선입견은 인내하지 못하는 나약함을 만들어냅니다.

8 다음으로, 자연적인 것은 시간에 의해 줄지 않습니다. 긴 세월에 슬픔이 소멸됩니다. 매우 완강하고 매일 샘솟으며 온갖 처방에도 계속 치밀어오르는 광분도, 이를 잠재우는 데 가장 효과적인 시간에 그 힘을 빼앗깁니다. 마르키아여, 그대의 커다란 슬픔은 아직도 그대로이고, 벌써 굳은살처럼 굳어버린 것으로 보이며, 처음처럼 그렇게 격렬하지는 않지만, 여전히 집요하고 완강합니다. 하지만 세월은 그대의 슬픔을 점차 줄여 마침내 떨어낼 것입니다. 다른 곳에 신경을 쓴다면 마음은 풀어질 것입니다. 그런데 그대는 그대 자신을 감시하고 있습니다. 그렇게 슬픔을 명령하는 것과 그저 놔두는 것 사이에는 커다란 차이가 있습니다. 하지만 슬픔의 끝을 기다리기보다, 그대가 원하지 않더라도 슬픔이 사라질 그날을 기다리기보다는, 스스로 끝내는 것이 그대의 우아한 성정에 훨씬 더 어울리지 않겠습니까! 이제 작별을 고하십시오.

9 "자연의 명에 의한 것이 아니라면, 우리가 그렇게까지 통곡에 매달리게 되는 이유는 무엇인가?" 우리는 사전에 불행이 닥칠 것을 예상하지 못하며, 아무 일도 겪지 않은 채 다른 사람들보다 평온한 길을 걸어가는 동안에는 다른 사람들의 불행을 보고도 그것이 우리 모두에게 닥칠 것을 깨우치지 못하기 때문입니다. 그렇게 여러 번 우리의 집 앞으로 장례행렬이 지나갔습니다. 하지만 우리는 죽음을 생각하지 않습니

다. 그렇게 여러 번 살을 도려내는 아픔의 장례식이 있었습니다. 하지만 우리는 마음속으로 어린 자식들의 성인식만을, 그들의 군 복무와 유산 상속만을 생각했습니다. 그렇게 여러 번 부유한 사람들이 갑자기 가난의 나락으로 떨어지는 것을 목격했습니다. 하지만 우리는 우리의 재산도 마찬가지로 위태로운 상황에 놓였음을 생각하지 못했습니다. 따라서 마치 뜻밖의 일을 당한 듯이 몰락하는 것이 오히려 필연적이겠습니다. 하지만 오래전부터 예측하고 있던 것들은 부드럽게 다가옵니다. 모든 사람에게 닥쳤던 타격에 그대 자신도 노출되어 있음을, 다른 사람들을 찔렀던 창들이 그대 주변에 난무하고 있음을 그대는 알고자 합니까? 마치 성벽 아래 혹은 오르기 힘든 절벽 아래 무장도 제대로 갖추지 못한 채 서 있는 것처럼, 그대는 상처 입을 것을 예상해야 합니다. 그대의 머리 위로 활과 창과 함께 돌덩이들이 그대의 몸을 향해 발사되어 날아올 것을 생각해야 합니다. 그대의 옆에서 혹은 등 뒤에서 누군가가 쓰러질 때마다 소리를 지르십시오. "운명아, 너는 나를 속이지 못할 것이다. 내가 안심하고 있을 때 혹은 눈치채지 못할 때 네가 나를 공격하는 일은 없을 것이다. 네가 뭘 노리고 있는지 나는 알고 있다. 네가 다른 사람을 맞추었지만, 나를 겨냥했던 것임을." 누가 자기 재산을 바라보며 장차 파산하겠구나 생각하겠습니까? 누가 추방, 궁핍, 장례를 생각이나 했겠습니까? 생각해보라고 충고한다면, 마치 끔찍한 저주를 물리치듯 그런 충고는 정적에게 혹은 때 이른 충고자에게 던져버리라 명령하지 않을 자가 있겠습니까? "나에게 일어나리라고는 생각하지 못했다." 하지만 많은 사람들에게 일어남을 그대는 보았고, 그래서 그대에게도 일어날 가능성이 있음을 알면서도, 그것이 그대에게 일어나리라 생각하지 못했다는 것은 왜입니까? 무대에서 나올 법하지 않은 대단한 시구가 있습니다. "어떤 이에게 일어날 수 있는 일은 누구에게나 일어날 수 있다." 그는 자식을 놓쳤습니다. 그대도 놓칠 수 있습니다. 그는 유죄판결을 받았습니다. 그대도 무고하지만 이런 판결을 받을 수 있습니다. 우리는 절대 당하지 않으리라고 생각하던 일들을 당했을 때, 바로 그 착각이 우리를 속이며 약하게 합니다. 일어나리라고 예견한 사람에게 닥쳐온 불행의 위력은 줄어듭니다.

10 마르키아여! 외부에서 주어져 우리의 주변에 빛나는 모든 것들은, 예를 들면 자식, 관직, 재산, 웅장한 저택, 밖에서 웅성거리며 사랑채를 가득 채운 피호민의 무리, 빛나는 이름, 고귀한 혹은 아름다운 아내 등 모든 것들은 불확실하고 유동적인 운명에 딸려 있는 것으로, 남에게서 잠시 빌려온 장식들에 불과합니다. 이것들 중 어느 것도 증여받은 것은 없습니다. 주인들에게 돌려줄 것들을 함께 모아 무대를 장식한 것뿐입니다. 이것들 중 일부는 첫날, 일부는 둘째 날 반납될 것이며, 소수만이 마지막 날까지 남아 있을 것입니다. 따라서 마치 이것들이 우리의 소유물인 양 우쭐대는 것은 근거 없는 일입니다. 부채로 받아온 것들입니다. 우리는 다만 용익권(用益權)을 가졌으며, 그 기간은 선물을 분배한 재정인이 결정합니다. 정해진 기간 없이 빌린 것들이기에 우리는 준비해두었다가 반환 요청을 받으면 군말 없이 돌려주어야 합니다. 채권자에게 이의를 제기하는 채무자는 극히 비열한 사람입니다. 따라서 우리는 식구 모두를, 출생 순서에 따라 우리보다 오래 살기를 바라는 식구들은 물론, 우리보다 먼저 떠나는 것을 정당하게 소망하는 식구들을 사랑하되, 그들의 영원성은 말할 것도 없고 지속성도 전혀 보장되지 않았음을 알고 사랑해야 합니다. 때로 우리의 영혼을 일깨워야 하는데, 우리는 장차 떠나갈 것을, 아니 벌써 떠나가고 있는 것을 사랑하는 것입니다. 운명에 의해 주어진 것들을 모두 매도인 없는 물건으로 점유하고

있는 것으로 간주하십시오. 자식들로부터 즐거움을 얻으십시오. 그리고 자식들에게도 그대들과의 즐거움을 누리게 허락하십시오. 지체하지 말고 모든 기쁨을 남김없이 즐기십시오. 오늘 저녁으로 미루지 마십시오. 벌써 너무 긴 유예기간을 설정한 것입니다. 아니 한 시간 뒤로도 미루지 마십시오. 서둘러야 합니다. 등 뒤에 바짝 다가왔습니다. 그대의 동반자들은 떠나갈 것입니다. 그대의 전우들은 소리가 울리면 사라져갈 것입니다. 강탈이 만물의 법칙입니다. 추방자의 삶을 의식하지 못하는 그대들은 불행합니다.

그대가 아들의 죽음을 슬퍼한다면, 그 원인은 그가 태어난 순간에 발생했습니다. 죽음은 이미 태어난 순간 선고되었으며, 이 법칙에 따라 그는 태어났고 이 운명은 태중부터 그에게 따라붙었습니다. 운명의 뜻에 따라 정당하든 그렇지 않든 뭐든지 감내하기로 하고, 우리는 비타협적이며 꺾일 수 없는 운명의 왕국에 이르렀습니다. 운명은 우리의 육신을 제멋대로 모욕적이며 잔인하게 남용할 것입니다. 어떤 이는 처벌을 위해서든 치료를 위해서든 불로 지져질 것입니다. 어떤 이는 때로 적들에 의해, 때로 동료 시민들에 의해 결박당할 것입니다. 어떤 이는 요동치는 파도에 알몸으로 던져질 것이며, 파도와 씨름한 그는 모래사장이나 어떤 해안이 아니라 무시무시한 괴수의 뱃속으로 밀어넣어질 것입니다. 어떤 이는 여러 질병에 시달리며 생사를 오갈 것입니다. 자신의 노예들을 돌보지 않는 변덕스럽고 무절제한 주인처럼 운명은 형벌과 시혜를 아무렇게나 남발할 것입니다.

11 삶의 일부 때문에 통곡하는 것은 무슨 의미가 있겠습니까? 삶 전체가 통곡의 대상인데 말입니다. 옛 불행과 작별하기도 전에 새로운 불행이 닥쳐옵니다. 따라서 절제하지 못하는 그대 여인들은 최대한

절제해야 하며, 수많은 슬픔에 대항하여 마음을 다스리는 힘을 갖추어야 합니다. 인간 개인과 인류 전체의 처지를 어찌 망각할 수 있습니까? 그대는 필멸의 인간으로 태어났으며 필멸의 인간을 낳았습니다. 썩어 없어질 몸을 가진 당신이, 많은 이유로 시달렸던 참으로 허약한 체질의 당신이 강하고 영원한 것을 잉태했기를 바랐던 것입니까? 그대의 아들은 죽었습니다. 그대의 아들보다 더 행복하다고 그대가 생각한 자들도 달려갈 그곳으로, 그대의 아들은 떠났습니다. 법정에서 다투고, 극장에서 환호하고, 사원에서 기도를 드리던 군중도 모두 다른 발걸음이지만 그곳으로 갔습니다. 그대가 사랑하는 것들, 그대가 존경하는 것들은 물론이고 그대가 경멸하던 것들도 모두 한 줌의 재로 하나가 되었습니다.……아마도 분명 퓌토의 신탁소에 새겨진 소리도 이것을 말하는 것입니다. "너 자신을 알라!" 인간은 무엇입니까? 아무리 작은 충격에도, 아무리 작은 진동에도 깨지는 그릇입니다. 죽어 없어지는 데 커다란 폭풍은 불필요합니다. 인간은 무엇입니까? 연약하고 부서지기 쉬운, 본성적으로 아무것도 가진 것 없는 무방비의 나신(裸身), 남의 도움이 필요하며, 운명이 주는 온갖 모욕에 노출된 육신, 근육을 잘 단련해도 결국 짐승의 먹잇감이자 사냥감이 되는 존재입니다. 무르고 부드러운 것으로 만들어진 매력적인 외관을 가졌으나, 추위와 더위와 노고에는 약한, 그렇다고 노고를 멈추면 굶어 죽게 되어 자신의 먹거리를 늘 걱정해야 하는 존재인 인간은 식량이 모자라면 모자라서 죽고, 넘치면 넘쳐서 죽습니다. 자신의 몸을 지키려는 근심과 걱정에서 놓여나지 못하며, 갑작스러운 공포 혹은 큰 충격을 가하는 뜻밖의 굉음에 호흡은 불안정해지고 가빠지며, 늘 자기 자신에게 불안을 제공하는 결함투성이의 무익한 존재입니다. 이런 존재가 단 한 번의 호흡정지로 죽음을 맞는 것이 어찌 놀랄 일이겠습니까? 이승을 하직하는 데 무슨 대단한 장치가 있어야 합니까? 냄새, 맛,

피로, 불면, 음료, 음식 등 삶에서 없어서는 안 될 것들이 바로 인간에게는 죽음의 원인입니다. 움직일 때마다 어디서든 곧 자신의 취약점을 알게 되는바, 모든 날씨조건을 견뎌낼 수도 없는 존재, 물을 갈아 마시는 것, 익숙하지 않은 공기를 호흡하는 것 등 사소한 원인과 이유로 질병에 걸릴, 곪고 시들어버릴, 울음으로 인생을 시작한 참으로 나약하고 한심한 존재가 얼마나 대단한 소동을 피우며, 자신의 조건을 망각한 채 얼마나 원대한 생각을 합니까? 불멸과 영원을 생각하며 손자와 손자의 손자에 이르는 포부를 밝힙니다. 먼 계획을 세운 그를 죽음이 옥죌 것입니다. 고령이라고는 하나, 참으로 짧은 시간일 뿐입니다.

12 그대의 슬픔은, 만약 어떤 이유가 있다면, 그대 자신의 불행 때문입니까, 아니면 떠난 아들의 불행 때문입니까? 아들에게서 즐거움을 얻지 못했음이 아들을 떠나보낸 그대를 지금 괴롭히는 것입니까, 아니면 오래 살았다면 그대가 더 많은 즐거움을 얻을 수 있었음이 그러는 것입니까? 만약 아무런 즐거움을 얻지 못했다고 말한다면, 그대의 상실은 견딜 만한 것입니다. 왜냐하면 기쁨과 행복을 주지 못했던 것에 대한 아쉬움은 작기 때문입니다. 반대로 많은 즐거움을 얻었다고 고백한다면, 상실을 한탄할 것이 아니라, 즐거움을 얻었음에 감사하는 것이 옳은 태도입니다. 어린 짐승과 새, 그리고 작은 애완동물을 정성껏 먹이며 보고 만지는 것과 말 못하는 짐승들의 애교에서 즐거움을 얻는 것처럼 자식을 먹이는 부모들에게 양육 자체가 양육의 보상이 아니라면 모를까, 그대는 이미 양육 자체에서 노고의 충분한 보상을 받은 것입니다. 따라서, 이후 자식이 근면함으로 그대에게 아무 도움이 되지 않는다 한들, 자식이 정성으로 그대를 보호하지 못한다 한들, 자식이 현명함으로 그대에게 아무런 조언을 주지 못한다 한들, 그대가 자식을 가졌음과 사

랑했음이 이미 보상입니다. "하지만 좀더 오래 살고, 좀더 장성할 수도 있었다." 하지만 전혀 그럴 수 없었을 때보다는 나은 것입니다. 오래 행복할 수 없음과 전혀 행복할 수 없음 가운데 어느 쪽이 더 나은지 선택하도록 할 경우, 사라질 행복이지만 그래도 그것이 전혀 행복하지 않은 것보다는 나은 것입니다. 잘못 태어나서 숫자와 명목상으로만 아들인 경우, 또는 이와 달리 그대 아들처럼 훌륭한 재능을 타고 태어나 일찍이 철이 들고, 일찍이 효자의 모습을 보이고, 일찍이 장가들어, 일찍이 자식을 보고, 일찍이 모든 해야 할 일들에 열성을 보이고, 일찍이 제관(祭官)을 맡는 등 모든 일을 남들보다 빨리 행한 아들인 경우, 이들 가운데 어느 쪽이 나은 것입니까? 큰 행복을 오래 누리는 것은 대개 불가능하며, 작은 행복이면 모를까, 큰 행복은 오래가지도 끝까지 이어지지도 않는 법입니다. 신들은 그대에게, 금방 완성될 수 있는 그런 아들을 주었으되 오래 누리도록 허락하지는 않았던 것입니다.

그대는 그대가 자식의 기쁨을 누리지 못하도록 신들이 지목한 사람이라고 결코 말할 수 없습니다. 눈을 들어, 아는 사람이든 모르는 사람이든 주변에 가득한 사람들을 보십시오. 그대보다 더한 일을 당한 사람들을 사방에서 보게 될 것입니다. 위대한 지도자들도 그런 일을 겪었고, 장군들도 그러했습니다. 신화는 신들6)도 그러했다고 전하는바, 신들도 겪는다는 사실이 우리 인간들에게 위로가 되지 않을까 싶었던 것입니다. 제 말대로 사방을 둘러보십시오. 불행을 겪었으나 타인의 더 큰 불행을 보고 위안을 찾지 않는 집이 없음을 그대는 알게 될 것입니다. 하늘에 맹세코 저는 어리석게도, 수많은 불행한 사람들을 열거한다면 그대가 불행을 수월하게 견딜 수 있을 사람이라고 생각하는 것은 아닙니다. 많은 사람들이 불행을 겪었음을 언급하는 것은 잔인한 위로이니 말

---

6) 헤라클레스와 디오스쿠로이처럼 반신반인을 가리킨다.

입니다. 그럼에도 몇몇을 제가 언급할 것인데, 이런 일이 사람들에게 종종 일어남을 그대에게 알리려는 뜻이 아니라—죽을 운명의 예를 열거하는 것은 우스운 일이니까요—평온하게 견딤으로써 쓰라림을 달랬던 많은 사람들이 있었음을 그대에게 알리려는 뜻입니다.

가장 행복했던 사람으로부터 시작하겠습니다. 루키우스 술라는 아들을 놓쳤지만, 이 일이 그의 악한 성격, 시민을 적처럼 대하는 잔혹한 성격을 없애지 못했으며, '행운아'라는 별명[7]을 잘못 취한 것은 아니라는 인상을 주었습니다. 그는 아들을 잃었음에도 이런 별호를 취했는바, 저지른 악행에도 불구하고 사람들의 증오를 개의치 않았고, 또 신들에 대한 도발임에도 신들의 시기를 두려워하지 않았으며, 자신을 행운아 술라라고 불렀습니다. 술라가 어떤 사람이었는지는 아직 판단할 일이 아니니, 그냥 넘어가겠습니다. 심지어 그의 정적들도 그가 전쟁을 벌인 것은 잘한 일이라고, 또 무기를 잡은 것은 잘한 일이라고 말하니 말입니다. 여기서 논의하는 문제와 관련하여 명백한 것은, 심지어 가장 행복한 사람도 겪는 일은 최악의 고통은 아니라는 사실입니다.

13 희생제의 중에 아들의 사망 소식을 듣고 피리 연주를 멈추게 하고 머리에서 화관은 벗었지만, 그래도 나머지 제의를 격식대로 마친 희랍의 아비[8]를 지나치게 칭송하지는 마십시오. 우리의 수석 대제관 풀빌루스도 아들의 죽음이 전해졌을 때 문기둥을 잡고[9] 카피톨리움 언덕에서 제사를 지내고 있었습니다. 소식을 듣지 못한 척하고서 울음으로

---

7) 술라는 기원전 81년에 미트리다테스 전투에서 승리하여 개선식을 거행했을 때, 자신의 성공을 신들의 호의에 돌리고서 '행운아'라는 별명을 요청했다.
8) 크세노폰에 관한 이야기. 그의 아들 그륄루스는 기원전 362년에 만티네아에서 기병전 도중 죽었다.
9) 제의의 일부이다.

중단하는 일 없이, 그는 아들의 이름으로 유피테르의 축복을 기원하며 관례대로 수석 대제관의 축문을 읽었습니다. 공동체 제단에서 그리고 신성한 축문 낭독을 중단하지 않은 아비의 비통함이 그 첫날, 그 첫 충격만으로 끝났다고 그대는 생각합니까? 맹세코 그는 역사에 남을 헌정식을 수행할 자격이 있는 사람이었으며, 최고 사제직을 맡을 자격이 있는 사람이었는바, 진노한 신들에게 제사 드리기를 결코 멈추지 않았습니다. 그렇지만 집으로 돌아왔을 때 그는 눈물을 흘리며 목 놓아 통곡했습니다. 하지만 망자를 위해 수행해야 할 것들을 모두 마치고 나자, 그는 다시 카피톨리움 언덕에서 보여주었던 표정으로 돌아왔습니다.

파울루스[10]는 매우 영광스러운 개선식 날에 포로가 된 페르세스 왕을 묶어 마차 앞에 세웠던 인물로, 두 아들[11]을 친구에게 양자로 보냈으며, 자신을 따라 종군했던 다른 두 아들은 전쟁에서 잃었습니다. 양자로 보낸 아들들 가운데 한 명이 스키피오 장군이었다고 하니, 그가 데리고 종군했던 아들들은 과연 어떤 인물이었을 것이라고 그대는 생각합니까? 로마 인민은 애석한 마음으로 파울루스의 텅 빈 마차를 지켜보았습니다.[12] 하지만 파울루스는 대중 앞에서 연설하며 자신의 소망을 이루어준 신들에게 감사를 드렸습니다. 왜냐하면 그는 앞서 만약 장차 거두게 될 위대한 승리가 신들의 질투를 산다면, 그것은 공화국이 아니라 자기 개인이 짊어지게 해달라고 소망했었기 때문입니다. 그의 고결한 마음을 그대는 이해하겠습니까? 그는 자식들을 거두어간 신들에게 감사를 드렸던 것입니다. 인생의 그런 거대한 격변에 흔들리지 않을 사람

---

10) 아이밀리우스 파울루스는 퓌드나에서 마케도니아 왕 페르세스를 물리친 장군이다.
11) 스키피오 가문에 입양된 작은아들은 카르타고의 정복자, 소 스키피오 아프리카누스가 되었고, 큰아들은 파비우스 막시무스에게 입양되었다.
12) 장군의 어린 아들은 보통 개선 마차에 탔다.

이 누가 있겠습니까? 그는 위안을 얻는 동시에 의지할 자식들을 잃었습니다. 그럼에도 불구하고 그는 페르세스 왕에게 슬픈 모습을 보여주지 않았습니다.

14 지금 위대한 사람들의 수많은 사례들을 열거할 필요가 있겠습니까? 이들 대부분이 행복한 사람들인 양, 불행했던 사람들을 따로 찾을 필요가 있겠습니까? 모든 집안의 전 구성원이 마지막까지 온전하며 아무런 풍상을 겪지 않는 경우가 얼마나 되겠습니까? 아무 때나 한 해를 골라 그 해의 정무관을 골라봅시다. 그대가 루키우스 비불루스[13]와 가이우스 카이사르를 고르면 어떻겠습니까? 서로 아주 큰 정적이었던 이들은 함께 정무관직을 수행하며 공통된 운명을 겪었습니다. 용감하기보다는 자애로운 사람이었던 루키우스 비불루스는 두 아들을 한날 한시에 잃었습니다. 어느 이집트 병사에게 조롱을 당하다가 벌어진 일로, 그는 아들들의 죽음 못지않게 그 원인 때문에 눈물을 흘리지 않을 수 없었습니다. 동료 집정관에 대한 증오 때문에 임기 내내 두문불출한 인물이었던 비불루스는, 두 아들의 비보를 들은 바로 다음 날 총독의 일상으로 복귀했습니다.[14] 두 아들의 추모에 단 하루만을 보내는 사람이 과연 있겠습니까? 집정관직을 1년 내내 한탄으로 보낸 사람이 자식들의 애도는 그렇게 빨리 끝내버렸던 것입니다. 가이우스 카이사르는 행운을 가로막는 브리타니아 해협을 건넜을 때, 국가의 명운을 자신과 함께 짊어진 딸[15]의 사망 소식을 들었습니다. 그때 카이사르의 눈앞에

---

13) 정확하게는 마르쿠스 칼푸르니우스 비불루스. 기원전 59년에 카이사르와 공동 집정관이었다.
14) 비불루스는 기원전 51-50년에 쉬리아 총독이었다.
15) 폼페이우스와 결혼한 딸 율리아.

는 그나이우스 폼페이우스가 떠올랐습니다. 폼페이우스는 공화국 내에서 다른 누군가가 막강한 권력을 장악하는 일을 좌시하지 않을 것이며, 권력을 함께 키워왔음에도 불구하고 자신의 권력 신장을 위태롭게 생각하여 이를 곧 제지하려 들 것이라고 카이사르는 생각했던 것입니다. 그래서 카이사르는 궂은 소식에도 불구하고 사흘 후 군사령관 임무를 다시 시작했으며, 다른 모든 것들에서와 마찬가지로 빨리 슬픔을 이겨냈습니다.

15 다른 카이사르들이 겪었던 자식의 죽음을 그대에게 말해서 무엇 하겠습니까? 운명은 그들을 침범했으며, 신들의 자식이며 신들의 아비라고 일컬어지는 그들도, 남의 운명은 몰라도 자신의 운명은 어찌할 수 없음을 보임으로써 인류에게 이바지하는 본보기가 되었습니다. 신황 아우구스투스는 자식들과 손자들을 잃었을 때, 그리하여 카이사르의 집안에 대가 끊겼을 때, 입양을 통해 집안의 대를 이었습니다. 그는 용감하게 견뎌냈습니다. 신들에게 불평하지 않는 것을 중요하게 여기는 사람 본인이 그런 일을 당했을 때처럼 용감하게 말입니다. 티베리우스 카이사르는 낳은 아들과 입양한 아들16)을 놓쳤습니다. 그럼에도 불구하고 그는 연단에 올라 아들17)에 대한 애도 연설을 했으며, 로마 인민들은 통곡했지만—물론 대제관이 직접 시신을 보지 못하도록 수의로 덮어놓기는 했지만—시신을 바라보고 서 있었으면서도 표정에 변화가 없었습니다. 그는 자기 옆에 서 있는 세야누스에게, 자신이 얼마나 가족의 죽음을 잘 견뎌낼 수 있는가를 보여주었습니다.

그대는 알고 있습니까? 모든 것을 때려눕히는 이런 운명을 피하지 못

---

16) 그의 조카 게르마니쿠스.
17) 세야누스가 독살한 드루수스.

한 위대한 사람들이 얼마나 많습니까? 정신적으로 탁월했으며, 공적으로나 사적으로 훌륭한 업적을 쌓았는데도 말입니다. 분명 운명의 폭풍은 세상을 돌아다니며 가리지 않고 모든 것을 황폐화시키며, 모든 것을 자기 것처럼 다룹니다. 모두에게 자신을 돌아보라 하십시오. 누구도 운명을 피해 태어난 사람은 없습니다.

16 그대가 뭐라고 말할지 나는 알고 있습니다. "당신은 여인을 위로하고 있다는 것을 망각했다. 남자들의 예만을 들고 있다." 하지만 자연이 여인들에게 재능을 부여하는 데에서 악의적이고, 덕성을 부여하는 데에서 인색했다고 말할 사람이 누가 있겠습니까? 제 말을 믿으십시오. 여인도 열정에서는 남성과 동등하며, 만약 원하기만 하면 훌륭함을 향한 능력도 동등하게 갖추고 있으며, 만약 익숙해지기만 하면 고통과 노고를 동등하게 견뎌냅니다. 선한 신들이여, 저희가 어느 나라를 두고 하는 말이겠습니까? 루크레티아와 브루투스[18]가 왕을 로마의 수장자리에서 축출한 로마에서 그렇다는 말입니다. 우리는 브루투스에게 빚을 졌는바, 루크레티아의 덕분입니다. 또 적과 강을 두려워하지 않는 놀라운 과감함을 가진 클로엘리아[19]를 사내대장부처럼 생각하는 나라에서 그렇다는 말입니다. 클로엘리아의 기마상은 사람들이 붐비는 신성 가도에 서서, 안락의자를 타고 다니는 우리의 청년들에게, 그들이 여성들에게도 말을 선물한 나라에 들어서고 있음을 말해줍니다. 자신의 가족의 죽음을 용감하게 견뎌낸 여인들의 예를 열거하기를 원한다면, 일일이 찾아다닐 것도 없습니다. 한 집안의 두 코르넬리아를 제시하겠습니다. 한 명은 스키피오의 딸이자, 그락쿠스 형제의 어머니입니다. 그녀는 자

---

18) 루크레티아가 당한 모욕에 브루투스가 분개하여 왕을 축출했다.
19) 티베리스 강을 건너서 에트루리아인들로부터 도망친 초기 로마 여장부.

신이 12명의 자식을 두었음을, 같은 수의 장례식으로 재확인했습니다. 국가가 그들이 태어난 줄도 죽은 줄도 몰랐던 다른 자식들에 관해서는 생략하더라도, 티베리우스 그락쿠스와 가이우스 그락쿠스가— 이들이 훌륭한 사람들이었음을 부정하는 사람도 이들이 대단한 인물이었음을 부정하지는 못할 것입니다— 살해되어 게다가 매장조차 되지 못한 것을 그녀는 보았습니다. 위로하며 가엾다고 말하는 사람들에게 그녀는 말했습니다. "나는 결코 내가 불행하다고 말하지 않을 것이다. 그락쿠스 형제를 낳았기 때문이다." 리비우스 드루수스의 아내가 된 또 한 명의 코르넬리아는 빛나는 재능을 가진 훌륭한 아들[20]을 잃었는바, 그락쿠스 형제들의 발자취를 따르던 청년은 법률안 청원을 마무리 짓지 못하고 자택에서 살해되었으며, 암살을 사주한 자는 밝혀지지 않았습니다. 아들이 법률안을 제출할 때 그랬던 것처럼, 참으로 용감하게 어머니는 아들의 쓰라리고 원통한 죽음을 견뎌냈습니다. 마르키아여, 스피키오 집안과 스피키오 집안의 어머니들과 딸들에게, 그리고 카이사르 집안에 창날을 겨누었던 운명이 그대에게 창을 거두지 않았다고 해서 그대는 이제 운명과 화해하지 않을 것입니까?

삶은 온갖 고단한 시련으로 가득합니다. 누구도 시련이 없는 오랜 평화를 누리지 못합니다. 휴전도 거의 불가능합니다. 마르키아여! 그대는 네 명의 자식을 낳았습니다. 사람들은 밀집대형을 향해 날아간 화살은 헛되이 떨어지는 법이 없다고 말합니다. 많은 아들을 키우다 보면, 운명의 시샘 혹은 손실이 있을 수밖에 없음은 당연하지 않습니까? "하지만 아들들만 골라 빼앗았기 때문에 운명은 나에게는 더욱 불공정하다." 그러나 자신보다 강력한 사람과 동등하게 나눈 것을 결코 불공정하다고 할 수는 없습니다. 운명은 두 딸 그리고 이들에게서 얻은 손자들은 남겨

---

20) 마르쿠스 리비우스 드루수스.

두었습니다. 먼저 죽은 아들의 슬픔을 잊었을 때 또 아들을 잃어 그대가 대단히 크게 슬퍼하기는 했지만, 운명은 송두리째 앗아가지는 않았습니다. 그대는 그 아들에게서 두 명의 손녀딸들을 얻었는바, 이런 운명을 받아들이지 못한다면 큰 짐이 되겠지만, 받아들인다면 큰 위로가 될 아이들입니다. 그러니 그대는 손녀딸들을 보며 슬픔이 아니라 아들을 회상할 수 있도록 애쓰십시오. 농부는 폭풍 때문에 나무가 뿌리째 뽑히거나 혹은 갑작스러운 돌풍 때문에 나뭇가지가 부러졌을 때, 나무의 나머지 부분을 잘 돌보고, 나무가 뽑힌 자리에는 즉시 씨앗을 뿌리거나 묘목을 옮겨 심는 법입니다. 그러면 순식간에—피해뿐만 아니라 회복도 순식간입니다—나무는 뽑힌 것들보다 훌륭하게 자라납니다. 그대의 아들 메틸루스의 두 딸로 아들의 빈자리를 채우며, 두 개의 위로로 하나의 손실을 덜어내십시오. 놓친 것에 무엇보다 큰 애착을 보이는 것이 인간의 본성입니다. 우리는 놓친 것들이 아쉬워서 남은 것들을 소홀히 합니다. 하지만 운명이 잔혹할 때조차 그대를 매우 아꼈음을 그대가 알고자 한다면, 그대는 위로 이상을 가지고 있음을 알게 될 것입니다. 손자들을 돌아보십시오. 그리고 두 딸도. 마르키아여, 이렇게 말하도록 하십시오. "운명이 성품에 따라 정해져 선한 이들에게 결코 불행이 따르지 않는 것이라면, 나는 분노했을 것이다. 하지만 이제 나는 안다. 선한 이들에게든 악한 이들에게든 무차별적으로 불행이 닥친다는 것을 말이다."

17 "어엿한 청년으로 키워 어미와 아비에게 지지자이자 자랑거리였던 아이를 잃는 것은 힘겨운 일이다." 누가 힘겨운 일임을 부정하겠습니까? 하지만 그것이 인간의 운명입니다. 잃고 죽고, 희망하고 두려워하고, 타인들은 물론 자신을 괴롭히고, 죽음을 두려워하고 죽기를 바라고, 가장 끔찍한 일이지만, 어떤 처지에 놓여 있는지 전혀 알지 못

할 운명으로 그대는 태어났습니다.

쉬라쿠사이를 찾아가려는 사람에게 누군가 말했습니다. "당신의 여행이 앞으로 가져올 모든 불편한 것들, 모든 즐거운 것들을 사전에 알아야 한다. 그러고 나서 배를 타라! 당신이 놀랄 만한 것들은 이런 것들이다. 우선 당신이 보게 될 것은 시킬리아 섬인데, 지금은 이탈리아 본토와 좁은 해협으로 나뉘어 있지만, 과거에는 본토와 연결되어 있었음이 분명하다. 갑자기 바다가 들이닥쳐 '저녁 땅과 시킬리아를 잘랐다.'[21] 다음으로 당신이 보게 될 것은— 어쩌면 당신이 탐욕스러운 소용돌이 바다를 보게 될 수도 있어 말하는데— 유명한 카립디스이다. 남풍이 불지 않는 동안에는 조용하지만, 남쪽에서 거친 바람이 불어오면 큰 입을 벌려 배들을 바다 깊숙이 빨아들인다. 또 당신은 수많은 노래로 칭송받는 아레투사 샘물을 보게 될 것이다. 바닥이 보일 정도로 맑고 투명하며 얼음처럼 차가운 물이 솟아나는 샘이다. 아레투사가 이러한 샘물을 애초부터 그곳에서 쏟아내는지, 아니면 대지 아래로 흘러들어 바닷물과 섞이지 않고 대양을 관통한 샘물을 혼탁한 물과 섞이지 않게 간직하다가 그곳에서 쏟아내는지는 알 수 없다. 또 당신은 자연이 선단을 보호하기 위해 만든 것이든 아니면 인공적으로 조성된 것이든 어떤 항구보다 평화로운 항구를,[22] 제아무리 큰 폭풍의 광기일지라도 감히 범접하지 못할 항구를 보게 될 것이다. 당신은 아테네 해군이 침몰한 곳을, 한없이 높은 바위 절벽이 높게 버티고 선, 수천 명의 포로를 가두고 있는 천연의 감옥[23]을 보게 될 것이다. 거대한 도시국가와 수많은 도시들을 품고도 남을 넓은 그 영토, 온화하며 하루라도 햇빛이 비추지 않는 날이

---

21) 베르길리우스, 『아이네이스』 제3권 418행(김남우 역, 열린책들, 2013).
22) 쉬라쿠사이의 대항구.
23) 쉬라쿠사이 근처에 있는 채석장을 가리키며 감옥으로 쓰였다.

없는 겨울을 보게 될 것이다. 당신이 이런 모든 것들을 체험했을 때, 힘겹고 해로운 여름이 겨울의 혜택을 잊게 할 것이다. 독재자, 자유와 정의와 법의 파괴자, 디오뉘시오스가 나타날 것이다. 플라톤이 떠난 이후에도 권력에 욕심을 부렸으며 추방령에도 불구하고 삶에 집착했던 인물을 말이다.[24] 그는 사람들을 화형에 처할 것이고, 태형에 처할 것이고, 작은 죄에도 참수할 것이다. 욕망을 채우기 위해 그는 남녀를 불러들일 것이고, 무절제한 왕궁의 추악한 무리와 어울리며, 한번에 두 명과 성교하는 것은 아무것도 아닌 일이 될 것이다. 당신은 무엇이 당신을 부르게 될지, 무엇이 당신을 놀라게 할지를 들었다. 따라서 이제 배를 타든지 아니면 여기 머물러 있으라!" 이런 설명을 듣고도 그가 쉬라쿠사이를 방문하고 싶다고 말했다면, 따라서 충동적으로 그런 것이 아니라 사전에 알고 심사숙고한 후에 방문한 것이므로, 자기 자신 말고 다른 누구를 정당하게 원망할 수 있겠습니까?

자연은 우리 모두에게 말합니다. "나는 누구도 속이지 않았다. 네가 만약 아들들을 낳았다면 잘생긴 아들일 수도 있고 못생긴 아들일 수도 있다. 어쩌면 아들들을 많이 낳을 수도 있을 것이고, 그 가운데 조국을 배신하는 아들이 있을 수도, 조국을 구하는 아들이 있을 수도 있다. 누구도 네게 감히 함부로 말하지 못할 정도로 대단한 위엄을 갖춘 아들들을 두지 못할 이유도 없다. 물론 대단히 파렴치한 아들들을 두어 너를 욕 먹일 수도 있음을 명심하라. 아들들이 너의 장례식을 성대히 치르고 너를 기리는 것을 아무도 금하지 않는다. 하지만 네가 어린 아들이든, 장년의 자식이든, 다 늙은 자식이든 그를 화장할 수도 있음을 각오하라. 나이가 얼마인지는 전혀 중요하지 않다. 부모에게 잔인한 장례식이 없

---

24) 디오뉘시오스는 기원전 344년 티몰레온에 의해 쉬라쿠사이에서 쫓겨난 후, 코린토스에서 방종한 삶을 살았다고 전해진다.

지는 않다." 이렇게 제정된 법에 따라 그대가 자식들을 낳았다면, 그대는 신들에 대한 모든 원망을 버려야 합니다. 신들은 그대에게 아무런 확약도 하지 않았습니다.

18 그러면 이제 이러한 비유를 인생의 초입에 적용해봅시다. 쉬라쿠사이를 방문할까 고민하는 그대에게 제가 무엇이 즐거울 수 있으며, 무엇이 고통스러울 수 있을지 모든 것을 설명했듯, 이번에는 곧 세상에 태어나려는 그대에게 제가 조언한다고 생각해봅시다. "너는 신들과 인간이 함께 이룩한 도시에 이제 곧 태어날 것이다. 모든 것을 포용하는, 확고하고 영원한 법률을 따르는, 천상의 임무를 불철주야 수행하는 도시에 말이다. 너는 그곳에서 별들이 무수히 빛나는 것을, 모든 것을 채우는 태양이 매일의 운행을 통해 밤과 낮을 구별하고, 일 년의 운행을 통해 계절을 여름과 겨울로 나누는 것을 볼 것이다. 너는 달의 야간운행을 볼 것인데, 달은 오빠에게서 약하고 온화한 빛을 빌려 빛나며, 때로 완전히 숨기도 하고 때로 전체를 온 누리에 보여주기도 하며, 계속 변하여 커지기도 작아지기도 하여 언제나 전날 밤과 다른 모습을 띤다. 너는 빠르게 운행하는 지구와 반대로 움직이면서 밝게 빛나는, 서로 다른 길을 운행하는 다섯 별[25]을 볼 것이다. 이들의 미세한 움직임에 만백성들의 운명이 달려 있으며, 큰 일이든 작은 일이든 별들이 길한 자리에 있느냐 흉한 자리에 있느냐에 따라 결정된다. 너는 솟아오르는 구름, 떨어지는 빗물, 예측불허의 번개와 천둥에 놀랄 것이다. 하늘의 구경거리를 실컷 보고 나서 땅으로 눈을 돌리면 세상의 다른 모습들이, 다른 놀라운 것들이 너를 사로잡을 것이다. 여기에는 무한히 뻗어 있는 넓은 광대한 평원, 저기에는 만년설로 덮인 웅장한 봉우리들이 하늘을 향해

─────────
25) 수성, 금성, 화성, 목성, 토성을 가리킨다.

솟구쳐오른 고산준령, 같은 수원지에서 발원하여 동서로 갈라져 흘러내리는 하천과 급류, 산꼭대기까지 가득 들어찬 나무, 짐승들과 새들의 합창이 울려퍼지는 숲을 볼 것이다. 도시들은 저마다 다른 지세를 가지고 있으며, 또 지리적으로 접근이 어려워 고립된 민족들이 있는데 어떤 민족은 높은 산에 숨어 살며, 어떤 민족은 강과 호수와 계곡에 둘러싸여 은거한다. 가꾸고 일군 농지가 있고 경작자 없이 마구잡이로 자라는 숲이 있다. 초원을 유유히 굽이치는 강줄기, 아름다운 만, 포구를 만들며 안으로 물러선 해안선, 넓은 바다에 흩뿌려진 섬, 이런 섬들로 나뉜 바다가 있다. 빛나는 돌들과 보석들, 흘러가는 급류를 따라 모래와 함께 흘러가는 금, 대지 한가운데와 바다 한가운데서 뿜어나오는 화염, 대지를 둘러싼 대양, 거칠게 파도치며 종족들을 갈라놓는 세 개의 바다들[26]은 어떠한가? 너는 여기서 바람도 없이 크게 파도를 일으켜 파도 속에서 헤엄치는, 육지 생물을 능가하는 몸집을 가진 거대한 동물들을 보게 될 것이다. 어떤 것은 무거운 몸을 움직여 다른 동료를 뒤따르고, 어떤 것은 빠르게 움직여 달리는 배들보다 빠르고, 어떤 것은 바닷물을 빨아들였다가 토해서 지나가는 배들을 위협한다. 너는 여기서 미지의 땅을 찾아 떠나는 배들을 볼 것이다. 너는 인간의 무모함에 도전받지 않은 것이라고는 아무것도 없음을 알게 될 것이고, 그런 도전의 목격자가 될 것이며, 너 자신 역시 도전의 큰 부분이 될 것이다. 너는 여러 기술을 배우고 가르칠 것인바, 일부는 삶을 유지하는 기술이며, 일부는 삶을 장식하는 기술이며, 일부는 삶을 규율하는 기술이다. 하지만 이곳에는 몸과 마음을 좀먹는 수많은 역병이 있을 것이며, 전쟁, 약탈, 독약, 난파, 악천후, 신체적 허약, 아끼는 이들의 사망, 안락한 최후일지 형벌에 의한 고통스러운 최후일지 알 수 없는 죽음이 있을 것이다. 심사숙고하고

26) 페르시아 만과 홍해와 지중해를 가리킨다.

어떻게 할지 결정해라. 너는 이런 것들이 있는 곳에 가게 될 것이고 이런 것을 겪고서야 벗어나게 될 것이다." 그대는 가겠다고 대답할 것입니다. 가지 않겠다고 대답할 것입니까? 하긴 제 생각에, 그대는 무엇인가를 빼앗겨 아픔을 느끼게 될 곳에는 가지 않을지도 모를 일입니다. 주어진 조건에 따라 살아가야 합니다. 그대는 말합니다. "아무도 우리에게 그것을 가르쳐주지 않았다." 부모님들은 우리에 관해 그렇게 될 것임을 알고 있었고, 그런 삶의 조건을 알고 우리를 낳은 것입니다.

19 그러나 위로로 돌아와, 우리는 우선 무엇을 주목해야 할지, 그리고 어떻게 위로해야 할지를 살펴봅시다. 슬픔에 빠진 사람을 흔드는 것은 사랑했던 사람에 대한 그리움입니다. 하지만 그리움 자체는 견딜 만한 것임이 분명합니다. 부재중이거나 멀리 떨어져서 살아가는 사람들의 경우에는 우리는 슬퍼하지 않습니다. 그들과 만나고 그들을 보는 것이 불가능하더라도 말입니다. 그렇다면 우리를 괴롭히는 것은 우리의 생각이며, 우리가 생각하는 정도만큼 악의 크기도 정해집니다. 따라서 치료는 우리에게 달려 있습니다. 망자들을 부재자로 생각하여 우리 자신을 속입시다. 우리는 그들을 멀리 떠나보냈으며, 이는 곧 우리도 따라갈 마음으로 앞서 보낸 것입니다. 그리고 슬픔에 빠진 사람을 흔드는 것으로는 이것도 있습니다. "나를 지켜줄 사람, 나를 멸시로부터 막아줄 사람이 없을 것이다." 위로의 말이 아닌 것처럼 보이지만 진실을 말하자면, 우리 나라에서는 무자식 상태가 오히려 인기를 얻고 있으며, 노년을 괴롭히는 고독이 오늘날 널리 유행하며, 심지어 거짓으로 자식들을 싫어하는 척하고 자식을 내치며 억지로 무자식 상태를 만듭니다.[27]

27) 결혼하지 않았거나 자식이 없는 사람들에게서 유산을 얻기 위해 그들을 끊임없이 쫓아다니는 사람들이 있었다.

그대가 무슨 말을 할지 저는 알고 있습니다. "나는 내가 입은 손실 때문에 흔들리는 것이 아니다. 자식을 마치 노예를 잃은 것처럼 여기고, 아들 말고 다른 무엇을 돌아볼 시간이 있는 사람은 위로받을 자격이 없는 사람이다." 그렇다면 마르키아여, 그대를 흔드는 것은 무엇입니까? 그대의 아들이 죽었기 때문입니까? 아니면 오래 살지 못했기 때문입니까? 죽었기 때문이라면 그대는 내내 슬퍼해야 했을 것입니다. 그대는 그가 죽을 운명의 인간임을 알고 있었으니 말입니다. 망자는 어떤 악도 겪지 않음을, 망자를 불행하다고 생각하게 하는 것들은 모두 허구임을, 망자를 위협하는 어둠도 감옥도, 불의 강은 물론 망각의 강도, 법정도 피고도, 죽어서도 자유재량을 남발하는 심판관들도 없음을 유념하십시오. 시인들이 이런 것들로 농간을 부린 것이며, 거짓된 두려움으로 우리를 괴롭힌 것입니다. 죽음은 모든 고통의 해소이고 끝인바, 그 너머로는 우리가 당한 악은 넘어오지 않고, 죽음은 우리를 우리가 태어나기 이전에 누리던 평온 상태로 돌려놓습니다. 죽은 이들을 슬퍼하는 사람이라면 태어나지 않은 이들도 슬퍼해야 할 것입니다. 죽음 자체는 선도 악도 아닙니다. 존재하는 것만이 선하거나 악할 수 있기 때문입니다. 하지만 그 자체가 무이며, 모든 것을 무로 돌려놓는 것은 행운도 불행도 우리에게 주지 않습니다. 선과 악은 물질적 존재에 있기 때문입니다. 운명은 자연이 자연 밖으로 내친 것을 좌지우지할 수 없으며, 따라서 존재하지 않는 것이 불행할 수는 없습니다. 그대의 아들은 운명의 노복으로 살아야 하는 울타리를 벗어났습니다. 크고 영원한 평화가 그를 데리고 있습니다. 가난에 대한 두려움을, 재산에 대한 염려를, 쾌락으로 영혼을 이끄는 욕망의 부추김을 벗어났습니다. 타인의 행복을 질투하지도 타인이 그의 행복을 질투하지도 않으며, 수줍은 귀에 험담과 욕설을 담지 않아도 됩니다. 공적으로든 사적으로든 파산을 지켜보지 않으며, 영원한 확신을 품지 못한 미래에 대한 걱정으로 흔들리지도 않습니다. 그를 창백하게 만들, 그를 두렵게 할 어떤 것도 존재하지 않는 곳에 그는 마침내 도달했습니다.

20 자신의 불행에 무지한 자들이여! 너희는 죽음을 자연 최고의 발명이라고 칭송하지도 않으며 죽음을 기대하지도 않는구나! 죽음이 행복을 담고 있으며, 혹은 재앙을 막아주며, 혹은 노년의 지루함과 피로를 멈추어주며, 혹은 한창 나이의 청년을 꽃다울 때 데려가며, 혹은 험악한 계단에 들어서기 전에 소년을 다시 불러가며, 혹은 모두에게 마지막이며, 많은 이들에게 치유이며, 일부에게는 소망인바, 청하기도 전에 찾아오는 더없이 좋은 일임을 모르는 무지한 이들이여! 죽음은 주인의 반대에도 불구하고 노예를 해방합니다. 죽음은 포로들을 족쇄에서 풀어줍니다. 죽음은 무자비한 권력이 떠나는 것을 금지했던 사람들을 데리고 나갑니다. 죽음은 추방당하여 늘 고향을 생각하며 바라보는 사람들에게, 어느 하늘 아래에 묻히느냐는 중요하지 않다는 것을 가르칩니다. 운명이 공동 재산을 불공평하게 분배했던 것을, 동등하게 태어난 사람들이 지배자와 피지배자로 갈렸던 것을 죽음은 모두 평등하게 돌려놓습니다. 죽음은 그 이후에는 누구도 타인의 뜻에 따라 움직이지 않게 되는 것입니다. 죽음은 그 이후에는 누구도 자신을 부끄럽게 생각하지 않는 것입니다. 죽음은 누구에게도 닫혀 있지 않은 것입니다. 마르키아여! 죽음은 그대의 부친이 원했던 것입니다. 저는 주장하거니와, 죽음은 그것 덕분에 출생이 형벌이 아닐 수 있는 것이며, 그것 덕분에 온갖 시련의 위협 앞에서도 굴복하지 않을 수 있는 것이며, 그것 덕분에 제정신을 유지하며 스스로를 다스릴 수 있게 되는 것입니다. 따라서 저는 호소할 데를 가지게 되었습니다. 저는 단일한 종류가 아닌 각양각색으로 창

안된 고문방식을 압니다. 어떤 이들은 사람들을 거꾸로 매달아놓고, 어떤 이들은 사람들의 항문에 말뚝을 박으며, 어떤 이들은 사람들의 팔을 십자가에 벌려놓았습니다. 저는 형틀과 채찍을 알고 있으며, 각각의 사지와 관절에 적합한 고문기계들을 알고 있습니다. 하지만 저는 죽음도 알고 있습니다. 여기에 잔인한 적들이 있으며, 무도한 시민들이 있습니다. 하지만, 여기에는 죽음도 있습니다. 통치자에게 신물이 날 때 한 걸음만 내디뎌 자유를 얻을 수 있다면 굴종은 힘겨운 일이 아닙니다. 삶이여, 네가 내게 소중한 것은 죽음의 혜택 덕분이다!

생각해보십시오. 많은 이들에게 오래 사는 것이 고통이 될 때 시의적절한 죽음은 얼마나 큰 축복입니까! 제국의 자랑이자 기둥이었던 그나이우스 폼페이우스가 네아폴리스에서 건강 때문에 세상을 떠났다면, 그는 분명 로마 인민의 원수(元首)로서 세상을 떠났을 것입니다. 하지만 짧은 순간의 연명이 그를 최정상에서 내몰았습니다. 그는 제 눈으로 병사들이 죽어가는 것을, 로마 원로원이 최전방에 섰던 전투에서—이 전투에서 살아남은 자들[28]은 얼마나 불행한가—총사령관인 자신이 살아남은 것을 보았습니다. 그는 이집트 처형인을 보았으며, 승자들도 경건하게 여겼을 그의 시신이 하인들에게 맡겨졌습니다.[29] 물론 살아 있었어도 살아 있음을 후회했을 테지만 말입니다. 폼페이우스에게 왕의 자비로 목숨을 부지하는 것만큼 창피한 일은 무엇이었겠습니까? 마르쿠스 키케로도 국가와 그를 노렸던 카틸리나의 단검을 피하던 바로 그때에 죽었더라면, 조국을 해방한 이후, 죽은 딸[30]을 조국의 해방자로서

---

28) 기원전 48년 파르살루스 전투에서 살아남은 폼페이우스는 카이사르가 로마 세계 패권을 차지하는 모습을 살아서 보았다.
29) 폼페이우스가 이집트에 왔을 때, 이집트 왕의 부하에게 살해당했다.
30) 기원전 45년에 죽은 툴리아.

따라갔더라면, 참으로 행복하게 삶을 마감할 수 있었을 것입니다. 그랬다면 시민의 목숨을 노려 뽑아든 단도들을, 살인자들에 의해 피살자들의 재산이 쪼개지는 것을, 게다가 피살자들이 자기들 재산 때문에 죽는 것을 보지 않았을 것입니다. 집정관들의 전리품을 경매하려 꽂아놓은 창을, 공적으로 자행된 청부살인을, 강도질과 전쟁과 강탈을, 저토록 많은 카틸리나들을 보지 않았을 것입니다. 마르쿠스 카토가 왕31)의 유언 집행인 역할을 마치고 퀴프로스에서 돌아오던 길에 바다에서 내전의 군자금으로 쓸 요량으로 지참했던 돈과 함께 목숨을 잃었다면, 그것은 그에게 행운이 되지 않았겠습니까? 그랬다면 분명 그는 자기의 눈앞에서 범죄를 감행하려는 자들을 보지 않았을 것입니다. 몇 년의 연명 때문에, 자신과 국가의 자유를 위해 태어난 사내는 카이사르를 피해 어쩔 수 없이 폼페이우스를 따랐습니다.

따라서 때 이른 죽음이 그대의 아들에게도 전혀 불행이 아닙니다. 그는 온갖 불행의 감수를 면한 것입니다.

21 "하지만 오래 살지 못하고 때 이르게 떠났다." 그러면 먼저 그가 아직 살아 있다고 합시다. 인간에게 최대한 얼마만큼의 시간이 허락될지 생각해보십시오. 얼마의 시간이겠습니까? 아주 짧은 생을 살도록 태어난 우리는 곧 들이닥칠 이에게 서둘러 자리를 내주어야 한다고 생각하며, 여기 소란스러운 여인숙을 바라보고 있습니다. 놀라울 정도로 빨리 지나가는 우리의 수명에 관해 제가 말해야겠습니까? 도시의 수명을 생각해보십시오. 오랜 역사를 자랑하던 나라들도 오래 존립하지는 못했음을 알게 될 것입니다. 인간의 모든 일은 짧은 순간에 사라져버

---

31) 카토가 기원전 58년에 퀴프로스를 합병하려고 도착하자마자 자살한 프톨레마이오스 왕.

리며 영원의 한 부분도 가지지 못합니다. 나라들과 백성들과 강들과 바다로 둘러싸인 대지는 우주에 비하면 한낱 점에 불과합니다. 우리의 삶은 시간 전체와 비교할 때 작은 점에도 미치지 못합니다. 시간 전체의 크기는 우주 전체의 크기를 능가하는바, 우주의 여러 번 되풀이되는 운행32)은 시간 안에서 일어납니다. 따라서 얼마가 되었든 시간이 늘어났다고 해도 무와 다를 바가 없는 것이라면, 수명이 늘어난들 무엇이 대단하겠습니까? 우리가 오래 사는 단 하나의 방법이 있다면, 그것은 충분히 사는 것입니다. 그대는 저에게 역사에 남을 만큼 장수하며 110세까지 살았던 사람들을 언급할 것입니다. 하지만 영원한 시간을 머리에 떠올리고, 어떤 사람이 살았던 시간과 살지 못한 시간을 비교한다면, 아주 짧은 수명과 아주 긴 수명의 차이는 없습니다. 다음으로 그대의 아들은 때 이르게 죽은 것이 아닙니다. 그는 그가 살아야 하는 만큼을 살았으며, 그가 살지 못하고 남긴 시간은 없습니다. 노령은 인간들 모두에게 동일한 것은 아니며, 동물들에게도 마찬가지입니다. 어떤 동물은 14년 만에 벌써 노령이며, 인간에게는 아직 초년에 불과한 이 시간이 그 동물에게는 가장 긴 수명입니다. 저마다 사는 능력은 다릅니다. 누구도 너무 일찍 죽지 않습니다. 자신이 살았던 것보다 오래 살 수 있는 사람은 없습니다. 저마다 날이 정해져 있습니다. 정해진 날은 언제나 변함이 없으며 열심 혹은 영향력으로도 그 날을 뒤로 미룰 수는 없습니다. 그대의 아들은 정해진 것에 따라 세상을 떠났다고 생각하십시오. 그는 자신의 날을 짊어졌으며 "정해진 수명의 결승점을 통과했던"33) 것입니다. 그러므로 "더 오래 살 수도 있었는데"라고 하며 그대가 자신을 괴롭힐 아무

---

32) 스토아 학파의 '대화재'를 언급하는 것으로, 우주는 주기적으로 대화재에 의해 파괴되었다가 다시 생겨난다고 한다.

33) 베르길리우스, 『아이네이스』 제10권 472행(김남우 역, 미출간).

런 이유가 없습니다. 그의 삶이 중간에 멈춘 것도 아니며 불행이 삶에 끼어든 것도 결코 아닙니다. 저마다 약속된 것이 이루어진 것입니다. 운명은 제 갈 길을 갔을 뿐, 무엇도 보태지 않았고 약속한 것에서 무엇도 덜어내지 않았습니다. 애원 혹은 노력은 헛된 일입니다. 각자는 생의 첫날 그에게 주어진 수명을 가질 것입니다. 그는 세상 빛을 처음 본 날부터 죽음의 여정에 들어섰으며, 운명에 점점 더 가까이 가고 있었던 것입니다. 청년기를 보내던 햇수만큼 수명이 줄어들고 있었던 것입니다. 이 점에서 우리 모두가 잘못 알고 있는 것은, 노년 혹은 기울어진 사람들만이 죽음에 다가가고 있다고 믿는 것입니다. 하지만 갓난아이도, 소년도, 모든 연령대에서 우리는 이미 죽음으로 가고 있습니다. 운명은 주어진 임무를 행합니다. 우리가 죽음을 알아차리지 못하도록, 죽음이 더욱 쉽게 우리에게 잠입할 수 있도록, 죽음을 삶이라는 이름으로 숨겨놓았습니다. 유년은 소년이 되고, 소년은 청년이 되며, 청년은 노년이 됩니다. 삶을 보태는 일은, 찬찬히 따져보면 삶을 잃는 일입니다.

22 마르키아여, 그대는 그대의 아들이 살 수 있던 것만큼 오래 살지 못했다고 한탄하는 것입니까? 오래 사는 것이 이익이 되는지 아니면 이렇게 죽는 것이 도움이 되는지 그대는 어떻게 알 수 있습니까? 하지만 그대는 오늘날, 앞으로 아무것도 두려워할 필요가 없을 만큼 이렇게 확고부동하고 안정된 여건을 가진 다른 누군가를 찾을 수 있겠습니까? 인간사는 흔들리고 유동적이며, 인생에서 가장 행복할 때만큼 위태롭고 유약한 순간도 없습니다. 따라서 사람들은 가장 행복할 때의 죽음을 희망해야 합니다. 엄청나게 불안정하고 혼란스러운 상황에서 지나간 과거야말로 더없이 확실한 것이기 때문입니다. 누가 그대에게 보장하겠습니까? 그대의 아들의 더없이 아름다운 육체, 사치스러운 도시의

시선들 가운데 염치라는 최고의 보호로 지켜진 육체가 모든 질병을 피하여 노년에 이르기까지 훼손되지 않고 아름다운 명예를 지켜낼 수 있다고 누가 보장하겠습니까? 수천 가지 정신적인 몰락을 생각해보십시오. 어릴 적에 기대를 품게 했던 똑바른 재능들은 노년까지 이어지지 않으며 대개 소멸합니다. 혹은 늦은, 그래서 더욱 지독한 사치는 초년의 아름다움을 공격하여 차츰 망가뜨리기 시작하며, 혹은 그들은 전적으로 술집에 드러누워 위장에 복종하며 무엇을 먹을까, 무엇을 마실까 등을 가장 중요한 걱정거리로 삼습니다. 덧붙여 화재와 파산과 파선이 있을 것이며, 산사람에게서 뼈를 발라내거나, 내장 속에 손을 통째로 밀어넣거나, 심각한 통증을 유발하며 음부를 치료하는 의사들의 수술도 있을 것입니다. 이외에도 추방(그대의 아들이 루틸리우스[34]보다 결백하지는 않을 테니), 투옥(소크라테스보다 현명하지는 않을 테니), 자진하여 가슴에 비수를 꽂는 일(카토보다 경건하지는 않을 테니)이 있을 것입니다. 이런 일들을 생각한다면, 그대도 알게 될 것입니다. 삶에 대한 보상으로서, 그들을 기다리고 있던 죽음을 써서 자연이 서둘러 안전한 곳으로 데려간 사람들이야말로 최고의 행복을 누린 것임을 말입니다. 인생만큼 사람을 속이는 것도 없으며 사람을 배신하는 것도 없습니다. 맹세컨대, 이 점을 몰랐던 이들이 아니라면 누구도 삶을 받아들이지 않았을 것입니다. 따라서 태어나지 않는 것이 최선이라고 할 때, 제 생각에 차선은 짧은 인생으로 삶을 마치고 서둘러 원래대로 돌아가는 것입니다.

그대에게 아주 쓰라렸던 시절을 떠올려보십시오. 세야누스가 그대의 부친을 자신의 피호민인 사토리우스 세쿤두스에게 선물로 내준 때를 말입니다. 당시 세야누스는 한두 마디 기탄없는 발언 때문에 그대의 부친

_____

[34] 기원전 92년에 루틸리우스는 결백했는데도 불구하고 부당 취득 혐의로 유죄를 선고받아 추방당했다.

에게 화를 내고 있었습니다. 왜냐하면 그분은 세야누스가 떠받들어지는 것은 모르겠으나 우리의 머리 위에 올라서는 것은 좌시할 수 없었기 때문입니다. 화재로 유실된 이후 카이사르[35])가 복원하고자 했던 폼페이우스 극장에 세야누스의 흉상을 세워야 한다는 결의가 이루어졌던 것입니다. 이때 그대의 부친 코르두스는 이것이야말로 폼페이우스 극장의 진정한 파괴라고 외쳤습니다. 어떻습니까? 그나이우스 폼페이우스의 유해 위에 세야누스의 흉상이 세워지고 위대한 군사령관의 기념물 위에 불충한 병졸이 모셔지는 것을 불평해서는 안 되는 것입니까? 고발장이 접수되었고, 세야누스에게만 고분고분하고 다른 모든 사람들에게는 야수같이 지독하게 사나운 충견들이, 사람의 피로 배를 불리곤 하던 개들이 명령받은 대로 그분[36])에게까지 짖으며 덤벼들기 시작했습니다. 그분이 무엇을 할 수 있었겠습니까? 만약 목숨을 부지하고자 했다면 세야누스에게 빌어야 했을 것이고, 만약 죽고자 했다면 딸에게 이해를 구해야 했던 것입니다. 어느 쪽도 가능하지 않은 일이었습니다. 그분은 딸을 속이기로 했습니다. 많은 체력을 소진하기 위해 목욕을 하고 나서, 침실에 몸을 누이고 마치 식사를 할 것처럼 하면서, 하인들을 밖으로 내보내고는 다 먹은 것처럼 보일 수 있도록 음식물들을 창밖으로 내던졌습니다. 이어 저녁 식사 때는 마치 침실에서 충분히 먹은 것처럼 저녁을 걸렀습니다. 다음 날도, 그 다음 날도 그렇게 했습니다. 나흘째 되던 날, 기운이 쇠잔해진 몸 때문에 이것이 주변에 알려졌습니다. 그분은 그대를 안아주며 이렇게 말씀하셨습니다. "사랑하는 딸아, 나는 이것 하나만 제외하고 아무것도 네게 숨기지 않았다. 나는 죽음의 길에 들어섰고 벌써 절반은 왔다. 너는 나를 돌이켜서도 안 되며 돌이킬 수도 없다." 그리고

---

35) 티베리우스 황제.
36) 코르두스.

그분은 모든 창문을 가리라고 명령했으며 자신을 어둠 속에 가두었습니다. 그의 의도가 알려지자 사람들은 기뻐했습니다. 탐욕스럽기 그지없는 늑대들[37]의 아가리를 사냥감이 벗어났기 때문입니다. 세야누스가 부추긴 고발자들은 집정관들의 법정에 달려가, 코르두스가 죽으려고 한다고 고발하며, 앞서는 몰아세우더니 이제 막아서고자 했습니다. 그렇게 코르두스가 도망치려 한다고 생각했던 것입니다. 핵심 논점은 피고에게서 죽을 권리를 박탈할 수 있느냐는 것이었습니다. 논의가 진행되던 동안, 고발자들이 재차 집정관을 찾아가는 동안, 그분은 스스로를 해방시켰습니다. 마르키아여, 불공정한 시대에 얼마나 많은 뜻밖의 사건들이 닥쳐오는지 그대는 알겠습니까? 그대는 그대의 가족들 가운데 누군가가 죽을 수밖에 없음을 슬퍼하는 것입니까? 하지만 죽는 것조차 허락되지 않을 뻔했던 적도 있습니다.

23 미래는 전적으로 불확실하며 더욱 나빠질 가능성이 오히려 큽니다. 하지만 어지러운 인간계를 떠난 영혼들에게 신들로 이르는 길은 순탄합니다. 왜냐하면 그들은 무거운 세상 찌꺼기를 전혀 가져가지 않았기 때문입니다. 딱딱하게 굳어지고 세속적인 것들에 깊이 사로잡히기 전에 자유를 얻어 그들은 홀가분하게 연원으로 날아가, 지저분하게 몸에 달라붙은 것을 모두 아주 쉽게 씻어냅니다. 위대한 영혼은 육체에 머물며 지체하는 것을 달가워하지 않습니다. 숭고한 모든 것을 돌아보며 높은 곳에서 인간계를 내려다보는 데 익숙한 위대한 영혼은 힘겹게 짊어진 이런 구속을 벗어나기를, 떨쳐버리기를 열망합니다. 이것이 바로 플라톤이 외친 것입니다. 현자의 영혼은 전적으로 죽음에 이르며, 죽음을 바라며, 죽음을 명상하며, 늘 이러한 바람 가운데 육체적

---

37) 고발자들.

인 것을 벗어나기를 열망합니다.

마르키아여, 그대는 어찌 그대의 아들이 오랫동안 그대 곁에 무사히 머물 수 있다고 생각했습니까? 그대는 아들이 젊은 나이에 이룩한 성숙한 지혜를, 모든 쾌락을 물리친 바르고 흠결 없는 영혼을, 탐욕스럽지 않은 부유함을, 야심을 품지 않은 명예를, 사치스럽지 않은 쾌락을 보았습니다. 정점에 닿은 것은 소멸에 가까이 닿은 것이며, 완성된 훌륭함은 우리의 눈앞에서 사라져버리며, 가장 먼저 성숙한 것들은 한 해의 끝을 기다리지 않습니다. 불은 밝게 타오를수록 빨리 꺼지는 법입니다. 느리게 타고 불붙기 어려운 재료로 연기가 나고 그을음이 생겨나는 불은 오래 탑니다. 불이 잘 붙지 않는 원인이 또한 불을 붙잡아두기 때문입니다. 이처럼 빛나는 재능일수록 단명하는 법입니다. 성장의 여지가 남지 않은 것에 쇠락은 가까이 있습니다. 파비아누스에 따르면, 우리의 부모님들도 보았던 일인데, 전에 로마에 덩치가 다 자란 성인과 맞먹는 어린아이가 있었다고 합니다. 하지만 아이는 이른 나이에 죽었습니다. 아이가 머지않아 죽게 되리라는 것을, 세상 보는 눈을 가진 사람들은 누구나 알고 있었습니다. 왜냐하면 미리 도달한 나이까지 사는 것은 불가능하기 때문입니다. 그렇습니다. 지나친 조숙은 곧 닥쳐올 죽음의 징표입니다. 성장이 끝난 곳에 종말이 있는 법입니다.

24 시작해봅시다. 그대의 아들을 나이가 아니라 덕을 기준으로 평가합시다. 그는 충분히 오래 살았습니다. 갓난아이 때 부친을 잃은 그는 열네 살까지 후견인들의 보호를 받았으며, 늘 모친의 보살핌 아래에 있었습니다. 장성해서 자신의 가정을 꾸렸을 때, 그는 그대를 떠나기를 원치 않았으며 그대 곁에 계속 머물렀습니다. 대부분의 자식이 부모와 살고자 하지 않는데 말입니다. 체격과 용모와 확고한 체력을 보건대

타고난 군인이었지만, 그대의 곁을 떠나지 않으려고 그는 병역을 거부했습니다. 마르키아여, 자식과 따로 사는 어미들이 자식을 볼 기회가 얼마나 적은지 생각해보십시오. 자식들을 군대에 보낸 어미들이 고독 속에 허비하는 그 많은 세월을 생각해보십시오. 그대는 그대가 그 많은 시간을 전혀 낭비하지 않았음을 알게 될 것입니다. 그는 당신의 눈을 전혀 벗어나지 않았습니다. 당신의 눈앞에서 그는, 탁월한 재능을 학문에 쏟았는바, 많은 이들의 전진을 방해하는 수줍음이 막지만 않았다면 그는 조부와 어깨를 나란히 했을 것입니다. 청년들을 타락시키는 여성들이 몰려들 만한 보기 드문 외모를 가진 청년이었던 그대의 아들은 어떤 누구의 희망에도 부응하지 않았으며, 또 방종한 여자들이 그를 유혹하기까지 하면, 자신이 잘못 처신하여 여자들이 그렇게 행동한 것처럼 얼굴을 붉혔습니다. 처신의 정결함 때문에 사람들은 그가 사제직에 아주 적합한 젊은이라고 생각하게 되었습니다. 이는 당연히 모친의 동의가 전제될 일이겠지만, 그가 훌륭한 후보자가 아니었다면 모친이 억지로 만들 수도 없는 일입니다. 이런 덕성을 생각하면서 그대 아들을 마치 품에 안고 있다고 생각하십시오. 오히려 지금 그는 그대에게 모든 시간을 할애하고 있으며, 지금 그를 빼앗길 아무런 간섭이 없습니다. 그대는 조금도 고독하지 않을 것이며, 전혀 슬픔에 빠지지 않을 것입니다. 그대는 그렇게 훌륭한 아들에 대해서 슬퍼하고만 있습니다. 우연을 벗어난 나머지는 기쁨으로 가득할 것입니다. 만약 그대가 아들을 대면하는 법을 배운다면, 만약 그대가 그대의 아들에게서 가장 값진 것이 무엇이었는지를 깨닫게 된다면 말입니다.

사라진 것은 그대의 아들의 겉껍데기, 진상과 결코 같지 않은 모상입니다. 그 자신은 영원할 것이며, 외적인 짐을 모두 내려놓고 본래의 자신으로 남은 더욱 좋은 상태에 있습니다. 우리를 덮고 있는 눈에 보이는 것들, 뼈와 근육, 딱딱한 피부와 얼굴, 봉사자인 손 등 우리를 감싸고 있는 것들은 영혼의 감옥이며 무덤입니다. 우리는 이런 것들에 의해 묻혀 있으며, 질식되어 있으며, 감염되어 있으며, 진실인 것과 자기 본래의 것에서 떨어져 거짓에 내던져져 있습니다. 그대의 아들은 이런 무거운 고깃덩어리에 끌려다니고 좌초하지 않으려고 내내 싸웠던 것입니다. 그가 떠난 곳이 그에게 빛이 되었습니다. 그곳에서 영원한 안식이, 혼란스럽고 우둔한 것들을 떠나 순수하고 빛나는 것에 도달한 그를 기다리고 있습니다.

25 그러므로 그대는 그대의 아들의 무덤으로 달려갈 필요가 없습니다. 무덤에 누워 있는 것은 그의 가장 저열한 부분, 그를 가장 많이 괴롭히던 부분, 뼈와 잿가루, 그의 진정한 부분이 아니라 의복과 몸을 가리는 덮개입니다. 그는 온전한 모습으로, 자신의 어떤 것도 이 땅에 남기지 않고, 어떤 것도 잃지 않고 떠나갔습니다. 잠깐 우리의 머리 위에 머물며, 그는 엉겨붙은 악덕들을 씻어내고, 필멸의 인생이 남긴 모든 흔적을 떼어낸 후, 저 높은 곳으로 복된 영혼들에게 달려갔습니다. 스키피오와 카토 같은 사람들과의 경건한 교제가 그를 붙들었습니다. 이승의 삶을 벗어나 죽음의 축복으로 자유를 얻은 사람들 사이에는, 마르키아여, 그대의 부친도 계십니다. 그분은 처음 본 빛에 기뻐하는 손자를—물론 그곳에서는 모두가 모두의 친척이지만— 곁으로 데려와 손자에게 이웃 천체들의 운행을 가르칩니다. 추측이 아니라 만물의 진리를 깨우친 그분은 기꺼이 손자를 자연의 비밀로 안내합니다. 천체 운행의 인과를 알고자 자꾸 캐묻는 손자에게 이를 훤히 꿰뚫고 있는 해설자는, 이방인에게 낯선 도시의 길잡이처럼 고마운 존재입니다. 그분은 저 아래 지상의 것들도 바라보라고 권합니다. 떠나온 곳들을 높은 곳에서

내려다보는 즐거운 일입니다. 그러므로 마르키아여, 그대는 그대의 선친과 아들이 그대를 내려다보는 것처럼 여기십시오. 그대가 알았던 그분들이 아니라, 아주 높은 곳에 올라가 머물고 있는 분들이 말입니다. 뭔가 천하고 조악한 것을 생각했다는 것을, 더욱 좋은 곳으로 옮겨간 것을 모르고 그들 때문에 눈물을 흘렸다는 것을 부끄럽게 생각하십시오. 영원한 사물의 광대하고 자유로운 공간에 이르렀습니다. 사방에 흩어진 바다가 그분들을 가로막지 않으며, 높은 솟아 있는 산들도, 길 없는 골짜기도, 불안한 쉬르테스의 여울도 없습니다. 모든 것이 평탄하여 그분들은 활동에 자유로우며 거칠 것이 없고, 별들과 뒤엉켜 이리저리 돌아다닙니다.

26 마르키아여, 그러므로 저 하늘의 요새로부터 그대의 부친이 이렇게 말씀하고 계신다고 생각하십시오. 그대에게, 그대가 그대의 아들에게 가졌던 권위만큼 큰 권위를 가지신 그대의 부친이, 내전에서 눈물 흘리며 자신을 추방하려던 자들을 본인이 먼저 영원히 추방하던 때의 마음이 아니라, 본인의 높은 위상만큼이나 숭고한 마음으로 말씀하신다고 말입니다. "딸아, 너는 왜 그렇게 오랫동안 상심에 괴로워하느냐? 너는 왜 진실을 외면한 채, 너의 아들이 부당한 일을 당했다고 판단하느냐? 그는 집안이 온전할 때 온전한 모습으로 조상들 곁으로 돌아온 것이다. 운명이 어떤 폭풍으로 모든 것을 엉망으로 만드는지 너는 모른단 말이냐? 운명에 얽매이지 않는 사람 외에 운명이 자상하고 친절한 모습을 보여주는 사람은 없다. 닥쳐오는 불행에 앞서 죽음이 그들을 데려갔다면 더없이 행복할 수 있었을 왕들을 네게 말해야겠느냐? 아니면 수명이 약간만 짧았으면 위대함에 조금도 상해를 입지 않았을 로마 장군들을 말해야겠느냐? 아니면 고귀하고 유명하며, 적군의 칼 앞에 목을 맡김으

로써 유명해진 사내들을 말해야겠느냐? 너의 아버지와 조부를 보아라. 너의 조부는 정체 모를 자객의 손에 돌아가셨다. 나는 나를 치도록 누구에게도 허락하지 않고 곡기를 끊음으로써 내가 살아온 장한 용기로 글을 썼음을 보여주었다. 한데 어찌하여 누구보다 유복하게 죽은 네 아들로 인해 우리 집안이 그렇게 오랫동안 슬퍼한다는 말이냐? 우리는 모두 지금 한곳에 모여 있으며 깊은 어둠에 싸여 있지 않고, 네 생각처럼 너희 곁에 아무런 희망과 고결함과 영광이 없음을, 너희 모두를 다만 저열하고 무겁고 불안한 것들이 싸고 있음을, 우리를 에워싼 광휘를 너희가 분간하지 못함을 본다. 네게 말할 이유가 있겠느냐만, 여기는 접전으로 광기를 표출하는 전쟁도 없고, 전함이 전함을 격파하는 일도 없고, 부친 살해를 꾸미거나 생각하는 일도 없고, 날이면 날마다 이어지는 송사로 분주한 법정도 없으며, 어둠 속에 숨겨진 것 없이 마음은 감춘 것이 없고, 가슴은 비밀이 없고, 삶은 열려 있어서 누구나 볼 수 있으며, 지난 모든 과거와 미래도 볼 수 있다. 과거 나에게는 우주의 한 귀퉁이에서 벌어진 한 세대[38]의 사건을, 극소수들의 행적을 기록하는 것이 즐거움이었다. 한데 지금 나에게는 모든 세대를, 모든 시간의 연속과 연관을, 시간 속에 벌어진 모든 것을 지켜보는 것이 가능하다. 지금 나에게는 부활하는 왕국, 몰락하는 왕국을, 광대한 도시들의 파멸과 바다의 새로운 흐름을 예견함이 가능하다. 모두에게 공통된 운명이 너의 그리움에 위로가 될 수 있을까 하여 말하거니와, 지금 서 있는 자리에 서 있을 것은 전혀 없으니 시간은 만물을 쓰러뜨리고 빼앗아갈 것이다. 인간만이 아니라—인간에게 운명은 얼마나 보잘것없는 힘을 할애하는가?—장소, 지역, 세계의 여러 부분에서 운명이 힘을 행사한다. 운명은 산 전체를 가라앉히고 어느 곳에서는 높이 치솟은 새로운 바위를 뽑아올린다.

---

38) 코르두스는 공화정 시대의 찬양자였다.

바다를 말려버리고 강줄기를 바꾸어놓는다. 민족들끼리의 교역을 와해시키고, 인간 종족의 사회와 공동체를 해체한다. 다른 곳에서는 광활한 대지를 갈라 도시를 묻어버리고 지진으로 흔들어놓으며, 땅속 깊은 곳으로부터 역병의 공기를 내보내고, 홍수로 모든 거주지를 뒤덮고 세상을 수장시켜 모든 동물을 죽이며, 엄청난 열기로 필멸의 존재들을 태워 소멸시킨다. 세계가 부활을 위해 스스로 소멸하는 때가 올 때에, 필멸의 존재들은 살던 도시들과 함께 죽어갈 것이며, 별들은 별들과 충돌할 것이며, 모든 질료는 하나의 불덩어리로 타오르며 현재의 자리에서 불타버릴 것이다. 영혼의 유복함과 영원함을 부여받은 우리도, 신께서 세계를 재창조하기로 결심할 때에, 모든 소멸하는 것들과 함께 거대한 파멸의 작은 부분이 되어, 태고의 원소들로 회귀하게 될 것이다."

마르키아여, 이 모든 것을 벌써 깨우친 그대의 아들은 행복할 것입니다.

제7권

행복한 삶에 관하여

De Vita Beata

1 형제 갈리오[1]여! 모두가 행복하게 살기를 원하지만, 정작 행복한 삶이 무엇에 달렸는가를 고민하는 데까지는 생각이 미치지 못합니다. 게다가 행복한 삶에 이르기가 쉽지 않은데, 길을 잘못 들었을 경우라면 행복한 삶을 향해 열심히 걷건만, 열심히 걸어간 만큼 행복에서 더욱 멀리 비켜가게 됩니다. 반대방향일 때는 바로 그 신속함 때문에 더 큰 간극이 생겨나게 됩니다.

따라서 먼저 우리가 얻고자 하는 것이 무엇인지를 정해야 합니다. 이어 어떻게 거기에 가장 빠르게 닿을 수 있는지를, 올바른 길을 따라 걸어가는 한에서 매일매일 얼마의 여정을 마칠 것인지를, 자연적 욕망이 우리를 이끄는 곳까지 얼마나 접근했는지를 매일 계산하며 살펴야 합니다. 우리가 길잡이를 따르지 않고 여기저기서 불러대는 제각각의 부름과 외침을 따라가며 이리저리 헤매고 돌아다니는 동안, 삶은 방황 가운데 소진됩니다. 정신을 차리고 밤낮없이 노력해도 짧기만 한 삶인데 말

---

1) 안나이우스 노바투스(입양 후에는 루키우스 유니우스 갈리오)는 세네카의 형이다. 그는 속주 아카이아 총독을 지냈는데, 『사도행전』에 기록되어 있듯이 그에게 유대인들이 바울을 고발했다.

입니다. 따라서 어디로 어떻게 갈지를 결정해야 하며, 우리가 나아가는 곳을 이미 살펴본 유경험자의 도움을 받아야 합니다. 이때는 여타 낯선 곳을 여행할 때와 조건이 다릅니다. 그런 경우는 이미 알려진 경계가 있고, 현지인은 질문을 받으면 우리가 길을 잘못 들도록 좌시하지 않습니다. 반면 이 경우, 사람들이 가장 많이 지나간 가장 분주한 길이 우리를 가장 많이 속입니다. 따라서 가장 중요한 것은, 가축 떼가 흔히 그렇게 하듯 앞서간 무리를 따라가는 것이 아니라 가야 할 길을 가는 것입니다. 우리를 더욱 큰 불행으로 이끄는 것은, 많은 동의를 얻은 것이 가장 좋은 것이라는 생각으로 소문에 따라 움직이는 것이며, 또 우리에게 좋은 것이 아니라 많은 예를 답습하면서, 이성 대신 모방을 통해 사는 것입니다. 이로 인해, 몰락한 사람들 위에 다시 몰락한 사람들이 쓰러져 몰락의 거대한 산더미를 이루게 됩니다. 사람들의 커다란 몰락과 함께, 사람은 사람에 깔립니다. 앞서 쓰러진 사람들은 다른 사람을 끌어들여 뒤따르는 사람들에게 파멸을 초래합니다. 이런 일들이 인생 도처에서 일어나고 있음을 볼 수 있을 것입니다. 누구나 스스로에게만 잘못을 범하는 것으로 그치지 않고 결국 다른 이들에게 잘못의 원인이자 주동자가 됩니다. 앞서 간 사람들을 따라가는 것은 치명적입니다. 사람이 스스로 판단하지 않고 기대려고 하는 한, 그는 삶에 관해 판단하지 않고 늘 기대기만 할 것이며, 손에서 손으로 이어지는 잘못이 우리를 뒤집어 처박아버릴 것입니다. 우리는 타인의 예를 좇다가 몰락합니다. 대중을 벗어난다면 우리는 회복될 것입니다. 대중은 이성에 반하여 자신의 잘못을 옹호합니다. 그래서 군중집회에서와 같은 일이 벌어집니다. 변덕스러운 민심이 움직일 때면, 법무관을 뽑아놓고도 사람들은 그가 왜 법무관이 되었는지 놀랍니다. 우리는 똑같은 것을 놓고서 옳다고 하다가 이내 잘못되었다고 합니다. 다수를 따라 내렸던 모든 판단의 파국은 이런 것입니다.

2 　행복한 삶을 논할 때, 표결하듯이 '이쪽이 다수요'라고 제게 답하는 것은 헛된 일입니다. 다수는 그르기 때문입니다. 다수가 더 좋은 것을 택하는 일은 인간사에서는 일어나지 않습니다. 군중은 최악의 논거입니다. 따라서 우리는 가장 대중적인 것이 아니라 가장 좋은 것이 무엇인지를 물으며, 진리의 가장 그릇된 해석자인 군중이 옳다고 하는 것이 무엇인지가 아니라, 우리를 영원한 행복에 이르게 하는 것이 무엇인지를 묻도록 합시다. 그런데 저는 장군의 외투를 입은 사람들과 화관을 쓴 사람들도 마찬가지로 '군중'이라고 부릅니다. 저는 몸에 걸친 옷의 색깔을 보지 않습니다. 사람을 판단할 때 눈을 믿지 않습니다. 저는 더 훌륭하고 믿음직하게 참과 거짓을 구별하는 혜안(慧眼)을 지니고 있습니다. 영혼의 선(善)은 영혼이 찾을 것입니다. 장차 영혼은 숨을 돌려 자신을 돌아볼 여유가 생길 때에 자책하여 진리를 고백할 것입니다. "내가 지금까지 해왔던 것을 하지 않았었더라면 하고 바랄 뿐이다. 내가 말했던 것을 돌이켜보면 말 못하는 사람들이 부럽다. 내가 원했던 모든 것은 적들의 저주였다. 신들이여! 내가 피했던 것에 비하면 내가 갈구했던 것이 섬뜩한 것이었다. 나는 많은 사람을 증오했고, 악인들끼리도 호혜가 있는지 모르겠으나 증오를 버리고 호혜로 돌아서기도 했다. 하지만 정작 아직도 나 자신과는 친구가 되지 못했다. 나는 대중들에게 돋보이고 재능으로 유명해지려고 했으나, 그것은 다만 나 자신을 적들의 무기에 드러내고, 나 자신을 물어뜯으라고 적들에게 내준 것과 무엇이 다른가? 연설을 칭송하고, 재력을 좇으며, 호의에 아부하며, 권력을 떠받드는 자들을 너는 보느냐? 이들 모두는 적이거나 이와 마찬가지이니, 적이 될 가능성이 있다. 경탄하는 사람들만큼 시기하는 사람들이 있다.

왜 나는 알기 위해서가 아니라 다만 과시하기 위해 선(善)을 탐구하는
가? 이목을 끄는 것, 멈춰서게 하는 것, 서로에게 보여주는 놀라운 것은
겉으로 빛나지만 속으로는 처참한 것이다."

3 겉보기에 좋은 것보다는, 견실하고 여일하며 속으로 아름다운 것
을 찾도록 합시다. 그것을 캐냅시다. 그것은 멀리 있지 않습니다.
그것은 드러날 것입니다. 문제는 다만 손을 어디로 뻗어야 할지를 당신
이 아느냐입니다. 우리는 지금 마치 어둠 속에 있는 것처럼, 우리가 원
하는 것에 부딪치면서도 옆으로 지나칩니다.

그러나 당신을 끌고 우왕좌왕하지 않기 위해 다른 학파들의 견해는
지나치고자 합니다. 실로 그들을 열거하고 그들과 논쟁하는 것은 지루
한 일입니다. 우리의 견해를 들어보십시오. 우리의 견해라고는 했지만,
저는 스토아 학파의 어느 석학에 얽매이지 않습니다. 저도 판단할 권리
가 있으니, 이 사람을 검토하고 저 사람에게 생각을 설명해보라 시키며,
어쩌면 모두의 의견을 들은 후에 선학들의 판단 가운데 어떤 것도 그르
다 하지 않고 단지 이렇게 말할 것입니다. "나는 이것이 좀더 설득력
있다고 생각한다." 그런데 저는 스토아 학파 모두가 동의하는바, 사물의
본성을 취하고자 합니다. 본성에서 벗어나지 않고 그 법칙과 모범에 맞
추는 것이 바로 지혜입니다.

그러므로 행복한 삶은 자신의 본성에 맞추는 삶입니다. 그것은 무엇
보다도 우선 정신이 건강하면서 그 상태를 계속 유지하며, 다음으로 정
신이 강하고 힘이 있으며, 또한 훌륭하게 참아내고 어떤 상황에도 적응
하며, 자신의 몸과 그 주변을 돌보되 과하지 않으며, 삶을 이루는 여타
것들에 관심을 두되 추앙하지 않으며, 운명의 선물을 이용하되 끌려다니
지 않을 때 만나게 됩니다. 제가 더는 말하지 않더라도, 당신은 우리를

괴롭히고 두렵게 하는 것들을 떨쳐버린 후 찾아오는 영원한 평정과 자유를 알고 있습니다. 사소하고 허망하며 헛되고 해로운 쾌락을 대신하여, 커다란 즐거움이 자리합니다. 굳건하고 변함없는 즐거움이, 마음의 평화와 조화 그리고 부드러운 관대함이 자리합니다. 허약함에서 가혹함이 나오는 법입니다.

4   우리가 말하는 선(善)은 다르게 정의될 수 있습니다. 다시 말해, 같은 단어들이 같은 생각을 담고 있는 것은 아닙니다. 같은 군대라도 때로는 넓게 산개하고, 때로는 밀집하여 집중하고, 때로는 중앙이 움푹 들어간 뿔 모양을 취하기도 하고, 때로는 일렬로 전선에 줄지어 서기도 합니다. 하지만 어떤 공격진을 짜든지 군대의 의미는 같으며, 지키려는 의지도 같습니다. 이처럼 최고선에 대한 정의 역시 때로는 넓고 방만하며, 때로는 좁고 편협하기도 합니다. "최고선은 우연을 가볍게 여기며 덕에 기뻐하는 영혼"이라고 말하든, "영혼이 가진 불굴의 의지, 세상사에 밝고 침착하게 행동하며, 넉넉한 인간미로 어려운 사람들을 걱정하는 마음"이라고 말하든 그것은 매한가지입니다. 또한 이렇게 말할 수도 있는바, 그에게 영혼의 선악 이외에 다른 선악은 없으며, 덕을 닦으면서 덕에 만족하고, 우연에 우쭐대지도 좌절하지도 않으며, 스스로 자신에게 줄 수 있는 것을 최고선이라고 생각하는, 쾌락의 경멸이 그에게 진정한 쾌락이 되는 사람을 우리는 행복한 사람이라고 부릅니다. 달리 말하고 싶다면, 똑같은 것에 의미는 그대로 둔 채 다른 외양을 부여할 수 있습니다. 자유롭고 올바르며, 떨지 않고 굳건하며, 두려움과 욕정에서 벗어나 오로지 훌륭함만을 선으로 여기며 치욕만이 악이라 생각하고, 여타의 것들은 행복한 삶에 뭔가를 보태지도 덜어내지도 못하며 최고선을 증강하지도 격감시키지도 못하는 무가치한 것으로 여기는 영

혼을 행복한 삶이라고 부르는 것을 무엇이 금하겠습니까? 이런 것들을 갖춘 영혼은 원하든 원하지 않든 끝없는 유쾌함과 깊은 곳에서 우러나는 높은 행복이 있으며, 스스로에 즐거워하고 자기보다 큰 것을 원하지 않습니다. 이런 것들은 조악하고 열등하며 지속적이지도 않는 육체적 희열을 충분히 보상하고도 남지 않겠습니까? 쾌락을 누리는 날이 있고 고통을 당하는 날이 있습니다. 위태롭고 무지막지한 주인인 쾌락과 고통에 번갈아 지배당하는 사람이란 얼마나 불행하며 해로운 굴종을 겪는 것인지 당신은 알고 있습니까? 따라서 자유로의 탈출을 감행해야 합니다. 자유는 다른 무엇보다 운명에 대한 무시로부터 생겨납니다. 이때 헤아릴 수 없는 선이 생겨날 것이며, 영혼의 평화와 숭고가 안정 가운데 자리할 것이고, 거짓들은 사라져 참된 앎에서 크고 흔들리지 않는 희열이 찾아올 것이며, 영혼의 밝음과 여유가 있을 것입니다. 영혼은 자신의 선함에서 유래한 이런 선들에 즐거워할 것입니다.

5 편히 말하자면, 이성의 덕택으로 욕구하지도 두려워하지도 않는 사람이 행복한 사람입니다. 거석(巨石)과 가축은 두려움과 슬픔을 모르지만, 행복하다고 말해지지는 않습니다. 그것들은 행복을 의식하지 못합니다. 어리석고 자의식 없는 사람들도 가축이나 금수와 똑같이 보아야 합니다. 전자와 후자 사이에는 차이가 없습니다. 후자는 이성이 없고, 전자는 뒤틀린 이성, 스스로에게 해를 가하는 변태적인 이성을 가지고 있습니다. 진리를 벗어나서는 누구도 행복하다고 할 수 없습니다. 행복한 삶은 바르고 확고한 판단에 근거한, 안정되고 변치 않는 삶입니다. 실로 이때 중상뿐만 아니라 비방조차 멀리하여 모든 악에서 벗어나고 순수한 정신은 서 있는 곳에 늘 서 있을 것이며, 분노한 운명의 공격에 맞서 위치를 사수할 것입니다. 쾌락에 관련된 것은 사방에서 쏟

아져 모든 길을 통해 흘러들어와 영혼에 아첨하고 아양 떨며 우리의 전부나 일부를 유혹하고자 이런저런 수단을 쓰겠지만, 인간의 흔적이 조금이라도 남아 있을진대 누가 쾌락이 밤낮으로 자신을 간지럽게 놓아둘 것이며, 영혼을 저버리고 육체를 돌보겠습니까?

6 누군가 말할지 모릅니다. "그러나 영혼 또한 제 나름의 쾌락을 가진다." 영혼이 분명 이를 가지고 있다 치고, 향락과 쾌락의 심판인 자리에 앉으라 합시다. 영혼이 감각을 즐겁게 하는 모든 것들로 가득하며, 또 지나간 일을 돌이켜 사그라진 쾌락을 기억해내고 미래의 쾌락을 향한 희망을 늘어놓으며, 몸은 현재를 누리면서 생각은 미래를 향한다고 합시다. 이때 영혼은 제가 보기에는 더욱 불행합니다. 왜냐하면 좋은 것 대신에 나쁜 것을 택하는 어리석음 때문입니다. 누구도 건강 없이는 행복하지 않은 법인데, 가장 좋은 것 대신 아직 오지 않은 것을 추구하는 영혼은 건강하지 않습니다. 옳게 판단하는 사람은 행복합니다. 무엇이든 지금에 만족하며 자신의 것들을 사랑하는 사람은 행복합니다. 이성이 모든 처신을 조언해주는 사람은 행복합니다.

7 또한 아랫도리에 최고선이 자리한다고 주장하는 사람들도 자신들이 얼마나 추한 곳에 최고선을 위치시켰는지 알고 있습니다. 이들은 쾌락은 덕과 분리될 수 없다고 주장하고, 유쾌하게 살지 않으면 덕을 쌓을 수 없고 덕을 쌓지 않으면 유쾌하게 살 수 없다고 말합니다. 저로서는, 이렇게 서로 상반되는 것들이 동일한 것으로 엮일 수 있는지 알지 못합니다. 당신들에게 묻노니, 쾌락이 덕과 분리될 수 없는 이유는 무엇입니까? 혹시 선은 전적으로 덕에서 출발하므로, 당신들이 사랑하고 소원하는 것들도 덕의 뿌리에서 생겨난다고 하는 것입니까? 하지만

만약 덕과 쾌락이 구분되지 않는다면, 유쾌하되 부도덕한 것들, 또는 무엇보다 고통을 이겨야 얻어지는 고생스럽지만 가장 숭고한 덕이란 없어야 하는 것 아닙니까? 쾌락은 가장 수치스러운 삶에도 찾아온다는 점, 덕은 악한 삶을 허용하지 않는다는 점, 어떤 사람은 쾌락이 없어서가 아니라 바로 그 쾌락 때문에 불행하다는 점을 덧붙여야 합니다. 이런 것은 만약 쾌락과 덕이 서로 엉켜 하나라고 한다면 있을 수 없는 일입니다. 덕에는 종종 쾌락이 빠져 있으며 전혀 필요하지도 않습니다. 왜 당신들은 닮지 않은 것들, 아니 완전히 상반된 것들을 엮는 것입니까? 덕은 고상한 것, 고귀하고 영웅적인 것, 패배를 모르고 지치지 않는 것입니다. 쾌락은 저열하며 굴욕적인 것, 나약하고 타락한 것으로서 유곽과 술집에 기거하며 살아갑니다. 당신은 덕을 신전에서, 광장에서, 원로원에서 발견할 것이며, 성벽에 지키고 서 있는, 먼지를 뒤집어쓰고 검게 그을린, 손에 굳은살 박인 모습을 보게 될 것입니다. 쾌락이 종종 목욕탕과 한증막, 안찰관(按察官)의 눈을 피할 수 있는 곳, 종종 어두운 구석을 찾아 몸을 숨기는 것을 볼 것이며, 늘어져 맥이 빠진, 술과 향유에 절어 있는, 창백한 것 혹은 화장품과 약품으로 시신처럼 치장된 모습으로 발견할 것입니다. 최고선은 불멸하며, 소멸을 알지 못하며 싫증도 후회도 없습니다. 왜냐하면 올바른 정신은 여일하며 자신을 증오하지 않고 최선의 것들을 바꾸지 않기 때문입니다. 그러나 쾌락은 절정에 이르면 곧 사라집니다. 양이 많지 않아 바로 채워지고 시들해지고, 바로 치솟다가 약해집니다. 본성이 운동에 속하는 것은 결코 확고하지 않습니다. 따라서 결코 실체가 있을 수 없습니다. 왔다가 곧 사라지며, 자신을 드러내는 가운데 소멸하기 때문입니다. 그렇게 멈출 곳으로 달려가기 시작하며 끝을 향하기 때문입니다.

8 악한 자들 못지않게 선한 자들도 쾌락을 느끼며, 타락한 사람들이 자신들의 몰염치에 즐거워하는 것 못지않게 고귀한 사람들 역시 탁월함에 즐거워합니다. 어떻게 가능합니까? 이를 위해 선학들은 즐거움이 넘치는 삶이 아니라 최선의 삶을 추구하여, 쾌락은 다만 올곧은 선의의 주도자가 아니라 동반자가 되게 하라고 가르쳤습니다. 즉 자연을 지도자로 삼아야 하는바, 이성은 자연을 주시하고 자연에 문의합니다. 행복하게 사는 것과 자연에 맞추어 사는 것은 같은 것입니다. 이것이 무슨 말인지 밝히겠습니다. 육체라는 선물과 자연조건을 열심히 그리고 멈추지 않고 돌보되 마치 하루 동안 주어져 곧 사라질 것처럼 대한다면, 우리가 이것들의 노예가 되지 않으며 외적인 것들이 우리를 점령하지 않는다면, 육체를 즐겁게 하는 외적인 것들이 다만 전장의 지원부대와 경무장 부대—이것들은 복종해야 하며 명령해서는 안 됩니다—와 같은 지위를 가진다면, 그런 한에서 이것들은 정신에 유용합니다. 외적인 것들에 의해 타락하지도 굴복하지도 않으며, 오로지 스스로 경탄하고 "굳은 결심으로 어찌되든 각오하여"[2] 자기 삶의 제작자이길! 확신은 지식을 갖추었으며, 지식은 확고함을 갖추길! 일단 의결된 것들은 지켜지고, 어떤 포고령으로도 말소되지 않기를! 덧붙여 말하지 않아도 알 수 있는바, 침착하고 흐트러지지 않으며 상냥하고 대범하게 행동하는 사람이기를! 참된 이성은 감각에 자극되어 출발하지만—그것 말고는 진리를 시도할 방법도 진리를 향해 나아갈 방도도 없기 때문입니다—이내 자신에게로 되돌아가길! 만물을 아우르는 세계이자 우주의 지배자인 신도 밖을 향하지만 이내 밖에서 자신에게로 되돌아옵니다. 우리의 정신도 이와 똑같이 하기를! 우리의 정신이 감각에 따라 감각을 통해 밖으로 뻗어나갈 때, 감각과 자신의 지배자이기를! 이런 방식으로 자신

---

2) 베르길리우스, 『아이네이스』 제2권 61행(김남우 역, 열린책들, 2013).

과 조화된 힘과 능력이 만들어지고, 의견과 이해와 신념에 있어서 분열되지 않고 주저하지도 않는 확고한 이성이, 스스로 정돈되어 자신의 여러 부분과 일치하며, 말하자면 조화를 이루어 최고선에 도달한 이성이 태어나기를! 비뚤어지고 미끄러운 것은 남지 않고, 이성과 충돌하거나 이성을 미끄러뜨릴 것은 사라질 것입니다. 이성의 명령에 따라 모든 것이 이루어지고, 이성이 예상하지 않은 일은 일어나지 않으며, 행하는 사람도 기꺼이 따르기에, 하는 일마다 쉽고 순조롭게 좋은 결과로 이르게 됩니다. 게으름과 주저함은 불화와 동요를 보여줍니다. 따라서 최고선은 영혼의 조화라고 대담하게 선언해도 됩니다. 화합과 일치가 있을 곳에 덕이 있는 것이 분명합니다. 악덕은 이반합니다.

9　누군가 말할지 모릅니다. "그러나 당신 역시 덕을 닦은 것은 다른 이유가 아니라, 덕에서 일종의 쾌락을 원하기 때문이다." 첫 번째로, 만약 덕이 쾌락을 준다 한들, 쾌락 때문에 덕을 추구한 것은 아닙니다. 덕이 쾌락을 주는 것이 아니라 쾌락도 주는 것이고, 쾌락을 위해 노력한 것이 아니라 다른 것을 추구할 때에 쾌락이 따라온 것입니다. 농작물을 수확하려고 일궈놓은 밭 여기저기에 꽃들도 피지만, 비록 눈이 즐겁다고 해도 꽃을 위해서 노동한 것은 아닙니다. 씨 뿌리는 사람의 의도와 무관하게 꽃이 보태어진 것입니다. 쾌락도 덕의 대가나 원인이라기보다는 덤입니다. 즐거움을 주기 때문에 마음에 든 것이 아니라, 마음에 들기 때문에 즐거움을 주는 것입니다. 최고선은 바로 이성의 판단인 동시에 이성적 상태에 머무르며, 이성이 자신을 충족시키고 자신의 한계안에 스스로를 묶어둘 때 완성되어 그 이상을 바라지 않습니다. 만유의 바깥에는 아무것도 없으며, 끝을 넘어서는 어떤 것도 없습니다. 그러므로 덕을 추구하는 이유가 대체 무엇이냐고 묻는다면 당신은 잘못 물은

것입니다. 끝을 넘어서는 것을 묻는 것이기 때문입니다. 덕에서 무엇을 구하냐고 당신은 묻습니다. 그것은 바로 덕 자체입니다. 더 좋은 것은 없으며 그 자체가 보상입니다. 이것이 대단한 것 아닙니까? 만일 "최고선은 굳건한 마음의 엄격함, 예지, 숭고, 건강, 자유, 조화이자 아름다움"이라고 당신에게 말한다면, 당신은 여전히 저것들을 다 포괄하는 더 큰 것을 요구할 것입니까? 당신은 왜 쾌락을 거론합니까? 나는 위장의 좋음이 아니라 인간의 좋음을 찾습니다. 위장이야 가축이나 짐승들의 것이 더 큼직합니다.

10 누군가 말할지 모릅니다. "당신은 내 말을 못 알아듣는 것 같다. 나는 정직하지 않으면 유쾌하게 살 수 없다고 말한다. 그것은 말 못하는 짐승들도, 최고선을 음식으로 가늠하는 사람들도 얻을 수 없는 것이다. 분명히 말하자면, 만인 앞에 맹세하거니와 내가 말하는 유쾌한 삶은 오로지 덕이 함께할 때 얻을 수 있는 것이다." 하지만 누구나 아는 일인바, 당신들이 말하는 쾌락은 어리석은 자들에게 가득하며, 쾌락에는 무가치한 것들이 넘쳐나고, 다름 아닌 바로 영혼이 비뚤어진 많은 쾌락을 쌓게 됩니다. 특히 거만, 과도한 자기 평가, 지나친 타인 폄하, 맹목적이고 생각 없는 자기애, 유치하고 한심한 것에서 비롯된 우월감, 비방을 즐기는 냉소적 오만, 향락에 젖어 졸고 있는 게으른 영혼의 나태한 방만 등을 말입니다. 덕은 이런 모든 것들을 훑어보고 귀에 담아두어 허락하기 전에 검토하며, 좋다고 보되 높게 평하지 않으며, 허용하되 쾌락의 향유에서가 아니라 그 절제에서 기쁨을 얻습니다. 이때 절제가 쾌락을 줄인다면 이는 최고선에 대한 불의입니다. 당신이 쾌락을 안을 때, 저는 다스립니다. 당신이 쾌락을 즐길 때, 저는 이용합니다. 당신이 쾌락을 최고선이라고 생각할 때, 저는 선이라고도 생각하지 않습니다. 당

신이 쾌락을 위해 무엇이든지 할 때, 저는 아무것도 하지 않습니다.

11 쾌락을 위해 제가 아무것도 하지 않는다고 말할 때, 저는 현자를 두고 한 말인바, 우리는 현자에게만 쾌락을 허용합니다. 하지만 제가 일컫는 현자는 아무것에도 종속되지 않으며, 쾌락에는 더욱 아닙니다. 쾌락에 사로잡혀서야 고난, 위험, 가난, 인생을 휘감는 많은 위협에 어떻게 맞서겠습니까? 그토록 약한 적에게 지고서야, 어떻게 죽음의 광경, 고통, 세상과 그토록 맹렬한 적들의 함성을 견디겠습니까? "쾌락이 권하는 것은 무엇이든지 하겠다." 쾌락이 얼마나 많은 것들을 권하는지 모릅니까? 누군가 말할지 모릅니다. "쾌락에는 덕이 따라붙기 때문에 쾌락이 추한 것을 권할 수는 없겠다." 모르겠습니까? 선이기 위해 호위가 따라붙어야 한다면, 어떻게 그것이 최고선입니까? 쾌락에 따라붙은 덕이 어떻게 쾌락을 통제한다는 것입니까? 따라붙음은 추종자의 몫이고 통제는 명령자의 일입니다. 명령자를 후미에 놓겠다는 것입니까? 아무튼 덕이 쾌락을 사전에 검토한다고 당신들이 생각한다니, 얼마나 대단합니까! 하지만 우리는 덕을 모욕하는 사람들에게 계속해서 덕이 남아날지 볼 일입니다. 지위를 잃는다면 덕은 자신의 이름을 유지할 수 없습니다. 논의와 관련하여, 쾌락에 빠진 많은 사람들을 보여드리겠습니다. 운명은 이들에게 모든 선물을 주었지만, 누구든 인정할 수밖에 없듯이 이들은 불행합니다. 노멘타누스와 아피키우스가 그들 말대로 온 세상의 산해진미를 장만하여 식탁 위에서 온갖 종류의 고기를 음미하는 것을 보십시오. 또 이들이 장미로 덮인 식탁에서 음식을 내려다보며 노랫소리로 귀를, 볼거리로 눈을, 맛있는 요리로 입을 즐겁게 하는 것을 보십시오. 부드러운 찜질로 전신을 자극하고, 그사이 코가 허전하지 않게끔 향락이 넘쳐나는 곳에 온갖 향기가 가득합니다. 당신 말대로 이들

은 쾌락 속에 있지만, 실제로 행복한 것은 아닙니다. 이들은 선을 즐기는 것이 아니기 때문입니다.

12 누군가 말할지 모릅니다. "그들은 불행할 것이다. 마음을 동요시키는 것들이 많이 끼어들고, 상호 모순되는 의견들이 정신을 어지럽히기 때문이다." 동의합니다. 그러나 어리석고 마음은 불안정하며 참회의 타격을 받으면서도 큰 쾌락을 느끼는 사람들이 있습니다. 그들은 건전한 마음을 가지지 않은 만큼 근심 걱정도 모르며, 많은 사람들에게도 나타나는바, 제정신이 아니면서 즐거워하며 미쳤기 때문에 웃는 것이라고 말해야 합니다. 반대로 현자들의 쾌락은 가라앉아 제어되고 거의 말라 시들고 억눌려 거의 드러나지 않습니다. 현자들은 쾌락을 불러오지 않으며, 설령 스스로 다가오더라도 아랑곳하지 않으며, 느낄지라도 기쁨으로는 아닙니다. 현자들은 쾌락을 마치 심각한 연극에 나오는 웃음과 농담처럼 삶의 중간에 끼워놓습니다.

따라서 서로 어울리지 않는 쾌락과 덕을 엮거나 섞기를 그들이 그만두기를! 그런 악덕은 가장 악한 자들에게 아첨하는 것입니다. 쾌락에 탐닉하여 항상 트림을 해대며 취해 있는 그들은 자기가 쾌락에 묻혀 살기 때문에 쾌락과 덕이 나뉠 수 없다고 주장하며, 자신이 덕과 함께 산다고 믿습니다. 그들은 자신의 악덕을 지혜라고 이름 붙이며, 감춰두어야 할 것을 꺼내 보입니다. 그리하여 그들은 에피쿠로스에 유인되어 방탕하게 사는 것이 아니라, 이미 악덕에 빠진 채 그들이 듣기에 쾌락을 칭송하는 철학으로 달려가 자신의 방탕함을 철학으로 포장하는 것입니다. 하지만 제 생각에 그들은 에피쿠로스가 말하는 쾌락이 얼마나 맑은 정신에 속하며 건조한 것인지를 알지 못하면서도, 욕망의 보호자 혹은 방패막이를 찾아 쾌락이라는 이름을 향해 달려듭니다. 그리하여 단 하나 가지고 있던 좋은 것, 잘못에 대한 수치심마저 상실합니다. 그들은 얼굴을 붉히게 하는 것을 칭송하며 악덕에 명예를 부여합니다. 결국 추한 욕구에 명예로운 이름이 붙여진다면 회복은 불가능합니다. 이것이 바로 쾌락을 칭송하는 것이 왜 유해한지에 대한 이유입니다. 명예로운 가르침은 밑에 깔리고 타락을 부추기는 것이 드러나기 때문입니다.

13 저희 동료들은 반대하겠지만, 저로서는 에피쿠로스가 경건하고 바람직하며 자세히 보면 엄정한 것을 가르쳤다고 봅니다. 그의 쾌락은 가난과 빈곤으로 환원되며, 저희가 덕에 부과한 규율을 그는 쾌락에 부과합니다. 그는 쾌락이 자연에 복종하도록 명합니다. 사치에 따르면 부족하지만, 자연에 따르면 충분하다는 것입니다. 그렇다면 어떻습니까? 향락의 여가와 미식과 욕망의 반복을 행복이라고 부르는 사람은 자기 악행의 좋은 옹호자를 구하다가 매혹적인 이름에 이끌려 찾아와서는, 거기서 배운 쾌락이 아니라 스스로가 가져온 쾌락을 즐겼던 것입니다. 마침내 자신의 악덕이 배운 것과 유사하다고 생각하기에 이르러 소심하고 은밀하게 누리는 것이 아니라, 심지어 얼굴을 내보이며 향락에 빠졌던 것입니다. 따라서 우리 학파의 대부분은 에피쿠로스 학파가 악행의 선생이라고 주장하지만, 저는 여기에 동의하지 않습니다. 저는 이렇게 말합니다. 들리는 소리가 좋지 않고 평판이 나쁜 것입니다. "천부당만부당한 소리이다." 내부로 들어가보지 않고서야 누가 그것을 알겠습니까? 에피쿠로스 학파의 겉모습이 악담의 여지를 주었으며 나쁜 추측을 불러일으켰던 것입니다. 이것은 마치 용감한 사내가 여자의 치마를 입은 꼴입니다. 당신의 염치는 변함이 없고 사내다움은 건재하며 당신의 몸에는 추잡한 흔적도 없습니다. 다만 손에 소고(小鼓)가 들려 있을 뿐입니다. 따라서 점잖은 명칭이, 영혼을 일깨우는 명칭이 선택

되기를! 현재의 명칭은 악덕들을 끌어모았습니다.

덕을 향하는 사람은 고결한 사람됨의 표상을 보여주었습니다. 쾌락을 좇는 자는 무기력하고 타락하여 사내다움을 잃고, 만약 누군가 그에게 쾌락들을 구분해주지 않으면 치욕에 이르게 될 것입니다. 쾌락들 가운데 어떤 것이 자연스러운 욕망의 범위에 머물고, 어떤 것이 끝없이 추락하면서 채워질수록 더욱 갈망하게 되는 것인지를 알도록 가르쳐주지 않는다면 말입니다. 그러므로 덕이 앞장서기를! 그때의 여정은 전부 안전할 것입니다. 과도한 쾌락은 해롭습니다. 덕 안에서는 무엇인가가 과도해질 염려가 없습니다. 그 안에 절제가 들어 있기 때문입니다. 과도함으로 고생하는 것은 선이 아닙니다. 이성적 본성을 타고난 자들에게 이성보다 더 좋은 것이 있겠습니까? 그런 결합이 마음에 들지라도, 이를 동반자로 삼아 행복한 삶으로 가려거든 덕을 앞세우기를! 쾌락은 마치 몸을 따르는 그림자처럼 뒤따르기를! 더없이 훌륭한 주인인 덕을 쾌락의 시녀로 넘기는 일은 영혼에 위대한 것을 갖추지 못한 자들이 하는 짓입니다.

14 덕이 향도(嚮導)로 깃발을 들게 합시다. 여전히 우리는 쾌락을 느끼겠지만, 쾌락의 주인이 되어 이를 통제할 것입니다. 쾌락은 우리에게 무엇인가를 간청할 수는 있지만, 강요할 수는 없습니다. 그러나 쾌락에 통솔권을 내준 사람들은 덕과 쾌락 둘 다를 잃어버립니다. 왜냐하면 그들은 덕을 잃어버린 데다, 그들이 쾌락을 가진 것이 아니라 거꾸로 쾌락이 그들을 소유하기 때문입니다. 그들은 쾌락이 부족하면 고통받고, 쾌락이 과도하면 힘겨워하고, 쾌락에 버림받으면 불쌍해지고, 쾌락에 파묻히면 더욱 불쌍해집니다. 그들은 마치 쉬르티스 지역[3])에서 난파되어 일부는 모래톱에 남고 일부는 격렬한 파도에 표류하는 선원들

---

3) 북아프리카 해안의 사구.

같습니다. 그런데 이런 일의 원인은 지나친 무절제와 맹목적 사랑입니다. 왜냐하면 좋은 것이 아닌 나쁜 것을 좇는 사람에게는 성취가 곧 위험이기 때문입니다. 마치 야수의 사냥에는 노고와 위험이 뒤따르며, 야수를 포획하여 사육하는 것도 고생스럽듯—그것은 종종 주인을 물어뜯기 때문입니다—강력한 쾌락도 이와 다르지 않습니다. 강력한 쾌락은 큰 악이 되고, 자신을 붙잡은 사람들을 도리어 붙잡습니다. 쾌락의 수가 많고 강력할수록 그만큼 더 미약해질 뿐만 아니라 섬길 주인의 수도 더 많아지는 그런 사람을 군중은 행복한 자라고 부릅니다. 이 비유에 좀더 머무르고자 합니다. 짐승의 거처를 뒤지는 사람이 "올가미로 야수를 잡는 것"과 야수의 발자국을 뒤쫓기 위해 "드넓은 숲을 개떼로 포위하는 것"[4]을 높이 평가하여 더 중요한 것들은 등한시하고 많은 의무를 내버려두듯, 쾌락을 추구하는 사람은 모든 일을 뒤로 미루고 무엇보다도 자유를 소홀히 하며, 배[腹]를 위해 포기하고 자신을 위해 쾌락을 사는 것이 아니라 쾌락에 자신을 팔아버립니다.

15 누군가 말할지 모릅니다. "그럼에도 불구하고 도대체 무엇이 방해하겠는가? 덕과 쾌락이 하나로 섞이는 것을, 그리하여 훌륭함과 즐거움이 하나인 최고선이 생겨나는 것을 말이다." 훌륭함의 어떤 부분도 훌륭함 이외의 다른 것일 수 없으며, 우월함과 다른 무엇인가를 내부에 가지게 될 때, 최고선은 순수성을 유지할 수 없습니다. 실로 덕에서 비롯된 즐거움은 선이기는 하지만, 그것은 결코 완전한 선의 일부는 아닙니다. 비록 매우 아름다운 것들에서 생겨나더라도, 기쁨과 평온이 그럴 수 없는 것과 마찬가지입니다. 이것들은 선이기는 하지만 최고선의 완성이 아니라 부수물일 뿐입니다. 동일하지 않은 덕과 쾌락을 묶

---

4) 베르길리우스, 『농경시(Georgica)』 제1권 139행과 140행.

는 사람은 한쪽의 허약함으로 다른 쪽의 선한 힘을 약화시키는 것이며, 자신이 무엇보다 소중함을 인식하는 한 누구도 억압할 수 없는 것이 자유일진대, 이런 자유에 멍에를 씌우는 일을 하는 것입니다. 이것이야말로 가장 큰 억압이며, 이때 덕은 운을 필요로 하기 시작합니다. 겁먹고 의심하며 조바심내고, 추락을 두려워하는, 시간과 기회에 매달린 삶이 뒤따릅니다. 움직이지 않는 단단한 기반을 덕에 제공하는 것이 아니라, 오히려 요동치는 자리에 서 있으라고 명하는 것입니다. 그런데 우연적인 것들에 대한 기대, 육신 및 육신에 영향을 미치는 사물의 변화만큼 요동치는 것이 있겠습니까? 조그마한 쾌락과 고통에 흔들리는 사람이 어떻게 신에게 복종하여 무엇이 닥치든 이를 평온한 마음으로 받아들일 수 있으며, 몰락이라는 운명을 담담히 해석해내며 불평하지 않을 수 있겠습니까? 쾌락을 따르는 사람이라면, 그는 결코 국가의 선량한 보호자 혹은 옹호자, 친구들의 변호인이 아닙니다. 그러므로 최고선을 어떤 강권으로도 끌려 내려올 수 없는 곳으로 올라가게 하십시오. 고통, 희망, 두려움 등 최고선의 권리를 훼손할 어떤 것도 다가올 수 없는 곳으로 말입니다. 거기는 오로지 최고선만이 오를 수 있습니다. 덕의 발걸음 앞에 저 고지는 굴복할 것입니다. 덕은 용감하게 서 있을 것이고, 무엇이 일어나든 그것을 참을 뿐 아니라 기꺼이 버틸 것입니다. 덕은 시대의 모든 고난을 자연의 법칙이라고 받아들일 것이고, 마치 훌륭한 병사처럼 상처를 견디고 상흔을 헤아릴 것입니다. 창에 맞아 죽어가면서도 지휘관을 보위하며 그를 위해 목숨을 버릴 것입니다. 신을 따르라는 옛 가르침이 마음에 자리할 것입니다. 그러나 임무를 강요받아 억지로 행하며 불평하고 울고 탄식하는 사람들은, 원치 않으면서도 명령에 끌려다닐 것입니다. 그런데 따라가기보다 끌려다니기를 바라다니, 이는 어떤 광기입니까! 무엇인가 없다고 혹은 심한 일을 당했다고 괴로워하며,

병, 죽음, 불구 등 인생사에서 악인이나 선인을 가리지 않고 누구에게나 생기는 일들에 남들처럼 놀라거나 분개하는 것은 결단코 어리석음이며, 자신의 처지에 대한 무지입니다. 우주 질서에 따라 감내해야 한다면, 그것이 무엇이든지 대범하게 받아들이도록 합시다. 죽음을 받아들일 것과 우리 능력으로 피할 수 없는 것들에 동요하지 않을 것, 이런 신성 도금(神聖賭金)5)을 걸고서 우리는 끌려왔습니다. 우리는 신의 왕국에 태어났으며, 신에게 복종함이 곧 자유입니다.

16 따라서 진정한 행복은 덕에 있습니다. 덕은 당신에게 무엇을 조언합니까? 덕이나 악덕에 무관한 것은 선이나 악으로 생각하지 말라고 할 것입니다. 그리고 악에 대항해서도 선 때문에도 흔들리지 말며, 이런 측면에서 신을 닮으라고 할 것입니다. 이런 노력에 덕이 당신에게 약속하는 것은 무엇입니까? 흡사 신적인 굉장한 것입니다. 당신은 강요받지 않을 것이며, 부족하지 않을 것이며, 자유로울 것이며 안전하고 무사태평할 것이라 합니다. 시도하되 헛수고는 없을 것이며, 금지되는 일은 없을 것이라고 합니다. 모든 것이 생각한 대로 이루어질 것이며, 어떤 역경도 없을 것이고 모든 일이 뜻대로 될 것이라고 합니다. "어떤가? 행복하게 사는 데 덕으로 충분하겠는가?" 완벽하고 신적인 덕으로 어찌 충분하지 않겠습니까? 오히려 남지 않겠습니까? 모든 욕망을 벗어난 사람에게 무엇이 부족할 수 있겠습니까? 자신에게 필요한 모든 것을 자기 안에 가진 사람에게 밖에 있는 것이 필요하겠습니까? 그러나 덕을 향해 가고 있는 사람에게는 많이는 아니더라도 운명의 자비가 필요합니다. 세상사 가운데 씨름하며 그런 모든 세상 매듭과 속박을 벗어나기까지 말입니다. 무엇이 다르겠습니까? 어떤 사람들은 꽁꽁 묶여 있

---

5) 일종의 법정 공탁금.

고, 매여 있고, 쓰러지기도 할 것입니다. 이때 높은 곳을 향해 나아가며 자신을 끌어올리고 사슬을 느슨하게 만드는 사람은, 아직 자유롭지는 않지만 벌써 자유로운 것이나 다름없다고 하겠습니다.

17 그런 고로 철학을 향해 짖어대는 자들 가운데 누군가는 입버릇처럼 질문합니다. "그러니까 왜 실제보다 용감하게 말하는가? 왜 윗사람에게 굽실거리는 말을 하는가? 왜 돈을 필수품으로 여기는가? 왜 손해에 동요하는가? 왜 아내나 친구가 죽었다는 소식에 눈물을 흘리는가? 왜 평판에 신경 쓰는가? 왜 악담에 흔들리는가? 왜 필수적인 것 이상으로 경작지를 가지고 있는가? 왜 처방대로 식사하지 않는가? 왜 광채 나는 가구를 가지고 있는가? 왜 당신보다 더 오래된 포도주를 마시는가? 왜 금제품(金製品)을 진열하는가? 왜 그늘 말고는 아무것도 주지 않는 나무를 심는가? 왜 부인은 부잣집 재산만큼 귀걸이를 하는가? 왜 어린 노예들은 비싼 옷을 입는가? 왜 당신 집에서는 상차림에 기술을 필요로 하는가? 왜 은그릇을 자기 마음대로 아무렇게나 놓지 않고 솜씨를 부리는가? 왜 생선 손질을 전문으로 담당하는 사람을 두는가?" 원하면 계속해도 좋습니다. "왜 바다 건너에 재산이 있는가? 왜 당신은 본인조차 알지 못할 정도로 많은 재산을 가지고 있는가? 부끄럽지 않은가, 왜 당신은 몇 안 되는 노예를 모를 정도로 무관심한 것인가, 아니면 노예가 너무 많아서 노예가 몇인지를 기억할 수 없을 정도로 사치스러운 것인가?" 저는 나중에 당신의 비난을 지지할 것이고, 당신이 생각하는 정도 이상으로 저 자신을 비난하겠지만, 지금은 이 정도로 하겠습니다. 저는 현자가 아니며, 당신의 손가락질을 받을지 모르겠지만, 현자가 되지 못할 것입니다. 따라서 제가 가장 선한 사람들과 동등해지는 것이 아니라, 나쁜 사람들보다는 더 좋아지기를 저에게 요구하십시오. 매일

매일 제 악덕을 조금씩 제거하고 제 잘못을 꾸짖는 것만으로도 충분합니다. 저는 건강하지 못했고, 건강하지 못할 것입니다. 저는 통풍을 치료하기보다는 누그러뜨리고자 하며, 통증이 덜해서 덜 쑤시는 것만으로도 만족합니다. 하지만 걸음이 느린 자들이여, 당신들의 발에 비하면 저는 달리기 선수입니다. 이것들은— 온갖 악덕의 수렁에 빠져 있는—저 자신이 아니라 성취한 사람을 두고서 하는 말입니다.

18 누군가 말할지 모릅니다. "말 다르고 행동 다르군." 이것은 훌륭한 사람에게는 가장 악의적인 처벌인바, 플라톤도, 에피쿠로스도, 제논도 이런 비난을 당했습니다. 이들은 모두 자신들이 어떻게 사는지가 아니라, 자신들을 포함하여 사람이 어떻게 살아야 하는지를 말해주곤 했습니다. 저는 덕에 관해 말하는 것이지 저에 관해 말하는 것이 아닙니다. 그리고 악덕을 비난할 때 가장 먼저 자신의 악덕을 비난합니다. 할 수 있다면 저는 살아야 하는 방식대로 살아갈 것입니다. 독이 묻은 악의도 제가 최선을 행하는 것을 막지 못할 것입니다. 다른 사람에게 뿌리면서 당신들 자신도 함께 죽이는 독약을 쓴다 하더라도, 저는 지금 살고 있는 삶이 아니라 그렇게 살아야 한다고 알고 있는 삶을 칭송할 것입니다. 덕을 존중하며 멀리까지 기어서라도 따라가려는 저를 말리지는 못할 것입니다. 묻겠습니다. 루틸리우스도 카토도 경건하지 않다고 생각하는 자라면, 이 사람의 악의가 범하지 못할 것은 무엇입니까? 누가 걱정하겠습니까? 견유학파(犬儒學派)의 데메트리오스를 전혀 가난하지 않다고 생각할 정도라면 그들에게 누군들 부자로 보이지 않겠습니까? 그는 가장 엄격하고 모든 자연적 욕구와도 맞서 싸우는 사람으로, 소유하는 것은 물론 소유를 희망하는 것마저도 금지했을 정도임에도 불구하고, 그들은 그가 가난하다고 할 정도는 아니라고 말합니다. 사실 당신도 알겠지

만, 그는 덕이 아니라 빈궁함에 대한 지식을 가르쳤던 것입니다.

19 며칠 전 스스로 생명을 마감한 에피쿠로스 학파의 디오도로스가 목을 칼로 그은 것은 에피쿠로스의 가르침에 따른 것은 아니라고 합니다. 일부의 사람들은 그의 행동을 광기로 보고자 하고, 일부의 사람들은 경솔함으로 보고자 합니다. 정작 본인은 죽어가며 행복에 가득 차서 진심 어린 유언을 자신에게 남겼는바, 항구에 도착하여 닻을 내린 인생의 평온을 칭송했으며, 당신들은 듣고 싶지 않겠지만, 당신들도 그럴 수밖에 없다는 듯 말했습니다. "난 운명이 허락한 삶을 살았고 여정을 다 마쳤다."6) 타인의 삶에 관해, 타인의 죽음에 관해, 당신들은 갑론을박하며 놀라운 위업을 이룩한 위대한 영웅들의 이름을 보고 마치 낯선 사람을 마주한 강아지들처럼 짖어댑니다. 누군가가 훌륭한 사람으로 알려지는 것을 당신들은 불편해합니다. 타인의 위대함은 당신들이 행한 모든 악업의 심판이라도 되는 양 말입니다. 위업을 시기하여 당신들의 추잡함과 같이 놓지만, 이것이 자신에게 얼마나 큰 손해가 되는 무모한 행동인지 당신들은 알지 못합니다. 덕을 쌓는 사람이 만약 탐욕과 욕망과 야심으로 가득하다면, 당신들처럼 덕을 미워하는 사람들은 어느 정도겠습니까? 말한 것을 지키며 스스로 말하는 모범에 따라 살아가는 사람은 세상에 없다고 당신들은 말합니다. 저들이 말한 것이 용감함과 위대함과 온갖 세파를 견딤이니, 당신들이 그러는 것도 놀라운 일은 아닙니다. 당신들이 자신을 못 박는 십자가에서 저들은 벗어나려고 애쓰고 있습니다. 그럼에도 불구하고, 저지른 일에 대한 처벌로 저들은 매번 벌금을 냅니다. 쾌락의 횟수만큼 자신을 십자가에 매달고 있습니다. 그러나 비난꾼들로 말하자면, 그들은 십자가에 매달려서도 구경꾼들에게 침을 뱉을

---

6) 베르길리우스, 『아이네이스』 제4권 653행(김남우 역, 열린책들, 2013).

정도이니, 이들이 악담을 그만두리라고 상상하기란 어렵습니다.

20 "철학자들은 자신이 말한 대로 행하지 않는다." 그들은 고귀한 정신으로 생각하기에 대개 말하기에 탁월합니다. 그들이 자신의 말을 그대로 실천했다면, 그들은 누구보다 행복했을 것입니다. 좋은 말과 좋은 생각으로 가득 차 있는 마음을 경멸할 이유는 없습니다. 건전한 공부는 성과가 없을 때조차 칭찬받아야 합니다. 높은 곳에 오르려는 사람이 정상에 오르지 못한다고 해서 의아하게 생각할 이유가 무엇입니까? 당신이 사내라면, 비록 넘어질지언정 큰일을 시도하는 사람들을 인정해야 합니다. 자신의 능력이 아니라 본성에 따라 목표를 높게 세워 시도하고, 위대한 영혼을 가진 사람들이 이룩할 수 있는 것 이상의 위대한 것을 정신에 품는 사람의 면모는 고귀합니다. 그는 스스로 결심합니다. "다른 사람의 사망 소식을 들을 때와 같은 표정으로 나의 죽음을 바라볼 것이다. 영혼으로 신체를 지탱하여, 노고가 아무리 크더라도 이를 견뎌낼 것이다. 부가 있든 없든 상관없이 똑같이 부를 무시할 것이다. 부가 남에게 있다 해서 더 침울해지거나, 내 주변에서 빛난다 해서 더 우쭐하지는 않을 것이다. 행운이 다가오든 물러가든 관심 두지 않을 것이다. 모든 땅을 내 것처럼, 내 땅을 모든 사람의 것처럼 생각할 것이다. 다른 사람들을 위해 태어났다는 생각으로 살아갈 것이고, 이런 이유에서 자연에 감사할 것이다. 자연이 어떻게 내 문제를 이보다 더 잘 처리해줄 수 있겠는가? 자연은 나를 모든 사람에게 주었고, 나에게 모든 사람을 주었다. 무엇을 소유하든 인색하게 움켜쥐지도 않고, 사치스럽게 낭비하지도 않을 것이다. 제대로 부여받은 것만을 소유하고 있다고 간주할 것이다. 나의 선행을 숫자와 무게가 아니라 수혜자의 생각으로 잴 것이다. 합당한 사람이 받은 것을 과하다고 여기지 않을 것이다. 평

판을 위해서가 아니라 나의 양심을 위해서 모든 일을 할 것이다. 내가 하는 일을 나 혼자 알고 있지만, 로마 인민이 보는 앞에서 하는 것처럼 생각할 것이다. 먹고 마시는 목적은 자연적 욕구를 진정시키는 것이지, 배를 채우거나 비우는 것은 아닐 것이다. 친구들에게는 유쾌하고 적들에게는 부드럽고 호의적일 것이다. 요청받기 전에 간청을 들어줄 것이며, 고귀한 간청을 서둘러 들어줄 것이다. 내 조국은 세계이고, 신들은 수호자로서 내 머리 위와 주위에 서서 나의 행위와 말을 감찰한다는 것을 알 것이다. 언젠가 자연이 목숨을 되돌려달라고 하거나 이성이 목숨을 반납할 때,[7] 양심과 열의를 사랑했으며 나 때문에 누구의 자유도, 특히 나의 자유도 줄어들지 않았다고 증언한 후에 이 세상을 떠날 것이다." 이렇게 하기를 결심하고 원하고 시도하는 사람은 신들을 향해 나아갈 것이고, 설령 그가 신들에게 도달하지 못해도, 진실로 그는 말할 것입니다. "큰일을 감행하다가 떨어졌도다."[8] 당신들이 덕과 덕을 닦는 사람을 미워한다는 것이 새로운 일은 아닙니다. 병든 눈은 햇빛을 싫어하고, 야행성 동물은 태양이 빛나는 낮을 피하는데, 해가 뜨기 시작하면 몸이 경직되어 사방으로 은신처를 찾고 햇빛이 무서워서 틈 사이로 숨습니다. 으르렁거리십시오. 선한 사람들에 대한 욕설로 불쌍한 혀를 놀리십시오. 입을 크게 벌리십시오. 물어뜯으십시오. 이빨 자국을 내기 무섭게 당신들의 이빨이 부러질 것입니다.

21 "철학을 탐구한다는 사람이 어떤 명목으로 그토록 부유한 삶을 영위하는가? 어떤 이유로 그는 재산을 경멸해야 한다고 말하면

---

7) 자살을 의미한다.
8) 오비디우스, 『변신이야기』 제2권 328행(천병희 역, 숲, 2005). 아폴론과 그의 아들 파에톤의 이야기에서 나온 부분이다.

서도 소유하고, 삶을 하찮게 여겨야 한다고 생각하면서도 살아가며, 건
강에 연연할 필요가 없다고 하면서도 그토록 열심히 건강을 돌보면서
최상의 상태이기를 갈망하는가? 또한 추방은 헛된 말에 불과하다고 생
각하고 '장소를 바꾸는 것이 뭐 그리 대단한가?'라고 하면서도, 가능하
다면 조국에서 살아가는가? 또 단명과 장수는 아무런 차이가 없다고 판
단하면서도, 가로막는 것이 없다면 오래 살고 고령에도 즐겁고 활력 있
게 살아가는가?" 철학자는 재산을 경멸해야 한다고 말합니다. 소유하지
않기 위해서가 아니라 소유하면서 걱정하지 않기 위해서입니다. 재산을
멀리하는 것이 아니라, 멀어져 갈 때 근심 없이 떠나보냅니다. 싫은 소
리 없이 돌려받을 곳에 재산을 맡겨두는 것보다 운명이 재산을 안전하
게 맡길 곳이 어디 있겠습니까? 마르쿠스 카토[9]는 쿠리우스와 코룽카
니우스를 칭송했고 작은 은조각조차도 호구감찰관에게 처벌받던 시절
을 높게 평가하면서도, 본인은 정작 400만 세스테르티우스의 재산을 가
지고 있었는데, 그것은 크라수스보다는 적지만 호구감찰관 카토의 것보
다는 많았습니다. 굳이 비교해보면, 아마도 크라수스에게는 미치지 못
하지만 증조부는 훨씬 크게 앞섭니다. 더 많은 재산이 생긴다 한들 그는
그것을 마다하지 않았을 것입니다. 현자는 우연히 생기는 선물마저 받
아서는 안 된다고 생각하지는 않습니다. 현자가 부를 좋아하는 것은 아
니지만 있는 편을 선호합니다. 현자는 마음이 아니라 집에 부를 받아들
였고, 재산을 내치지 않고 담아두며, 자신의 덕을 위해서 사용할 더 많
은 자원을 마련하고자 합니다.

22　영혼을 단련할 때 현자에게 더 많은 기회를 제공하는 것이 가난
보다는 부유함이라는 점에 의심의 여지가 있겠습니까? 가난에는

9) 소(小) 카토. 그의 증조부인 호구감찰관 대(大) 카토는 엄격함으로 유명했다.

비굴하지 않고 주눅 들지 않음이라는 한 가지 덕만이 문제이지만, 부유함에는 절제와 관대함과 열심과 정돈과 아량 등이 넓은 연병장을 갖게 되기 때문입니다. 왜소한 체구를 가졌어도 현자는 스스로에 대해 열등감을 느끼지는 않겠지만, 이왕이면 큰 키를 소망할 것입니다. 신체적으로 약골이고 눈을 잃었어도 견디겠지만, 이왕이면 육체적 강인함을 바랄 것입니다. 물론 현자는 보다 중요한 것은 영혼에 있다는 사실을 알고 있습니다. 현자는 병약함을 참고 견디겠지만, 강건함을 원할 것입니다. 그것은 사태의 본질에 비추어 미미한 것으로, 없어도 최고선에 악영향을 끼치지 않고 제어되지만, 있을 경우 영원한 행복, 즉 덕에서 얻어지는 행복을 얻는 데 무엇인가 기여합니다. 부유함은 현자를 촉발하고 그에게 힘을 줍니다. 마치 항해하는 배를 따라오는 순풍처럼, 추운 겨울에 찾아온 맑은 날과 따스한 태양처럼 말입니다. 덕이라는 유일한 선을 가진 우리들의 현자들 가운데 누가 부정하겠습니까? 우리가 선도 악도 아니라고 말하는 것들도 나름대로 어떤 값어치가 있으며, 그중 일부는 다른 것보다 좀더 중요할 수 있다는 점을 말입니다. 그중 일부에는 일정한 명예가 주어지며 다른 것에는 많은 명예가 주어집니다. 당신이 오해하지 않도록 말하자면, 부는 그중 보다 중요한 것에 속합니다. 당신은 말합니다. "당신에게나 나에게나 부가 같은 지위를 가진다고 할 때 왜 당신은 나를 비웃는가?" 당신은 이것들이 같은 지위를 가지지 않는다는 것을 알고 싶습니까? 나에게서 부가 빠져나간다면 없어진 것은 다만 부 자체이겠지만, 당신에게서 부가 사라진다면 당신은 얼어붙어 당신 자신 말고는 아무것도 남지 않은 사람처럼 보일 것입니다. 나에게서 부는 어떤 지위에 속할 뿐이지만, 당신에게는 최고의 지위를 가집니다. 마지막으로 부는 내 소유이지만 당신은 부의 소유입니다.

23 따라서 철학자들에게 돈을 가지지 말라고 한 말을 철회하십시오. 어느 누구도 지혜에 가난을 선고하지는 않았습니다. 철학자는 막대한 부를 가질 수 있는데, 그것은 다른 사람에게서 빼앗은 것도 아니고 다른 사람의 피로 얼룩진 것도 아니며 누군가에게 불의를 저질러서 얻은 것도 아니고 더러운 수익도 아닙니다. 수입과 지출 모두 정직한데, 오직 악의가 있는 사람만이 이를 지탄합니다. 당신이 원하는 만큼 부를 쌓으십시오. 그것은 정직한 부입니다. 그것 안에는, 사람들이 자기 것이라고 말하고 싶은 것은 많겠지만 정작 자기 것이라고 말할 수 있는 것은 없습니다. 실로 철학자는 행운의 호의를 물리치지 않으며, 정직하게 모은 재산을 자랑하지도 않고 부끄러워하지도 않을 것입니다. 그러나 만약 그가 자기 집을 개방하여 자기 재산을 모든 시민들에게 보여주며, "각자 자기 것을 가져가십시오"라고 말할 수 있다면, 그는 자랑스러워할 만합니다. 그가 이런 말을 했는데도 재산이 줄지 않는다면, 그는 얼마나 위대한 사람이고 얼마나 훌륭한 부자입니까! 제 말의 의미는 다음과 같습니다. 만약 사람들로 하여금 아무런 부담 없이 안심하고 수색을 하게 하는데, 어느 누구도 거기서 자기 소유물이라고 주장할 수 있는 것을 발견할 수 없다면, 그는 자신만만하고 떳떳한 부자일 것입니다. 현자는 부정직하게 번 돈은 단 한 푼이라도 자기 집 문턱을 넘지 못하게 하겠지만, 행운의 선물이든 덕의 결실이든 막대한 부를 거부하거나 쫓아내지 않을 것입니다. 막대한 부가 좋은 자리를 차지하면 안 될 이유가 있습니까? 그것이 오게 합시다. 그것이 환대받게 합시다. 현자는 그걸 자랑하지도 않고 숨기지도 않을 것입니다. 자랑함은 어리석은 영혼의 일이고, 숨김은 마치 값비싼 물건을 품에 안고 다니는 사람처럼 겁이 많고 소심한 영혼의 일입니다. 제가 앞서 말했듯이, 현자는 막대한 부를 집에서 내치지지도 않을 것입니다. 그가 뭐라고 말하겠습니까? 그가 "재산이

여, 너희는 쓸모가 없다" 또는 "나는 부를 사용할 줄 모른다"라고 말하겠습니까? 그는 자기 발로 걸어서 여행을 할 수 있지만 수레 타기를 선호하듯, 가난할 수 있지만 부자이기를 원할 것입니다. 따라서 그는 부를 가지되, 가볍고 날아가 버릴 수 있는 것처럼 여길 것이며, 그것이 자기에게든 다른 사람에게든 짐이 되도록 내버려두지는 않을 것입니다. 그는 부를 나누어줄 것입니다. 당신들은 왜 귀를 기울이고, 왜 주머니를 준비합니까? 그는 선한 사람들 또는 그가 선하게 만들 수 있는 사람들에게 부를 나누어줄 것입니다. 그는 수입과 지출의 결산을 보고해야 한다는 사실을 기억하여, 매우 신중하게 숙고한 후에 가장 합당한 사람들을 골라서 부를 나누어줄 것입니다. 그는 옳고 개연적인 이유에서 부를 나누어줄 것인데, 잘못된 선물은 부끄러운 손실이기 때문입니다. 그의 호주머니는 넉넉하지만 구멍이 나지 않았으며, 많은 돈이 나오지만 허투루 나오지는 않습니다.

24 나누어주는 것이 쉽다고 생각한다면, 그것은 오류입니다. 특히 우연이나 충동에 따라 뿌리는 것이 아니라, 계획에 따라 나누어줄 때라면 아주 많은 어려움이 따릅니다. 어떤 이에게는 봉사하는 것이고 어떤 이에게는 내주는 것입니다. 어떤 이를 돕는 것이고 어떤 이를 동정하는 것입니다. 어떤 이를 가난이 끌고 가지 못하게, 옥죄지 못하게 만드는 것입니다. 가난하더라도 어떤 사람에게는 주지 않는데, 주어도 곧 가난해질 것이기 때문입니다. 하지만 어떤 사람에게는 줄 것이고, 어떤 사람에게는 집어넣어줄 것입니다. 저는 이런 일을 소홀히 할 수가 없습니다. 저는 나누어줄 때에 어느 때보다 정확하게 장부를 작성합니다. 당신은 말합니다. "도대체 나누어주고 나중에 되돌려 받으려 하는가?" 헛되이 나누어주지 않기 위해서입니다. 선물은 돌려달라고 요청해

서 안 되겠지만, 돌려주면 받을 수는 있습니다. 꼭 필요한 경우가 아니라면 캐낼 수 없을 정도로 깊숙이 보물을 파묻듯 호의를 베풀도록 하십시오. 어떻습니까? 부잣집에는 베풀 수 있는 얼마나 많은 물건이 있습니까? 로마 시민에게만 인심을 쓰라고 외치는 사람은 누구입니까? 자연은 사람들을 도와주라 제게 명합니다. 노예건 자유민이건, 본래 자유인이건 해방노예건, 법적으로 시민권을 가졌든 친구들 간의 사적 호의로 시민권을 가졌든 간에 무엇이 문제입니까? 사람이 있는 곳에서는 어디서나 호의의 가능성이 있는 법입니다. 그래서 돈을 집안에서 뿌리고 집안에 인심을 쓸 수도 있을 것입니다. 하지만 자식들(liberi)에게 물려준다고 해서 인심(liberalis)이 아니라 자유로운(liber) 정신에서 우러나왔기 때문에 인심입니다. 현자의 인심은 추하거나 가당치 않은 자들에게 베풀라고 강요되지 않고 고갈될 정도로 길을 벗어나지 않으며, 합당한 자를 찾아내면 마치 화수분처럼 그치지 않고 흘러나옵니다.

그러므로 지혜를 구하는 사람들이 훌륭하고 용감하게 열정을 가지고서 말한 것들을 당신이 오해할 이유는 없습니다. 하지만 무엇보다도 이 점에 주의하십시오. 지혜를 구하는 사람과 지혜를 얻은 사람은 다르다는 사실입니다. 전자는 이렇게 말할 것입니다. "나는 말은 잘 하지만 아직 수많은 오류 속에 뒹굴고 있다. 내가 말한 원리대로 내가 행하도록 강요할 권리는 당신에게 없다. 나는 내 능력껏 나 자신을 만들고 조탁하며 위대한 모범으로 이끌어가고 있다. 내가 제시한 것만큼 내가 진전을 보았을 때, 말과 행동을 일치시킬 것을 요구하라." 반면 인간의 최고선에 이른 사람은 다르게 말하고 행동할 것입니다. "우선, 훌륭한 자들을 판단할 권리는 당신에게 없다. 올바르다는 증거인바, 나는 악인들의 마음을 불편하게 한다. 누구도 거부할 수 없는 설명을 당신에게 제시하노니, 내가 무엇을 공언(公言)하는지 그리고 각각을 얼마나 중요하게 생각하는지를 들어라! 나는 부가 선이라고 생각하지 않는다. 만약 부가 선이라면 부는 사람을 훌륭하게 만들었을 테니 말이다. 또 악인도 가지는 것을 선이라고 할 수 없기에, 나는 부를 선이라고 부르지 않는다. 하지만 재산은 유용하며 삶에 큰 편의를 가져다준다는 점을 나는 인정한다.

25 우리 둘 다 공히 부의 소유에는 동의하면서도 왜 내가 부를 선에 포함시키지 않는지, 왜 부를 당신들과는 다르게 생각하는지를 들어라. 부가 넘치는 집에 나를 데려다놓아라. 금은이 다양한 용도로 쓰이는 곳에 데려다놓아라. 나는 이런 것들 때문에 자랑스러워하지는 않을 것이다. 그것들은 내게 있지만 사실 내 밖에 있는 것들이다. 수브리키우스 다리[10) 밑에 나를 옮겨놓아라. 가난한 자들 가운데 던져라. 손을 내밀어 동전을 구하는 저들 가운데 있다 한들, 나는 스스로를 부끄럽게 생각하지 않을 것이다. 불멸의 삶이 주어지지 않는 자에게 빵 한 조각이 없는 것이 무슨 큰일이겠는가? 그러므로 어떤가? 나는 다리 밑보다는 화려한 저택을 선호한다. 나를 빛나는 가구들과 진귀한 장식품들 가운데 데려다놓아라. 부드러운 외투가 내게 있다 한들, 자주색 융단이 내 식사친구들에게 제공된다 한들, 나는 결코 더 행복하지는 않을 것이다. 내 이불을 바꿔라. 내 머리를 지푸라기 베개에 누인다 한들, 낡은 아마포 겉감의 꿰맨 자리마다 골풀이 삐져나온 원형경기장 좌석에 눕는다 한들 나는 전혀 비참하지 않을 것이다. 따라서 어떤가? 나는 헐벗은 어깨가 아니라 좋은 옷을 입고 내 생각을 말하기를 선호한다. 매일매일이 원하는 대로 흘러가고 새로운 즐거움이 앞선 것들을 덮는다고 하자. 이렇다 한들 나는 즐거워하지 않을 것이다. 이런 좋은 시절을 정반대로 돌려놓아라. 영혼이 상실과 슬픔과 온갖 사고들 가운데 이리저리 치이

10) 티베리스 강 위에 있는 오래된 나무다리.

고, 한시도 불평을 듣지 않는 날이 없다고 하라. 이렇다 한들 나는 내 자신이 비참한 중에 비참한 신세라고 말하지 않을 것이다. 하지만 어떤 날도 나는 저주하지 않을 것이다. 언젠가 어두운 날이 찾아올 수 있으리라 나는 미리 준비했기 때문이다. 따라서 어떤가? 나는 고통을 삭이기보다는 쾌락을 절제하기를 선호한다."

소크라테스는 당신에게 이렇게 말할 것입니다. "나를 세상 모든 민족들의 정복자로 여겨라! 디오뉘소스의 화려한 개선마차는 나를 해 뜨는 동방에서 테베까지 실어가라! 만국의 왕들은 정의를 구하라! 어디에서나 나를 신처럼 경배할 것이매, 그때 나는 무엇보다 내가 사람인 줄 알겠노라! 참으로 높은 경지에 오른 이 사람에게 너는 즉시 몰락이라는 반전을 보태라! 나를 합당하지 않은 마차에 옮겨 싣고, 내게 오만하고 사나운 승리자의 개선행진을 장식하게 하라! 개선마차가 아니라 합당하지 않은 수레에 나를 실어 나른다고 해도 나는 창피스러워하지 않을 것이다. 어떤가? 나는 패배자이기보다 승리자이기를 원한다. 나는 운명의 왕국을 전적으로 경멸한다. 하지만 선택지가 주어진다면, 나는 그중에서 좀더 나은 것을 선택할 것이다. 내게 어떤 일이 생기든 나는 좋게 받아들이겠지만 이왕이면 보다 가볍고 즐거운 것들이 생기고, 덜 괴롭게 겪을 일이 생겼으면 한다. 네가 생각하는 대로 노고 없이는 덕도 있을 수 없다. 어떤 덕은 독려를 필요로 하며, 어떤 덕은 절제를 필요로 한다. 내리막길에 몸을 맡겨야 할 혹은 가파른 길을 올라야 할 경우가 있는 것처럼, 덕도 내리막길에 섰거나 혹은 가파른 길을 올라야 할 때가 있다. 시련에 맞서 끈기와 용기와 인내 등의 덕이 운명을 짊어지고 오르고 버티고 싸우는 것은 분명하지 않은가? 어떤가? 분명하지 않은가? 내리막길에서는 관용과 절제와 온유가 자신의 길을 간다. 후자의 덕들을 통해 우리는 영혼이 앞으로 곤두박질치지 않도록 붙잡으며, 전자의 덕들을 통해 힘을 내도록 격려하며 깨어 있도록 자극한다. 따라서 나는 가난에 맞서 싸워나갈 줄 아는 용감한 덕들을 제시할 것이며, 부유함에 대해서 발걸음을 멈추고 제 무게를 이겨내는 세심한 덕들을 제시할 것이다. 이렇게 나뉜다고 할 때, 나는 피와 땀을 흘려야 하는 덕들 말고 차분하게 훈련해나갈 수 있는 덕들을 선호한다. 따라서 너희는 너희가 배운 것과 다르게 살아가지만, 나는 내가 말한 대로 살아간다. 말소리는 다만 너희의 귓가를 스쳐지나갈 뿐, 너희는 그 뜻을 묻지 않는다." 이렇게 현자는 말합니다.

26 "바보인 나도 현자인 너도 부를 원한다면, 둘 사이에 무슨 차이가 있겠는가?" 아주 큰 차이가 있습니다. 부는 현자에게는 노예이지만, 바보에게는 주인입니다. 현자는 부에 아무런 가치도 주지 않지만, 당신들에게 부는 전부입니다. 당신들은 부를 영원히 소유하게 된다는 약속을 받은 듯이 부에 익숙해지고 매달리지만, 현자는 부유할 때 가난을 가장 많이 떠올립니다. 아직은 발발하지 않았으나 이미 선포된 전쟁에 대비하지 않을 만큼 평화를 믿는 장군은 없습니다. 하지만 불타거나 무너지지 않을 것 같은 아름다운 집 때문에 당신들은 오만해집니다. 온갖 위험에서 벗어나고 운명조차 완전히 없애지 못할 것 같은 많은 재산 때문에 당신들은 마비됩니다. 당신들은 한가롭게 부를 가지고 놀지만, 그 위험을 예견하지 못합니다. 포위를 당했음에도 불구하고 공성 무기를 모르기 때문에 포위한 적들의 작업을 멀뚱히 바라만 볼 뿐, 멀리서 구축되고 있는 공성 무기의 목적이 무엇인지를 모르는 야만인들과 거의 다름이 없습니다. 바로 이런 일이 당신들에게 일어납니다. 부에 빠져, 얼마나 많은 재앙이 사방에서 닥쳐와 머지않아 값비싼 전리품이 되어 실려갈 것인지 당신들은 생각하지 못합니다. 하지만 현자는 부를 빼앗

기더라도 그의 모든 것은 그에게 온전히 남을 것입니다. 현자는 미래에 개의치 않고 현재를 즐기면서 살기 때문입니다.

소크라테스 또는 인간사와 관련하여 그와 동일한 성향과 능력을 가진 사람은 말합니다. "나는 너희 의견을 좇아 인생을 살지는 않기로 결심했다. 사방에서 평소에 하는 욕을 퍼부어라. 하지만 너희는 욕하는 것이 아니라, 아주 불쌍한 아이들처럼 울부짖는 것으로 보일 것이다." 이는 지혜로운 사람의 말입니다. 악에 물들지 않은 그의 영혼이 그에게 다른 사람들을 꾸짖으라고 명합니다. 이는 그가 그들을 미워해서가 아니라 치료하기 위해서입니다. 그는 덧붙여 말합니다. "나에 대한 너희의 평가가 나를 마음 아프게 하는 것은 나 때문이 아니라 너희 때문이다. 고함을 지르면서 덕을 미워하고 공격하는 것은 희망의 방기이기 때문이다. 제단을 뒤엎은 자들이 신들에게 해를 입히지 못하듯, 너희는 나에게 불의를 행하지 못할 것이다. 해를 입힐 수 없었기 때문에 악한 의도와 계획을 품는 것이다. 최고 신 유피테르가 시인들의 어리석은 말을 견디듯, 나는 이런 너희의 헛소리를 견딘다. 시인들 중에 어떤 이는 유피테르에게 날개를, 어떤 이는 뿔을 가져다붙이고, 어떤 이는 간통하는 자로, 어떤 이는 신들에게 포악한 자로, 어떤 이는 인간들에게 불공평한 자로, 어떤 이는 자유민의 납치범, 심지어는 친척의 납치범으로, 어떤 이는 부친의 살해범이자 타인의 왕국뿐만 아니라 부친 왕국의 찬탈자로 묘사한다. 시인들은 신들을 그와 같은 존재로 믿게 함으로써 사람들이 죄를 지어도 부끄러워하지 않게 했다. 너희의 욕이 나에게 해를 끼치지는 않았지만, 나는 다만 너희를 위해 충고한다. 덕을 존중하라. 오랫동안 덕을 추구하며 자기가 위대한 무엇인가를, 날마다 더 위대해지는 무언가를 추구한다고 외치는 사람들을 믿어라. 덕을 신처럼, 덕을 가르치는 선생을 사제처럼 공경하라. 신성한 글을 마주할 때마다 '침묵하라(favete).'

이 말은 다수의 생각처럼 '호의(favor)'에서 유래하지 않았다. 이 말은 제의가 불길한 말로 방해받지 않고 격식에 맞게 치러지도록 침묵을 명하는 것이다. 침묵은 다른 무엇보다 너희에게 명해져야 하며, 너희는 덕의 신탁이 전하는 말을 조용히 귀 기울여 들어야 한다. 누군가 칠성방울[11]을 흔들며 권위를 위장한 거짓말을 할 때에, 문신 전문가가 떨리는 손으로 자신의 팔과 어깨를 피투성이로 만들 때에, 여인이 무릎으로 기어가며 비명을 지를 때에, 아마포 옷을 입은 노인이 대낮에 월계수 가지와 등불을 들고서는 신의 분노를 외칠 때에, 너희는 모여들어 서로 상대방에게 영혼의 마비를 부추기며 그를 신적인 자라고 주장한다."

27 여기 소크라테스는 감옥에서, 그의 투옥으로 정화되어 세상 모든 원로원 의사당보다 존엄해진 감옥에서 소리칩니다. "덕을 조롱하고 경건함을 못된 언사로 범하는 그런 광기는 무엇이며, 그런 본성은 신들과 인간들에게 얼마나 적대적인가? 너희는 할 수 있다면 훌륭한 사람들을 칭송하라! 그럴 수 없다면 그냥 지나가라! 그런 혐오스러운 방종을 저지르는 것이 너희를 즐겁게 한다면 너희끼리 주고받아라! 그래야 너희의 광기가 하늘까지 뻗치더라도 그것이 신성모독이 아니라 다만 힘의 탕진이 될 테니 말이다. 나는 지난날 아리스토파네스[12]에게 조롱의 소재를 제공했으며, 희극 시인들 모두가 무리지어 독기서린 농담을 내게 뿌렸다. 나의 덕을 공격하는 자들 덕분에 오히려 나의 덕은 빛을 발했다. 법정에 소환되고 시험대에 오른 일이 거꾸로 나의 덕에게는 좋은 일이었다. 왜냐하면 나를 괴롭힘으로써 나의 덕이 가진 힘을 맛본 사람들은, 나의 덕이 얼마나 큰지를 누구보다 절실히 느꼈을 것이기 때문이

---

11) 이시스 여신 숭배 때 사용되었다.
12) 『구름』.

다. 돌멩이의 세기는 누구보다 돌멩이를 때려본 사람들이 잘 아는 법이다. 나는 깊은 바다의 버려진 바위와 같다. 파도는 바위를 내버려두지 않으며 사방에서 일어나 후려친다. 하지만 그럼에도 파도는 바위를 움직이지 못하며 수많은 세월 한없이 덤벼들지만 부수지도 못한다. 뛰어올라라! 타격을 가하라! 견뎌냄으로써 너희를 이겨낼 것이다. 강인하고 정복당하지 않는 것들을 공격하는 것은 자신의 힘으로 스스로를 상처 입히는 일이다. 그러니 너희의 창을 꽂아넣을 수 있는 약하고 엉성한 희생물이나 찾아보아라!

하지만 너희에게 다른 사람들의 결점이나 조사하고 남에 대한 소문을 퍼뜨릴 시간이 있을까? '왜 이 철학자는 넓은 집에 거주하는가? 왜 이 자는 넘치도록 먹는가?' 너희는 남의 종기를 찾고 있는가? 정작 너희는 온몸에 생채기가 가득한데도 말이다. 이것은 정작 본인은 끔찍한 습진이 온몸에 퍼져 있으면서도, 사람들의 아름다운 신체에 보이는 점 혹은 티끌을 비웃는 것과 다르지 않다. 너희는 플라톤에게 그가 재물을 요구했다 비난하라! 아리스토텔레스에게 그가 재물을 받았다 비난하라! 데모크리토스에게 그가 재물을 무시했다 비난하라! 에피쿠로스에게 그가 돈을 탕진했다 비난하라! 나에게 내가 알키비아데스와 파이드로스를 사귀었다고 욕하라! 너희가 만약 우리의 결함을 흉내내는 데 성공하기만 해도 너희는 실로 최고로 행복한 사람들일 테니! 차라리 너희의 결함을 살펴보는 것은 어떤가? 그것들은 사방에서 너희를 상처 입히며, 일부는 밖으로 돌아다니고 일부는 내면에서 불타오른다. 자신을 전혀 알지 못하면서도 너희보다 훌륭한 사람들을 욕하기 위해 혀를 움직일 시간이 너희에게 넘쳐난다는 것은 매우 비인간적이다.

28 너희는 이것을 이해하지 못하며 너희의 운명과는 상관없다는 표정을 짓고 있다. 마치 극장 혹은 경기장에 앉아 있는 동안 집에서 사람이 죽어나가는데 전혀 이런 불행을 알지 못하는 대부분의 사람들처럼 말이다. 높은 곳에서 내려다보는 고로, 나는 어떤 폭풍들이 하늘을 찢으며 이제 잠시 후에 너희에게 닥칠 것인지, 혹은 이미 너희와 너희의 재산을 파괴하며 덤벼들고 있는지를 알 수 있다. 어떠냐? 너희는 전혀 알지 못하지만 이미 폭풍은 너희의 영혼을 교란시키며 도망치건 따르건 상관없이 휘몰아가며, 때로는 높은 곳으로 끌어올리기도 때로는 깊은 곳으로 끌어내리기도 하는 것은 아닌가……?"

제8권

은둔에 관하여

De Otio

1   [……][1] 그들은 합심하여 우리에게 악덕을 권합니다. 평안함 말고 다른 무엇을 구한 것은 아니지만, 은둔 자체는 유익할 것입니다. 우리 모두는 더욱 훌륭해질 것입니다. 가장 훌륭한 사람들에게로 떠나서 은둔하여 그들을 우리 삶의 사표(師表)로 삼는 것은 어떻겠습니까? 이것은 은둔을 통해 가능합니다. 바로 이때, 일단 결심한 것을 견지하는 것은, 대중을 들먹이며 아직 확고하지 못한 판단을 비뚤어지게 하려는 자가 끼어들지 않을 때에 가능합니다. 바로 이때, 수많은 목적으로 갈라졌던 우리의 삶은 변함없이 일관되게 전진할 수 있습니다. 수많은 악들이 있지만 최악은 온갖 악덕들을 번갈아가며 저지르는 것인바, 이미 친숙해진 악덕에 계속 머무는 것조차 우리에게는 불가능합니다. 어떤 것이 마음에 들었다가 다른 것이 마음에 듭니다. 우리의 판단이 그릇된 것일 뿐만 아니라 경솔하다는 것 역시 우리를 괴롭힙니다. 우리는 동요하고, 이것을 붙잡으려다가 저것을 붙잡으며, 추구했던 것을 버리고, 버렸던 것을 다시 추구하며, 욕망과 후회 사이를 계속해서 오갑니

---

1) 원문이 전승 과정에서 유실된 것으로 보이며, 현재 전해지는 사본은 여기서 시작한다.

다. 우리는 남들의 판단에 완전히 의존하여, 추구해야만 하고 칭찬해야만 하는 것이 아니라 많은 사람들이 추구하고 칭찬하는 것을 최선으로 생각합니다. 우리는 좋은 길과 나쁜 길을 그 자체로 평가하는 것이 아니라 발자국의 수로 평가합니다. 되돌아온 발자국은 없는데도 말입니다.

당신은 제게 말할 것입니다. "세네카, 뭐라고? 너의 학파를 버린다고? 확실히 너희 스토아 학파는 말한다. '우리는 죽을 때까지 실천할 것이다. 우리는 공공선에 힘쓰고, 개개인을 돕고, 원수에게조차 늙은 손을 내밀어 도와주기를 멈추지 않을 것이다. 우리는 나이가 들어서도 군복무를 하는 자들이고, 매우 훌륭한 시인이 말하듯이 "우리는 백발에도 투구를 눌러쓴다."[2] 우리는 죽기 전까지도 은둔할 수 없고, 경우에 따라서는 죽어서도 은둔할 수 없는 그런 사람들이다.' 왜 너는 제논의 사령부에서 에피쿠로스의 가르침을 우리에게 설파하는가? 너희 학파에 염증이 났다면 배신하기보다는 완전히 떠나는 것은 어떤가?" 저는 당신에게 당장 이렇게 대답하겠습니다. "당신은 왜 내가 나의 선생들을 흉내내는 것 이상을 하기를 요구하지 않는가? 그렇다면 어떤가? 나는 선생들이 나를 떠나보낸 곳이 아니라 이끄는 곳으로 갈 것이다."

2 이제 저는 제가 스토아 학파의 가르침에서 떨어져 있지 않다는 것을 당신에게 입증하려고 합니다. 그들은 그들의 가르침대로 살았으며, 저는 비록 그들의 가르침은 아니더라도 그들의 삶을 따랐다는 것으로 저를 충분히 변호할 수 있을 테지만 말입니다. 제가 주장하는 바를 두 가지로 나누어보고자 합니다. 첫 번째는, 사람이란 특히 어린 시절에는 진리를 관조하는 데 몰두하고 삶의 방식을 찾으며 또 혼자서 연습한다는 것입니다. 두 번째는, 복무를 마치고 나서 나이가 지긋해지

---

2) 베르길리우스, 『아이네이스』 제9권 612행(천병희 역, 숲, 2005).

면 정당하게 물러나와 다른 일에 마음을 쓰게 된다는 것입니다. 베스타 여사제들이 세월에 따라 복무를 나누어 제사방법을 배우고, 배우고 나서는 가르치는 것처럼 말입니다.

3 저는 스토아 학파도 이렇게 생각하고 있음을 보여줄 것입니다. 저는 제논 혹은 크뤼십포스의 말에 절대 반대하지 않겠다는 계율을 저 자신에게 부과하지 않았으며, 사태 자체는 저로 하여금 저들의 주장에 반대하는 것을 허용합니다. 늘 한 사람의 의견을 추종한다면, 그것은 논의를 하는 것이 아니라 당파를 짓는 것이니 말입니다. 실로 그들의 모든 가르침이 입증되어 진리가 명명백백 드러나며, 그것들 가운데 어떤 것도 바뀌지 않았더라면! 하지만 이제 그것을 가르쳐준 선생들과 함께 우리는 진리를 찾습니다.

크게 보면, 이런 문제를 놓고 의견을 달리하는 두 학파가 있습니다. 에피쿠로스 학파와 스토아 학파입니다. 하지만 각각은 서로 다른 길을 통해 은둔에 이릅니다. 에피쿠로스는 말합니다. "걸림돌이 없는 한, 현자는 정치에 참여하지 않는다." 제논은 말합니다. "걸림돌이 없는 한, 현자는 정치에 참여한다." 한 사람은 가장 중요한 것으로 은둔을 추구하고, 한 사람은 이유가 있을 때 은둔을 추구합니다. 하지만 이유는 매우 광범위합니다. 만일 국가가 도저히 구할 수 없을 정도로 부패한다면, 만일 악한 자들에 의해 점령된다면, 현자는 결코 쓸데없이 빛을 발산하지도 않으며 아무런 유익도 없이 스스로를 낭비하지도 않을 것입니다. 만일 현자가 아무런 권위 혹은 영향력을 인정받지 못하고 국가가 그를 받아들이지 않으려고 한다면, 만일 건강이 그를 막아선다면, 난파한 배는 물에 끌어올리지 않듯이, 불구의 몸은 군역에 이름을 올리지 않듯이, 그렇게 현자는 기거하지 못할 곳임을 알면서도 그곳에 발을 들여놓지는 않을 것입니다. 그리하여 현자는 아직 자신의 모든 것이 성할 때, 풍파에 시달리기 전 안전한 곳에 이르며, 나아가 훌륭한 학문에 헌신하고 온전히 은둔을 실천하며, 덕의 수행자가 됩니다. 깊이 은둔한 사람들도 덕의 수행만은 할 수 있는 일이기 때문입니다. 사람은 이로써 사람들에게, 그러니까 가능하다면 많은 사람들에게, 여의치 않다면 소수의 사람들에게라도, 가능하다면 이웃들에게, 여의치 않다면 자기 자신에게라도 유익을 행하는 것입니다. 이렇게 타인에게 유익한 사람이 된다는 것은 따라서 공적 소임을 이행하는 것입니다. 반면 타인에게 해로운 사람이 된다는 것은 스스로에게만이 아니라 모두에게 해를 입히는 것입니다. 선한 사람이 됨으로써 모두에게 유익을 행했을 수도 있었을 텐데 말입니다. 이처럼 각자가 스스로를 돌보는 일은 그것 자체로 타인들에게 유익을 행하는 것입니다. 왜냐하면 그것은 타인들에게 유익을 행할 준비이기 때문입니다.

4 두 개의 국가를 떠올려봅시다. 하나는 크고 참된 국가로서, 신과 인간을 포함하여 이리저리 나뉘는 것이 아니라 태양이 지나는 곳을 국가의 경계로 삼는 국가입니다. 다른 하나는 우연한 출생으로 부여받은 국가입니다. 후자는 아테네인이나 카르타고인의 국가 또는 모든 사람들이 아니라 특정한 사람들만을 포괄하는 다른 어떤 도시의 국가일 것입니다. 두 국가, 즉 큰 국가와 작은 국가를 위해 동시에 힘쓰는 사람들이 있고, 작은 국가에만 힘쓰는 사람들이 있으며, 큰 국가에만 힘쓰는 사람들이 있습니다. 우리는 은둔할 때조차 큰 국가에 헌신할 수 있습니다. 아니 오히려 은둔하여, 덕이란 무엇인지, 덕은 하나인지 여럿인지, 인간을 좋게 만드는 것은 자연인지 기술인지, 바다와 땅 그리고 바다와 땅을 포괄하는 것은 하나인지[3] 아니면 신이 그와 같은 것을 여럿 뿌려

놓았는지,4) 만물을 생성하는 모든 질료는 연속해 있고 가득 차 있는지 아니면 분리되어 허공과 뒤섞여 있는지,5) 신의 거처는 어디에 있는지, 신은 자신의 작품을 지켜만 보는지 아니면 통제하고 있는지, 신은 외적인 존재로서 만유를 둘러싸고 있는지 아니면 만유에 스며들어 있는지, 우주는 불멸하는 것인지 아니면 일시적으로만 생겨난 것으로 소멸하는지 등 이런 것들을 탐구하는 가운데 더 잘 헌신할 수 있습니다. 이를 관조하는 사람은 신에게 어떤 봉사를 합니까? 신의 위대한 작품들을 관객 없이 내버려두지 않는 것입니다.

5 우리는 최고선이란 자연을 따라 사는 것이라고 말하곤 합니다. 자연은 사물에 대한 관조와 실천이라는 두 가지를 우리에게 주었습니다. 이제 저는 제가 앞서 말했던 것을 증명하고자 합니다. 어떻습니까? 모르는 것을 알고자 하는 호기심은 얼마나 큰지, 혹은 모든 이야기들에 관해 어떻게 호기심이 일어나는지 각자 자문한다면, 그것이 증명되지 않겠습니까? 어떤 이들은 한 가지 보상 때문에 항해하며 긴 방랑의 노고를 계속합니다. 즉 멀리 떨어져 있고 숨겨진 어떤 것을 알게 된다는 것 말입니다. 세상 구경으로 사람들을 엮습니다. 이것이 막힌 것을 헤집게 하며, 신비한 것을 탐색하게, 오래된 책을 펼치게, 이방인의 습속들을 듣게 부추깁니다. 자연은 우리에게 호기심 많은 본성을 부여했습니다. 자연은 자신의 능력과 아름다움을 스스로 알고서, 위대한 장관의 관객이 될 우리를 낳았습니다. 만일 그토록 크고 빛나며 섬세하게 생겨난, 그렇게 찬란하며 전적으로 아름다운 자연에 오로지 적막함이

---

3) 스토아 학파의 견해.
4) 에피쿠로스 학파는 무한한 공간 도처에 무한한 세계가 있다고 가르쳤다.
5) 스토아 학파는 허공의 존재를 부정한 반면, 에피쿠로스 학파는 이를 받아들였다.

드리운다면 자연의 결실은 무의미할 것입니다. 자연이 단지 보이는 것이 아니라 관찰되기를 원했다는 것을 아시려거든, 자연이 우리에게 어떤 위치를 주었는가를 보십시오. 자연은 우리를 자신의 중간에 놓고 모든 것에 대한 조망권을 주었습니다. 단지 사람을 일으켜 세웠을 뿐만 아니라 관조하는 능력을 갖추게 만들고자 했습니다. 그리하여 사람은 별들의 생성과 소멸을 좇을 수 있고, 모든 것을 쳐다볼 수 있게 되었습니다. 자연은 인간의 머리를 맨 위에 두고 유연한 목을 붙였습니다. 다음으로 자연은 낮과 밤에 각각 6개씩의 구분을 늘어놓음으로써 자신의 모두를 펼쳐 보였습니다. 그렇게 자연은 사람의 눈에 이런 것들을 제공함으로써 다른 것들에 대한 호기심도 불러일으켰습니다. 우리는 모든 것들을 있는 그대로만 보는 것이 아니라, 우리의 눈이 우리에게 열어준 탐구의 길을 토대로 드러난 것으로부터 모르는 것을 탐구하고, 이 세상보다 오래된 태고의 것을 발견합니다. 어디서 저 별들이 생겨났는지, 각각이 떨어져나오기 이전 우주의 상태는 어떠했는지, 어떤 원리가 물에 잠기고 섞인 것들을 분리해냈는지, 누가 사물들에 자리를 분배했는지, 각각의 본성에 따라 무거운 것은 아래로 내려가고 가벼운 것은 위로 올라가는지,[6] 아니면 어떤 힘[7]이 있어서 의지나 사물의 무게와는 상관없이 각각에 법칙을 부여했는지, 혹은 사람들이 대부분 동의하는 바, 사람이 신적 영혼을 갖추고 있다는 것이 사실인지, 별들의 부분, 즉 일종의 별똥은 땅으로 떨어졌는지 아니면 다른 곳에 달라붙었는지 등등. 우리의 생각은 하늘의 성채를 뚫고 들어가며, 보이는 것을 아는 데 만족하지

---

6) 에피쿠로스 학파는 세계의 큰 부분들(땅, 바다, 공기, 에테르)은 다양한 크기와 무게를 지닌 원자들의 우연한 결합으로 형성되었으며, 무게 때문에 무거운 물질들이 가라앉고 가벼운 것들은 위로 올라간다고 가르쳤다.

7) 스토아 학파는 원초적 불을 신으로 여기며, 4원소는 각각 어느 정도 신적인 불을 지닌다.

않습니다. 누군가 말할지 모릅니다. "나는 세상 밖을 조사하겠다. 끝없는 광막함인가 아니면 그것에도 어떤 한계가 있는가? 세상 밖의 것은 어떻게 생겼는가? 흉하고 무질서한가? 사방으로 동일한 공간을 차지하고 있는가 아니면 질서에 따라 구분되어 있는가? 이 세상에 붙어 있는가 아니면 여기서 멀리 떨어져 있어 허공에서 회전하는가? 생겨났거나 생겨날 모든 것을 구성하는 원자들[8]이 있는가 아니면 만물의 질료는 연속적이며 가변적인가?[9] 원소는 서로 간에 대립하는가 아니면 충돌하지 않고 다양성 가운데 화합하는가?" 이런 것을 탐구하기 위해 태어난 이가 있다면, 모든 시간을 요구한다고 하더라도 그에게는 얼마나 시간이 적을지 생각해보십시오. 쉽게 빼앗기거나 부주의로 잃는 것은 없도록 해도, 자신의 시간을 극진히 아껴 보존하고 인간 수명의 끝까지 한계를 늘이고 자연이 부여한 것으로부터 운명이 어떤 것도 앗아가지 못하게 해도, 그럼에도 인간 한계를 넘어서는 앎에 죽음은 너무 가깝습니다. 따라서 제가 전적으로 자연에 복종하는 한, 자연을 숭배하고 가꾸는 한, 저는 자연에 맞추어 사는 것입니다. 그런데 자연은 제가 양자, 즉 실천과 관조의 여유를 가지기를 원했습니다. 그러니 저는 양쪽을 다 행할 것입니다. 실로 실천하지 않는 관조란 없기 때문입니다.

6 당신은 말합니다. "문제는, 네가 쾌락을 위해 관조에 접근한 것은 아닌가, 관조로부터 오로지 끊임없는 진지한 관조만을 구한 것은 아닌가 하는 것이다. 관조는 달콤하며 그 자체로 매력을 가지고 있으니 말이다." 이에 당신에게 답합니다. 당신이 어떤 마음가짐으로 정치활동을 행하는지도, 늘 분주하여 세상일에서 눈을 돌려 신적인 것에 전혀

---

8) 에피쿠로스 학파의 견해.
9) 4원소가 정해진 순서대로 변한다는 스토아 학파의 견해.

시간을 쓰지 않는 것은 아닌지도 마찬가지로 문제입니다. 덕에 대한 사랑 없이, 훈련과 준비 없이 임무를 수행하는 것이 올바르지 못한 것처럼, 은둔에 몰두하여 실천하지 않고 또 배운 것을 보여주지 않는 덕은 불완전하고 나태한 선입니다. 실천을 통해 덕의 완성을 추구해야 함을 누가 부정하겠습니까? 무엇을 해야 하는지를 생각하는 데만 머물지 않고 장차 손을 움직여야 하며, 생각했던 것을 실천해야 한다는 것을 누가 부정하겠습니까? 하지만 만약 실행을 지체하는 원인이 현자 자신이 아니며, 실천할 사람이 아니라 실천할 일이 없는 것이라면, 당신도 현자가 혼자 머물 수밖에 없음에 동의하지 않겠습니까? 현자가 은둔하는 것은 무슨 뜻이겠습니까? 그때에도 자신이 후대를 위해 유익한 일을 실천하려는 뜻입니다. 우리는 확신을 가지고 말합니다. 제논과 크뤼십포스는 군대를 이끄는 것보다, 관직을 수행하는 것보다, 법률을 제정하는 것보다 훌륭한 일을 실천했습니다. 그들은 한 민족을 위해서가 아니라 전 인류를 위해 그런 것들을 실천했습니다. 그렇다면 선한 사람에게 이런 은둔을 허용하지 않을 이유가 무엇입니까? 소수의 사람들만이 아니라 전 인류를 포함하여, 지금 살고 있으며 앞으로 태어날 사람들까지 이를 통해 수세기 동안 질서를 얻게 될 테니 말입니다. 요약하자면 저는 클레안테스와 크뤼십포스와 제논이 그들의 가르침대로 살았느냐 하는 것을 묻고 있습니다. 분명 당신은 그들이 그들 스스로 그렇게 살아야 한다고 말한 방식대로 살았다고 대답할 것입니다. 하지만 그들 가운데 누구도 국가를 다스리지는 않았습니다. 당신은 말합니다. "막중국사에 참여하는 데 어울릴 만한 그런 행운 혹은 그런 지위가 그들에게 주어지지 않았다." 하지만 그들이 나태한 삶을 산 것은 아닙니다. 그들은, 땀을 흘리며 공무를 수행하는 다른 사람들보다 자신들의 은둔이 인류에게 더 많은 유익이 되는 방법을 찾아냈습니다. 그리하여 그들은 공적인 일은 하지 않으면서도 많은 일을 한 것으로 보입니다.

7 게다가 삶에는 세 종류가 있는데, 흔히 이것들 중 어느 것이 최선인지를 질문합니다. 첫 번째는 쾌락에 헌신하는 삶이고, 두 번째는 관조에 헌신하는 삶이며, 세 번째는 실천에 헌신하는 삶입니다. 우선, 우리와 다른 가르침을 따르는 사람들에 대한 끝없는 증오나 다툼은 접어두고, 세 종류의 삶이 저마다 이름은 다르지만 어떻게 동일한 곳에 이르는지를 봅시다. 쾌락을 받아들이는 사람도 관조를 결여하지 않고, 관조에 헌신하는 사람도 쾌락을 결여하지 않으며, 실천에 삶을 바치는 사람도 관조를 결여하지 않습니다. 당신은 말합니다. "목적인지 아니면 목적의 부수물인지는 엄청난 차이가 있다." 엄청난 차이가 있다는 것은 인정합니다. 그렇지만 하나가 다른 하나를 결여하는 것은 아닙니다. 관조하는 자는 실천 없이 관조하는 것이 아니고, 실천하는 자도 관조 없이 실천하는 것이 아니며, 우리가 동의하는바, 평판 나쁜 나머지 한 사람[10]도 쓸모없는 쾌락은 인정하지 않고, 이성이 보장하는 쾌락만을 인정합니다. 따라서 쾌락을 추구하는 학파도 실천을 합니다. 어떻게 실천하지 않을 수 있겠습니까? 에피쿠로스 본인도 쾌락을 거부하고 고통을 취하겠다고 말합니다. 만일 쾌락 때문에 후회가 뒤따른다면, 혹은 큰 고통을 피하기 위해 작은 고통을 취해야 한다면 말입니다. 이런 말의 요점은 무엇입니까? 분명히 모든 사람들은 관조를 반깁니다. 다만 어떤 사람들은 관조를 목적으로 추구하지만, 우리에게 관조는 정박지일 뿐 목적지는 아닙니다.

8 이제 은둔하는 사람에게 크뤼십포스의 가르침에 따라 사는 것이 허락된다는 점에 시선을 돌려보십시오. 은둔을 견디기 위해서가

---

10) 에피쿠로스 철학자.

아니라 선택하기 위해서 말하는 것입니다. 우리 학파는 현자가 아무 국가든 그 국가에 종사해야 한다고 말하지는 않습니다. 국가가 현자를 등한시하기 때문에 현자가 은둔하든, 아니면 국가가 모두를 등한시하는 마당에 현자가 국가를 등한시하여 은둔하든 그것이 무슨 차이가 있겠습니까? 차이를 지겹게 캐묻는 사람들도 결코 알지 못할 것입니다. 저는 현자가 어떤 국가로 가는지 묻습니다. 아테네 사람들의 국가로는 어떻습니까? 소크라테스는 유죄판결을 받았고, 아리스토텔레스는 그렇게 될까봐 도망가지 않았습니까? 그곳에서는 질시가 덕을 억압하지 않았습니까? 그렇다면 현자는 카르타고인들의 국가로 가야겠습니까? 그곳에는 끊이지 않는 중상모략, 훌륭한 사람이라면 가리지 않고 달라붙는 방종, 선(善)과 형평에 대한 극도의 경멸과 적에 대한 무자비한 증오와 더 나아가 바로 자신들을 향한 적의가 있습니다. 오히려 이 국가를 피할 것입니다. 만일 제가 각각의 나라들을 열거한다고 해도, 현자를 받아줄, 혹은 현자가 감내할 만한 어떤 국가도 찾을 수 없을 것입니다. 그런데 우리가 상정한 저 국가를 찾을 수 없을 때, 모든 사람들은 은둔을 필요 불가결한 것으로 여기기 시작할 것입니다. 은둔보다 더 나은 것이라고는 결코 찾을 수 없기 때문입니다. 만일 누군가 항해가 최고라고 하면서도, 잦은 파선과 키잡이를 반대쪽으로 돌려놓는 폭풍이 빈번한 바다로 항해해서는 안 된다고 주장한다면, 그는 항해를 칭찬하면서도 돛을 올리는 것은 금하고 있다고 생각됩니다. [……]

제9권

평상심(平常心)에 관하여

De Tranquillitate Animi

1 [세레누스가 세네카에게] 생각해보니, 세네카여, 저에게 결점이 있음이 분명하니, 그중 일부는 손으로 잡을 수 있을 정도로 드러나 보이고, 일부는 숨겨져 보이지 않으며, 일부는 지속적이진 않지만 시간을 두고 단속적으로 반복되고 있습니다. 마지막 것이 어쩌면 가장 골치 아픈 것으로, 마치 근거지 없이 헤매다니며 기회가 되면 쳐들어오기 때문에 전쟁을 준비하기도 마땅치 않고 그렇다고 무턱대고 휴식을 취하기도 여의치 않은 적들을 대할 때와 같습니다. 저는 (제가 의사에게처럼 당신에게 진실을 말하지 못할 이유가 있겠습니까?) 제 자신이 두렵고 혐오스러운 것들로부터 진정으로 벗어난 것도 아니며, 반대로 완전히 굴복된 것도 아닌 상태에 놓여 있음을 분명히 알고 있습니다. 저는 지금 최악의 상태는 아니지만 상당히 불편하고 고통스러운 처지에 있습니다. 병에 걸린 것은 아니지만 건강하지도 않습니다. 모든 탁월함의 시작은 미약하며 시간이 흐름에 따라 거기에 강인함과 견고함이 생겨날 것이라고 당신은 말씀하시겠지만, 그것은 아닙니다. 저도 모르지 않는바, 체면 때문에 애쓰는 것들, 예를 들면 관직과 연설술 등 남들의 성원에 기대는 것들은 모두 시간의 흐름과 함께 강해집니다. 진정한 힘을 만들어내는

일들은 물론 일종의 화장술로 호감을 얻는 일들도 시간을 통해서 조금씩 돋보이게 됩니다. 하지만 제가 두려워하는 것은, 습관이 변함없이 지속되어 저의 결함이 더욱 깊어지지나 않을까 하는 것입니다. 오래 알고 지내다보면 선한 이들은 물론이고 악한 이들과도 친해지기 마련입니다.

용감하게 올바름을 택하는 것도 아니고 못된 것으로 돌아서는 것도 아닌 모호한 상태에 머무는 이런 제 영혼의 나약함이 무엇인지를 당신께 한마디로 뭐라 말씀드릴 수 없으며, 다만 여러 부분으로 나누어 보여드릴 수 있습니다. 저에게 벌어지는 일들을 말씀드릴 것인데, 이런 질병의 이름을 찾아주시기 바랍니다. 저는 절약에 대해 아주 큰 애착을 가지고 있음을 고백합니다. 저는 호사스럽게 꾸민 보금자리를 사양하며, 옷상자에서 꺼내온 옷, 화려함을 쥐어짜는 수천의 무겁고 고통스러운 장식물들이 달린 옷을 사양합니다. 저는 다만 집에서 입는 싸구려 옷을 좋아하는데, 이런 옷은 간수하느라 신경 쓸 일도, 입느라고 애쓸 일도 없기 때문입니다. 저는 하인들이 준비하고 시중드는 식사를, 벌써 며칠 전부터 준비하라 시키고 여러 사람들의 손을 거쳐야 마련되는 식사를 사양합니다. 저는 다만 구하기에 쉽고 편리한 식사를 좋아하며 외국에서 가져온 값비싼 것이라고는 아무것도 없는, 어디서나 찾을 수 있는, 재산도 축내지 않고 몸도 상하지 않는, 들어간 곳으로 다시 쏟아져 나오지 않는[1] 식사를 좋아합니다. 저는 꾸미지 않은 촌스러운 하인의 시중이면 족하고, 장인의 서명이 새겨지지 않은 촌부의 묵직한 은그릇이면 족하고, 다양한 문양으로 눈을 사로잡고, 소유하고 있던 고상한 자들의 이름이 한없이 이어져 나라 전체에까지 알려진 식탁이 아니라, 손님의 눈을 사로잡지도 않고 질투심을 불러일으키지도 않는 편리한 식탁이면 족합니다. 이런 것들로 아주 만족하지만, 그래도 저의 마음을 유혹하는

---

1) 구토를 하면서까지 음식을 즐기는 미식가들의 식사방법을 가리킨다.

것이 있는바, 아이를 데리고 가는 가정교사의 호사스러움이나, 축제 때보다 공들여 황금으로 차려입은 노예들과 화려한 하인들, 값비싼 것으로 바닥을 장식한 저택이나, 온통 구석구석에 쏟아부은 돈으로 광휘를 자랑하는 집, 물려받은 유산을 탕진해버릴 친구들이나 추종자 무리들입니다. 바닥까지 들여다보이는 맑은 물이 만찬장 주변을 휘돌아나가는 것, 이런 무대에 어울리는 만찬은 말해 무엇 하겠습니까? 사치는 멀리 검약의 나라에서 온 저를 엄청난 빛으로 둘러싸고 사방에서 울어댑니다. 차츰 눈빛은 흐려지지만 이런 사치에 대항하여 먼저 마음을, 그리고 눈을 돌립니다. 그리하여 저는 이에 물들어 타락하지 않고 돌아섭니다만, 서글퍼지는 것도 사실입니다. 저의 허술한 살림살이 가운데 고개를 들지 못하며, 남몰래 마음을 좀먹는 병과 의심이 기어듭니다. 저런 것들이 더 좋은 것들은 아닐까 하는 의심 말입니다. 이런 것들 가운데 무엇도 저를 바꾸지는 못하지만, 흔들어놓기는 합니다.

저는 선생님들의 말씀을 따르며 국가 업무에 뛰어드는 것에 만족합니다. 저는 자색 관복 혹은 권속(權束)에 이끌려 관직과 권부(權斧)를 쥐려는 것이 아니라, 친구들과 이웃들과 모든 시민들, 끝으로 전 인류를 위해 봉사하고 유익을 행하기를 바랄 뿐입니다. 저는 기꺼이 제논과 클레안테스와 크뤼십포스를 추종합니다. 이들 가운데 누구도 직접 국가 업무를 맡지 않았지만, 이들 모두가 남들에게는 이를 권고했습니다. 충격을 받는 데 익숙하지 않은 제 마음을 무엇인가가 때릴 때, 세상살이에서 흔히 그런 것처럼 부당한 일이 일어나거나 혹은 쉽게 풀리지 않는 일이 생기거나 혹은 중요하지도 않은 일이 많은 시간을 요구할 때에 저는 은둔하며, 지친 동물들이 흔히 그러하듯 집으로 발걸음을 재촉합니다. 자기 집의 사방 담장 안에 숨어 삶을 보내는 것은 즐거운 일입니다. "합당한 대가를 내놓지 않는다면 누구도 내게 단 하루라도 앗아가지 못하리라. 영혼은 스스로에 매달리라. 스스로를 도와라. 자신과 무관한 것은 행하지 말라. 법정에 관련된 일은 어떤 것도 행하지 말라. 국사든 개인사든 전혀 돌보지 않는 평상심을 사랑하라." 그러나 강력한 연설문이 제 영혼을 일깨우고 고귀한 사례들이 폐부를 찌를 때면, 다시 광장으로 뛰어들고 싶습니다. 그리하여 어떤 이에게는 목소리를 빌려주고, 어떤 이에게는 도움을 내주며, 실제 도움이 되지 않을지라도 도우려는 시도라도 해보고 싶습니다. 복에 겨워 오만이 하늘을 찌르는 자가 있으면 눌러주고도 싶습니다.

학문에서, 저는 객관적 사태를 직시하고 객관적 사태를 이야기하는 것이, 사태에 말을 허락하여 사태가 말하는 대로 가공되지 않은 설명이 나오도록 하는 것이 훌륭한 일이라고 생각합니다. "수 세기를 살아남을 글을 쓰는 것이 뭐 그리 필요한가? 후손들이 당신에 관해 침묵하지 않도록 그것을 원하는 것은 아닌가? 태어났으니 죽을 것이고 조용한 장례식은 번거로움이 적을 것이다. 그러므로 시간을 절약하여, 후대의 자랑거리가 될 것이 아니라, 너 자신에게 유익한 것을 단순하게 쓰도록 하라. 그날그날을 위해 공부하는 사람들에게는 수고가 많이 필요하지 않는 법이다." 그러나 다시 영혼이 심각한 생각거리로 고개를 들기 시작할 때, 영혼은 말에 욕심을 부리고 더욱 높은 곳에서 호흡하며 말하기를 열망하여, 말은 사태의 위엄을 위해 정도를 벗어납니다. 그리하여 저는 글쓰기의 규칙, 간결함이라는 규율은 망각한 채, 잘난 척 말하게 되며 제 말이 아닌 말을 하게 됩니다.

이런 것들을 일일이 설명하지 않기 위해 말씀드리자면, 제 마음은 선을 추구하지만 모든 일에서 이런 나약함을 드러냅니다. 조금씩 허물어지지 않을까 걱정합니다. 혹은 보다 흔한 일이겠지만, 계속 추락하는 사람과 비슷해지지 않을까 그리고 제 자신이 예측하는 것보다 훨씬 더 나

빠지지 않을까 걱정합니다. 왜냐하면 누구나 자신의 일은 너그럽게 바라보며, 호의는 언제나 판단을 흐리는 법이기 때문입니다. 저는 많은 사람들이 진리에 도달할 수 있었을지도 모른다고 생각합니다. 자신이 이미 도착했다고 생각하지만 않았어도, 만약 마치 그런 것처럼 위장하지만 않았어도, 눈을 가리고 그냥 지나쳐버리지만 않았어도 말입니다. 우리 자신의 아첨 때문이 아니라 남들의 아첨 때문에 우리의 판단이 흐려진다는 것은 전혀 근거 없는 소리입니다. 누가 감히 자신에 대하여 진실을 말하겠습니까? 칭송하고 아부하는 사람들 틈에 끼어, 누가 자신에 대하여 자신을 속이려고 하지 않겠습니까? 청하건대 만약 당신이 저의 이런 우유부단함을 치료할 방법을 알고 계신다면, 저도 평상심을 배울 만한 사람으로 생각해주시기 바랍니다. 저는 제 이런 영혼의 동요가 위험한 것은 아님을, 시끄러운 것이 되지 않을 것임을 알고 있습니다. 제가 이렇게 탄식하는 바로 그것을 당신께 진실에 부합하게 표현하자면, 제가 혼란스러운 것은 폭풍 때문이 아니라 뱃멀미 때문입니다. 그러므로 무엇이든 나쁜 것은 제거해주시고, 육지를 바라보며 고생하고 있는 저를 도와주시기 바랍니다.

2 [세네카가 세레누스에게] 세레누스여, 당신의 마음 상태가 무엇과 유사한지를 오랫동안 조용히 자문해보았는데, 오랜 중병에서 회복된 다음 가끔 미열과 가벼운 장애에 시달리거나, 후유증에서 벗어났지만 여전히 의심에 사로잡혀 불안해하며 건강한데도 의사에게 고열을 호소하는 자들과 가장 유사하다고 생각합니다. 세레누스여, 이들은 몸은 건강하나 건강에 익숙해지지 않은 것입니다. 이것은 폭풍우가 지나간 잔잔한 바다에 이는 물결과 같습니다. 따라서 당신에게 필요한 것은 이미 지나간 가혹한 조치들이 아닙니다. 예를 들면 자신을 적대시하

거나, 자신에게 화를 내거나, 자신을 심하게 옥죄는 것이 아닙니다. 다만 이제 마지막으로 스스로를 신뢰하고, 잘못된 길을 포함하여 사방에 흩어진 발자국에 말려들지 않으며 제 갈 길을 간다고 믿는 것이 당신에게 필요합니다. 그런데 당신이 바라는 것은 위대하고 높은 것이자 신과 아주 가까운 것, 즉 흔들리지 않는 것입니다. 희랍인들은 확고한 마음 상태를 '에우튀미아(euthymia)'라 부르고, 이에 관한 데모크리토스의 글은 훌륭한바, 저는 이를 '평상심'이라 부릅니다. 반드시 희랍어의 형태를 모방해서 단어를 번역해야 하는 것은 아닙니다. 중요한 것은 희랍어의 형태가 아니라 뜻을 살리는 명칭으로 지칭되었나 하는 것입니다. 그러므로 우리가 추구하는 바는 마음이 늘 한결같고 순조롭게 유지되며, 자신과 더 가까워지고, 자신의 상태를 즐겁게 바라보며, 중단 없이 이런 즐거움을 누리고, 평온한 상태를 유지하여 의기양양하지도 의기소침하지도 않는 것입니다. 이것이야말로 평상심일 것입니다. 평상심에 도달할 수 있는 방법을 두루 찾아봅시다. 그러면 당신은 원하는 만큼의 일반 치료약을 가지게 될 것입니다. 우선 각자가 가졌다고 알고 있는 모든 악덕을 앞에 끌어 모아야 합니다. 이와 동시에 당신은 당신이 얼마나 자기혐오에 덜 시달리는지를 알게 될 것입니다. 화려한 공약(公約)과 거대한 명성에 묶여, 원해서가 아니라 수치심 때문에 자신을 포장하려 애쓰는 사람들보다 말입니다.

경솔함과 싫증과 끊이지 않는 변덕으로 고통 받는 사람들, 포기한 것에 항상 더 마음을 두는 사람들, 도통 열정이 없고 무력한 사람들은 모두 같은 원인에서 그러합니다. 여기에 불면증에 걸린 사람들처럼 몸을 뒤척이며 이런저런 자세로 눕다가 결국 지쳐 잠들어버리는 사람들을 추가하십시오. 이들은 끊임없이 생활방식을 바꾸며, 바꾸는 것이 싫증나서가 아니라 변화에 둔감한 노년에 이르러서야 비로소 생활방식이 고정

됩니다. 여기에 굳건해서가 아니라 게을러서 잘못을 범하지 않는 사람들, 그리고 자신이 뜻한 대로가 아니라 이전에 살아온 방식대로 사는 사람들도 추가하십시오. 이런 악덕들의 증상은 무수히 많지만 결과는 오직 하나, 즉 자기 불만입니다. 자기 불만은 마음을 통제하지 못하며, 소심한 혹은 가망 없는 욕구에서 생겨납니다. 사람들은 자기의 욕망을 감행하거나 충족시키지 못하고 기대만 부풀립니다. 그들은 항상 확고하지 못하고 쉽게 바뀝니다. 이는 불안한 삶을 사는 사람들에게는 당연합니다. 그들은 자신의 소원을 이루려고 온갖 수단을 동원하여 추하고 어려운 일을 자신에게 가르치고 강요하다가, 애만 쓸 뿐 보상이 없으면 공허한 수치심에 괴로워하고, 잘못된 것은 아니되 헛된 것을 원했기 때문에 고통스러워합니다. 그때 그들은 이미 착수했던 것을 후회하고 새로 시작하는 것을 두려워합니다. 자기 욕구를 통제할 수도 없고 따를 수도 없기 때문에 출구를 찾지 못한 마음은 어느새 동요합니다. 자기 뜻대로 안 되는 삶은 정체되고, 성취가 좌절된 마음은 침체되고 무기력해집니다. 성과 없는 노역에 염증을 느껴 은둔하여 혼자 애쓰다 보면 상황은 더 악화됩니다. 공무를 지향하고 실천을 욕구하며 타고나기를 가만히 있지 못하는 마음은 은둔을 견딜 수 없으며 이때 결코 확실히 위안을 얻지 못합니다. 그래서 여기저기 뛰어다니던 즐거움은 사라지고, 집도 고독도 벽도 견디지 못하는 마음은 어쩔 수 없이 자신의 고독한 처지를 바라봅니다. 여기서 염증, 자기불만, 어디서도 가만히 있지 못하는 마음의 동요가 생기며, 자신의 은둔을 괴롭고 고통스러워합니다. 특히 창피해서 실제 이유를 털어놓지 못하고 고통을 안으로 억누를 때, 좁은 곳에 갇힌 욕구는 출구를 찾지 못해 자신을 옥죕니다. 여기서 슬픔, 무기력, 불안한 마음의 수많은 풍파가 생기는데, 이런 마음은 희망이 생기면 들떴다가 희망이 사라지면 침울해집니다. 여기서 자신의 은둔을 혐오하고 아무 할 일이 없다고 불평하게 만드는 감정과 다른 사람들의 성공을 매우 싫어하는 시기심이 생깁니다. 이들의 불행한 나태는 질투를 조장하고, 이들은 자기가 성공할 수 없기 때문에 모든 사람이 망하기를 바랍니다. 다음으로, 이들의 마음은 다른 사람들의 성공을 혐오하고 자기의 처지에 절망해서 운명에 화를 내고 시대를 불평하며, 구석으로 물러나 지쳐 지긋지긋해질 때까지 자신의 고통을 되새깁니다. 인간의 마음은 본성적으로 활동적이고 움직이려고 합니다. 그것은 자극을 받거나 주의를 딴 데로 돌릴 기회를 반깁니다. 하지만 분주한 활동으로 자기 몸을 기꺼이 악화시키는 최악의 본성을 타고난 사람들은 이런 기회를 더 반깁니다. 종기는 염증을 악화시키는 손을 원하여 만져주면 좋아하고, 몸에 앉은 흉측한 딱지는 긁어주면 즐거워하듯이, 곪아터진 종기처럼 욕망들이 터져나온 마음에는 고통과 번뇌가 즐거움이 된다고 저는 말합니다. 우리의 몸도 고통으로 즐거움을 주는 경우가 있습니다. 몸을 뒤척이다가 괜찮은 쪽으로 돌아눕고 이리저리 위치를 바꾸면서 시원해지는 것을 예로 들 수 있습니다. 이와 같이 호메로스의 영웅 아킬레우스는 엎드려 누웠다 바로 누웠다 하며 다양한 자세로 누웠는데, 아픈 사람처럼 어떤 자세도 오래 견디지 못하고, 자세를 계속 바꾸는 것을 치료라고 생각했습니다. 그리하여 멀리 여행을 떠나고, 먼 바닷가를 돌아다니며, 항상 현재의 것에 만족하지 않는 변덕 탓에 땅에서도 바다에서도 시험을 받습니다. "이제 캄파니아로 가자." 곧 사치스런 생활에 싫증을 냅니다. "사람의 손길이 닿지 않은 곳을 보러 가자. 브루티움과 루카니아의 산길을 따라 가보자." 하지만 끝없이 펼쳐진 두렵고 황량한 장소에서 까다로운 눈에 위안을 주려고 유쾌한 것을 찾습니다. "항구가 좋고 겨울에 날씨가 온화하며 오래전부터 사람이 넘치는 부유한 고장 타렌툼으로 가자." "이제 로마로 경로를 바꾸자." 너무나 오랫동안 박수갈

채와 떠들썩한 소리를 듣지 못했고, 사람의 피를 보면서 즐기는 것이 마음에 들었기 때문입니다. 계속 여행하며, 여행할 때마다 볼거리가 달라집니다. 루크레티우스는 "이런 식으로 각자는 항상 자기로부터 도망친다" 말합니다.2) 그러나 결국 도망친 것이 아닌바, 그런들 무슨 소용이 있겠습니까? 누구나 가장 부담스러운 동반자로서 자신을 뒤쫓고 압박합니다. 따라서 장소의 결점이 아니라 우리의 악덕 때문에 고통 받고 있음을 알아야 합니다. 우리는 허약해서 모든 것을 인내하지 못하고, 노고, 쾌락, 우리 자신, 그 밖의 것을 오래 견디지 못합니다. 어떤 이들은 죽음을 선택했는데, 그들은 자주 목표를 바꾸다가 동일한 곳으로 되돌아올 뿐 새로운 것은 찾지 못하기 때문에 삶에도 세상 자체에도 염증을 느껴, 자신을 무기력하게 만든 향락 속에서 "얼마나 오랫동안 똑같은 것을 견뎌야 하는가?"라는 생각을 떠올렸던 것입니다.

3 어떤 방법으로 이런 염증에 맞서야 하는지 저의 생각을 당신은 묻습니다. 가장 좋은 것은 아테노도로스3)가 말했던 것으로, 소송 사건과 국사 그리고 시민의 임무에 자신을 헌신하는 것입니다. 오로지 땡볕 아래 훈련과 단련으로 하루를 보내는 운동선수에게는 자신이 유일하게 헌신하는 일인 근육과 체력을 키우는 데 시간 대부분을 쓰는 것이 가장 유용한 것처럼, 시민의 송사에 대비하여 열심히 준비하는 사람들에게는 국사에 참여하는 것이 가장 훌륭한 일입니다. 국가와 인간을 위해 유용한 사람이 되기를 원할 때, 맡은 임무 한가운데에 자신을 던져 공적인 일과 사적인 일을 수행하는 것은 자신을 단련시키는 일이자 동

---

2) 루크레티우스, 『사물의 본성에 관하여(*De rerum natura*)』 제3권 1068행(강대진 역, 아카넷, 2012).
3) 소 카토의 친구로서 로마를 방문했던 타르소스 출신 스토아 철학자.

시에 유익을 수행하는 일입니다. 반면 어떤 사람은 이렇게 말합니다. "하지만 저토록 어리석은 야심과 거짓을 일삼는 무고자들 틈에 끼어서는 소박함이 전혀 무사하지 않을뿐더러, 뜻대로 되기보다는 뜻에 반하는 것들이 훨씬 많이 생길 것이므로 법정이나 민회는 회피해야하며, 사적 공간에서 자신을 펼치는 것이야말로 위대한 정신이다. 사자나 짐승의 야수성은 우리 속에 갇히면 꺾이지만, 이와 달리 인간은 고독할 때 위대한 성취를 이룩하는 법이다. 비록 은둔하더라도 개인적으로나 공적으로 자신의 재능과 목소리와 생각이 유익하게 쓰이기를 바랄 일이다. 왜냐하면 관직 후보자를 데려오거나 소송 당사자를 보살피고 전쟁과 평화에 대해 생각하는 사람만이 국가를 위해 일하는 것이 아니라, 젊은이들을 격려하고 훌륭한 가르침이 저토록 부족한 가운데에서도 덕을 마음에 심어주고 돈과 사치로 달려가는 사람을 붙잡아 말리며, 만약 그것이 안 된다면 지체라도 시키는 사람 역시 사적인 영역에서 공적인 임무를 수행하는 것이기 때문이다. 외국인과 시민 사이에서 혹은 로마 시민 전담 법무관으로서 의뢰인들에게 법률자문을 들려주는 사람보다, 정의가 무엇인지, 도리가 무엇인지, 인내가 무엇인지, 용기가 무엇인지, 죽음을 가벼이 여김이 무엇인지, 신에 대한 앎이 무엇인지, 양심이 얼마나 비용이 들지 않는 선인지를 알려주는 사람이 덜 봉사한다는 말인가? 그러므로 당신이 공무에서 빼낸 시간을 학문의 탐구로 돌린다고 해도 당신은 의무를 등한시하거나 기피하는 것이 아닐 것이다. 실로 전선에 서 있거나 좌우익에서 싸우는 군인만이 복무하는 것이 아니라, 성문을 지키는 사람도, 덜 위험하지만 한가롭지는 않은 진영에서 보초를 서고 무기고를 보호하는 사람도 복무하는 것이다. 그 직분들은 비록 피가 묻지는 않았으나 군복무에 속하는 것이다. 만일 당신이 학문의 탐구에 이끌린다면 삶의 모든 권태를 벗어날 것이고, 낮이 싫어 밤이 오기를 기다리지도 않을 것이고, 당신이 당신 자신에게 짐이 되거나 남에게 무익하게 되지도 않을 것이다. 당신은 많은 이들을 우정으로 끌어올 것이며, 아주 훌륭한 사람들이 당신을 찾아올 것이다. 비록 덕은 숨겨져 있다고 하더라도 그 표시가 드러나며, 누구든지 안목 있는 사람은 그 흔적만을 보고도 덕을 찾아오는 법이다. 대화와 인간관계를 모두 끊고 오로지 우리 자신만을 보고 산다면, 열의를 결여한 그런 고독에는 어리석음이 따를 뿐이니, 어떤 때는 건물을 짓고 어떤 때는 허물고, 바다를 막기도 하고 그러기 어려운 지역에 물을 끌어들이기도 하면서, 자연이 우리에게 쓰라고 준 시간을 허비하게 된다. 어떤 이는 시간을 아껴서 사용하며, 어떤 이는 낭비한다. 어떤 이는 무엇인가를 남기는 데 쓰고, 이보다 나쁜 것은 없는바, 어떤 이는 쓰고도 아무것도 남기지 못한다. 그리하여 노인이 나이 말고는 살아온 세월을 입증할 아무런 유산도 남기지 못하는 일이 종종 있다."

4 소중한 세레누스여, 제가 보기에 아테노도로스는 시대에 지나치게 굴복하고 너무 빨리 물러선 것이 아닌가 싶습니다. 저도 때로는 물러서야 한다는 것을 부정하지는 않지만, 그래도 조금씩 걸음을 옮겨 깃발은 잃지 않으면서도 병사의 위엄을 지키며 물러나야 한다고 봅니다. 무기를 들고 협상에 돌입하는 사람들은 적들에 대해 더욱더 조심하고 주의를 기울여야 합니다. 덕에 의해, 그러니까 덕을 추구하는 사람은 이렇게 해야 한다고 저는 생각합니다. 즉 운명이 다른 것들보다 힘을 발휘하여 행동의 가능성을 차단할 경우라면, 즉시 돌아서서 무기를 버리고 도망쳐 운명이 절대 쫓아올 수 없는 어떤 장소라도 있는 양 숨을 곳을 찾을 것이 아니라, 다만 가능한 범위에서 의무를 이행하며 국가를 위해 쓸모 있는 것을 기쁜 마음으로 찾아보아야 할 것입니다. 군복무가

허락되지 않으면 관직을 구하십시오. 또 사인(私人)으로 살아갈 수밖에 없다면 연설가가 되십시오. 침묵하라는 명을 받는다면 조용한 조언자로 시민들을 도우십시오. 법정에 접근하기가 위험하다면 집안에서나 경기장에서나 식사자리에서 선량한 동행으로, 신뢰할 만한 친구로, 절제하는 식객으로 처신하십시오. 시민으로서의 의무가 막힌다면 인간으로서의 의무를 다하십시오. 그리하여 넓은 마음으로 우리는 우리 자신을 한 도시의 울타리 안에 가두지 않았으며, 온 세상이 만나는 곳으로 나아가 온 세계를 우리의 조국이라고 선포하여 덕에게 더 넓은 지평을 열어주었던 것입니다. 당신에게 법관 자리가 막혔으며 연단과 민회에 출입이 금지되었다면, 당신 뒤에 얼마나 넓은 세상이 열려 있는지 얼마나 많은 인민들이 있는지 돌아보십시오. 당신에게 제 아무리 커다란 영역이 닫힌다고 하더라도 여전히 더 넓은 영역이 남아 있을 것입니다. 그런데 그런 모든 것이 전부 당신의 잘못이라고 생각하지 마십시오. 당신이 집정관 혹은 시장4) 혹은 제사장 혹은 통령5) 자격으로 국가를 다스리기를 원했던 것은 아니기 때문입니다. 총사령관 혹은 군사호민관이 아니고서는 군복무를 하지 않겠다고 하는 것은 아니지 않습니까? 제비뽑기로 다른 사람들은 전열의 선두에 서지만, 당신은 제3열에 배치될 때라도 목청을 다해 전의를 다지며 모범을 보여 용기를 다해 종군하십시오. 어떤 사내는 전투에서 손이 잘려나갔을 때에도 나머지 부분들로 할 수 있는 일을 찾아냈으며, 전선에 계속 남아 고함으로 독전(督戰)했습니다. 당신도 그렇게 하십시오. 운명이 국가의 최전선으로부터 당신을 소환한다고 해도 계속 지키며 고함으로 독려하십시오. 그리고 누군가 입을 막는다고 해도 계속 지키며 침묵으로 독전하십시오. 선량한 시민의 노력이 헛

---

4) 희랍 도시국가의 최고위직.
5) 카르타고의 최고위직.

되게 버려지는 일은 결코 없습니다. 사람들이 듣고 볼 때에, 그는 표정으로, 고갯짓으로, 불굴의 의지로, 침묵으로, 그리고 걸음걸이만으로도 기여합니다. 건강에 좋은 것은 맛보지 않고 바르지 않아도 냄새만으로 이로움을 주듯이, 덕은 멀리 떨어져 있고 숨어 있어도 유익함을 전해줍니다. 덕은 여기저기 돌아다니며 좋을 대로 살아갈지라도, 마음대로 떠나와 돛을 접을지라도, 아무 일도 하지 않고 조용히 살아가며 제한된 곳에 틀어박히더라도, 어떤 상황에 처할지라도 유익함을 전해줍니다. 당신은 조용히 침묵하고 있는 사람이 보여준 모범이 별로 쓸모없다고 생각합니까? 결코 아닙니다. 그러므로 운명의 걸림돌에 의해서 혹은 국가의 여건 때문에 참여하는 삶이 금지된다면, 은둔과 일을 섞는 것이 가장 훌륭한 것입니다. 훌륭한 행동을 할 여지가 전혀 주어지지 않을 정도로 모든 것이 금지되는 일은 지금까지 한번도 없었습니다.

5 　30인 참주들[6]이 갈기갈기 찢어놓았을 때의 아테네보다 더 비참한 도시를 찾을 수는 없습니다. 이들은 가장 훌륭했던 1,300명의 시민들을 죽인 것으로 멈추지 않았고, 이들의 잔혹함은 계속 불타올랐습니다. 가장 신성한 아레오파고스 법정, 평의회, 평의회를 닮은 민회가 있었던 도시에 가혹한 사형집행인들의 무리가 매일매일 모였고, 불행히도 평의회가 열리는 곳은 참주들로 미어터졌습니다. 참주들의 숫자가 그 부하들만큼이나 많은 도시가 어찌 평온할 수 있겠습니까? 사람들은 자유를 회복할 희망을 품지 않았고, 악인들의 강력한 힘을 제압할 방법도 없어 보였습니다. 그 비참한 도시의 어디에서 하르모디오스[7] 같은

---

6) 기원전 5세기 말 아테네의 과두정치체제.
7) 하르모디오스는 아리스토게이톤과 함께 아테네에서 페이시스트라토스 가문을 전복하는 데에 중요한 역할을 했다.

사람들을 충분히 찾을 수 있었겠습니까? 하지만 소크라테스가 등장하여 슬퍼하는 아버지들을 위로하고, 국가에 절망한 사람들을 격려하며, 자기 재산을 잃을까 두려워하고 자신의 무모한 탐욕을 뒤늦게 후회하는 부자들을 꾸짖으며, 30인 참주들 사이를 자유인답게 거닐으로써 자신을 모방하려는 사람들에게 훌륭한 본보기가 되었습니다. 하지만 아테네는 소크라테스를 감옥에서 죽였으니, 참주들의 무리를 조롱했던 사람의 자유를 자유가 박탈한 경우입니다. 국가가 곤경에 처할 때에는 현자가 자신의 진가를 발휘할 기회를 얻지만, 국가가 번영하고 행복할 때에는 돈과 시기심과 수천 가지 비겁한 악덕들이 기승을 부린다는 것을 아셔야 합니다. 따라서 국가의 형편과 운명의 허용 범위에 따라서 활동의 폭이 달라지더라도 우리는 활동할 것이고, 두려움에 사로잡혀 가만히 있지는 않을 것입니다. 더욱이 사방에서 위험이 닥쳐오고 주위에서 무기와 사슬이 덜그럭거려도 덕을 내버리거나 감추지 않는 사람이 진짜 사내일 것입니다. 자신을 감추는 것은 자신을 구하는 것이 아닙니다. 제 생각에 죽은 자처럼 살기보다는 죽는 것이 더 낫다는 쿠리우스 덴타투스의 말은 옳습니다. 최악은 죽기도 전에 살아 있는 자들의 부류에서 제외되는 것이기 때문입니다. 그러므로 당신이 국정에 참여하기 어려운 시대에 살고 있다면 은둔하여 학문에 더욱 매진해야 하고, 항해에 위험이 닥치면 곧바로 항구를 찾듯이 국사(國事)에서 해방되기를 기다리지 말고 당신이 자발적으로 국사에서 벗어나야 합니다.

6 그런데 우리는 가장 먼저 바로 우리 자신을, 그 다음으로 우리가 목표로 하는 일을, 그 후에 우리 일의 혜택을 입을 사람들을, 우리와 함께 일할 사람들을 살펴보아야 할 것입니다. 무엇보다도 먼저 자기 자신을 평가하는 일이 필요한데, 우리 대부분은 자신의 능력보다 더

많이 할 수 있다고 생각하기 때문입니다. 어떤 이는 유창한 말솜씨에 대한 자부심으로 미끄러질 것이고, 어떤 이는 상속 재산으로 감당할 수 있는 것보다 더 많은 것을 주문해대고, 힘든 일로 허약한 몸을 짓누르는 이도 있습니다. 공적인 일은 강인한 성격을 요구하는바, 소심한 사람은 전혀 어울리지 않거니와, 어떤 사람들은 궁정에서 그곳에 어울리지 않는 오만함을 부립니다. 분노를 제어하지 못하는 사람은 격분하여 경솔한 언사를 내뱉습니다. 어떤 이들은 재기(才氣)를 주체하지 못해 위험한 농담을 뱉어냅니다. 이 모든 사람들에게 은둔은 일보다 더 유용합니다. 과격하고 참을성이 없는 본성은 해를 불러올 방종을 피하길! 두 번째로, 우리가 목표로 하는 것을 평가해야 하며, 우리가 다룰 대상에 대해 우리의 능력을 준비해야 합니다. 언제나 일보다는 행위하는 사람의 힘이 더 커야 하는바, 나르는 사람보다 짐이 더 크다면 짐에 눌릴 수밖에 없기 때문입니다. 또한 어떤 일은 큰 것은 아니지만 해야 할 일들을 많이 가져오는 경우가 있습니다. 거기서 새롭고 다양한 일들이 생겨날 판이면 피해야 하며, 자유롭게 물러날 수 없다면 다가가서는 안 될 것입니다. 끝을 맺을 수 있거나 확실히 예측할 수 있는 종류의 일에 손을 대야 할 것이며, 할수록 더 커지는 일들, 예정했던 곳에서 끝나지 않는 일들은 내버려둬야 합니다.

7 어떤 경우든 우리는 사람들을 선택할 수밖에 없으며, 우리 인생의 일부를 쏟아부을 만한 가치를 가진 사람들인지, 우리의 시간 투자가 보람 있을 사람들인지 물어야 합니다. 왜냐하면 어떤 이들은 우리의 기꺼운 희생을 당연한 것으로 생각하기 때문입니다. 아테노도로스가 말하기를, 자신은 식사 초대를 받을 때, 자신의 응대에 감사하지 않을 사람들의 초대에는 결코 응하지 않는다고 합니다. 당신도 알 것인바, 그는

식사 초대로 친구들의 희생을 다 갚았다고 여기는 사람들의 초대에는 더더욱 응하지 않을 것입니다. 이들은 저녁식사를 굉장한 봉헌으로 생각하여, 과분한 대접을 상대에게 베풀었다고 생각합니다. 이들의 증인과 목격자 노릇을 그만둡시다. 쓸쓸한 식탁은 이들에게 즐거움이 되지 않을 것입니다. [당신의 본성이 일을 행하는 데 적합한지, 아니면 한가로운 학문과 사색에 더 잘 어울리는지를 심사숙고해야 합니다. 그리하여 당신 재능의 힘이 당신을 이끄는 곳으로 나아가야 합니다. 이소크라테스는 강제로 손을 써서 에포로스를 법정에서 끌어냈습니다.[8] 그는 에포로스가 기념비적 역사물을 쓰기에 더 쓸모가 있다고 생각했던 것입니다. 강요된 재능은 어긋난 결과를 가져옵니다. 본성이 거부할 때 노동은 결실도 얻지 못합니다.][9] 참되고 진심어린 우정보다 마음을 즐겁게 하는 것은 없습니다. 안심하고 모든 비밀을 털어놓을 사람들이 주변에 있다는 것은 얼마나 큰 축복입니까! 그들도 알고 있음이 당신 혼자만의 앎보다 두려울 것이 없으며, 그들과의 대화로 고독은 가벼워지며, 그들의 의논으로 계획이 생겨나고, 그들의 활기로 슬픔이 달아나며, 그들의 얼굴은 위안이 됩니다. 우리는 확실히 최대한 욕정을 비운 사람들을 선택할 것입니다. 악덕은 몰래 기어들어와 주변 사람들에게로 옮겨가며, 접촉하면 해를 입히기 때문입니다. 따라서 역병이 돌 때에, 이미 감염되어 전염병으로 몸이 불덩이가 된 사람들을 멀리할 수 있도록 염려하는 것처럼, 우리는 친구들의 본성을 살피는 데 많은 공을 들일 것이며 그리하여 가장 물들지 않은 친구들과 사귈 것입니다. 질병은 환자와 건강한 자를 섞어놓는 데서 시작되는 것입니다. 현자 이외에는 누구도 따르지 말며

---

8) 에포로스는 이소크라테스의 제자이다.

9) 여기까지 대괄호 속에 들어간 문단은 이 자리에 속하는 것이 아닌 것으로 잘못 삽입되었다.

혹은 끌어들이지 말라고 당신에게 가르치는 것은 아닙니다. 그런 사람을 당신이 도대체 어디에서 찾을 수 있겠습니까? 우리도 수백 년 동안 찾고 있는데 말입니다. 최선자(最善者)가 아니라, 악덕에 가장 적게 물든 자면 됩니다. 만약 플라톤과 크세노파네스 같은 사람들 사이에서, 소크라테스 산파술의 자손들 사이에서 선한 자를 찾는다면, 혹은 카토의 동시대인으로 태어나기에 합당한 사람들을 숱하게 만들어낸 카토의 시대(물론 이 시대에도 전대미문의 사악한 자들은 태어났으며, 그들은 극악한 행동의 주도자들이었습니다. 양편이 이렇게 고르게 많음은 카토가 세상에 알려지는 데 필수적이었습니다. 그는 선한 자들을 통해 자신을 돌보고, 악한 자들을 통해 자신의 능력을 발휘해야 했던 것입니다)로부터 고를 선택권이 당신에게 주어질 경우, 이런 행복한 선택의 기회를 놓고 당신은 결정할 수 없을 것입니다. 하지만 오늘날과 같이 이렇게 선한 자들이 극히 없는 시대에 선택은 힘겨운 일이 아닙니다. 그럼에도 불구하고 특히 비관주의자들이나, 아무 이유 없이 불평을 즐기는 불평꾼들은 피해야 합니다. 이들에게 신뢰와 호의를 가질 수도 있습니다만, 모든 것에 투정을 부리고 소란을 피우는 이들은 평상심의 적입니다.

8 논의 주제를 인간 고통의 가장 큰 원천인 재산으로 바꿔봅시다. 우리를 괴롭히는 다른 모든 악(죽음, 질병, 공포, 욕망, 고통과 고난)과 돈이 우리에게 가져오는 악을 비교하면, 후자가 전자보다 훨씬 더 클 것입니다. 따라서 돈이 아예 없는 고통이 돈을 잃는 고통보다 얼마나 더 가벼운지를 생각해야 합니다. 가난은 손해 볼 가능성이 적은 만큼 고통의 가능성도 줄어들게 됨을 알게 될 것입니다. 부자들이 재산의 손실을 더 잘 감내한다고 생각하면, 이는 오산입니다. 작은 몸만큼 큰 몸도 상처의 고통은 똑같기 때문입니다. 머리숱이 적은 사람만큼 머

리숱이 많은 사람도 머리카락이 뽑히는 아픔은 매한가지라는 비온의 말은 훌륭한 말입니다. 당신이 알고 있듯, 빈자만큼 부자도 괴로워합니다. 둘 다 자기 돈에 집착하여 돈을 잃으면 괴로워하는 것입니다. 하지만 제가 말했듯이, 돈을 잃는 것보다는 돈이 아예 없는 것이 견디기에 더 수월합니다. 따라서 운명에게 버림받은 사람들보다는 운명의 보살핌을 받은 적이 없는 사람들이 더 즐겁다는 것을 알게 됩니다. 위대한 정신의 디오게네스는 이를 깨닫고서 뺏길 것 없이 살았는데, 이 상태를 가난, 빈곤, 빈궁이라 부르든지, 돈 뺏길 걱정이 없는 상태에다 아무거나 당신이 원하는 수치스러운 이름을 붙여보십시오. 잃을 것이 아예 없는 다른 사람을 당신이 찾아내지 못하는 한, 저는 디오게네스가 행복하다고 여길 것입니다. 제가 잘못 생각하는 것입니까? 탐욕가, 사기꾼, 날강도, 유괴범이 판을 치고 있는데도 오직 한 사람만이 해를 입지 않는다면, 그는 왕과 다를 바 없는 사람입니다. 디오게네스의 행복을 의심하는 사람은 불사신들의 행복 또한 의심할 수 있습니다. 불사신들에게는 토지도 정원도 외국에 있는 값비싼 경작지도 시장에서 벌어들이는 많은 수입도 없기 때문입니다. 당신이 부에 넋이 나가 있다면 부끄럽지 않습니까? 우주만물을 보십시오. 신들은 모든 것을 다 줘서 아무것도 가진 것이 없는 빈털터리입니다. 운명이 준 모든 것에서 벗어난 사람을 가난하다고 여깁니까? 아니면 불사신들과 같다고 여깁니까? 폼페이우스보다 외람되게도 더 부유했던 그의 해방노예 데메트리우스가 더 행복하다고 말합니까? 전에는 두 명의 보조 노예와 조금 넓은 방 하나 가지는 것을 부라고 생각했던 그가, 마치 군사령관이 군대의 수를 보고받듯, 날마다 노예의 수를 보고받았습니다. 반면 디오게네스는 하나뿐인 노예가 도주했다는 소식을 들었을 때, 그를 잡아오는 일에 관심이 없었습니다. 그는 "마네스가 디오게네스 없이 살 수 있다는데, 디오게네스는 마네스가 있어야 살 수 있다는 것은 부끄러운 일이다"라고 말했습니다. 제가 보기에, 그는 "운명이여, 너의 일이나 열심히 해라. 지금 나 디오게네스는 너의 것을 가지고 있지 않다. 나의 노예가 도주했지만, 오히려 내가 자유로워졌다"라고 말한 것 같습니다. 음식과 옷을 요구하는, 몹시 게걸스러운 노예들에게 그토록 큰 배를 채워주고 옷을 사줘야 하며, 도벽이 심한 그들의 손을 감시해야 하며, 울부짖고 불평하는 이들을 부리느라 애를 써야 합니다. 따라서 가장 쉽게 무마할 수 있는 상대인 자기 자신을 제외한 어느 누구에게도 신세질 필요가 없는 사람은 얼마나 행복합니까! 그러나 우리는 그렇게까지 굳세지 않기 때문에, 반드시 재산을 줄여서 운명의 불의에 덜 노출되게 해야 합니다. 갑옷에서 삐져나와 온갖 부위에서 부상에 노출된 아주 큰 몸보다는 갑옷에 꼭 맞는 몸이 전쟁에 더 적절합니다. 가난에 빠지지도 않고 가난에서 너무 많이 벗어나지도 않은 정도의 돈이 가장 적절합니다.

9 그런데 검약 없이는 어떤 재산도 족하거나 충분할 수 없는바, 만약 먼저 검약을 잘 받아들였다면 이런 적절한 재산에도 우리는 만족할 것인데, 그럴 경우 특히 구제수단이 가까이 있게 되고, 가난도 검약의 도움으로 부유함이 되기 때문입니다. 허영을 버리는 습관을, 장식이 아니라 쓸모를 고려하는 습관을 들입시다. 음식은 허기를 채울 만큼, 음료는 목마름을 달랠 만큼, 욕구는 필요한 만큼만 흐르게 합시다. 우리 자신의 몸을 써서 버티며, 새로운 양식보다는 선조들이 가르치는 바에 따라 평상심을 키우고, 사치를 억제하고, 명예욕을 조절하며, 분노를 누르고, 가난을 편견 없는 눈으로 바라보고, 노새조차 창피하게 여길 정도의 검약을 배우며, 자연적 욕망에는 쉽게 얻을 수 있는 수단을 사용하고, 고삐 풀린 희망과 앞일에 경도된 마음을 사슬에 묶으며, 이렇게

하여 우연이 아니라 우리 자신에게서 부를 구합시다. 우연의 수와 범위는 다양하여 다 제거할 수 없는바, 아무리 큰 돛을 펼친다 한들 돌진해오는 풍랑을 완전히 막아낼 수 없습니다. 폭풍의 공격을 무의미하게 만드는 방법은 좁은 공간에 움츠리는 것이며, 고로 때로 추방과 곤궁은 구제수단이 되어 작은 불편으로써 큰 손실이 치료됩니다. 마음이 가르침에 귀를 기울이지 않고 부드러운 방법으로 치료될 수 없을 때, 가난과 불명예와 파산을 겪어 나쁜 일이 나쁜 마음에 닥쳐올 때, 무엇을 배우게 됩니까? 사람들 없이 식사하고 소수의 시종이 시중들며 옷은 검소하게 준비하고 입는 데 익숙해지도록 합시다. 마차 경기나 달리기 시합에서만이 아니라, 인생에서도 주로 바깥으로 멀리 돌아서는 안 됩니다.

 학문은 가장 자유민다운 일이지만, 이에 대한 지출도 한도가 있을 때만 합당한 것입니다. 주인일지라도 평생 단지 제목만 겨우 훑을 수밖에 없을 만큼 많은 책들과 도서관들은 무슨 쓸모가 있습니까? 책 더미는 배우는 이를 가르치기는커녕 짐만 될 뿐입니다. 소수의 저자들에게 전념하는 것이 많은 사람들 사이에서 방황하는 것보다 훨씬 더 낫습니다. 알렉산드리아에서는 4만 권의 책이 불타버렸습니다.10) 어떤 이는 이를 풍요로운 왕국의 훌륭한 기념비라고 칭송했는바, 티투스 리비우스 같은 이는 이 대단한 일이 왕들의 아취(雅趣)와 배려로 이루어졌다고 말했습니다. 그러나 이것은 아취도 배려도 아닙니다. 오히려 학문적 사치라고 해야 하는바, 실로 학문적이라는 말도 전혀 맞지 않는 것이, 이는 단지 과시를 위해서이지 학문을 위한 것이 아니기 때문입니다. 글을 모르는 대중에게는 어린이들의 철자학습용 책마저도 공부를 돕기 위해서가 아니라 식당 장식용으로 쓰이는 것과 같습니다. 그러므로 장식용이 아닌, 적당한 정도의 책을 마련합시다. 당신은 말합니다. "이런 것에 돈을 쏟

10) 율리우스 카이사르가 기원전 47년에 알렉산드리아를 급습했을 당시.

아붓는 것은 코린토스의 금붙이나 그림에 쏟아붓는 것보다는 더 고상하지요." 지나친 것은 어디서나 그른 것입니다. 유자나무나 상아로 된 서가를 마련하려고 애쓰고, 알려지지 않은 혹은 인정받지 못한 저자의 책을 캐내고, 수많은 책들 사이에서 표지와 제목에 가장 크게 기뻐할 뿐 내용에는 지루해하는 사람을 당신이 너그러이 대하는 까닭은 무엇입니까? 따라서 가장 게으른 사람들에게서, 당신은 연설문이나 역사서에 속한 것은 무엇이든지 빠짐없이 볼 수 있을 것입니다. 천장까지 쌓아올린 책궤들을 말입니다. 실로 이제는 자기 집에 냉탕과 온탕을 마련하고, 마치 집에 필수적인 장식인 양 도서관을 마련합니다. 학문에 대한 지나친 열정에 길을 잃어버렸다면, 아마 저도 그들에게 관대히 대했을지도 모르겠습니다. 오늘날, 그들이 그토록 가지고 싶어하던 신성한 재능을 지닌 저자들의 책은 저자들의 상(像)과 함께 배열되고, 장식과 치장을 위해 엄선되어 벽을 채웁니다.

10 당신이 삶의 시련에 처했다고 합시다. 공적인 운명 혹은 사적인 운명이, 풀어낼 수도 잘라버릴 수도 없는 그물을 어찌할지 모르는 당신에게 던졌다고 말입니다. 속박당한 자들은 처음에는 이를 힘겨운 짐으로 여기며 족쇄를 힘들어 합니다. 하지만 이것들에 분노하지 않고 견뎌내기로 마음을 고쳐먹으면, 피할 수 없는 상황은 용감하게 견디는 법을, 익숙해진 상황은 편하게 견디는 법을 곧 가르쳐줍니다. 만약 당신이 시련에 분개하기보다 그저 작은 일이라고 생각하게 된다면, 삶의 어떤 일에서건 즐거움과 휴식과 쾌락을 찾게 될 것입니다. 이런 점에서 자연은 우리에게 무엇보다 훌륭한 것을 주었는바, 우리가 어떤 고통을 통해 태어났는지를 알고 있기 때문에, 우리를 위해 고통의 완화제로 인내를 발명하고는 이내 우리를 아주 심한 고생에 익숙해지도록 이끌었

던 것입니다. 우리가 강인해진 것은 오로지 이어진 불행이 첫 불행의 타격과 동일한 강도로 계속되었기 때문입니다. 우리는 모두 운명의 사슬에 매여 있습니다. 어떤 이들에게는 느슨한 황금 사슬이고, 다른 이들에게는 빡빡하고 지저분한 사슬일 뿐, 무슨 차이가 있겠습니까? 모두가 다 감시를 받고 있기 때문에, 왼편 사슬에 묶인 것은 별일 아니라고 생각한다면 모를까, 구속하는 자들도 구속되어 있기는 마찬가지입니다.11) 이 사람은 명예가, 저 사람은 재산이 옭아맵니다. 이 사람은 고귀한 가문이, 저 사람은 천한 혈통이 억압합니다. 어떤 자들은 남의 권력에 목숨이 날아가고 어떤 자들은 자신의 권력에 그러합니다. 어떤 이들은 추방 때문에 한군데 붙박여 살며, 어떤 자들은 사제직 때문에 그러합니다. 삶은 모두 노예 생활입니다. 따라서 제 처지에 익숙해져야 하며, 가급적 이런 처지에 대해 의문을 품지 말아야 하고, 자신의 주변이 어떤 처지든지 이를 좋게 이해해야 합니다. 영혼이 평상심을 잃고 위안을 찾지 못하는 것만큼 아픈 일도 없습니다. 협소한 공간도 분배의 기술을 통해 많은 수가 이용할 수 있을 정도로 넓어지고, 제 아무리 좁아터진 장소라도 배치를 통해 살 만한 곳으로 변모됩니다. 시련이 닥쳐도 제정신을 차리십시오. 그러면 어려운 일도 쉬워질 수 있으며, 빡빡한 일도 느슨해질 수 있으며, 지혜롭게 짊어지는 사람이라면 무거운 것에도 짓눌리지 않을 수 있습니다. 덧붙여 욕망은 멀리까지 보내지 말아야 하며 다만 가까운 곳에서 돌아다니도록 허락할 일입니다. 사실 욕망은 전적으로 억제되는 것을 참아내지 못하기 때문입니다. 전혀 불가능한 것들이거나 힘겨운 욕망은 버려두고, 가까이 있는 것들과 우리의 희망에 근접한 것들을 좇아가도록 합시다. 하지만 이들 모두가 공히 하찮은 것들임은 명심

---

11) 감시자와 범인을 한군데 묶어 감시를 수월하게 하되, 감시자는 왼편 사슬에 묶는 것이 관례였다.

합시다. 외적으로는 다른 모습을 하고 있지만 내적으로는 공히 헛된 것입니다. 그러므로 높은 자리에 있는 자들이라고 부러워하지 맙시다. 높아 보이지만 실은 백척간두에 서 있는 것이기 때문입니다. 불안한 위치에 놓인 사람들은 높은 위치에 대한 교만을 버리고 되도록 자신을 낮춤으로써 안전해질 것입니다. 사실 자신들의 지위에 매달려 있을 수밖에 없는 많은 사람들이 있는바, 이들이 거기서 내려올 수 있는 길은 오로지 추락하는 것뿐입니다. 이들은 자신이 남들에 의해 어쩔 수 없이 비중있는 사람이 되었다는 것 자체가 자신에게 가장 힘겨운 부담임을 증언할 것이며, 높은 곳에 오른 것이 아니라 높은 곳에 붙박여버렸음을 증언할 것입니다. 정의와 온정과 인정을 베풀면서 너그럽고 자비롭게 처신함으로써 이들은 순탄한 추락을 위한 많은 준비를 해야 할 것입니다. 이런 준비가 만들어주는 희망에 기대어 이들은 한결 걱정을 덜 것입니다. 하지만 이러한 영혼의 혼란으로부터 우리를 벗어나게 할 유일한 방법은 지위 상승에 일정한 한계를 정하는 것이며, 운명에게 결정권을 줄것이 아니라 우리 스스로 한계 훨씬 이전에 멈추는 것입니다. 이렇게 하면 욕망이 영혼을 자극한다고 해도 한계를 넘어 무한대로, 불확실성으로 영혼을 이끌지는 않을 것입니다.

11 이상의 논의는 현자가 아니라 불완전한 사람, 평범한 사람, 건강하지 못한 사람에게 적합한 것입니다. 현자라면 소심하게 한걸음 한걸음 나아갈 필요는 없습니다. 그는 자기 자신을 굳게 믿고 있기에 주저 없이 운명에 맞서고, 운명 앞에서 결코 물러서지도 않을 것입니다. 또한 그는 운명을 두려워하지 않습니다. 그는 자신의 노예, 재산, 지위뿐만 아니라 몸, 눈, 손, 삶을 더 소중하게 만들어주는 모든 것, 심지어 자기 자신조차 자기가 잠시 가(假)점유한 것들로 여기고, 빌려간 것들을

돌려달라고 요청받으면 흔쾌히 돌려줄 사람처럼 살아갑니다. 그는 자신이 자기 것이 아님을 알고 있다고 해서 자신을 무가치하게 여기지 않습니다. 오히려 신탁유증된 것들을 잘 관리하는 양심적이고 경건한 사람처럼 모든 일을 세심하고 주의 깊게 수행할 것입니다. 그는 돌려달라는 명령을 받으면, 운명에게 불평하지 않고 "내가 점유했던 것에 감사한다. 네 것들을 돌보면서 참으로 많은 이득을 보았는데, 네가 돌려달라고 명령하기에 기꺼이 감사하는 마음으로 돌려주고 물러선다. 내가 계속해서 네 것을 가지기를 네가 바라면, 잘 간직할 것이다. 네 생각이 이와 다르면, 내 은그릇, 집, 가족을 반환하여 원상 복구시키겠다"라고 말할 것입니다. 자연이 이전에 맡긴 것을 돌려달라고 요청하면, 우리는 자연에게 말할 것입니다. "네가 주었을 때보다 더 좋아진 영혼을 돌려받아라. 나는 머뭇거리지도 도망치지도 않는다. 부지불식간에 네가 내게 주었던 것을 나는 기꺼이 돌려줄 용의가 있다. 가져가라!" 당신이 출발했던 곳으로 되돌아가는 것이 뭐가 힘들겠습니까? 제대로 죽을 줄 모르는 사람은 제대로 살지 못할 것입니다. 그렇다면 사는 것에 많은 가치를 부여해서는 안 되고, 목숨을 하찮은 것으로 여겨야 합니다. 키케로가 말했듯이, 검투사들이 수단과 방법을 가리지 않고 목숨을 부지하고 싶어하면 우리는 그들을 싫어하지만, 그들이 목숨에 연연하지 않으면 우리는 그들을 좋아합니다. 우리도 이와 마찬가지임을 알아야 합니다. 죽음에 대한 두려움이 종종 죽음의 원인이기 때문입니다. 우리에게 장난치는 운명은 말합니다. "왜 겁 많고 나쁜 놈인 너를 살려둬야 하지? 너는 목을 내밀 줄 모르기에 더 심한 상처를 입고 꿰찔릴 것이다. 그러나 목을 빼내지도 않고 손으로 막지도 않고 용감하게 칼을 받는 너는 더 오래 살고 더 편히 죽을 것이다." 죽음을 두려워하는 사람은 결코 살아 있는 사람다운 행동을 하지 못할 것입니다. 하지만 잉태의 순간 이런 조건으로 계약이 성립했음을 아는 사람은 계약서대로 살아가며, 갑작스러운 일이란 없음을 한결같은 정신력으로 보여줍니다. 그는 일어날 수 있는 모든 일을 언젠가 일어날 일처럼 예견하여 온갖 악의 공격을 약화시킬 것입니다. 이런 공격은 예상하여 대비하고 있는 사람들에게는 갑작스러울 것이 없지만, 아무 걱정 없이 행복하기만을 바라는 사람들에게는 가혹합니다. 질병, 감금, 파괴, 화재가 일어나기는 하지만, 어느 것도 예기치 않게 일어나지는 않습니다. 어떠한 소란스러운 공동숙소 안에 자연이 저를 가두었는지를 저는 잘 알고 있습니다. 제 이웃집에서는 여러 번 곡소리가 들렸습니다. 요절한 사람의 장례행렬이 여러 번 촛불과 횃불을 앞세우고 저희 집 앞을 지나갔습니다. 가끔 근처에 있는 건물이 무너지며 굉음을 냈습니다. 어느 날 밤에, 법정과 원로원과 사석에서 친분을 맺은 많은 사람들이 죽었고, 우정의 악수를 나눈 사람들이 유명을 달리했습니다. 항상 제 주위를 맴도는 위험이 언젠가 저에게 닥친다고 해서 제가 놀라겠습니까? 대부분의 사람들은 폭풍을 염두에 두지 않고 항해를 합니다. 말[言]이 훌륭하다면 형편없는 작가의 말이라도 개의치 않을 것입니다. 푸브릴리우스는 비극작가나 희극작가보다 뛰어난 재능을 가지고 있어서, 익살극의 바보짓과 말석 관람객들을 위한 작품을 남길 때마다, 익살극 무대를 넘어 비극 장화12)까지도 넘어서는 강렬한 말들도 남겼습니다. "누군가에게 일어날 수 있는 일은 모두에게 일어날 수 있다." 누군가 이 말을 마음속 깊이 새기고, 날마다 수없이 발생하는 다른 사람들의 불행을 바라보면서 자신이 아직 당하지는 않았지만 당하게 되리라는 생각을 하면, 공격당하기 훨씬 전에 스스로를 무장할 것입니다. 위험이 발생한 다음에는, 위험을 견뎌내려는 마음을 무장한들 너무 늦습니다. "이런 일이 일어나리라고는 생각조차 못 했다." 또는 "이런 일이 일어나리라고 믿은 적

---

12) 비극 공연에서 배우들이 사용한 장화.

없지?" 그런데 이런 일이 안 일어나겠습니까? 가난, 굶주림, 걸식이 바짝 뒤따르지 않는 부는 어디에 있습니까? 치욕, 책망, 수많은 오점, 극도의 경멸을 동반하지 않은 원로원 의원의 관복, 사제의 지팡이, 귀족의 신발은 어디에 있습니까? 파괴와 전복, 참주와 사형집행인이 없는 왕국은 어디에 있습니까? 이런 것들은 서로 많이 다르지 않습니다. 용상에 앉는 것과 다른 사람에게 무릎을 꿇는 것은 한 순간의 차이입니다. 그렇다면 모든 상황은 바뀔 수 있고, 누군가에게 일어난 일은 당신에게도 일어날 수 있음을 아십시오. 당신은 부유합니다. 폼페이우스[13]보다 더 부유합니까? 오랜 친척이자 새로 주인이 된 가이우스[14]가 폼페이우스의 집을 폐쇄하고자 카이사르의 궁전으로 불러들였을 때, 폼페이우스에게는 빵도 물도 없었습니다. 그는 자신의 영지에서 발원하여 바다로 흘러드는 수많은 강들을 가지고 있었지만, 몇 모금의 물을 구걸했습니다. 그는 친척의 궁전에서 배고프고 목말라서 죽었는데, 그의 상속인은 그가 굶주릴 때 국장(國葬)을 준비했던 것입니다. 당신은 최고의 관직에 있습니다. 세야누스만큼 높고, 감히 바랄 수 없고, 모든 관직을 아우르는 위치에 있습니까? 원로원이 세야누스를 호송하던 날, 민중은 그를 갈기갈기 찢었습니다. 신들과 인간들은 그에게 쌓아올릴 수 있는 것을 모두 주었지만, 사형집행인이 끌고 갈 것이 남지 않았던 것입니다. 당신은 왕입니다. 당신을 크로이소스에게 견주지는 않겠습니다. 그는 화형에 처해져서 장작의 불이 꺼지는 것을 보았으며, 그리하여 살아남아 자기 왕국의 최후뿐만 아니라 자신의 죽음 또한 목격했습니다. 로마 민중이 두려움에 떨며 지낸 지 채 1년도 되지 않아 구경거리가 된 유구르타에 견주지도 않겠습니다. 우리는 아프리카의 왕 프톨레마이오스와 아르메니아

---

13) 기원후 14년에 집정관을 역임했던 섹스투스 폼페이우스.
14) 칼리굴라.

의 왕 미트리다테스가 가이우스의 경비병들에게 감시당했음을 보았습니다. 전자는 추방당했고, 후자는 더욱 안전하게 호송되기를 간청했습니다.[15] 오락가락 변화무쌍한 일들 가운데 생길 수 있는 온갖 일들이 장차 실제 일어난다고 생각하지 않는다면, 자신에게 닥친 역경에 굴복하게 될 것입니다. 역경은 먼저 알아차리면 이겨낼 수 있습니다.

12 이어서, 쓸데없는 것들에 혹은 쓸데없는 것들로 인해 수고하지 않도록 하는 것에 대해 다루고자 합니다. 다시 말해 우리가 얻을 수 없는 것을 갈망하지 않아야 하며, 우리의 헛된 욕구를 좇다가 많은 땀을 흘린 뒤에서야 너무 늦게 알아차리게 되어서는 안 됩니다. 수고는 결실이 없어서는 안 되고, 결실은 수고에 부합해야 합니다. 성공하지 못하거나 수치스런 성공인 경우 대개 비참함이 따라오기 때문입니다. 집과 극장, 광장을 이리저리 배회하는 사람들 대다수처럼 여기저기 기웃거리는 일은 삼가야 합니다. 그들은 남의 일에 개입하고, 항상 무엇인가를 하고 있는 사람인 양 행합니다. 만일 당신이 이들 중 한 명이 집을 나설 때 그에게 "어디로 갑니까? 무엇을 하려고 합니까?"라고 묻는다면 그는 이렇게 답할 것입니다 "사실은 나도 모른다. 그래도 어쨌든 누군가를 만날 것이고 뭔가를 하겠지." 정한 것도 없이 할 일을 찾으며 돌아다닙니다. 결심했던 바가 아니라 그때그때 닥치는 대로 해치웁니다. 그들의 행보는 무모하고 헛되어, 마치 덤불 사이를 기어다니는 개미들이 아무 생각 없이 꼭대기까지 올라갔다가 거기서 다시 아래로 내려오는 것과 다를 바 없습니다. 대부분의 사람들이 이와 유사하게 살아가며 이들의 삶은 근면한 나태라고 불러도 무방합니다. 당신은 그들을 마치 불구

---

15) 마우레타니아의 왕 프톨레마이오스는 로마로 추방되어 살해당했다. 미트리다테스는 나중에 왕으로 복귀했다.

경을 하려고 달려가는 사람인 양 한심하다고 할 것입니다. 그들이 분주하게 돌아다니며 답례하지도 않을 사람들에게 인사하러 다니며, 알지 못하는 사람의 장례식과, 빈번히 소송하는 사람들의 법정과 여러 번 결혼하는 사람들의 약혼식을 쫓아다니며, 가마를 따라가다가 어떤 곳에서는 가마를 들기까지 할 때, 그들은 마주치는 사람들을 밀쳐내며 같이 넘어집니다. 그리고 그는 지쳐서 집으로 되돌아오지만, 왜 집에서 나갔는지, 어디에 있었는지 맹세코 자신도 전혀 알 수 없다고 말합니다. 다음 날, 그는 전날과 똑같은 행보에 따라 헤매고 다닐 것입니다. 모든 수고가 무엇인가를 지향하고 무엇인가를 바라보기를! 그들을 부추기는 것은 근면함이 아니라, 사태에 대한 정신없는 망상입니다. 사실 어떤 희망 없이 그들이 움직이는 것은 결코 아닙니다. 사태의 겉모습이 그들을 선동하며, 정신은 이미 사로잡혀 그 헛됨을 결코 찾아내지 못합니다. 이와 마찬가지로, 제 편을 늘리려는 사람은 사소한 이유들을 내세우며 도시를 돌아다닙니다. 해가 뜨면 아무 할 일이 없으면서도 날이 밝자마자, 집을 나섭니다. 많은 사람들의 집을 방문하고, 문을 두드리고, 문지기에게 일일이 인사하지만, 많은 사람들에게 쫓겨나며 그의 집에서 그보다 만나기 어려운 사람은 없습니다. 이런 악덕에서 유래하는 가장 비천한 악덕은 엿들음, 공사를 가리지 않고 묻고 다님, 그리고 확실히 알지 못하는 많은 것들을 떠벌림입니다.

13 제 생각에 이런 뜻으로 데모크리토스는 다음과 같이 말했던 것입니다. "만약 조용히 살기를 원한다면 공적으로나 사적으로 많은 일을 하지 않기를." 이때 그는 분명 쓸데없는 일들을 말한 것입니다. 만약 필요한 일이라면 사적으로뿐만 아니라 공적으로 헤아릴 수 없을 만큼 많은 일을 해야 할 것입니다. 하지만 우리를 부르는 것이 경건할 것

없는 임무라면, 우리는 행동을 접어야 할 것입니다. 많은 일을 하는 사람은 자신에 대한 처분권을 종종 운명에게 맡기는 셈입니다. 운명을 시험하지 않는 것, 덧붙여 늘 운명을 생각하거나 거기에 어떤 신뢰도 부여하지 않는 것은 얼마나 안전한 것입니까? "배를 타고 갈 것인데, 무슨 일이야 있겠는가?" 혹은 "법무관이 되려고 하는데, 무슨 걸림돌이야 있겠는가?" "큰 사업이 내 뜻대로 진행될 것인데, 무슨 방해될 일이야 있겠는가?" 현자에게는 자신의 뜻에 어긋나는 일이 일어나지 않는다고 말한 것은 이런 이유에서입니다. 즉 현자가 인간의 운명에서 벗어났다고 말하는 것이 아니라 실수에서 벗어났다고 말하는 것이며, 현자에게는 모든 것이 바람대로 된다고 말하는 것이 아니라 생각한 대로 된다고 말하는 것입니다. 특히 현자는 일이 자신의 계획과는 달리 진행될 수 있음을 염두에 둡니다. 바람대로 되지 않을 것을 예상한 사람이 좌절의 고통을 좀더 홀가분하게 받아들이는 것은 당연합니다.

14 우리는 너무 고지식하면 안 됩니다. 우리가 내린 결정에 집착하지 않고 우연이 불러온 상황을 기꺼이 받아들이고, 평상심에 반대되는 악덕인 경솔함에 사로잡히지 않는 한에서, 우리의 결심이나 처지가 바뀌는 것을 두려워하지 않도록 말입니다. 종종 운명이 뭔가를 빼앗아 갈 때 고집은 반드시 우리를 불안하고 불행하게 만들며, 스스로를 제어하지 못하는 경솔함도 훨씬 더 큰 문제입니다. 아무것도 바꿀 수 없음과 아무것도 인내하지 못함, 둘 다 평상심의 적입니다. 어쨌든 우리의 마음은 외부의 모든 대상들로부터 벗어나 자신에게로 향해야 합니다. 우리의 마음은 스스로를 믿고 스스로에게 기뻐하며, 자신의 것을 존중하고 남의 것을 가능한 한 멀리하며, 스스로와 화합하고 상처받지 않으며, 시련조차 좋게 해석해야 합니다. 우리의 스승인 제논은 배가 난파

되어 전 재산이 물속에 가라앉았다는 소식을 들었을 때 말했습니다. "운명은 나에게 철학에 전념하라고 명하는구나." 죽이되 매장하지 않겠다고 참주가 위협하자, 철학자 테오도로스는 말했습니다. "당신 마음대로 할 수 있겠지만, 당신이 좌지우지할 수 있는 내 피는 고작 몇 방울에 불과하다. 매장과 관련하여 지상에서 썩는지 지하에서 썩는지 여부가 내게 중요한 문제일 거라고 당신이 생각한다면, 그대 어리석은 자여." 율리우스 카누스는 우리 시대에 태어났어도 찬탄하지 않을 수 없는 아주 대단한 자인데, 가이우스[16]와 장시간 논쟁 후 떠날 때, 저 팔라리스[17]가 말했습니다. "네가 헛된 희망에 빠지지 않도록 너를 처형하라고 명했다." 그는 대답했습니다. "몹시 존경스러운 폐하여, 고맙습니다." 그가 무슨 의도로 그런 말을 했는지는 잘 모르겠지만, 제게는 많은 생각이 떠오릅니다. 카누스는 가이우스에게 모욕을 주고 싶어했고, 또한 죽음조차 혜택이 될 수 있을 만큼 얼마나 가이우스가 잔인한지를 보여주고 싶었던 것 아닙니까? 혹은 가이우스의 일상적인 광기를 비난했던 것 아닙니까? 가이우스에게 자식을 잃고 재산을 몰수당한 사람들조차 가이우스에게 고마워했기 때문입니다. 혹은 기꺼이 죽음을 해방으로 받아들였던 것 아닙니까? 의도가 무엇이든 간에 카누스는 대범한 마음으로 대답했던 것입니다. 누군가는 "가이우스가 그 후에 카누스를 살려두라고 명했을 수도 있다"라고 말할지도 모릅니다. 카누스는 사형 명령에도 두려워하지 않았습니다. 가이우스의 명령이 충실히 이행되었다는 것은 잘 알려져 있었습니다. 카누스가 열흘 동안 아무 걱정 없이 지내다가 처형되었다는 것이 믿어집니까? 그가 말한 것과 행한 것, 그가 그렇게 큰 평상심을 지녔다는 것은 사실 믿기지 않습니다. 사형수 무리를 형장에

---

16) 칼리굴라.
17) 기원전 6세기 시킬리아에 있는 아크라가스의 참주. 문맥상 칼리굴라.

데려가는 백인대장이 장기를 두고 있던 카누스도 나오라고 명령했을 때, 그는 말을 센 다음 장기 상대에게 말했습니다. "내가 죽은 후에 자네가 이겼다고 거짓말은 하지 말게." 그는 백인대장에게 가볍게 인사하고 말했습니다. "당신은 내가 말 하나 차이로 이겼음을 증언해주시오." 당신은 카누스가 장기판에서 장기를 두었다고 생각합니까? 그는 조롱했던 것입니다. 그의 친구들은 그러한 사람을 잃을 생각에 슬펐습니다. 그는 말했습니다. "왜 슬퍼하는가? 너희들은 영혼이 불멸하는지 알고 싶어하는데, 나는 곧 이를 알게 될 것이다." 그는 죽는 순간까지 진리 탐구를 멈추지 않았고, 자신의 죽음조차 탐구 대상으로 삼았습니다. 그를 위해 조언하던 철학자가 뒤따라가며, 우리의 신 카이사르에게 매일매일 희생물을 올리던 언덕에 가까이 왔을 때 물었습니다. "카누스, 지금 무슨 생각을 하십니까? 당신의 마음은 어떠십니까?" "영혼이 육신에서 떠나가는 찰나에 영혼이 이를 알게 될지를 지켜보기로 결심했네"라고 대답했으며, 무엇인가를 발견하면 친구들을 찾아 돌아다니면서 영혼의 상태가 어떠한지를 알려주겠다고 약속했습니다. 폭풍 한가운데 있는 평상심을 보십시오! 불멸의 가치를 가진 마음을, 진리의 증명을 위해 자신의 운명마저 이용하고, 마지막 한 걸음을 남겨두고 육신을 떠나가는 영혼에게 물어보며, 죽을 때까지뿐만 아니라 죽음의 순간에서도 무엇인가를 배우려는 마음을 보십시오! 그보다 더 오래 철학에 매달린 사람은 아무도 없습니다. 그토록 대단한 분은 순식간에 잊혀져서는 안 되며, 존경심으로 회자되어야 합니다. 가장 고귀한 머리여! 가이우스의 희생자들 중 가장 위대한 이여, 우리는 당신을 영원히 기억할 것입니다.

15 그러나 개인적인 슬픔의 원인들을 멀리하는 것만으로는 평상심에 도움이 되지 않습니다. 왜냐하면 인류에 대한 증오가 난무하

기 때문입니다. 소박함이 얼마나 드문지, 순진함이 얼마나 잊혔는지, 이익이 있는 경우 말고는 신의가 얼마나 사라졌는지 생각할 때에, 그리고 범죄를 저지르며 즐거워하는 무리들, 욕망이 가져온 모두 비난받아 마땅한 이득과 손실, 자신의 한계에 만족할 줄 모르고 추악한 짓을 동원해서라도 빛나고 싶은 야망을 만날 때에 우리의 마음은 아득히 어두워지고, 덕목은 모두 엎어져 이를 되찾을 희망도 없고, 이를 추구하는 것에 아무런 이득도 없는 지경에 이르러 암울한 어둠만이 닥쳐옵니다. 그리하여 우리는 유연하게 대처해야 하는바, 어리석은 자들의 온갖 잘못을 혐오할 것이 아니라 다만 이를 우스꽝스러운 일이라고 생각할 것입니다. 우리는 헤라클레이토스가 아니라 데모크리토스를 닮아야 할 것입니다. 전자는 길을 걸어가며 눈물을 흘리곤 했지만 후자는 웃었다고 합니다. 한 사람에게는 우리가 하는 모든 일이 슬퍼하지 않을 수 없는 것이었지만, 다른 사람에게는 어리석음이었습니다. 따라서 모든 일을 가볍게 보아야 하며 유연하게 참아내야 합니다. 삶을 한탄스러워하는 것보다 웃어넘기는 것이 더욱 인간적입니다. 덧붙여, 슬퍼하는 사람보다 웃는 사람이 인류를 위해 더 많은 공헌을 합니다. 후자는 긍정적 희망을 조금이나마 남겨두지만, 전자는 나아갈 수 없다는 절망으로 어리석게도 슬퍼합니다. 보편적으로 볼 때, 웃음을 참지 못하는 사람은 울음을 참지 못하는 사람보다 훌륭한 마음을 가지고 있습니다. 웃음을 참지 못하는 영혼은 마음의 격정을 가볍게 움직이며, 이런 준비를 통해 결코 어떤 것도 크거나 준엄하거나 비참하다고 생각하지 않기 때문입니다. 누구든 즐겁거나 슬퍼하게 되는 각자의 이유를 가지고 있으며 이로써 비온의 말을 입증합니다. "인간의 모든 활동은 그 근원을 닮게 되며, 인간의 삶은 그것이 잉태된 순간보다 경건하지도 준엄하지도 않고, 무(無)에서 태어났으니 무로 돌아가기 마련이다."

하지만 더욱 좋은 것은, 관습과 사람들의 악행을 담담한 눈길로 쳐다보며 그것에 대해 웃지도 울지도 않는 것입니다. 타인의 불행 때문에 고통을 겪는다면 그것은 끊이지 않는 불행이며, 타인의 불행 때문에 기쁨을 느낀다면 그것은 비인간적인 일이기 때문입니다. 남이 죽은 아들을 묻으러 간다고 울고 슬픈 표정을 짓는 것은 쓸모없는 인간애일 뿐입니다. 자신의 불행과 관련하여, 관습이 아니라 자연이 요구하는 만큼의 고통만을 허락해야 합니다. 많은 사람들은 슬픈 것처럼 보이기 위해 다른 사람들 앞에서는 눈물을 흘리지만, 아무도 쳐다보지 않으면 눈에는 눈물이 말라버립니다. 모두가 눈물을 흘리는 곳에서 울지 않는 것을 많은 사람들은 부끄럽게 여깁니다. 다른 사람들의 시선을 의식하는 이런 행태는 참으로 깊게 뿌리내리고 있어, 슬픔이라는 단순한 일마저 위선처럼 보일 정도입니다.

16 이어지는 부분은 확실히 우리를 가장 슬프게 하고 근심하게 만드는 그런 주제가 되겠습니다. 선한 자들이 고통스러운 최후를 맞을 때, 소크라테스가 감옥에서 죽음을 맞도록 강요될 때, 루틸리우스가 추방되었을 때, 폼페이우스와 키케로가 자신의 피호민들에 의해 목숨을 잃었을 때, 살아 있는 덕의 화신이라고 불리던 카토가 자신과 국가를 위해 칼 앞에 쓰러졌을 때, 운명이 이토록 불공평한 보상을 주는 것에 괴로워하는 것은 당연한 일입니다. 최선자들이 최악의 고통을 겪는 것을 보았을 때 각자는 무슨 희망을 품어야 하겠습니까? 어떻습니까? 저들이 각각 어떻게 그것을 감내했는지 살펴보십시오. 용감하게 대처했다면, 용감한 최선자들을 마음속으로 흠모하십시오. 만약 여자들처럼 겁에 질린 채 죽어갔다면, 무가치한 것이 사라진 셈입니다. 그들은 용기로 감명을 줄 만한 사람들이거나 아니면 비겁 때문에 흠모하지 못할 사람

들입니다. 위대한 인물들의 용감한 죽음이 겁쟁이들을 만들어낸다면, 이보다 끔찍한 일이 무엇이겠습니까? 칭찬받아 마땅한 사람들을 칭송합시다. 이렇게 말합시다. "용감할수록 행복하도다! 그대들은 모든 고난과 질투와 질병에서 벗어났다. 감옥에서 벗어났다. 그대들은 신들이 보시기에 결코 불행을 겪을 사람들이 아닌바, 운명에 휘둘리지 않을 그런 사람들이다." 하지만 몸을 움츠리고 죽음 앞에 목숨을 돌본 자들은 무시해야 합니다. 기꺼이 죽은 자도, 울면서 죽은 자도 저는 애도하지 않습니다. 전자는 자신의 눈물을 자신이 닦아주었고, 후자는 자신의 눈물로 자신이 울어줄 가치가 없는 사람임을 보여주었으니 말입니다. 헤라클레스가 산 채로 불에 타 죽었다고 해서, 혹은 레굴루스가 수없이 못 박혔다고 해서, 혹은 카토가 제 스스로 몸에 상처를 입혔다고 해서 눈물을 흘려야 합니까? 이들 모두는 짧은 순간을 지불함으로써 영원한 존재가 되는 법을 발견했으며, 죽음으로 영원불멸에 이르렀습니다.

17 스스로를 꾸미려고 애쓰며 누구에게도 있는 그대로의 자기 모습을 보여주지 않는 것 또한 커다란 근심거리입니다. 많은 사람들의 삶은 가식적이고 과시적입니다. 보여주던 것과 다른 모습이 드러날까 두려워하며 자신을 끊임없이 살피는 사람은 괴롭습니다. 누군가 우리를 보며 평가한다는 생각이 들면, 우리는 결코 걱정을 떨쳐버리지 못합니다. 우리의 의도와는 달리 우리의 본모습이 드러나는 일이 많이 일어나는데다가, 조심하여 감추는 데 성공하더라도 가면을 쓰고 사는 삶이 항상 즐겁거나 안전한 것은 아니기 때문입니다. 그러나 순수하고 그 자체로 꾸밈없고 자기의 성품을 조금도 가리지 않는 순박함에는 얼마나 즐거움이 많습니까! 하지만 모든 것을 모두에게 노출하는 삶도 멸시당할 위험이 있습니다. 너무 가리지 않고 속속들이 보여주는 것도 흉이기

때문입니다. 그러나 덕은 모두 드러내도 멸시당할 위험이 없으며, 영원히 가장(假裝)함으로써 괴로워하는 것보다는 그대로 드러냄 때문에 멸시당하는 것이 더 낫습니다. 여기서 중용을 지켜야 합니다. 순박하게 사는 것과 숨기지 않고 사는 것 사이에는 큰 차이가 있습니다.

자주 자신에게로 돌아가야 합니다. 다른 사람들과 어울리다보면, 평정이 흐트러지고 다시 격정이 생기고 아직 완치되지 못한 마음의 약한 부분이 악화되기 때문입니다. 그래도 고독과 교제를 섞어 번갈아 행해야 합니다. 고독은 우리가 사람들을 그리워하게 만들고, 교제는 우리 자신을 그리워하게 만드는데, 서로가 서로를 치유해줍니다. 고독은 군중에 대한 혐오를, 교제는 고독에 대한 싫증을 치유해줍니다.

마음은 늘 긴장만 해서는 안 되며, 오락을 즐기기도 해야 합니다. 소크라테스는 어린애들과 놀기를 부끄러워하지 않았습니다. 카토는 공무(公務)로 지쳤을 때 술로 마음을 풀었습니다. 스키피오는 군인이자 개선장군답게 박자에 맞춰 춤을 추었는데, 요즘 유행하듯이 여자보다 더 사뿐사뿐 걸으며 부드럽게 몸을 움직이는 방식이 아니라, 적들이 보더라도 흠잡을 수 없을 만큼 놀 때나 축제 때나 옛사람들이 사내답게 승전무를 추었던 방식이었습니다. 마음은 쉬어야 합니다. 마음은 쉬고 나면 더 좋아지고 더 예리해집니다. 비옥한 농토를 쥐어짜서는 안 되는 것처럼 —쉬지 않는 경작이 농토를 고갈시킬 것입니다—끊임없는 근심은 마음의 활력을 빼앗을 것입니다. 마음은 잠깐 이완되어 쉬면 힘을 되찾겠지만, 지속적인 근심은 마음을 무디고 무기력하게 만듭니다. 놀이와 오락이 자연적인 쾌락을 가지고 있지 않다면 이를 향한 사람들의 욕구가 그다지 크지 않을 것입니다. 하지만 이것들을 자주 즐기면, 마음은 모든 무게와 힘을 빼앗기게 될 것입니다. 잠은 원기회복에 필요하지만, 밤낮으로 계속 자면 이는 죽음일 것입니다. 뭔가를 느슨하게 하는 것과 푸는 것 사이에는 큰 차이가 있습니다. 입법자들은 사람들이 즐기도록 국가적으로 강제하고자 축제일을 정했습니다. 노동을 하면서도 틈틈이 쉬는 것이 필요하다고 생각해서였습니다. 제가 말했듯이, 위대한 사람들 중에 어떤 이들은 매월 정해진 날을 휴일로 삼았고, 어떤 이들은 하루를 업무 시간과 휴식 시간으로 나누었습니다. 우리가 기억하는 위대한 연설가 아시니우스 폴리오는 일몰 두 시간[18]전부터는 아무 일도 하지 않았습니다. 그는 신경 쓸 일이 새로 생기지 않도록 그 시간이 지나면 편지조차 읽지 않았고, 두 시간 동안 온종일의 피로를 풀었습니다. 어떤 사람들은 정오에 휴식을 취하고, 가벼운 업무는 오후로 미뤘습니다. 우리 조상들도 일몰 두 시간 전부터는 원로원에서 새로운 보고를 하지 못하게 했습니다. 군인들은 번갈아가며 불침번을 섰으며, 출정에서 갓 돌아온 군인들은 불침번을 면제받았습니다. 마음을 너그러이 대해야 하고, 때때로 마음에 양식과 힘이 되는 휴식을 취해야 합니다. 야외에서 숨을 깊이 들이마셔 마음이 활력을 얻고 상쾌해지도록 밖으로 나가 걸어야 합니다. 때로는 마차 여행과 장소의 변화와 잔치와 음주가 기력을 되찾게 해줄 것입니다. 술에 곯아떨어지기 위해서가 아니라 알딸딸해지기 위해서 이따금 취해야 합니다. 술에 취하면 걱정은 덜어지고, 마음은 깊숙한 곳에서부터 움직이며, 병이 치유되듯 마음의 슬픔이 치유되기 때문입니다. 리베르 신[19]이라는 이름이 붙여진 이유는 혀가 아무거나 말하는 데 있지 않고, 그 신이 걱정의 예속으로부터 마음을 자유롭게 하고 해방시키고 마음에 활력을 불어넣으며, 마음이 무엇이든 대담한 시도를 하게 만든 데 있습니다. 그러나 자유와 마찬가지로 음주에도 건강에 좋은 적정량이 있습니다. 솔론과 아르케실라오스는 애주가였고,

18) 로마인들은 일출과 일몰 사이의 시간을 12등분했다.
19) 디오뉘소스 신.

카토는 만취 때문에 비난 받았다고 합니다. 그러나 카토를 비난하는 사람은 카토에게 불명예를 안기기보다는 그의 결점을 명예로운 것으로 만들고 맙니다. 마음이 나쁜 습관을 들이지 않도록 자주 취해서는 안 됩니다만, 때로는 기쁨과 자유를 누려야 하고 술 취하지 않은 냉혹한 상태에서 잠시나마 벗어나야 합니다. 제가 "가끔 미치는 것도 즐겁다"는 희랍 시인[20]의 말을 믿든, "제정신인 자는 시(詩)의 문을 헛되이 두드린다"는 플라톤의 말을 믿든, "광기가 섞이지 않은 위대한 재능은 없었다"는 아리스토텔레스[21]의 말을 믿든 간에, 마음이 움직여야 다른 사람들을 능가하는 위대한 말을 할 수 있습니다. 통속적이고 일상적인 것들을 무시하고 신성한 영감에 의해 더 높이 날아갔을 때에만, 마음은 인간의 입으로는 할 수 없는 위대한 것을 노래했습니다. 마음은 자기 안에 머무는 한, 높은 곳에 있는 숭고한 것에 다다를 수 없습니다. 마음은 익숙한 길에서 물러나 돌진하되, 재갈을 물고 자신의 마부를 재촉하여 혼자서는 오르기 두려웠던 높은 곳으로 가야 합니다.

친애하는 세레누스여, 당신은 평상심을 유지하고, 이를 회복하고, 몰래 잠입하는 악덕들에 대항할 방법들을 가지고 있습니다. 하지만 흔들리는 마음을 끊임없이 주도면밀하게 신경 쓰지 않으면, 이런 방법들 중 어느 것도 허약한 것을 보호하는 데 충분하지 않다는 사실을 명심해야 합니다.

---

20) 메난드로스.
21) 위(僞)-아리스토텔레스, 『자연학의 문제들(Problemata physika)』 953a.

제10권

인생의 짧음에 관하여

De Brevitate Vitae

1   파울리누스여, 우리 필멸의 인간들 대부분은 자연의 무자비함에 대해 한탄합니다. 짧은 시간 동안 살려고 태어나며, 우리에게 주어진 시간은 그렇게도 빨리 흘러가기 때문에, 극소수의 사람만 제외하고, 삶은 바로 삶을 위해 준비하는 과정에서 사람들을 떠나기 때문입니다. 흔히 생각하는 것과 같이, 누구나 겪는 이 불행에 대해 단지 군중과 미욱한 대중만이 탄식하는 것은 아닙니다. 이 감정은 훌륭한 사람들의 불평 또한 불러일으켰던 것입니다. 그리하여 가장 뛰어난 의사[1]는 "인생은 짧고 기예는 길다"라고 한탄했습니다. 그리하여 아리스토텔레스는 만물의 본성을 탐구하면서, 현자에 결코 걸맞지 않게도 다음과 같이 논증했습니다. "시간은 동물에게는 다섯 세대나 열 세대를 이어갈 만큼이나 관대했건만, 그토록 많고 위대한 것들을 낳는 인간에게는 매우 짧게 한계지어져 있다." 우리에게 시간이 적다기보다는 우리가 시간을 낭비하는 것이라 하겠습니다. 삶은 충분히 길며, 전체적으로 잘 배치된다면 위대한 업적을 이루는 데에 충분할 만큼 주어져 있습니다. 하지만 사치와 태만으로 흘려보내고 선한 일에 사용하지 않는 한, 삶이 사라진다는

---

1) 히포크라테스.

것을 알아채지도 못한 순간 어찌해 볼 틈도 없이 삶이 지나가버렸음을 느끼게 됩니다. 그렇습니다. 우리가 짧은 삶을 부여받은 것이 아니라 짧게 만든 것입니다. 삶이 부족한 것이 아니라 우리가 낭비한 것입니다. 왕의 굉장한 재산이라도 나쁜 주인에게 가면 즉시 흩어져 사라지듯이, 또한 보통 재산이라도 좋은 관리인이 맡을 경우 수익을 통해 불어나듯이, 우리의 생애도 잘 배치하는 사람에게는 많은 것을 가져다줍니다.

2   왜 자연의 본성을 한탄합니까? 자연은 호의적인 모습을 보여주었습니다. 당신이 이를 사용할 줄 안다면 삶은 짧지 않습니다. 그런데 어떤 이는 채워지지 않는 욕심에 사로잡히고, 어떤 이는 헛된 노고에 열심히 힘을 쏟습니다. 어떤 이는 포도주에 젖어 있고, 어떤 이는 무위도식에 빠져 있습니다. 어떤 이는 야망을 좇아 다른 사람들의 판단에 매달려 지쳐 있고, 어떤 이는 물건을 팔겠다는 맹목적인 욕심에 사로잡혀 온 세상과 바다를 이익 때문에 돌아다닙니다. 어떤 이들은 때로는 나라 밖에서 위험이 닥쳐올까 신경을 곤두세우고, 때로는 나라 안의 위기를 걱정하며 전쟁의 욕망에 몸살합니다. 고마워할 줄 모르는 상전을 기꺼이 봉양하느라 인생을 허비하는 사람들이 있습니다. 남의 행운을 탐하는 데, 혹은 자신의 행운을 염려하는 데 사로잡힌 많은 사람들이 있습니다. 불확실한 것을 추구하는 방황과 변덕, 자신에게 만족하지 못하는 경솔함이 대다수 사람들을 새로운 계획으로 몰아세웁니다. 어떤 이들은 나아갈 방향을 정하지 못하는바, 나른하게 하품만 하다 죽음을 맞습니다. 그래서 저는 시인들 가운데 어떤 위대한 사람이 신탁처럼 한 말이 진실이라는 것을 믿어 의심치 않습니다. "우리가 사는 것은 인생의 작은 일부이다." 나머지 대부분의 시간은 인생이 아니라 그저 시간일 뿐입니다. 악덕이 사방에서 둘러싸고 유혹하며 다시 일어나거나 진리를

고찰하기 위해 눈을 뜨는 것을 허락하지 않습니다. 다만 욕망에 사로잡혀 거기에 잠겨 있게 만듭니다. 악덕으로부터 벗어나 스스로에게 돌아가는 것은 불가능합니다. 때로 우연치 않게 평상심에 닿았을 때에도, 마치 폭풍이 지나간 후에 파도가 다시 일어나 깊은 바다가 넘실거릴 때처럼 제 욕망에 휘둘려 한가함을 누리지 못합니다. 당신은 제가 명백히 악덕에 빠진 사람들에 관해 말하고 있다고 생각합니까? 많은 이들이 달려드는 행운을 얻은 사람들을 보십시오. 이들은 자신의 행운에 질식된 상태입니다. 부유함은 얼마나 많은 사람들에게 무거운 짐입니까! 얼마나 많은 사람들이 자신의 재능을 자랑하기 위해 날마다 분주하게 떠들어대며 피를 말립니까! 얼마나 많은 사람들이 계속된 쾌락으로 창백합니까! 얼마나 많은 사람들이 찾아오는 피호민 무리로 인해 조금의 자유도 얻지 못합니까! 이들을 낮은 신분에서 높은 분들까지 모두 한번 돌아봅시다. 이 사람은 변호인을 청하고 저 사람은 돕겠다고 쫓아오고, 이 사람은 고발당하고 저 사람은 변호하고 다른 사람은 판결합니다. 누구도 자신을 위해 자신을 요구하지 않으며, 각자가 타인을 위해 자신을 소모합니다. 이름이 알려진 사람들에 관해 물어봅시다. 이들은 앞서의 사람들과 이렇게 구별됨을 당신은 알게 될 것입니다. 한 사람은 다른 사람을 모시고 다른 사람은 또다른 사람을 모신다는 것입니다. 누구도 제 자신을 모시는 사람은 없습니다. 몇몇은 분노를 터뜨리는데, 이것이 가장 정신 나간 이들의 짓입니다. 윗분들의 오만함에 불평하는 것인데, 찾아가서 뵙고 싶은 자신들에게 시간을 내주지 않는다는 것입니다. 그런데 자신은 스스로에게 전혀 시간을 내주지 않으면서 감히 다른 사람의 오만을 불평할 수 있습니까? 당신이 누구든 윗분은 오만한 표정을 짓지만 그래도 한번은 당신을 쳐다보았고, 당신의 말에 귀를 기울였으며, 당신을 자신 곁으로 불렀습니다. 그런데 당신은 당신 자신을 쳐다보아야겠다고, 당신 자신에게 귀를 기울여야겠다고 생각도 하지 않았습니다. 따라서 그런 의무를 남에게 요구하는 것은 경우가 아닙니다. 당신이 그런 의무를 행했다면, 그것은 당신이 다른 사람과 함께 하기를 바랐기 때문이 아니라 당신 자신과 함께 있을 수 없었기 때문입니다.

3 일찍이 빛났던 모든 천재들이 이에 동의하는바, 인간 정신의 우매함은 이루 다 표현할 수 없을 것입니다. 사람들은 자기의 땅을 아무도 차지하지 못하게 하고, 땅의 경계를 놓고 사소한 다툼이 벌어지면 달려가서 돌과 무기를 집어들지만, 다른 사람들이 자기 인생에 끼어드는 것은 내버려두며, 더욱이 장차 자기 인생을 차지할 사람들을 자청해서 불러들입니다. 자기 돈을 나눠줄 사람은 아무도 없습니다만, 사람들은 얼마나 많은 사람들에게 자기 인생을 나눠주고 있습니까! 그들은 상속재산을 유지하는 데는 집착하지만, 시간은 아주 흥청망청 씁니다. 시간에 대한 욕심 하나만큼은 바람직한 것인데 말입니다. 그래서 저는 노인들 중 누군가를 붙들고서는 말하고 싶습니다. "제가 볼 때 당신은 인생의 막바지에 이르렀고 100세 혹은 그 이상을 살았습니다. 자! 당신의 인생을 돌이켜보고 결산해보십시오. 채권자에게, 애인에게, 두호인(斗護人)에게, 피호민에게, 부부싸움에, 노예의 처벌에, 도시의 분주한 의무 수행에 당신의 시간을 얼마만큼 빼앗겼는지 합산해보십시오. 우리 자신의 잘못으로 생긴 병을 더하고, 할 일 없이 버려진 시간을 합하십시오. 당신은 세는 나이보다 적은 시간을 살았음을 알게 될 것입니다. 기억을 되살려 언제 당신이 확고한 계획을 가졌는지, 당신의 결심대로 지낸 날은 며칠이나 되는지, 언제 당신 마음대로 할 수 있었는지, 언제 당신 얼굴에 가식이 없었는지, 언제 당신의 마음은 두려움에 떨지 않았는지, 그토록 긴 인생에서 무엇을 성취했는지 무엇을 잃었는지도 모르는 당신에게서

얼마나 많은 사람들이 당신의 인생을 약탈해갔는지, 얼마나 많은 것들을 쓸데없는 슬픔과 어리석은 쾌락과 탐욕스런 욕망과 가식적 교제가 빼앗아갔는지, 당신의 것 중에서 당신에게 남아 있는 것이 얼마나 적은지를 헤아려보십시오. 당신은 명을 못 채우고 죽는 셈임을 알게 될 것입니다." 이유가 무엇입니까? 당신들은 영원히 살 것처럼 살고, 자신의 허약함을 생각하지 못하며, 시간이 얼마나 많이 흘렀는지를 주시하지 않습니다. 당신들은 충만하고 풍성한 것인 양 낭비합니다. 당신들이 어떤 사람이나 사안에 쓴 날이 당신들의 마지막 날일지도 모르는데 말입니다. 당신들은 사멸할 존재로서 모든 것을 두려워하지만 불멸할 존재들처럼 모든 것을 욕망합니다. 당신은 많은 사람들이 말하는 것을 듣게 될 것입니다. "나는 쉰 살에 군역에서 벗어날 것이고, 예순 살에 공무에서 해방될 것이다." 그런데 당신이 그만큼 산다는 보장은 어디 있습니까? 누가 당신이 계획한 대로 가게 해줍니까? 인생의 끄트머리만을 자신을 위해 남겨두고, 아무것도 할 수 없는 시간만을 지혜를 위해 확보해두는 것은 부끄럽지 않습니까? 인생을 마감해야 할 때 인생을 시작하는 것은 얼마나 늦습니까! 제대로 된 계획을 쉰이나 예순으로 미루고, 소수만이 도달할 나이에 인생을 시작하려고 하는 것은 사멸할 인간의 얼마나 큰 어리석음입니까!

4 최고의 권력으로 가장 높은 지위에 다다른 사람들에게서 나오는 목소리를 당신은 듣게 될 것입니다. 휴식을 구하고 칭송하며 모든 재산보다도 휴식을 선호한다는 목소리 말입니다. 문제가 되지 않는다면 그들은 정상에서 내려오고자 합니다. 운이 다하는 것 말고는 더 이상 어떤 것도 그들을 괴롭히거나 떠밀어버리지 않도록 말입니다.

신황(神皇) 아우구스투스는 신들로부터 누구보다 가장 많은 것을 부여받았던 분인데, 그분은 국사에서의 은퇴와 여가를 계속해서 요청하셨습니다. 그분의 연설은 항상 휴식을 요청하는 것으로 끝났습니다. 짐짓 거짓된, 하지만 달콤한 이런 위로를 통해 언젠가는 자기 자신을 위해 살 것이라는 위로로써 자신의 노고를 위무하셨던 것입니다. 자신의 은퇴는 존엄을 결여하지도 않고 이전의 명성에 어긋나지도 않는다고 확언하며 그분이 원로원에 보냈던 한 서신에서, 저는 이 구절을 찾아냈습니다. "공언(公言)보다는 실천이 더 훌륭합니다만, 본인은 그 귀한 때를 기대하며 달콤한 말로라도 즐거움을 미리 맛보기를 갈망했습니다. 실현되려면 여전히 기다려야 하지만 말입니다." 참으로 그분에게 휴식이란 실제로는 얻을 수 없고 생각으로만 취할 수 있는 그런 것으로 보였습니다. 한 몸에 모든 것이 달려 있다고 여기며, 세상에 운명을 부여했던 분이 자신의 영예를 벗어던지는 날을 가장 기쁜 날로 여겼던 것입니다. 온 세상에 빛나는 업적은 땀을 얼마나 짜냈으며, 보이지 않는 근심은 얼마나 많이 숨어 있는지를 그분은 꿰뚫어보았습니다. 가장 먼저 시민들과, 다음으로 동료집정관들과, 마지막으로 인척들과 맞붙어 무기를 들고 싸웠던 그분은 사방에서 피를 흘렸습니다. 마케도니아, 시킬리아, 아이귑토스, 쉬리아, 아시아, 그 밖에 거의 모든 해안을 전쟁을 수행하며 돌아다님으로써 로마 내의 학살로 지친 군대를 외부로 돌렸습니다. 그분이 알프스를 평정하고 평화와 패권에 복속되지 않았던 적들을 길들이는 동안, 레누스, 유프라테스, 다누비우스 강 너머로 경계를 끌어올리는 동안, 바로 이 도시에서는 무레나와 카이피오, 레피두스와 에그나투스, 그 외 여러 사람들의 칼끝이 그분을 겨누고 있었습니다. 그분은 결코 저들의 음모를 피하지 않으셨습니다. 딸과[2] 수많은 귀족 자제들은 간통 때문에 분쟁공탁금 같은 것에 묶여 고령의 그분을 놀라게 했으며, 그분은 율루스 안토니우스[3] 및 그와 결탁한 여인도 재차 주의해야만 했

---

2) 율리아. 아우구스투스의 딸.

습니다. 그분은 이 종기들을 사지와 함께 잘라버렸습니다. 또다른 것들이 그 밑에서 자라났습니다. 마치 많은 피로 무거워진 몸의 어딘가는 늘 터지듯이 말입니다. 그래서 그분은 휴식을 구하셨으며, 휴식에 대한 희망과 생각으로 노고를 가라앉히셨는데, 그것이야말로 남들의 소원을 들어줄 수 있었던 분의 소망이었습니다.

5 마르쿠스 키케로는 카틸리나, 클로디우스, 폼페이우스, 크라수스 같은 이들 사이에, 때로는 공공연한 정적이며 때로는 의심스러운 동지였던 이들 사이에 뛰어들어, 국가와 함께 격랑을 겪으며 무너져가는 공화정을 지키려다 마침내는 휩쓸려갔습니다. 국정이 순조로울 때에도 쉬지 못했고 국정의 혼란 또한 참아내지 못했으며, 얼마나 자주 자신의 집정관 시절을, 그럴 만한 이유는 없지 않았지만, 그래도 끝이 없다싶을 만큼 자랑하던 그 집정관 시절을 한탄했습니까! 아버지 폼페이우스는 패전하고 아들 폼페이우스는 히스파니아에서 패잔병들을 다시 모으던 상황에, 그는 아티쿠스에게 보내는 편지에서 얼마나 우는 목소리로 이야기했습니까? 그가 말합니다. "여기서 어떻게 지내냐고 묻는가? 나는 나의 투스쿨룸4)에 반자유의 몸이 되어 머물고 있네." 이어 다른 것들을 이야기하며 그는 지난날을 한탄하고 현재를 불평하고 미래에 절망했습니다. 키케로는 반자유의 몸이라고 말했습니다. 그러나 신에게 맹세코 현자는 그렇게 천박한 이름을 가진 상태에 결코 빠지지 않습니다. 결코 반자유의 몸일 수 없습니다. 그는 늘 온전하고 확고한 자유를 누리며 스스로에 대한 권리로 자유로우며 다른 무엇에도 구애를 받지 않습니다. 운명에 초연한 사람을 도대체 무엇이 얽어맬 수 있겠습니까?

3) 기원전 2년에 율루스 안토니우스는 율리아와 간통한 혐의로 사형당했다.
4) 키케로의 별장.

6 격정적이고 정력적인 리비우스 드루수스[5]는 전 이탈리아에서 몰려든 수많은 군중의 호위하에, 새로운 법과 그락쿠스 형제류의 나쁜 정책을 제안했습니다. 실행되어서도 안 되었고, 일단 시작되자 중단할 수도 없었던 정책들이 나쁜 결과를 가져왔을 때, 그는 태어날 때부터 순탄하지 못한 인생을 저주하며, 자기는 어릴 적에도 휴일이 없었다고 말했습니다. 그는 미성년이어서 후견을 받아야 되는데도 불구하고 심판인들 앞에서 감히 피고들을 변호하고 법정에서 영향력을 행사한 결과, 몇몇 재판에서 호의적인 판결을 이끌어낸 것으로 잘 알려져 있습니다. 그토록 때 이른 나이의 야망은 어디로든 표출되지 않겠습니까? 당신이 알고 있듯, 그토록 섣부른 대담함은 개인이나 국가에 커다란 해악이 될 것입니다. 어려서부터 분란을 일으키고 광장에서 골칫거리였던 그는 자신에게 휴일이 없다고 불평했지만, 이미 때는 늦었습니다. 그가 자살했는지는 논란거리입니다. 그는 갑자기 아랫배에 부상을 입고 쓰러졌습니다. 그가 자살했다는 것을 의심하는 사람은 있어도, 그가 제때 죽었다는 것을 의심하는 사람은 아무도 없습니다. 아주 행복해 보였지만, 평생 동안 자신의 모든 행동을 몹시 증오하며 자기에 대한 진실을 증언하는 사람들이 많습니다만, 이들을 언급하는 것은 쓸데없는 일입니다. 이들은 이런 불평들로 다른 사람들도, 자기 자신도 변화시키지 못했습니다. 이들은 자기 감정을 말로 표출하고 나서는 이전으로 되돌아갔기 때문입니다.

당신이 사는 인생은 천 년을 넘게 이어진다 하더라도 당신은 다만 아주 조금 살 것입니다. 당신의 악덕이 그 세월을 전부 집어삼킬 것입니다. 본성상 빨리 지나가는 시간을 이성을 사용하여 아무리 늘린다 한들, 시

---

5) 기원전 91년에 호민관을 지냈으며, 이탈리아인들을 위한 곡물법과 시민권 수여법을 발의했다.

간은 당신에게서 순식간에 사라질 수밖에 없습니다. 왜냐하면 만유 가운데 가장 빠른 시간이란 것을 당신은 붙잡지도 붙들지도 늦추지도 않고, 남아돌고 대체할 수 있는 것처럼 사라지게 내버려두기 때문입니다.

7   무엇보다 저는 포도주와 욕정을 위해서만 시간을 내는 사람들을 생각합니다. 이보다 더 추악한 것에 빠진 사람들은 없기 때문입니다. 명예의 허상에 사로잡힌 사람들의 경우 그래도 그것은 외형적 잘못을 범하는 것입니다. 탐욕스러운 자들이나, 걸핏하면 성을 내는 자들이나, 혹은 정당하지 못한 분노나 전쟁을 감행하는 자들을 열거할 수 있겠는데, 이들 모두는 차라리 남자다운 잘못을 저지른 것입니다. 그러나 배나 욕망에 헌신하는 자들은 추악한 치욕을 덮어쓰는 것입니다. 이런 자들의 모든 시간을 살펴보십시오. 이들이 얼마나 오래 이해타산을 따지는지, 얼마나 음모를 꾸미는지, 얼마나 두려움에 떠는지, 얼마나 굽실거리는지, 얼마나 거들먹거리는지, 얼마나 많은 담보를 제공하거나 혹은 타인에게 담보를 받아내는지, 이미 이들의 업무가 되어버린 술잔치는 얼마나 자주 벌어지는지를 살펴보십시오. 그러면 당신은 이들의 이득 혹은 손해가 이들에게 숨 돌릴 시간도 주지 않는다는 것을 알게 될 것입니다.

마지막으로 모두가 동의하는바, 이런 것들에 빠진 자는 제대로 일을 할 수 없습니다. 연설도, 자유인의 학문들도 물론입니다. 산만한 정신은 숭고한 것을 바라보지 못하며, 모든 것을 마치 남이 억지로 밀어넣은 양 토해냅니다. 분주한 사람은 삶을 제대로 살지 못합니다. 사는 법을 배우는 것보다 어려운 것은 없습니다. 여타의 방법을 가르치는 자들은 차고 넘칩니다. 그래서 이런 것들 가운데 어떤 것은 어린아이들도 벌써 다른 이들을 가르칠 만큼 잘 알고 있을 정도입니다. 사는 법은 평생 배워야 합니다. 당신이 아마도 더욱 놀랍게 생각할지도 모르지만, 죽는 법역시 평생 배워야 합니다. 위대한 사람은 많은 모든 장애물들을 버리며, 재물과 세상사와 욕망을 멀리하며 오로지 이것 하나, 사는 법을 알기위해 생의 마지막 날까지 힘씁니다. 하지만 이들 중 대부분도 깨달았다고 말하지 못하고 생을 마치는데, 하물며 여타의 사람들은 어떻겠습니까? 저는 훌륭한, 인간적 오류를 벗어난 탁월한 사람은 인생의 촌각(寸刻)도 버려지는 것을 용납하지 않는다고 믿습니다. 그의 삶은 주어진 시간이 얼마건 간에, 그것을 온전히 자신을 위해 사용하기 때문에 아주깁니다. 어떤 것도 내버리거나 헛되이 놓아두지 않으며, 다른 것을 위해쓰지 않습니다. 제 시간의 알뜰한 수호자인 그에게는 그 시간과 맞바꿀만한 어떤 것도 없습니다. 따라서 그에게는 시간이 충분합니다. 인민들에게 많은 시간을 빼앗기는 사람들에게 시간이 부족한 것은 당연합니다. 이들이 자신의 이런 피해를 알지 못한다고 생각할 이유는 없습니다. 당신은 커다란 풍요를 짊어진 사람들 대부분이 수많은 피호민들 혹은고소, 고발, 변론들 혹은 여타의 성가신 의무들 사이에서 때때로 '도저히 살 수가 없네'라고 비명을 지르는 것을 듣게 될 것입니다. 왜 살 수가없는 것입니까? 당신에게 도움을 요청하는 사람들은 모두 당신에게서시간을 빼앗습니다. 저 의뢰인은 며칠을 가져갔습니까? 저 후보자는 며칠을? 상속자들의 장례식에 지친 저 노부인은 며칠을? 유산을 노리는자들의 탐욕을 자극하기 위해 아픈 척하는 저 사람은 며칠을? 당신들을친구가 아니라 장식품으로 생각하는 저 권력자 친구는 며칠을? 이를 결산해보십시오! 저는 말합니다. 그리고 당신 생애의 날들을 꼽아보십시오! 당신은 겨우 며칠, 그것도 쓸모없는 며칠이 당신에게 남아 있었음을알게 될 것입니다. 원했던 권표6)를 얻은 사람은 이제 내려놓기를 원해

---

6) 고위직을 상징하는 지팡이.

계속해서 말합니다. "언제나 올해가 다 지나갈까요?" 구경거리를 제공할 기회에 당첨되기를 원하며 그것을 굉장히 큰일이라고 생각했던 사람은 구경거리를 제공합니다. 그리고 말합니다. "이런 일들을 언제나 털어버리려나?" 광장 여기저기서 변호인으로 끌려다니며, 그의 목소리가 들리지 않을 정도로 많은 군중들에 휩싸인 사람은 말합니다. "사건들이 언제나 끝날까?" 사람들은 미래의 욕심을 위해 현재를 기피하며 각자의 인생을 몰아세웁니다. 하지만 일분일초를 자신을 위해 사용하고, 매일을 마치 인생의 마지막 날인 것처럼 쓰는 사람은 내일을 희망하거나 염려하지 않습니다. 어떤 시간이 그에게 새로운 즐거움을 가져올 수 있습니까? 그는 모든 것을 알고 모든 것을 충분히 맛보았습니다. 나머지는 운명이 임의로 결정하기를! 이미 그의 삶은 안전합니다. 이 사람에게 보탤 수는 있어도 빼앗아갈 수는 없습니다. 그것도 다만 이미 충분히 먹은 사람에게 음식을 보탤 때와 같아, 그는 음식을 집지도 먹지도 않을 것입니다. 백발이고 주름이 많다고 해서 그가 오래 살았다고 말할 이유는 없습니다. 그는 오래 산 것이 아니라 다만 오래 있어왔던 것입니다. 거센 폭풍에 항구를 떠나 이리저리 끌려다니며, 사방으로 미쳐 날뛰는 바람 때문에 제자리를 맴도는 사람을 두고 어떻게 오래 항해했다고 말할 수 있겠습니까? 그는 오래 항해한 것이 아니라 오래 떠밀려 다닌 것뿐입니다.

8 사람들은 시간을 내달라 요청하고, 이런 요청을 받은 사람들은 이에 쉽게 응하는 것을 볼 때마다 저는 놀라곤 합니다. 양쪽은 시간을 요하는 문제는 보지만, 시간 자체는 누구도 보지 않습니다. 마치 아무것도 아닌 것을 주고 아무것도 아닌 것을 받을 것처럼 말입니다. 만물 중에 가장 값진 것을 함부로 합니다. 그들이 이 점을 모른 것은,

시간이 무형의 것이고 눈에 보이지 않기 때문입니다. 이 때문에 시간을 헐값으로, 아니 거의 무가치한 것으로 취급합니다. 사람들은 연봉이나 금일봉을 소중하게 생각하며, 이에 대해 노동이나 수고나 공력을 제공합니다. 하지만 아무도 시간을 귀하게 여기지 않습니다. 시간을 마치 공짜 물건인 양 함부로 써버립니다. 죽음의 위험이 이들의 목전에 닥쳤을 때를 보십시오. 그들은 의사들의 무릎을 잡고 매달립니다. 목숨이 달린 처벌을 받게 될 때를 보십시오. 그들은 살기 위해 모든 것을 포기할 준비가 되어 있습니다. 그들에게는 그만큼 커다란 모순이 있습니다. 지나보낸 세월의 크기를 셀 수 있는 것처럼 미래의 세월을 셀 수 있다면, 그들은 시간이 얼마 남지 않았음을 알고 큰 두려움에 떨 것이며, 남은 세월을 얼마나 아끼려고 하겠습니까? 크기가 분명한 것은 아무리 적은 양이라도 쉽게 쪼개 쓸 수 있습니다. 언제 바닥날지 모르는 것은 그만큼 더 신중해야 합니다. 그런데 시간이 얼마나 소중한지를 그들이 전혀 모른다고 생각할 이유는 없습니다. 사람들은 자신들이 아주 귀하게 생각하는 사람들을 위해서라면 기꺼이 시간을 할애하겠다고 말하곤 하기 때문입니다. 할애하지만 그들은 모릅니다. 시간을 할애하는 것은, 남의 시간을 늘리지는 못하면서 단지 제 시간만 줄이는 일입니다. 제 시간이 줄어드는 일이라는 것을 그들은 모릅니다. 그래서 그들은 드러나지 않는 피해를 방관하고 있습니다. 누구도 세월을 다시 찾을 수 없습니다. 누구도 당신을 당신에게 다시 돌려주지 않습니다. 인생의 시간은 시작된 이래 계속 지나갈 것이며, 자신의 발걸음을 되돌리지도 멈추지도 않을 것입니다. 어떤 동요도 없을 것이며, 속도에 대한 고려도 없을 것입니다. 시간은 유유히 흘러갈 것입니다. 인생은 왕의 명령으로도, 백성들의 호의로도 연장되지 않습니다. 탄생의 첫날부터 시작해서 달려가며 결코 돌아서지도 지체하지도 않습니다. 장차 어떻게 되겠습니까? 당신은 분주하고 인생은 빨리 지나갑니다. 곧 죽음이 다가올 것이고, 당신이 원하든 원하지 않든 죽음을 위해 시간을 할애해야 할 것입니다.

9 세상물정에 밝다고 뽐내는 사람들보다 어리석은 사람이 있을 수 있습니까? 그들은 더 잘 살기 위해 너무 분주합니다. 그들은 인생을 희생하면서 인생을 준비합니다. 그들은 먼 미래를 염두에 두고서 인생의 목표를 세웁니다. 이렇게 뒤로 미루는 것이 그들 인생의 가장 큰 손실입니다. 뒤로 미루는 것은 매일매일을 방기하고, 나중을 기약하며, 현재를 희생하는 것입니다. 인생의 가장 큰 방해물은 기대인데, 이것은 내일에 매달리다가 오늘을 잃게 만듭니다. 당신은 운명의 손에 달린 것에 대비하다가 당신의 손에 있는 것을 떠나가게 합니다. 당신은 무엇을 추구하고 있습니까? 당신의 목적은 무엇입니까? 다가올 것들은 모두 불확실합니다. 현재에 충실하십시오. 신적인 영감을 받은 듯 크게 소리치며 인생의 노래를 부르는 위대한 시인을 보십시오. "무릇 인생의 가장 좋은 날은 불쌍한 사람들에게서 가장 먼저 도망간다."[7] 그가 말하기를, "당신은 왜 머뭇거리는가? 당신은 왜 느긋한가? 당신이 붙들지 않으면 인생의 가장 좋은 날은 도망간다." 당신이 붙들었어도 도망갈 것입니다. 따라서 당신은 시간 활용의 속도로 시간의 빠름에 맞서야 하고, 빨리 흐르고 금세 그쳐버리는 급류에서 물을 긷듯이 재빨리 길어야 합니다. 그는 "무릇 가장 좋은 나이"가 아니라 "무릇 가장 좋은 날"이라고 말해서 끝없이 머뭇거리는 사람을 아주 적절히 꾸짖습니다. 시간이 그토록 빨리 흘러감에도 불구하고, 무심하고 안일하게 인생을 길게 달수와 햇수로 욕심껏 늘려 셈하는 이유는 무엇입니까? 그는 당신에게 날, 더욱이 도망가는 날에 관해 말하고 있습니다. 따라서 무릇 가장 좋은

7) 베르길리우스, 『농경시』 제3권 66행 이하.

날이 불쌍한 사람들, 즉 분주한 사람들에게서 가장 먼저 도망간다는 것은 의심의 여지가 없습니다. 노년이 그들의 철없는 마음을 급습했을 때, 그들은 준비 없이 무방비 상태로 노년을 맞이합니다. 노년을 대비하지 않았기 때문입니다. 그들은 날마다 노년이 다가오고 있음을 알아차리지 못해서 예기치 않게 갑자기 노년에 들어섰습니다. 여행자가 대화나 독서나 깊은 명상에 빠져 있다가 목적지에 가까이 왔다고 의식하기도 전에 목적지에 도착했음을 알게 되듯이, 잠을 자든 깨어 있든 한결같이 몹시 빠르게 흘러가는 인생의 여정을 분주한 사람들은 죽을 무렵에야 알아차립니다.

10   제가 제안한 것을 여러 부분으로 나누어 논증한다면, 분주한 삶은 아주 짧다는 것을 입증할 수많은 예들을 찾을 것입니다. 강단 철학자가 아닌 진정한 옛날 철학자에 속하는 파비아누스[8]는 말하곤 했습니다. "격정에 대항하여 얌전히 싸울 것이 아니라 강력하게 싸워야 할 것이며, 상처 입지 않으려고 할 것이 아니라 상처 입고 할퀴어지더라도 적의 예봉을 꺾어놓아야 한다. 악덕들은 조롱으로 그칠 것이 아니라 때려 부수어야 하는 것이다." 하지만 악덕에 빠진 사람들이 잘못을 깨닫게 하기 위해서는 비난할 것이 아니라 가르쳐야만 합니다.

삶은 현재와 과거와 미래의 세 부분으로 나뉩니다. 이 가운데 우리가 현재 행하는 것은 짧으며, 앞으로 행할 것은 불확실하지만, 우리가 과거 행했던 것은 확고합니다. 왜냐하면 과거에 대해서는 운명도 모든 권리를 잃었으며, 누구도 임의로 이를 되돌릴 수 없기 때문입니다. 분주한 자들은 과거를 놓칩니다. 그들에게는 지난날을 되돌아볼 여유가 없으며, 여유가 생기더라도 유감스러운 일들을 돌아보는 것은 즐거운 일이

───────────────

8) 세네카가 굉장히 존경한 스승.

아니기 때문입니다. 그들은 형편없이 보내버린 시간들에 마음을 돌리는 것을 내켜하지 않으며, 순간적인 쾌락에 이끌려 저질렀던 잘못을 상기하려고 하지 않습니다. 오직 모든 것을 자기 규율 아래에 행했던 사람만이 잘못을 범하지 않을 테니, 이런 사람만이 지난날을 기꺼이 돌이켜봅니다. 많은 일들을 공명심으로 욕심 부리고 오만하게 거들먹거리고 앞뒤를 가리지 않고 승리를 추구하고, 음모로 속이고 탐욕스럽게 빼앗고 함부로 탕진한 사람은 자신의 기억을 두려워할 수밖에 없습니다. 하지만 우리의 시간 가운데 과거라는 부분은 신성하게 봉헌된 것이며, 온갖 인간의 운명을 넘어선 것이며, 운명의 제국에서 벗어난 것으로, 가난과 두려움과 질병의 공격이 침범하지 못하는 것입니다. 누구도 이것을 뒤바꿀 수 없으며 빼앗아 갈 수 없습니다. 과거는 영원하며 확고부동한 소유물입니다. 현재는 오로지 단 하루이며 그것도 순간 지나가는 하루입니다. 그러나 과거의 날들 모두는 당신이 명령하기만 하면 늘 당신 앞에 있을 것이며 당신의 뜻대로 나타나며 머물러 있을 것인바, 분주한 자들에게는 이럴 만한 여유가 없습니다. 안정되고 차분한 정신은 자신의 삶의 모든 부분들을 두루 살필 수 있습니다. 분주한 자들의 영혼은 마치 멍에를 지고 있는 것과 같아서 몸을 돌려 되돌아보지 못합니다. 그리하여 그들의 삶은 끝없는 수렁에 떨어집니다. 붙잡고 받쳐줄 무엇인가가 없다면, 제아무리 많은 것을 부어넣더라도 아무 소용이 없는 것처럼, 아무리 많은 시간이 지나가도 밑바닥에 아무것도 없다면, 갈라지고 뚫린 영혼을 지나 모든 것이 무의미하게 사라집니다. 현재는 짧으며, 그래서 어떤 사람은 전혀 보지 못할 정도입니다. 현재는 계속해서 진행되고, 흐르고 흘러 앞으로 나아갑니다. 현재는 오자마자 사라져 버립니다. 세계 혹은 별들이 쉴 새 없이 움직이며 결코 동일한 궤적을 그리지 않는 것처럼, 현재도 머물러 있지 않습니다. 분주한 사람들이 포착하기에는 현재의 시간은 너무 짧지만, 수많은 일들로 분주한 사람들에 의해서 그나마도 산산이 흩어집니다.

11 마지막으로, 당신은 그들의 삶이 얼마나 짧은지 알고 싶습니까? 그렇다면 그들이 오래 살기를 얼마나 원하는지를 보십시오. 백발의 늙은이들은 애걸복걸하며 다만 몇 년이라도 수명이 연장되기를 구걸합니다. 이들은 자기 자신이 아직 젊다고 생각하며, 거짓말로 스스로를 위로하고 기꺼이 스스로를 속입니다. 그러면 그로써 운명도 속일 수 있는 것처럼 말입니다. 병약함이 필멸성을 깨닫게 할 때, 이들은 얼마나 두려움에 떨며 죽음을 맞습니까! 마치 삶을 마치는 것이 아니라 삶에서 쫓겨나는 것처럼 말입니다. 이들은 자신이 제대로 살지 못한 어리석은 사람이라고, 병을 떨치고 일어나면 한가롭게 살아갈 것이라고 비명을 지릅니다. 그때에야 이들은 자신이 써보지도 못할 것들을 헛되이 마련했으며, 모든 수고가 헛된 것임을 알게 됩니다. 하지만 온갖 번잡한 수고 없이 삶을 영위하는 사람들에게 삶은 넉넉하지 않겠습니까? 삶에서 아무것도 빠져나가지 않으며, 아무것도 여기저기로 흩어지지 않으며, 아무것도 우연에 내맡겨지지 않으며, 아무것도 소홀하게 낭비되지 않으며, 아무것도 방탕함에 빼앗기지 않으며, 아무것도 무가치하게 버려지지 않습니다. 말하자면 삶 전체가 복리(複利)로 불어납니다. 아무리 짧을지라도 따라서 삶은 넉넉합니다. 마지막 날이 언제 오든지 현자는 망설이지 않고 당당한 걸음으로 죽음을 맞이합니다.

12 당신은 제가 어떤 사람들을 분주한 사람들이라고 부르는지 묻습니까? 개를 풀어야 법정에서 떠나는 사람들,9) 지지자들의 환호

9) 규정시간을 넘기면서까지 그치지 않고 자기주장을 하는 변호인들을 가리키는 것

에 혹은 반대자들의 야유에 치이는 사람들, 피호민의 의무를 다하고자 제 집에서 나와 남의 집 대문을 두드리는 사람들, 언젠가는 곪아터질 수치스러운 이득을 법무관의 창(槍)[10])에서 추구하는 사람들만을 분주한 사람들이라고 생각할 이유는 없습니다. 어떤 이들은 여가를 즐길 때조차 분주합니다. 그들은 별장에 있든, 침상 위에 있든, 혼자 있든, 모든 사람들로부터 멀리 떨어져 있음에도 자기 혼자 분주합니다. 그들의 삶은 여가를 즐기는 것이 아니라 할 일 없이 바쁘다고 말해야 합니다. 소수의 수집광이 비싸게 치는 코린토스 청동 제품을 일일이 신경 써서 정돈하고 날마다 녹슨 동판에 많은 시간을 들이는 사람, 씨름장에서 싸우는 아이들의 열렬한 구경꾼으로 앉아 있는 사람(부끄럽도다! 우리는 로마 것이 아닌 악덕으로 고통 받고 있습니다), 몸에 기름칠을 한 레슬링 선수들을 나이와 피부색에 따라 나누는 사람, 신예 선수들을 육성하는 사람, 이들을 당신은 여가를 즐기는 사람이라고 부르겠습니까? 어떻습니까? 간밤에 새로 자란 수염을 뽑고, 머리카락 한올한올에 관해 상담하고, 흐트러진 머리카락을 손질하거나, 머리카락을 이마로 이리저리 내려서 숱이 듬성한 부분을 덮으면서 이발소에서 많은 시간을 보내는 사람들을, 당신은 여가를 즐기는 사람들이라고 부르겠습니까? 이발사가 조금이라도 부주의하면 사람을 벤다고 생각해서 얼마나 많은 화를 냅니까! 갈깃머리가 조금이라도 잘리거나, 머리카락이 정돈되지 않거나, 모든 것이 곱슬머리로 되돌아가지 않으면 얼마나 많이 격양됩니까! 자신의 머리카락보다는 공화국의 질서를 원할 사람, 머리의 치장보다 머리의 건강에 신경 쓸 사람, 멋을 내기보다 훌륭한 성품을 갖추기를 원할 사람이 그들

으로 보인다.

10) 몰수재산 경매장에서 경매의 신호로서 땅에 꽂힌 창. 몰수재산 경매물의 매수는 재산상태가 악화된 남의 곤경을 이용하는 행태로 수치스럽게 여겨지곤 했다.

중에 누가 있습니까? 빗과 거울로 분주한 사람들을, 당신은 여가를 즐기는 사람들이라고 부르겠습니까? 노래를 작곡하고 듣고 배우는 데 여념이 없는 사람들은 어떻습니까? 그들은 선천적으로 아주 좋고 소박한 목소리를 타고났지만, 목소리를 사내답지 않게 꾸며서 내고, 마음속으로 부르는 노래의 박자에 맞춰 항상 손가락으로 톡톡 두드려대며, 진지한 일로, 심지어는 종종 슬픈 일로 왔는데도 흥얼거립니다. 그들은 여가를 즐기는 것이 아니라 쓸데없이 바쁩니다. 신께 맹세코, 저는 그들의 향연을 여가 시간으로 간주할 수 없습니다. 왜냐하면 그들이 얼마나 공들여 은그릇을 배열하고, 하인들의 옷에다 허리띠를 얼마나 세심하게 매어주고, 요리사는 멧돼지를 어떻게 요리할까에, 시종들은 주어진 신호에 맞게 일을 얼마나 빨리 수행할까에, 새고기는 얼마나 솜씨 있게 적당한 크기로 썰어야 될까에, 술에 취해 토한 것을 불쌍한 노예들이 얼마나 열심히 닦아낼까에 그들이 얼마나 조바심 내는지 저는 보았기 때문입니다. 그들은 이런 수단들로 우아하고 호강하며 산다는 명성을 얻고 싶어 합니다. 그들은 자신의 인생 구석구석까지 악습에 쫓겨, 먹고 마실 때마다 과시하기를 멈추지 않습니다. 의자에 앉거나 가마를 타고 이리저리 돌아다니며, 이것이 없어서는 안 될 것처럼 한시도 가마 타기를 포기하지 않는 사람들도, 언제 목욕해야 하고, 언제 수영해야 하고, 언제 저녁을 먹어야 하는지를 다른 사람이 일러주는 사람들도 저는 여가를 즐기는 사람들로 간주할 수 없습니다. 호사를 누리는 이들의 마음은 너무나 안이해진 탓에 혼자서는 자기가 배가 고픈지도 알지 못합니다. 제가 듣기로는 호사를 누리는 사람들—일상적 생활 방식을 잊어버리는 것을 호사라고 불러야 한다면 말입니다—중 한 사람이 욕조에서 들어 올려져 의자에 앉혀졌을 때 "내가 지금 앉아 있는 건가?"라고 물었다고 합니다. 당신은 자기가 앉아 있는지조차 모르는 사람이 자기가 살아 있는지,

보고 있는지, 여가를 즐기고 있는지는 안다고 생각합니까? 그가 진짜 모르든 모르는 척하든, 어떤 쪽이 더 불쌍하다고 할지 말하기는 쉽지 않습니다. 호사를 누리는 사람들은 많은 것들을 실제로 잊어버리기도 하고, 많은 것들을 잊어버린 체하기도 합니다. 그들은 그런 결함들을 행복의 증거인 양 즐거워합니다. 어떻게 할지를 아는 것은 아주 하찮고 한심한 사람의 일이라고 그들은 생각합니다. 풍자배우들[11]이 사치를 비난하기 위해 많은 것을 지어낸다고 생각하는 것은 얼마나 어리석습니까! 신께 맹세코, 그들은 풍자한다고 하지만 실은 많은 것을 놓쳤습니다. 저런 악덕들이 믿기 어려울 정도로 창의적으로 늘어나는 오늘날, 우리는 이것들을 놓치는 풍자배우들을 비난할 수 있습니다. 죽을 때까지 호사를 누리며, 자기가 앉아 있는지를 남에게 물어보아야 할 사람이 있다고 상상해보십시오! 그는 여가를 즐기는 사람이 아닙니다. 그에게는 다른 이름을 붙여주어야 합니다. 그는 병자입니다. 아니 죽은 사람입니다. 자신의 여가를 의식하고 있는 사람만이 여가를 즐깁니다. 그러나 자신의 몸 상태를 알기 위해 일러줄 사람을 필요로 하는 산송장이 어떻게 한순간이라도 자기 인생의 주인일 수 있습니까?

13 장기나 공놀이, 태양 아래에 몸을 태우는 일에 자신의 삶을 낭비하는 사람들을 일일이 열거하기란 지루한 일입니다. 쾌락 때문에 일이 많은 사람들은 한가하지 않습니다. 문학에 대한 쓸데없는 열정에 사로잡힌 사람들을 두고, 그들이 쓸데없이 분주하다는 것을 누구도 의심하지 않습니다. 문학은 이미 로마인들 사이에서도 유행하고 있지만 말입니다. 울릭세스가 얼마만큼의 노잡이를 데리고 있었는지, 『일리아스』와 『오뒷세이아』 중 어느 것이 더 오래된 작품인지, 게다가 두 작품의 저자

---

11) 대중적인 풍자배우들로서 종종 외설 때문에 비난받았다.

는 동일 인물인지 등 이러한 종류의 문제들을 탐구하는 것은 희랍인들의 병폐라 하겠습니다. 이런 문제들은 품고 있다고 해서 내면에 기쁨을 주는 것도 아니거니와, 드러낸다고 해도 유식해 보이기는커녕 지겨워 보일 것입니다. 보십시오. 공허한 것을 배우고자 하는 쓸데없는 열정은 로마인에게도 쳐들어왔습니다. 요즘 저는 로마 왕들 각각이 처음으로 행한 일들이 무엇인지를 들먹이는 사람을 보았습니다. 두일리우스가 처음으로 해전에서 이겼다, 쿠리우스 덴타투스가 개선식에서 처음으로 코끼리를 끌고 왔다 등의 이야기 말입니다. 물론 이것들은 참된 영광에는 미치지 못할지라도 로마인들의 업적을 보여주는 예들이기는 합니다. 공허한 화려함으로 우리를 사로잡기는 해도 이런 지식은 쓸데없는 것입니다. 다음을 묻는 사람들에게서도 이 점을 확인합시다. 그들은 누가 처음으로 로마인들에게 해군을 창설하도록 설득했는지를 묻습니다(그는 클라우디우스였는데 그래서 그를 '카우덱스[caudex]'라는 별명으로 불렀습니다. 옛 사람들은 판목을 엮은 것을 카우덱스라고 불렀고, 같은 이유에서 장부를 '코덱스[codex]'라고 불렀습니다. 티베리스 강에서 물건을 나르는 배를 오늘날에도 옛 풍속을 따라서 '판목선[codicaria]'이라고 부릅니다). 이것도 비슷한 종류라고 할 수 있는바, 발레리우스 코르비누스는 처음으로 메사나를 정복했고 정복한 도시의 이름을 가져와서 발레리우스 씨족에서 처음으로 메사나를 이름으로 썼는데, 대중이 이를 약간 바꿔서는 메살라라고 부르게 되었다는 것입니다. 그러나 도대체 이런 것들에 신경 쓰는 사람을 참아줄 사람이 누가 있겠습니까? 다른 때에는 묶여 있던 사자를 술라가 처음으로 원형경기장에 풀어놓아 보쿠스 왕이 보낸 투창수들을 죽였다는 것 말입니다. 여기서도 확인됩니다. 도대체 폼페이우스가 원형경기장에 18마리의 코끼리를 풀어놓아 죄 없는 사람들과 전쟁하는 양 싸움을 붙였다는 사실이 어떤 가치가 있겠습니까? 국가 지도

자였던 그는, 새로운 방식으로 사람을 죽이는 진귀한 볼거리의 제공이 옛 수장들[12] 사이에서도 특별한 공적으로 인정받았다고 생각했습니다. 그들이 격전을 벌였습니까? 그것으로는 부족합니다. 그들의 몸이 토막 났던 것입니까? 그것도 부족합니다. 그들은 큰 몸집의 동물에 밟혀 으깨 졌습니다. 저런 일들은 잊혀 마땅합니다. 후대의 어떤 권력자도 그런 비 인간적인 일을 배우거나 따라하지 않도록 말입니다. 저토록 엄청난 쾌락 은 우리의 정신에 얼마나 짙은 안개를 뿌려놓습니까? 불쌍한 사람들이 이방에서 태어난 짐승에게 던져질 때, 그토록 서로 다른 생명체들을 서 로 싸우게 했을 때, 로마 인민의 얼굴에 핏방울을 쏟아놓을 때, 곧 그 자신 역시 그렇게 될 것임에도 불구하고, 바로 그때 그는 자신이 만물을 지배한다고 믿었던 것입니다. 하지만 그는 알렉산드리아의 배신에 속아 마침내 천한 노예의 칼에 찔려죽게 되었을 때, 그제야 비로소 자신의 별칭[13]이 헛되다는 것을 깨달았습니다.

애초의 주제로 돌아가, 같은 소재로 어떤 사람들의 헛된 노력을 제시 해보겠습니다. 메텔루스가 시킬리아에서 카르타고를 정복하고서는 모 든 로마인들 가운데서 유일하게 개선식에서 100대의 전차로 20마리의 코끼리를 포위하여 끌고 왔다든지, 속주가 아니라 이탈리아의 영토를 획득했을 때 시 외곽 성역[14]을 확장하는 것은 옛 선조들의 관습이었는 데, 술라가 속주를 획득하고 로마의 시 외곽 성역을 최근에 확장했다든 지 등을 이야기하는 사람이 있습니다. 그런데 이런 사실들을 아는 것이 앞으로 나올 것들보다는 더 유용한 것입니까? 즉 그는 아벤티누스 언덕

---

12) 마리우스, 술라, 카이사르, 크라수스 등.
13) 폼페이우스의 별칭은 '위대한 자(Magnus)'였다.
14) 로마 성벽 안과 바깥 사이의 비어있는 성역. 이 영역을 확장하는 권리는 원래 왕에게 있었다.

은 시 외곽 성역에서 제외되었는데, 그 두 가지 이유 중 하나는 평민들이 도시를 떠나 그곳으로 갔기 때문이고, 레무스가 조점을 쳤을 때 그 장소가 좋지 않게 나왔기 때문이라고 합니다. 또 이에 덧붙여 수많은 조작들과 허황한 말들은 어떠합니까? 저것들이 모든 것을 신의성실(信義誠實)에 기해 말했다고 믿은들, 기록 내용으로 보증한다 한들, 그들의 오류를 줄일 수 있겠습니까? 누구의 욕망을 누른 것입니까? 누구를 더 용기 있게, 더 정의롭게, 더 자유민답게 만들 것입니까? 우리의 파비아누스는, 때때로 탐구에 말려들기보다는 탐구를 그만두는 것이 만족스러운 것은 아닌가 하는 생각이 든다고 말하곤 했습니다.

14 철학에 시간을 쓰는 사람들만이 오로지 한가로우며, 오로지 그들만이 삶을 살고 있습니다. 이로써 그들만이 자신의 생애를 제대로 누리며 만고의 시간을 자신의 시간에 덧붙입니다. 그들은 그들 이전에 지나간 시간 모두를 자신의 것으로 만듭니다. 우리가 배은망덕하지 않다면, 신성한 지혜의 고귀한 창시자들은 우리를 위해 태어난 것이며 우리의 삶을 준비해놓은 것입니다. 남들의 수고 덕분에 어둠으로부터 빛으로 나온 아주 아름다운 것들로 우리는 다가갑니다. 어떤 시간도 우리에게 닫혀 있지 않으며, 모든 시간이 우리에게 열려 있습니다. 영혼의 웅대함으로 인간의 옹색한 편협함을 벗어나고자 할 때, 우리가 활보할 시간의 무대가 열립니다. 소크라테스와 함께 토론할 수도 있으며, 카르네아데스와 함께 의심할 수 있으며,[15] 에피쿠로스와 함께 평온한 삶을 누릴 수 있으며, 스토아 학파와 더불어 인간 본성을 극복할 수 있으며, 견유학파와 더불어 인간 본성에 얽매이지 않을 수 있습니다. 세상만물

15) 카르네아데스는 신아카데미아 학파로, 신아카데미아 학파는 확실한 앎은 없다고 가르쳤다.

이 우리에게 만고의 시간과 함께 어울릴 것을 허락한다고 할 때, 시간의 짧고 덧없음에서 벗어나 어찌하여 우리는 온 마음을 다해 거대하고 영원하고 고귀한 것들을 공유하는 데 헌신하지 않겠습니까? 일을 좇아 이리저리 분주하며, 스스로와 주변 사람들을 못살게 구는 자들은 광기를 제대로 보여주는바, 매일 모든 이들의 문지방을 넘어 들어서고 열려 있는 문은 지나치지 않으며, 여기저기 남들의 집을 돌며 이익을 얻기 위해 안부를 묻겠지만, 이렇게 거대하고 온갖 욕망으로 분주한 도시에서 그들이 만날 수 있는 사람은 얼마나 소수입니까? 얼마나 많은 사람들이 늦잠 혹은 사치 혹은 냉정함으로 그들을 내쫓습니까? 얼마나 많은 사람들이 오랜 시간 기다리게 해놓고 다른 바쁜 일이 있다면서 그들을 내팽개칩니까? 피호민들로 가득 찬 사랑채로 나가기를 기피하고 건물의 어두운 입구를 지나 도망쳐버리며, 외면하는 것보다 속이는 것이 덜 잔인한 일이라고 생각하는 사람들이 얼마나 많습니까? 아침잠을 줄여 찾아온 가련한 피호민들의 천 번은 들었을 이름을, 어제의 과음으로 반쯤 감긴 눈으로 거만하기 이를 데 없이 하품하며 겨우 입술을 벌려, 엉뚱한 사람을 예상하면서 불러주는 사람들이 얼마나 많습니까? 진정한 의무를 다하고 있는 사람들은 매일 제논을, 피타고라스를, 데모크리토스를, 여타 자유학문의 수장들을, 아리스토텔레스와 테오프라스토스를 가능한 한 가까이 접하려 하는 사람들이라고 생각합시다. 이들 철학자들 가운데 누구도 출타 중이지 않습니다. 이들은 자신들에게 찾아오는 이들을 좀더 행복하게 만들고 자신들에게 좀더 친근하게 만듭니다. 이들 가운데 누구도, 어떤 이가 찾아왔다가 빈손으로 떠나도록 놓아두지 않습니다. 이들은 누구든지 밤으로나 낮으로나 만날 수 있는 사람들입니다.

15 철학자들은 당신을 죽음으로 몰아세우지 않고, 당신에게 죽는 법을 가르칠 것입니다. 그들은 당신의 시간을 빼앗지 않고, 당신의 시간에 자신의 시간을 더해줄 것입니다. 그들 중 누군가와 대화를 나눈다고 해도 위험에 빠지지는 않고, 그들 중 누군가와 우정을 맺는다고 해서 치명적인 것도 아니며, 그들 중 누군가를 돌본다고 해서 많은 비용이 드는 것도 아닙니다. 당신은 원하는 것은 무엇이든지 그들로부터 취할 것입니다. 당신이 원하는 만큼 최대한 취하지는 못해도, 이는 그들 잘못이 아닐 것입니다. 어떤 행복이, 얼마나 아름다운 노년이 그들의 피호민이 된 사람들을 기다리고 있습니까! 그는 크고 작은 일에 관해 조언해주는, 자신에 관해 매일 조언해주는, 모욕을 주지 않으면서도 진실을 알려주는, 아첨하지 않고 칭찬해주는, 자신의 모범이 될 친구들을 사귈 것입니다. 부모를 선택할 수는 없고 우연히 주어질 뿐이라고 우리는 말하곤 합니다. 그러나 우리는 우리의 선택에 따라 태어날 수도 있습니다. 아주 탁월한 재능을 가진 사람들의 가문들에 말입니다. 당신이 어느 가문에 입양되기를 원하는지 선택하십시오. 당신은 이름뿐만 아니라 재산도 물려받게 될 것인데, 이를 인색하고 쩨쩨하게 간직해서는 안 될 것입니다. 당신이 많은 사람에게 나눠줄수록 재산은 더 늘어날 것입니다. 그들은 당신에게 불멸을 향한 길을 제공하고, 추락하지 않는 곳으로 당신을 끌어올릴 것입니다. 이것은 우리의 유한성을 극복하는, 불멸로 전환하는 유일한 방법입니다. 명예든 기념비든, 정치적 야망이 포고로써 명령하거나 세운 것은 무엇이든 금방 파괴되며, 세월에 낡고 없어지지 않는 것은 없습니다. 그러나 세월은 철학에 의해 신성하게 된 것들을 해칠 수는 없습니다. 어느 세대든 그것들을 없애지도 줄이지도 않을 것입니다. 뒤따르는 각 세대는 그것들을 존경할 것입니다. 우리는 가까이 있는 것은 질투하지만, 멀리 떨어져 있는 것은 거리낌 없이 존경하기 때문입

니다. 따라서 현자의 인생은 길게 펼쳐져 있으며, 다른 사람이 갇힌 인생의 한계 안에 갇혀 있지 않습니다. 오직 그만이 인류의 구속으로부터 자유로우며, 모든 세대가 그를 신처럼 섬깁니다. 지나가는 시간을 그는 기억 속에 붙듭니다. 현재의 시간을 이용합니다. 미래의 시간을 예비합니다. 모든 시간이 하나로 결합되어 현자의 인생은 길어집니다.

16 과거를 망각하고 현재를 돌보지 않으며 미래를 두려워하는 사람들의 삶은 더없이 짧고 근심으로 가득합니다. 이들은 인생의 막바지에 이르러, 자신들이 아무것도 하지 않았으면서도 내내 분주했음을 가련하게도 뒤늦게 깨닫습니다. 간혹 이들이 죽고 싶다고 푸념한다고 해서 이들이 오래 산 증거라고 생각할 이유는 없습니다. 두려운 대상을 만나게 되자 종잡을 수 없는 격정에 휩쓸려 어리석음 때문에 고통 받는 것입니다. 이들이 죽고 싶다고 외치는 것은 두렵기 때문입니다. 하루가 길게 느껴진다고 해서, 정해진 점심시간까지 시간이 더디게 흘러감을 불평한다고 해서, 이것이 오래 산 증거라고 생각할 이유는 없습니다. 분주함에서 놓여나 한가함에 들어서자, 이들은 이것을 어떻게 활용할지 혹은 어떻게 소비할지 몰라 안절부절 못하는 것뿐입니다. 그래서 이들은 뭔가 분주함을 추구하는바, 중간중간 남아도는 시간을 힘겨워합니다. 마치 검투사 경기 예정일을 앞두고 있는 것처럼 혹은 다른 어떤 구경거리 혹은 재미거리의 일정을 앞두고 있는 것처럼 말입니다. 이들은 중간의 날들을 건너뛰었으면 하고 바랍니다. 기다리는 동안의 어떤 지체도 이들에게는 길기만 합니다. 하지만 이들이 좋아하는 시간은 짧고 빠르게 지나가며, 이들의 잘못으로 더욱 짧아지기도 합니다. 왜냐하면 한 가지 쾌락에 머물지 못하고 이런저런 욕망으로 옮겨다니기 때문입니다. 이들에게 낮은 긴 것이 아니라 지겨운 것입니다. 이들에게 창녀의

품에서 혹은 술을 마시며 보낸 밤들이란 얼마나 짧게 보입니까! 이런 이유에서 거짓 이야기들로 사람들에게 잘못을 가르치는 시인들의 광기는, 유피테르가 욕정에 이끌려 밤을 두 배로 늘였다는 이야기를 지어냅니다. 이것들의 주체를 신이라고 부르며 악덕의 병적인 사례에 신을 핑계로 삼는 것은, 악덕을 자극하는 일 말고 무엇이겠습니까? 밤 시간을 아주 비싸게 구입했는데, 밤이 그렇게 짧다고 생각하지 않을 수 있습니까? 이들은 밤에 대한 기대로 낮을 탕진하고, 날이 밝는 것을 두려워하며 밤을 탕진합니다.

17 이들의 쾌락은 염려로 가득하고 다양한 두려움으로 조용할 틈이 없으며, 이들이 크게 기뻐하는 동안에도 불안한 생각이 찾아듭니다. "이것들이 얼마나 오래 이어질까?" 이런 불안 때문에 왕들은 자신의 권세를 슬퍼하며, 자신의 행복이 제아무리 커도 행복은 얻지 못하고 마지막 순간에 이르기까지 두려움에 떱니다. 커다란 들판 전체를 군대로 채웠으되 그 숫자를 일일이 셀 수 없어 단위별로 헤아렸다는 오만하기 이를 데 없던 페르시아 왕[16]은 눈물을 흘렸습니다. 그는 그렇게 많은 청년 모두가 향후 100년 안에 죽게 될 것을 슬퍼했던 것입니다. 그렇게 눈물짓던 그가 그들에게 죽음을 가져다주었는바, 일부는 바다에서, 일부는 육지에서, 일부는 전투 중에, 일부는 도망치다 죽었습니다. 그들의 100년을 걱정하던 그는 짧은 시간 만에 그들 모두를 사지로 몰아넣었습니다. 이들에게 기쁨조차 걱정으로 가득한 이유는 무엇입니까? 그것은 기쁨이 확고한 근거에 기초하지 않았으며, 기쁨의 출발점이던 허영심이

---

16) 크세르크세스는 기원전 480년에 희랍을 침공한다. 헤로도토스, 『역사』 제7권 60에는 크세르크세스의 군대가 굉장히 많아 그 수효를 헤아리기 위해 사용한 방법이 설명되어 있다.

이들을 계속 어지럽히기 때문입니다. 다른 사람들과 비교해서 당당하고 우쭐할 수 있었던 시간들마저 전적으로 기쁜 것이 아니라면, 이들이 스스로 고백하는바, 이들의 불행한 시간은 과연 어떠했을 것이라고 생각합니까? 행복이 크면 클수록 걱정도 가득하며, 아무리 큰 행복에도 전혀 안심할 수 없습니다. 결국 행복을 가지기 위해 또다른 행복이 필요하며, 소원이 이루어져도 또다른 소원이 요구됩니다. 왜냐하면 우연에 의해 주어진 것들은 모두 불확실하며, 높이 올라갈수록 추락하기 십상이기 때문입니다. 추락은 누구에게도 유쾌한 일이 아닙니다. 따라서 필연적으로, 많은 수고로 마련한 것을 지키려고 더 많은 수고를 들여야 하는 사람들의 삶은 단명할 뿐만 아니라 매우 불행하기까지 합니다. 이들은 원하는 것을 얻으려고 고생하고, 이미 얻은 것은 지키려고 근심합니다. 그러는 동안, 이들은 시간이 결코 돌아오지 않는다는 것을 생각하지 않습니다. 새로운 분주함이 앞서의 분주함을 대신하며, 기대가 기대를, 야망이 야망을 일깨웁니다. 불행의 끝을 구하지 않고 다만 불행의 재료를 바꿉니다. 공직의 고통을 벗어나자, 우리는 남들의 공직에 더 많은 시간을 빼앗깁니다. 공직 후보자로 수고하기를 그만두자, 우리는 공직 후원자로 수고를 시작합니다. 고발자로서의 노역을 내려놓자, 우리는 심판인의 노역을 맡습니다. 심판인을 그만두자 심문관이 됩니다. 남의 재산을 관리하는 일에 고용되어 늙어버렸는데도 자기 재산 때문에 놓여나지 못합니다. 마리우스가 군화를 벗었더니 집정관직이 그를 잡을 것입니다. 퀸티우스[17)]는 독재관직을 서둘러 빠져나왔지만, 밭에서 다시 불려나올 것입니다. 중차대한 일을 부담하기에는 아직 이른 나이에 스키피오는 페니키아인들과 싸우는 전쟁터로 갈 것입니다. 한니발을 무찌른

---

17) 루키우스 퀸크티우스 킨키나투스는 기원전 458년 쟁기질을 할 때 독재관에 임명되었다. 퀸티우스는 세네카의 착오로 보인다.

정복자, 안티오코스의 정복자, 자신의 집정관직을 훌륭히 마친 고결한 자, 동생의 후원자는 만약 그가 거절하지 않았다면 아마도 유피테르와 나란히 모셔졌을지도 모릅니다. 하지만 국가적 분쟁이 국가의 구원자를 괴롭힐 것이며, 젊은 시절부터 신들과 맞먹을 정도로 탁월하게 복무하던 공직에 염증을 느낀 노인이 즐겁게 사는 방법은 망명을 고집하는 것입니다.18) 행복한 것이든 불행한 것이든 근심의 원인은 결코 사라지지 않습니다. 분주함으로 인생은 시달릴 것이며, 여가는 결코 누리지 못하고 늘 희망만 하게 될 것입니다.

18 소중한 파울리누스여, 군중을 멀리하고, 살았던 시간에 비해 그 동안 과도하게 시달렸으니 평온한 항구로 물러나십시오. 당신이 얼마나 많은 파도를 겪었는지, 얼마나 많은 사적인 폭풍을 견뎠는지, 얼마나 많은 공적인 폭풍을 자초했는지를 생각해보십시오. 끊임없이 고된 증거들을 통해 당신의 덕은 충분히 드러났습니다. 당신의 덕이 여가 중에 무엇을 할 수 있는지 시험해보십시오. 당신은 인생의 많은 부분, 확실히 좋은 부분을 국가에 바쳤습니다. 당신의 시간 일부를 당신 자신을 위해서도 쓰십시오! 저는 당신을 느긋하고 한가한 휴식으로 불러내는 것도 아니고, 활기에 넘치는 당신의 천성을 군중이 좋아하는 쾌락과 잠 속에 잠기게 하려고 불러내는 것도 아닙니다. 그것은 휴식하는 것이 아닙니다. 당신은 지금까지 열정적으로 했던 일보다 중요한, 은퇴하여 느긋하게 할 일을 발견하게 될 것입니다. 참으로 당신은 세상사를 관리하면서 남의 것처럼 정직하게, 자기 것처럼 주의 깊게, 공공의 것처럼 양심적으로 관리합니다. 당신은 미움을 피하기 어려운 임무에서도 사랑받고 있습니다만, 그럼에도 제 말에 귀 기울여주십시오. 곡물 시장의 대차

18) 공직에 염증을 느낀 그는 리테르눔으로 망명 가서 죽었다.

대조표보다 자기 인생의 대차대조표를 아는 것이 더 좋습니다. 가장 중요한 일들을 해낼 수 있는 당신의 정신력을, 명예롭기는 하나 행복한 인생에는 그다지 어울리지 않는 직무로부터 불러내십시오. 당신은 수천 가마의 곡식을 잘 맡아보기 위해 어릴 적부터 학문들을 공부한 것이 아님을 생각하십시오. 당신은 중요하고 높은 관직을 기대했습니다. 성실하게 힘든 일을 할 사람들은 적지 않습니다. 짐을 운반하는 데는 혈통 좋은 말보다는 느린 역축(役畜)이 훨씬 더 적합합니다. 누가 혈통 좋은 빠른 말에 무거운 짐을 싣겠습니까? 게다가 당신이 그토록 무거운 짐을 짊어지는 것이 얼마나 심히 괴로운 일인지 생각해보십시오. 당신의 과제는 사람들의 배[腹]입니다. 배고픈 사람들은 이성을 따르지 않고, 공정함으로도 누그러지지 않고, 간청으로도 바뀌지 않습니다. 배다리[19]를 놓고 제국의 자원을 탕진하던 가이우스 카이사르[20]가 죽고 나서 며칠 만에—만약 죽은 사람에게 감정이 남아 있다면, 그는 로마 인민에게 7, 8일분 식량이 남아 있었음을 알고서는 매우 괴로워했을 것입니다만—억눌려 살던 이들은 마침내 심지어 식량부족 사태마저 겪었습니다. 처참하고 오만하게 미친 외국 왕[21]을 모방하다가 그는 하마터면 재난, 기근, 기근에 뒤이은 총체적 파멸을 초래할 뻔했습니다. 돌, 칼, 불 그리고 가이우스를 상대해야 했던 곡물시장 관리들의 심정은 어떠했겠습니까? 그들은 최대한 은폐하여 국가의 심장부까지 파고든 중병을 숨겼습니다. 분명 그럴 만한 이유가 있었습니다. 어떤 병은 환자 모르게 치유해야 하기 때문입니다. 자신의 병을 아는 것 자체가 많은 사람들에게 죽음의 원인이었던 것입니다.

---

19) 바이아이에서 푸테올리까지 거리상으로 약 5.5킬로미터.
20) 칼리굴라.
21) 헬레스폰토스 해협에 다리를 건설했던 크세르크세스.

19 당신은 더 고요하고 더 안전하며 더 훌륭한 주제로 발을 들여놓으십시오. 운반인의 사기나 부주의를 피해 곡식이 상하지 않고 창고로 운반되도록, 습기에 썩거나 뜨지 않도록, 그래서 무게를 달거나 잴 때 문제가 없도록 노심초사하는 것을, 신이 무엇으로 구성되어 있는지, 신의 의지, 상태, 형상을 알고자 신성하고 고귀한 주제에 다가가는 것과 유사하다고 당신은 생각합니다. 어떤 운명이 당신을 기다리고 있습니까? 육신에서 흩어진 우리를 자연은 어디로 데려가는 것입니까? 이 세계의 무거운 것을 한가운데로 모으고, 가벼운 것은 위로 보내고, 꼭대기로는 불을 가져가고, 별들을 자신의 주기에 맞추어 움직이게 하며, 마지막으로 거대한 신비로 가득 찬 나머지 것들을 움직이게 하는 것은 무엇입니까? 이것들을, 당신은 정신만이 남게 될 때 살펴보고자 합니까? 피가 뜨거운 지금, 힘이 넘칠 때 더 좋은 이것들을 향해 가야 합니다. 이것들 안에서 삶에 속하는 좋은 기술들이, 덕과 유용함에 대한 사랑이, 욕구에 대한 망각이, 삶과 죽음에 대한 앎이, 사물의 깊은 고요함이 당신을 기다리고 있습니다.

모든 분주한 사람들의 상태는 비참합니다. 그중에서도 자신의 일이 아니라, 남의 잠을 자며 남의 걸음을 걷는 사람이 가장 비참합니다. 모든 일 중에서 가장 자유로운 것인바, 사랑하고 미워하는 일조차 그들은 명령받아 행합니다. 자신의 삶이 얼마나 짧은지를 알고자 한다면, 이들은 자기 소유의 삶은 얼마나 되는지를 생각해야 합니다.

20 그러므로 당신은 자주 사람들이 걸친 관복을 볼 때, 광장에서 환영받는 이름을 볼 때 부러워하지 마십시오. 이런 것들은 삶에 손실을 가져옵니다. 한 해에 자신들의 이름을 붙이려고[22] 그들은 평생을

22) 당해 연도 집정관들의 이름을 따서 해당 연도를 표시한다.

소진할 것입니다. 야망의 정점에 이르기 전에 도전의 초입에서 일부는 인생을 마감합니다. 수많은 오욕을 뚫고 명예의 정점에 이르렀을 때, 일부는 결국 묘비명에 이름을 쓰려고 그런 고생을 한 셈이라는 가련한 생각에 이릅니다. 이들 중 어떤 이는 고령에 이르러 마치 소년처럼 새로운 희망을 설계하지만, 과도하고 무리한 시도를 하던 중 맥없이 기력을 잃습니다. 고령으로 숨이 멎을 때까지, 흉하게도 그는 비천하기 이를 데 없는 송사꾼들을 위해 법정에서 변론을 행하며 무지한 군중들의 환호를 누립니다. 일이 끝날 때까지가 아니라 목숨이 다할 때까지, 추하게도 그는 일에 파묻혀 지내다가 쓰러집니다. 추하게도 그는 계산하던 장부 위에 쓰러져 죽고, 오래 기다려온 상속자는 미소를 짓습니다. 제게 떠오른 예를 그냥 지나칠 수는 없습니다. 섹스투스 투라니우스는 억척스럽게 부지런을 떠는 노인이었는바, 90세가 넘어 가이우스 카이사르[23]에 의해 행정직에서 해임되자, 가족들에게 자신을 침대에 누이고 마치 죽은 것처럼 주위에 모여 통곡하라고 명령했습니다. 그리하여 집안이 온통 늙은 바깥주인의 해직을 애도했으며, 그가 원래 자리로 복직될 때까지 애도를 멈추지 않았다고 합니다. 그러니까 그에게는 분주하게 일하다가 죽음을 맞는 것이 즐거움이었던 것 아닙니까? 똑같은 생각을 대부분의 사람들도 가지고 있습니다. 이들은 자신의 능력을 넘어 계속 일하려는 욕심을 가지고 있습니다. 유약해지는 체력과 다투면서도 이들이 노년에 대해 불평하는 이유는, 다름 아니라 자신들이 퇴직당했다는 것입니다. 법률에 따라 50세 이상은 군대에 차출되지 않으며, 60세 이상은 원로원에 소집되지 않습니다. 하지만 사람들은 법률이 아니라 자기 자신 때문에 은퇴를 힘겨워하는 것입니다. 뺏고 뺏기는 동안, 서로 타인의 휴식을 방해하는 동안, 서로를 불행하게 하는 동안, 인생은 결실을 맺지 못하

---

23) 칼리굴라.

고, 행복을 얻지 못하며, 마침내 영혼의 성숙을 도모하지 못합니다. 누구도 죽음을 염두에 두지 못하며, 누구도 멀리까지 이르는 희망을 접지 못합니다. 어떤 사람은 삶 이후까지 계획을 세웁니다. 맙소사! 엄청난 크기의 무덤, 국가적 기념물, 장례식 경기와 과시적 장례식 등을 말입니다. 하지만 이들의 장례식은, 얼마밖에 살지 못한 어린아이들처럼 횃불과 촛불 아래에서 치러져야 할 것입니다.24)

---

24) 세르비우스의 『아이네이스』 제11권 148행 주석에 따르면, 로마에서 미성년자의 장례식은 밤에 횃불과 촛불 아래 치러졌다고 한다.

폴뤼비우스에게 보내는 위로

De Consolatione ad Polybium

1 우리의 [……][1]에 비해 확고합니다. 하지만 이것들도, 모든 것을 파괴하고 생겨난 원래의 장소로 소환하는 자연이라는 조건 아래에서 덧없이 사라질 뿐입니다. 실로 사멸할 인간이 만든 것 중 불멸인 것은 무엇입니까? 7개의 놀라운 건축물,[2] 후대의 야망이 쌓아올렸던 더 놀라운 건축물이라 한들 언젠가는 흙 속에 파묻힌 유적이 될 것입니다. 그렇습니다. 영원한 것은 없으며, 오래가는 것이 소수 있을 뿐입니다. 제각각 다른 방식의 허점을 가지기에 사라지는 방식만 다양할 뿐, 아무튼 시작이 있으면 결국 언젠가 끝이 있는 법입니다. 어떤 사람들은 세상의 멸망에 대해 경고하며, 당신도 당연하다고 믿을진대, 모든 신적인 것과 인간적인 것을 품고 있는 이 우주 역시 어느 날엔가는 흩어져 예전의 혼란과 암흑 속으로 가라앉게 될 것입니다. 개개인을 위해 통곡하고, 카르타고와 누만티아와 코린토스의 잿더미 때문에, 나아가 이것들보다 더

---

1) 편지의 이 부분은 손실되었다. 세네카가 이 편지에서 위로하는 폴뤼비우스는 해방 자유민으로서, 클라우디우스 황제의 서기였다.

2) 메소포타미아의 바뷜론 성벽, 이집트의 피라미드, 에페소스의 아르테미스 신전, 할리카르나소스의 마우솔로스 왕릉, 바뷜론의 공중 정원, 로도스의 크로이소스 거상, 올륌피아의 제우스 상을 일컫는다.

우뚝 솟았다던 도시의 붕괴 때문에 비통해하다니, 아래로 떨어질 곳이 없는 이 우주조차 사라질 텐데! 언젠가는 엄청난 재앙을 가져올 운명에게 감히 자신을 아껴주지 않았다고 불평하다니! 누가 이다지도 오만방자하다는 말입니까? 모든 것을 하나같이 종말로 소환하는 자연의 요구로부터 자신과 식구들을 떼어놓기를 바라고, 임박한 세상의 멸망에서 몇몇 집을 빼내려 하다니 말입니다. 따라서 모든 사람이 이미 겪었거나 겪을 일이 자신에게도 일어났다고 생각하는 것은 큰 위안이 됩니다. 그리고 제 생각에 자연은 더없이 견디기 힘든 일은 공유물로 지정해놓았는바, 이런 공평함은 운명의 잔인함에 위로가 됩니다.

2 당신이 그리워하는 사람에게나 당신에게 당신의 슬픔이 어떤 이로움도 주지 못한다는 생각 역시 적지 않은 도움을 줄 것입니다. 당신 또한 소용없는 일이 계속되는 것은 원하지 않을 테니 말입니다. 만약 슬퍼하는 것이 조금이라도 도움이 된다면, 저는 저의 운명[3]에 남아 있는 눈물을 당신을 위해 쏟아내기를 거절하지 않겠습니다. 단언컨대, 이것이 도움되기만 한다면야, 이미 통탄으로 말라버린 제 눈에서 지금이라도 뭔가 흘러나오는 것을 보게 될 것입니다. 무엇을 망설입니까? 함께 불평합시다. 나아가 저는 소송을 제기하겠습니다. "모두가 더없이 불공정하다고 판단하는 운명아, 지금까지는 네가 그를 지켜주는 것으로 보였다. 그는 네 덕택에 극소수만이 받는 숭앙을 얻었는바, 아무도 그의 행복을 시기하지 않았다. 그런데 너는 갑자기 카이사르 치세에 가장 큰 슬픔이 될 것을 그에게 안겼다. 너는 여기저기 찬찬히 둘러보았으나, 오직 이 지점에서만 타격을 가할 수 있음을 알았다. 네가 그를 달리 공격할 수 있었을까? 그의 돈을 빼앗을 수 있었을까? 그는 결코 돈에 매이

---

3) 세네카는 41년에 추방당해 코르시카에서 이 편지를 썼다.

지 않았다. 지금도 그는 가능한 한 돈을 멀리하며, 쉽게 벌 수 있지만 돈으로 수익을 내기보다 돈을 경멸하고자 한다. 너는 그에게서 친구들을 빼앗을 수 있었을까? 잃어버린 친구의 자리를 다른 친구로 금방 메꿀 수 있을 만큼 그가 사랑받는 사람임을 너는 알고 있었다. 내가 보았던 황궁의 권력자들 가운데 그만이, 모두의 친구로 여겨도 무리가 없는, 아니 그렇게 여길 수 있는 유일한 사람이었다고 나는 생각한다. 너는 그에게서 좋은 평판을 빼앗을 수 있었을까? 그의 평판은 상당히 확고해서 너조차도 뒤흔들 수 없다. 너는 그에게서 좋은 건강을 빼앗을 수 있었을까? 교양교육을 통한 양육은 물론 타고난 품성으로 그의 마음은 육체의 모든 고통을 극복하도록 단련되었다는 사실을 너는 알고 있었다. 너는 그에게서 목숨을 빼앗을 수 있었을까? 네가 손해를 끼칠 수나 있었을지! 명성은 그의 재능에 오랜 세월을 약속했다. 그는 자신의 더 훌륭한 부분을 통해 남으며, 이름 높은 작품들을 통해 죽음으로부터 자신을 구해내려 했다. 글에 명예가 따르는 한, 그리고 라티움어의 힘 또는 희랍어에 대한 애호가 지속되는 한, 다시 말해 자신과 견줄 만한 아주 대단한 재능을 가진 사람들, 아니 그의 겸손이 이를 용납하지 않는다면, 찾아가 스승으로 모실 만한 사람들처럼 그는 소멸하지 않을 것이다. 그래서 너는 그를 어떻게 크게 괴롭힐지만 고심했다. 훌륭한 사람일수록 그만큼 너를, 무분별하게 미쳐 호의를 베풀 때라도 두려워해야 하는 너를 잘 견뎌내곤 했기 때문이다. 평소처럼 멋대로가 아니라 분명한 이유로 호의를 베푸는 것으로 보였던 너는 아주 쉽게 그를 불의에서 구할 수도 있을 텐데!"

3 이런 불평에, 한창나이에 요절한 저 젊은이의 성품을 추가해봅시다. 그는 당신에게 어울리는 동생이었습니다. 분명 당신은 당신

에게 걸맞지 않은 동생 때문에 슬퍼할 사람은 결코 아니기 때문입니다. 모든 사람이 그에 대해 똑같이 증언합니다. 사람들은 당신의 명예를 위해 그를 그리워하며, 그의 명예를 위해 그를 칭찬합니다. 그가 한 일 가운데 당신이 알아서 언짢을 일이라고는 없었습니다. 당신은 좋지 않은 동생에게조차도 틀림없이 좋은 형이었겠지만, 당신의 우애는 적절한 대상을 만났기에 훨씬 더 남달랐습니다. 아무도 그가 불의를 행했다고 생각하지 않으며, 그는 누구에게도 당신의 동생임을 내세우지 않았습니다. 그는 당신의 절제를 본받았고, 당신이 얼마만큼 집안의 자랑이자 기둥인지를 생각했습니다. 이런 중책에 그는 합당했습니다. 어떤 덕에도 호의적이지 않은 가혹한 운명이여! 당신의 동생은 행복을 알기도 전에 당신을 떠났습니다. 저는 제가 제대로 분노하지 못하고 있음을 알고 있습니다. 큰 슬픔에 어울리는 말들을 찾기란 매우 어렵기 때문입니다. 하지만 그럼에도 뭔가를 얻을 수 있다면 함께 불평합시다. "이토록 불의하고 포악한 운명아, 너는 무엇을 원했던가? 그토록 빨리 너는 네가 베푼 자비를 후회했던가? 형제들 사이에 공격을 가해, 그토록 잔인한 강탈로써 우애 넘치는 형제를 갈라놓다니 얼마나 잔인한가! 너는 어느 형제에게도 뒤지지 않는 최고로 훌륭한 젊은이들이 모여 사는 집을 소란케 하고 아무런 이유 없이 망쳐놓고 싶었던가? 그렇다면, 만법을 준수하는 강직함도, 오랜 검소함도, 절제된 행복도, 최고의 권좌에서 발휘된 극도의 자제력도, 학문에 대한 순수하고 확고한 사랑도, 흠 없는 정신도 아무 소용이 없지 않은가? 폴뤼비우스는 탄식하며, 동생의 일로 살아 있는 다른 형제들에게 무엇이 닥칠까 경계하니, 슬픔의 위안이 된 바로 그 형제들 때문에 또한 불안해한다. 추악한 범행이여! 폴뤼비우스는 탄식하며, 카이사르의 위안에도 불구하고 괴로워하는구나! 네 멋대로 하는 운명아! 의심할 바 없이 너의 목적은 바로 카이사르조차 너에게 맞서서는 누구도 보호해줄 수 없음을 보여주는 것이다."

4 우리는 운명을 오랫동안 고발할 수는 있지만, 운명을 바꿀 수는 없습니다. 운명은 냉정하고 냉혹하게 서 있습니다. 고함치고 통곡하며 소송을 제기해도 운명은 꿈쩍하지 않습니다. 운명은 누구도 봐주지 않고 사면해주지도 않습니다. 울어도 아무 소용이 없으니 눈물을 거둡시다. 계속 슬퍼하면 죽은 자들을 우리에게 되돌리기는커녕 우리가 죽어서 그들 곁에 있게 되기 십상이니 말입니다. 만약 슬픔이 우리를 괴롭힐 뿐 돕지 않는다면, 가능한 한 빨리 포기하고 공허한 위안과 쓰디쓴 슬픔의 충동으로부터 마음을 다잡아야 합니다. 이성이 하지 않는 한, 운명은 결코 우리의 눈물을 그치게 하지 않을 것입니다. 죽을 수밖에 없는 모든 사람을 둘러보십시오. 통곡해야 할 이유는 곳곳에 끊임없이 널려 있습니다. 누군가는 고된 가난으로 매일매일 노동하고, 누군가는 잠들지 않는 야망으로 괴로워하고, 누군가는 간절히 바랐던 재산으로 두려워하며, 자신의 소망에 힘들어하고, 누군가는 걱정으로, 누군가는 근심으로 고통받고, 누군가는 항상 집 앞을 에워싸는 무리 때문에 고통받습니다. 어떤 이는 자식이 생겨서, 어떤 이는 자식을 잃어서 슬퍼합니다. 슬퍼할 이유보다 더 빨리 눈물이 모자라게 될 것입니다. 당신은 자연이 우리에게 어떤 종류의 삶을 약속했는지를 알고 있지 않습니까? 자연은 사람이 울면서 태어나기를 원하지 않았습니까? 우리가 태어나서 가장 먼저 한 일은 우는 것이었고, 우리는 울면서 모든 세월을 보냈습니다. 우리는 이처럼 살아가기 때문에, 우리가 종종 할 수밖에 없는 일이라면 절도 있게 해야 합니다. 우리는 얼마나 많은 고통이 등 뒤에 와 있는지 주목하고, 울음을 그칠 수 없다면 적어도 우는 것을 늦춰야 합니다. 다른 무엇보다 자주 사용하는 물건을 가장 아껴야 하는 법입니다.

5   당신의 애도를 받는다고 여겨지는 사람이 정작 당신의 애도를 가장 달가워하지 않는다고 생각하는 것, 이것 또한 당신에게 적잖이 도움을 줄 것입니다. 그는 당신이 고통받는 것을 원치 않거나 이를 모릅니다. 그러므로 이런 호의는 무의미한바, 애도 받는 사람이 어떤 것도 느끼지 못한다면4) 애도는 헛된 일이고, 느낀다 해도 달가워하지 않을 것이기 때문입니다. 당신의 눈물에 즐거워할 사람은 세상에 아무도 없다고 과감하게 말하겠습니다. 어떻습니까? 누구도 당신에게 품지 않는 마음을 당신의 동생이 품고 있다고, 당신이 괴로워하며 당신의 업무, 즉 카이사르에 대한 헌신을 그만두기를 동생이 원한다고 믿습니까? 그럴 것 같지는 않습니다. 그는 당신을 동생인 양 아꼈고, 부모인 양 존경했으며, 조상처럼 공경했기 때문입니다. 그가 원하는 것은 당신이 자신을 그리워하는 것이지, 당신이 고통받는 것이 아닙니다. 만약 망자들에게도 감각이 있다면, 당신의 동생은 당신의 슬픔이 끝나기를 바랄 텐데, 당신은 왜 쇠약해질 때까지 슬퍼합니까? 당신의 다른 동생은 어떤 생각인지 저는 잘 알지 못하지만, 확신이 없는 가운데서도 저는 이렇게 말하겠습니다. "만약 당신이 끝없이 눈물 흘리며 괴로워하기를 당신의 동생이 바란다면, 그는 당신이 슬퍼해줄 만한 동생이 못 됩니다. 그가 이를 바라지 않을진대, 당신 형제들에게 달라붙은 슬픔을 떼어내십시오. 형제애가 없는 동생은 이런 식으로 그리워해서는 안 되고, 형제애가 깊은 동생은 이런 식으로 그리워하는 것을 원치 않습니다." 그런데 죽은 동생의 형제애는 입증되었는바, 그의 불행이 당신에게 쓰라리리라는 것, 어떤 식으로든 당신을 괴롭힌다는 것, 그것이 눈물에 가장 어울리지 않는 당신의 눈을 끝없는 눈물로 산란케 하고 지치게 한다는 것, 확실히 이런 사실들이 그에게는 가장 쓰라린 일입니다.

---

4) 에피쿠로스 철학자들은 영혼이 몸과 함께 소멸한다고 가르쳤다.

그러나 당신의 형제애를 쓸모없는 눈물로부터 가장 잘 떼어놓을 것은 바로, 이러한 운명의 불의를 당신이 용감하게 견딤으로써 동생들에게 모범이 되어야 한다고 생각하는 것일 것입니다. 위대한 장군들은 난관에 봉착했을 때 자신의 낙담한 모습을 보고 병사들의 사기가 꺾일까 두려워 일부러 즐거운 척 기쁨을 가장하여 불행을 숨기는바, 지금 당신이 바로 이렇게 해야 합니다. 마음과 상반되는 표정을 지으십시오. 할 수 있다면, 슬픔을 완전히 내던지십시오. 할 수 없다면, 슬픔을 안으로 숨겨서 드러나지 않게 하십시오. 동생들이 당신을 닮도록 노력하십시오. 그들은 자신이 본 당신의 모든 행위가 고귀하다고 믿고서, 당신의 표정에서 용기를 얻을 것입니다. 당신은 그들에게 위로이자 위로자가 되어야 합니다. 하지만 당신이 슬픔에 빠져 있는 한, 당신은 그들의 비탄을 막아줄 수 없을 것입니다.

6 　당신의 행위가 감춰질 수 없음을 유념하는 것 또한 당신의 지나친 슬픔을 막을 수 있습니다. 사람들의 합의에 따라 당신은 중요한 직책을 맡았습니다. 그것을 수행해야 합니다. 당신을 위로하는 사람들 모두가 당신을 에워싸고 당신의 마음을 들여다보면서, 당신이 얼마나 큰 힘으로 슬픔에 맞서는지, 당신이 오직 좋은 시절만을 잘 보낼 줄 아는 사람인지, 아니면 어려운 시절도 용감하게 견딜 줄 아는 사람인지를 낱낱이 살펴봅니다. 그들은 당신의 눈을 주시하고 있습니다. 감정을 숨길 수 있는 사람들은 더욱 자유로운 반면, 당신은 비밀을 가질 자유조차 없습니다. 운명은 당신을 밝은 빛 아래 가져다놓았습니다. 모든 사람이 알게 될 것인바, 당신이 이런 상처를 입고서 어떻게 행동했는지, 즉 당신이 타격을 받자마자 무기를 버렸는지 아니면 버티고 섰는지 말입니다. 당신은 일찍이 카이사르의 총애와 당신 재능으로 높은 지위에 나아

갔습니다. 평민적인 것도 비천한 것도 당신에게는 어울리지 않습니다. 그런데 슬픔에 기력이 소진되도록 자신을 방기하는 것보다 무엇이 더 비천하고 유약한 일입니까? 당신은 동생들만큼 비탄할 수 없습니다. 당신의 학식과 성품에 관한 세상의 평판이 당신에게 허용하는 것은 많지 않고, 오히려 많은 것을 당신에게 요구하며 많은 것을 기대합니다. 만약 당신이 모든 것을 자유로이 하고 싶었다면, 모든 사람이 당신을 주목하지 않게 해야 했습니다. 이제는 당신이 약속했던 것을 제공해야 합니다. 당신의 재능이 발휘된 작품을 칭찬하고, 이를 필사하며, 당신의 재산이 아니라 재능을 요구하는 사람들 모두가 당신의 마음을 들여다봅니다. 완벽하고 박식한 사람이 되겠다고 공언한 당신이 그에 걸맞은 행동을 보임으로써, 많은 사람은 당신에게 보냈던 찬탄을 거두지 않을 것입니다. 당신의 슬픔은 도를 지나쳐서는 안 됩니다. 당신이 해서 안 되는 것은 이것만이 아닙니다. 낮까지 잠자리에 있으면 안 되고, 소란스러운 일을 피해 한적한 시골에 은둔해서도 안 되며, 고된 업무가 지속되는 직책으로 인해 지친 몸을 향락적인 여행으로 쉬게 해서도 안 되고, 온갖 구경거리에 마음을 놓아서도 안 되며, 일과를 당신 뜻대로 배정해서도 안 됩니다. 저 구석에 누워 있는 아주 비천한 사람들에게조차 허용되는 많은 것들이 당신에게는 허용되지 않습니다. 위대한 운명은 커다란 예속입니다. 당신은 어떤 것도 당신 뜻대로 할 수 없습니다. 당신은 수없이 많은 사람의 말을 듣고, 수없이 많은 청원서를 준비해야 합니다. 전 세계에서 수합된 수많은 사안이 차례대로 국가원수에게 전달되도록 정돈해야 합니다. 제가 말하듯이, 당신은 울면 안 됩니다. 울고 있는 많은 사람의 말을 들을 수 있도록, 아주 온화한 카이사르의 자비를 원하고 있는 위기에 처한 사람들의 간청을 들을 수 있도록 당신은 눈물을 거둬야 합니다.

7 지금까지 제가 제시한 치유책들은 비교적 가벼운 것이었지만, 당신에게 도움이 될 것입니다. 하지만 모든 것을 잊고 싶다면 카이사르를 생각하십시오. 그가 베푼 은혜에 보답하고자 할진대, 얼마나 많은 충성과 근면이 필요한지를 아십시오. 신화에 나오는, 세상을 어깨로 짊어진 인물만큼 당신이 짐을 짊어진 것은 아님을 알게 될 것입니다. 모든 것을 할 수 있는 카이사르조차 다음과 같은 이유로 많은 것을 하지 못합니다. 그의 불침번 근무가 모든 사람의 잠을, 그의 수고가 모든 사람의 여가를, 그의 근면이 모든 사람의 오락을, 그의 일이 모든 사람의 휴가를 보장합니다. 세상에 헌신한 그날부터 카이사르는 자신을 포기했으며, 쉬지 않고 항상 자신의 궤도를 도는 행성들처럼, 멈출 수도 없고 자신을 위한 일도 할 수 없었습니다. 그와 동일한 강제가 당신에게도 어느 정도 부과되었습니다. 당신은 당신의 이익이나 공부에 몰두할 수 없습니다. 카이사르가 세상을 통치할 때, 쾌락이나 슬픔이나 다른 어떤 것에 당신이 빠져들 수는 없습니다. 당신은 카이사르에게 당신 전부를 빚지고 있습니다. 게다가 당신은 항상 카이사르가 당신의 목숨보다 더 소중하다고 선언했기 때문에, 그가 살아 있는 한 당신이 운명에 관해 불평하는 것은 도리가 아닙니다. 그가 무사한 한 당신의 소유물들은 온전하며, 당신은 아무것도 잃지 않은 것입니다. 당신의 눈은 눈물에 젖어 있어서는 안 되며, 나아가 즐거워해야 합니다. 당신은 그의 품 안에서 모든 것을 소유하며, 그는 만인을 위해 존재합니다. 카이사르가 살아 있는데도 당신이 무엇인가를 위해 운다면, 당신은 당신의 행운에 감사하지 않는 것인바, 이는 아주 현명하고 충성스러운 당신의 모습과는 얼마나 거리가 먼 것입니까!

8 이제는 확실하다기보다는 친숙한 치유책을 보여주겠습니다. 집에 틀어박혀 있을 때, 당신은 슬픔을 두려워해야 할 것입니다. 당

신이 당신의 수호신을 바라보고 있으면 슬픔은 당신에게 다가가지 못하고 카이사르는 당신 안에 있는 모든 것을 지켜주지만, 당신이 그에게서 멀어지면 슬픔은 좋은 기회를 얻은 듯, 홀로 있는 당신을 노렸다가 당신의 마음속으로 조금씩 기어들어갈 것이기 때문입니다. 따라서 당신은 몰두할 일 없이 시간을 비워놓아서는 안 됩니다. 이때 당신이 오랫동안 변함없이 사랑하던 책이 당신에게 보답하게 하십시오. 이때 책으로 하여금 당신이 책의 사제이자 숭배자라 주장하게 하십시오. 인류에게 좋은 일을 했던 호메로스와 베르길리우스가 당신 곁에 오래 머물게 하십시오. 당신은 모든 사람뿐 아니라 그들에게도 훌륭한 일을 한 것인바, 그들이 작품을 썼을 그 당시보다도 더 많은 사람에게 그들이 알려졌기 때문입니다.5) 당신이 그들의 작품에 들이는 모든 시간은 슬픔으로부터 안전할 것입니다. 최선을 다해 카이사르의 업적에 대해 쓰십시오. 대대로 그 집안의 자랑거리가 되도록 말입니다. 실로 그는 업적록을 구상하고 기술하는 데 최고의 주제와 본보기를 제공할 것입니다. 평소 당신의 장점을 살려 희극과 로마의 작가들이 시도하지 않았던6) 이솝 우화 등의 이야기를 결합해보라고 감히 강요하지는 않겠습니다. 저토록 강한 타격을 입은 마음이 그토록 빨리 이런 가벼운 일에 몰두하기란 참으로 어려운 일입니다. 그렇지만 만약 진지한 글에서 가벼운 글로 나아갈 수 있다면, 이는 용기를 얻어 원래의 자기로 되돌아왔다는 증명으로 간주해야 합니다. 진지한 글들에서 다루게 될 진지함은, 계속 괴로워하고 속으로 비탄하는 사람을 고통과 괴로움에서 벗어나게 할 것입니다. 반면, 편안한 얼굴로 다루어야만 하는 가벼운 글들은, 마음이 온전히 원래의 자신

---

5) 폴뤼비우스는 호메로스의 작품을 라티움어로, 베르길리우스의 작품을 희랍어로 번역했다.
6) 세네카는 파이드로스가 이솝 우화를 라티움어로 바꿨다는 사실을 언급하지 않는다.

을 회복하지 못하고서는 견뎌내지 못할 것입니다. 따라서 당신이 해야 할 일은 먼저 진지한 주제를 가지고 연습하고, 다음으로 재미있는 주제를 시도해보는 것입니다.

9   자주 다음과 같이 자문하는 것 또한 당신을 많이 진정시켜줄 것입니다. "나는 나를 위해 슬퍼하는 것일까, 아니면 세상을 떠난 동생을 위해 슬퍼하는 것일까? 만약 나 자신을 위해 슬퍼하는 것이라면 애정의 과시는 거짓이 되고, 오직 고귀하다는 이유로 변명되었던 슬픔이 이득을 위한 것이라면 그것은 우애와 무관하게 된다. 이득을 위해 동생을 슬퍼하는 것은 덕 있는 사람에게는 전혀 어울리지 않는 일이다. 반면 만약 떠나간 동생을 위해 슬퍼한다면, 다음의 둘 중 하나는 옳다고 판단할 수밖에 없다. 만약 죽은 사람에게 어떤 감각이 남아 있지 않다면, 동생은 인생의 온갖 고통에서 벗어나 태어나기 전에 있던 곳으로 되돌아간 것이고, 악에서 벗어난 그는 어떤 것도 두려워하거나 욕망하지 않고 아무것도 겪지 않는다. 전혀 슬퍼하지 않을 동생을 끊임없이 슬퍼하는 것은 얼마나 미친 짓인가! 그러나 만약 죽은 사람에게 감각이 남아 있다면, 동생의 영혼은 지금 이를테면 오랜 감옥 생활에서 해방되어 마침내 독립주체가 되어 자기 뜻대로 살며, 기뻐 춤추고, 자연의 장관을 즐기고, 높은 곳에서 모든 인간사를 내려다보고, 오랫동안 헛되이 찾았던 신적 원리를 넘어 바로 신적인 것[7]을 더 가까이에서 들여다볼 것이다. 따라서 그가 행복하든 아무것도 느끼지 못하든 간에, 내가 그를 그리워하면서 괴로워할 이유가 있을까? 행복한 자 때문에 우는 것은 시기이고, 어떤 것도 느끼지 못하는 자 때문에 우는 것은 광기이다."

엄청나게 많이 물려받은 재산을 그가 누리지 못하게 되었다는 생각에

---

7) 많은 스토아 철학자들은 천체가 신과 같다고 가르쳤다.

당신은 동요합니까? 그가 잃어버린 것이 많다는 생각이 들 때, 그가 더는 두려워하지 않게 된 것이 더 많다는 사실을 기억하십시오. 분노가 그에게 고통을 주지 못하고, 병이 그를 괴롭히지 못하고, 의심이 그에게 근심을 끼치지 못하고, 항상 타인의 성공을 질투하는 시기심이 그를 좀먹으며 뒤쫓지 못하고, 두려움이 그를 못살게 굴지 못하고, 자신이 주었던 선물을 재빨리 가져가버리는 운명의 변덕이 그를 성가시게 하지 못할 것입니다. 당신이 잘 따져보면, 그는 잃은 것 이상으로 많은 것을 경감받은 것입니다. 그는 앞으로 부를 즐기지 못할 것이고, 호의를 베풀지도 받지도 못할 것이고, 은혜를 받지도 베풀지도 못할 것입니다. 당신은 그가 이것들을 못하기 때문에 불쌍하다고 생각합니까, 아니면 그가 이것들이 필요하지 않기 때문에 행복하다고 생각합니까? 저를 믿으십시오. 재산을 가진 사람보다는 재산이 필요 없는 사람이 더 행복합니다. 화려할 뿐 기만적인 쾌락으로 우리를 즐겁게 하는 모든 좋은 것, 돈, 관직, 권력, 그리고 인류의 맹목적 욕망이 경탄하는 다른 많은 것은 고생 끝에 얻게 되며, 시기의 대상이 되어, 결국 그것들로 치장한 사람들을 옥죌 것입니다. 그것들은 이로움을 주는 것 이상으로 위험을 초래합니다. 그것들은 불안정하고 불확실하며, 머물러도 즐겁지 않습니다. 왜냐하면, 미래의 두려움은 없겠지만, 큰 행운을 돌보는 것 자체가 큰 걱정이기 때문입니다. 진리를 깊이 꿰뚫어보는 사람들의 말에 따르면, 모든 사람의 인생은 형벌에 불과합니다. 밀물과 썰물이 갈마들며 갑작스럽게 불어나 우리를 들어올리기도 하는 바다, 더 큰 손실을 안기며 우리를 내려놓기도 하는 바다, 끊임없이 파도치는 깊은 바다에 내던져지면 우리는 결코 한곳에 확고히 있지 못하고 표류하며, 이리저리 흔들리고 서로 충돌하며, 결국은 난파할 운명인데도 항상 난파를 두려워합니다. 풍랑이 심하고 온갖 폭풍우가 몰아치는 바다를 항해하는 선원들에게 유일한 항구는 죽음입니다. 따라서 동생의 운명을 염려하지 마십시오. 그는 평온합니다. 마침내 자유롭고 마침내 안전하며 마침내 영원합니다. 그는 카이사르와 카이사르의 모든 자손을 남겨두고, 그리고 당신과 형제들을 남겨두고 세상을 떠났습니다. 운명이 호의를 거두기도 전에, 여전히 옆에 서서 손에 가득 선물을 뿌릴 때 그는 세상을 떠났습니다. 그는 지금 마음대로 할 수 있는 열린 하늘을 즐기고 있습니다. 그는 낮은 곳으로부터, 사슬에서 풀려난 영혼들을 행복한 품 안에 받아주는 곳으로 훌쩍 뛰어올라 지금 거기에서 자유로이 돌아다니며, 자연의 모든 좋은 것들을 아주 즐겁게 바라보고 있습니다. 당신은 잘못 알고 있습니다. 동생은 빛을 잃은 것이 아니라 오히려 순수한 빛을 얻었습니다. 그가 간 길은 우리 모두가 가야 할 길입니다. 우리는 왜 그의 운명 때문에 웁니까? 그는 우리 곁을 떠난 것이 아니라, 우리보다 먼저 떠난 것에 불과합니다. 저를 믿으십시오. 죽음이라는 바로 그 필연성 안에 큰 행복이 있습니다. 삶의 단 하루도 확실한 것은 없습니다. 진실은 어둡고 보이지 않는데, 죽음이 동생을 시기한 것인지 아니면 보살핀 것인지를 누가 해석해낼 수 있겠습니까?

10 그와 같은 동생을 잃은 것을 불의를 당한 것으로 생각하지 않고, 오랜 기간 그의 우애를 누릴 수 있었음이 은혜받은 것이라고 여기는 것 또한 만사에 정의로운 당신에게 확실히 도움이 될 것입니다. 선물 주는 사람에게 선물의 재량권을 인정하지 않는 사람은 불공정한 사람이며, 받은 것을 이익으로 간주하지 않고, 돌려주는 것을 손해로 여기는 사람은 탐욕스러운 사람입니다. 쾌락의 중단을 불의라고 말하는 사람은 배은망덕한 사람이며, 좋은 것들이 현재 있어야만 그것들을 이용한다고 생각하는 사람, 과거의 좋은 것들에 만족하지도 않고, 지나간

것들을 더 확실한 것으로 여기지 않는 사람은 어리석은 사람인바, 그것들은 사라질까 두려워할 필요가 없는 것이기 때문입니다. 자신이 현재 가지고 보는 것만을 즐기는 반면, 과거에 동일한 것을 가졌다는 사실을 아무것도 아닌 것으로 치부하는 사람은 자신의 즐거움을 지나치게 좁게 잡은 것입니다. 모든 쾌락은 우리에게서 빨리 떠나며, 흘러가고 지나치며, 오기도 전에 대부분 사라집니다. 따라서 우리의 마음은 과거를 향해 있어야 하고, 과거에 우리를 즐겁게 했던 것은 뭐든지 다시 불러들여야 하며, 이를 자주 생각하여 자세히 살펴보아야 합니다. 쾌락에 대한 기억이 현재의 쾌락보다 더 오래가고 더 믿음직합니다. 그러므로 당신에게 아주 훌륭한 동생이 있었음을 최고로 좋은 것 중 하나로 생각하십시오. 당신이 얼마나 오랜 기간 좀더 그와 있을 수 있었는지가 아니라, 얼마나 오랫동안 그와 함께했었는지를 생각해야 합니다. 자연은 다른 사람들에게처럼, 당신에게도 동생을 완전한 소유로 준 것이 아니라 빌려주었습니다. 자연은 적당하다고 여겨질 때 반환을 청구한 것이며, 당신의 만족이 아니라 자신의 규칙을 따른 것입니다. 빌린 돈, 특히 무이자로 쓴 돈을 갚았다며 못마땅해하는 사람은 불의한 사람으로 여겨지지 않겠습니까? 자연은 당신의 동생에게는 그의 인생을 주었고, 당신에게는 당신의 인생을 주었습니다. 자연이 자신의 권리를 행사하여 자신이 원하는 사람에게 예상보다 빨리 채권을 행사했다고 해도, 그런 조건으로 빌려주었다는 것은 널리 알려진 사실로서 잘못은 자연이 아니라 오히려 인간의 과도한 희망에 있는바, 인간은 희망 때문에 자연이 어떤 것인지를 자주 잊어버리고, 일깨워줄 때 말고는 처지를 망각합니다. 따라서 당신은 그토록 좋은 동생이 있어서 그와 우애를 누렸던 것에 기뻐하십시오. 비록 당신이 바랐던 것보다 기간은 짧았지만 좋게 생각하십시오. 그가 동생이었던 것은 큰 즐거움이고, 그를 잃은 것은 인간사라 생각하십시오. 그러한 동생이 오래 살지 않았다는 것에 괴로워하고 어쨌든 그가 살았었다는 사실에 기뻐하지 않는 것은 모순입니다.

11 "하지만 나는 갑작스럽게 그를 빼앗겼다." 모두는 너무 쉽게 믿어 스스로 기만당하고, 사랑하는 사람들이 죽을 운명임을 일부러 외면합니다. 자연은 누구에게도 자신의 규칙에서 면제되는 호의는 베풀어지지 않을 것임을 증언했습니다. 아는 사람들과 모르는 사람들의 장례 행렬이 날마다 눈앞으로 지나가지만 우리는 이를 눈여겨보지 않다가, 언젠가 닥치리라고 인생 내내 통보받던 일을 두고 갑작스러운 사건이라고 합니다. 그것은 운명이 불공정해서가 아니라, 모든 일에 만족하지 못하는, 언제 어떻게 될지 모르는 가점유(假占有)로 얻은 곳에서 쫓겨났다고 화를 내는 인간 정신의 결함 때문입니다. 아들의 사망 소식을 듣자, "내가 낳은 그가 필멸의 존재임을 알았다"라고 위대한 사람[8])에게 어울리는 말을 한 사람은 얼마나 옳습니까! 그런 사람에게서 용감하게 죽을 수 있는 아들이 태어났다는 것은 이상한 일도 아닙니다. 그는 아들의 사망을 갑작스러운 소식으로 받아들이지 않았습니다. 인생은 죽음을 향한 여정에 불과한데, 사람이 죽는다는 것이 이상한 일이겠습니까? "내가 낳은 그가 죽으리라는 사실을 나는 알았다." 다음으로 그는 더 지혜롭고 용감한 말을 덧붙였습니다. "그리고 나는 죽음을 위해 그를 들어올렸다."[9]) 우리는 모두 죽음을 위해 들어올려졌습니다. 태어난 사람은 누구든지 죽음으로 삶을 마감합니다. 주어진 것에 기뻐합시다. 그리고 반환 요청이 있으면 반환합시다. 운명은 각자의 시간에 각자를 붙잡아가

---

8) 아이아스의 부친 텔라몬. 키케로 『투스쿨룸 대화(*Disputationes Tusculanae*)』 제3권 14, 29(김남우 역, 아카넷, 2014) 참조.
9) 『섭리에 관하여』 주 15 참조.

며 아무도 봐주지 않습니다. 마음에 준비태세를 갖추어, 일어날 일은 절대 두려워하지 말고, 불확실한 일은 항상 예상해두어야 합니다. 장군들과 그 후손들, 많은 집정관, 개선식으로 유명했지만, 냉혹한 운명으로 죽음을 맞이한 사람들을 말할 필요가 있겠습니까? 왕국 전체는 왕들과 함께, 인민들은 종족들과 함께 자신의 운명을 겪습니다. 모든 사람, 아니 모든 것들은 최후의 날을 향해 있습니다. 결말이 같지는 않습니다. 어떤 이는 한창때 인생을 끝내고, 어떤 이는 태어난 지 얼마 지나지 않아 인생을 끝내며, 어떤 이는 너무 늙고 지쳐서 그만 살고 싶을 때에야 비로소 인생을 끝냅니다. 각자마다 인생을 끝내는 시기는 다르지만, 우리는 모두 같은 곳을 향해 나아갑니다. 사멸의 법칙을 모르는 것이 더 어리석은지, 이를 거부하는 것이 더 몰염치한지 저는 판단하지 못하겠습니다. 자, 당신 재능 때문에 찬양받게 된 시를, 두 시인 중 당신의 마음에 드는 시인의 시를 손으로 붙드십시오. 당신은 운문을 산문으로 바꿨지만, 형식이 사라져도 매력은 유지되도록 했습니다. 가장 어려운 일인바, 당신은 시를 다른 언어로 번역했지만 다른 언어로 바꿔도 모든 매력이 계속 유지되도록 했습니다. 그 작품의 어디에서도 인간사, 불확실한 재앙, 여러 가지 이유로 흘리는 눈물의 예를 당신에게 무수히 제공해주지 않는 부분이란 없습니다. 웅장한 표현들을 열성을 다해 장중히 소리 내어 읽으십시오. 갑자기 낙담하여 위대한 작품에서 이탈했던 것을 부끄러워하게 될 것입니다. 당신의 산문에 감탄할 사람들로 하여금, 그토록 연약한 마음을 가지고서 당신이 어떻게 그토록 웅장하고 굳건한 작품을 만들었는지를 묻게 하지 마십시오.

12 괴롭히는 것들에서 벗어나 당신을 위로하는 수없이 많은 것을 바라보십시오. 보십시오. 매우 훌륭한 형제들을, 아내를, 아들을

보십시오. 이들 모두의 안녕을 위해 운명은 이 정도로 당신과 합의했습니다. 당신에게 위안을 줄 사람들이 많이 있습니다. 수많은 위안보다 하나의 슬픔이 당신에게는 더 중요했다고 모든 사람이 생각하게 되는 그런 불명예를 입지 않도록 주의하십시오. 그들 모두가 당신과 함께 슬픔의 타격을 입었음을 당신이 알거니와, 그들은 당신을 도와줄 수 없으며, 오히려 당신의 도움을 받으리라 기대하고 있음을 당신은 이해하고 있습니다. 그들의 학식과 재능이 당신보다 적을수록, 더더욱 당신은 모두의 불행에 맞서야 합니다. 그런데 많은 이들과 슬픔을 나누는 것은 그 자체로 위안이 됩니다. 여러 사람이 슬픔을 나누면, 당신에게 남아 있는 슬픔은 작아질 수밖에 없기 때문입니다.

저는 계속해서 당신을 카이사르와 비교하겠습니다. 그가 세상을 다스리고 로마 제국을 무기보다 은혜로 훨씬 더 잘 지킬 수 있음을 보여줄 때, 그가 세상사를 관장할 때, 뭔가를 잃을지도 모른다는 걱정은 당신에게 없었습니다. 당신은 오직 그 안에서만 충분히 보호받고 위안받습니다. 당신 자신을 일으켜 세우십시오. 눈물이 날 때마다 카이사르에게 눈을 돌리십시오. 위대하고 찬란한 신성을 바라보면 눈물이 마를 것입니다. 당신의 눈이 다른 것을 볼 수 없을 만큼, 그의 광채는 당신의 눈을 사로잡아 자신만 바라보게 할 것입니다. 밤낮으로 바라보며 계속 마음속에 간직한 그를 항상 생각해야 하고, 운명에 맞서 그에게 도와달라고 호소해야 합니다. 모든 백성을 향한 그의 자비와 호의가 그토록 크기에, 많은 위안거리로 당신의 상처를 덮고 당신의 슬픔을 제지할 많은 것을 그가 이미 마련해놓았음을 저는 믿어 의심치 않습니다. 무엇이 더 필요합니까? 설령 그가 이 가운데 아무것도 하지 않았을지라도, 그를 생각하여 바라보는 것만으로도 카이사르는 당신에게 큰 위안이 되지 않습니까? 신들이여, 그가 이 세상에 오래 머물게 해주시기를! 그의 행적이 신황(神皇) 아우구스투스의 행적에 비견할 만하고, 그가 신황 아우구스투스보다 더 오래 살기를! 그가 사멸하는 인간들 사이에 있는 동안, 그 집안의 어떤 것도 사멸하지 않는다고 우리가 생각할 수 있게 해주시기를! 그가 자기 아들[10]을 오랫동안 신뢰하여 로마 제국의 통치자로 인정하고, 아버지의 상속자라기보다는 먼저 자신의 동료로 바라보게 되기를! 그의 씨족이 그를 신으로 선포할 날이 늦게 오도록 하되, 그날은 우리의 손자들만 알게 해주시기를!

13 운명이여, 그에게 손대지 말고, 이로움을 주는 경우가 아니라면 그에게 힘을 과시하지 마라. 오랫동안 아파서 고통받은 인류를 그가 치료하고, 선황(先皇)[11]의 광기가 어지럽혔던 것을 그가 제자리로 되돌려 회복시키기를! 심연에 빠져 어둠에 잠긴 세상에 그가 저 찬란한 별이 되어 늘 빛나기를! 그가 게르마니아를 평정하고 브리타니아[12]를 정복하여, 아버지의 개선식과 그 자신의 새로운 개선식을 거행하기를! 그의 덕들 가운데 으뜸인 자비가 장차 이것들을 보게 되리라고 약속해 줍니다. 일으켜 세우지 않을 마음으로 그가 저를 내친 것은 아닐뿐더러, 아니, 그는 저를 내치기는커녕 오히려 운명의 타격에 쓰러진 저를 지탱해주고, 신적인 손으로 감싸서 낭떠러지로 추락하는 저를 잡아 사뿐히 내려놓았습니다. 그는 저를 위해 원로원에 요청했으니, 그저 저의 목숨을 살려준 것만이 아니라 탄원까지 했던 것입니다. 그가 진실을 알게 되기를! 그가 원하는 대로 저의 사건을 판단하기를! 그의 정의가 저의

---

10) 메살리나의 아들 브리타니쿠스. 클라우디우스의 실제 후계자는 그의 양아들 네로였다.

11) 칼리굴라.

12) 클라우디우스 재임기의 주요 업적은 43년의 브리타니아 정복이었다.

결백을 알아주거나, 그의 자비가 저를 풀어주기를! 그가 저의 결백을 알든 원하든 마찬가지로, 그는 저에게 은혜를 베풀 것입니다. 온 세상에 널리 알려진 그의 동정심을 저도 알고 있으며, 이는 때때로 저의 비참함에 큰 위안을 줍니다. 제가 처박혀 있는 오지(奧地)에 이미 오래 전의 몰락으로 묻혀 있던 많은 사람을 꺼내어 다시 빛을 보게 한 그의 동정심이 저 혼자만을 지나쳐버리지는 않을까 하는 걱정은 제게 없습니다. 게다가 그는 각자를 도와주어야 할 시간을 아주 잘 알고 있습니다. 그가 제게 오는 것을 수치스러워하지 않도록 저는 최선을 다하겠습니다. 카이사르여, 당신의 자비는 얼마나 복됩니까! 당신의 자비 덕분에 얼마 전 가이우스의 밑에서 고관대작으로 지냈던 것보다 더 평온하게 당신 치하에서 망명자로 삽니다. 망명자들도 벌벌 떨지 않고, 매시간 칼을 염려하지 않으며, 배가 시야에 들어올 때마다 두려워하지도 않습니다. 당신 덕분에 운명은 모질게 미쳐 날뛰지 않으며, 저는 호의적 운명에 대한 희망을 잃지 않고서, 현재 운명을 평정심을 가지고 받아들입니다. 그것은 비록 벼락이지만, 아주 정의로운 것으로, 그래서 거기에 맞더라도 숭배하게 됩니다.

14 따라서 모든 이들에게 고루 위안이 되는 국가원수가, 제가 잘못 알고 있는 것이 아니라면, 당신의 마음을 회복시켜주었고, 그토록 큰 상처에 그보다 큰 약을 발라주었습니다. 계속해서 그는 온갖 방식으로 당신에게 힘을 주었고, 계속해서 아주 확고한 기억력으로 당신에게 마음의 평정을 가져다줄 모든 예를 들려주었으며, 익숙한 말솜씨로 끊임없이 모든 현자의 가르침을 설명해주었습니다. 따라서 위로자의 역할을 그보다 더 잘해낸 사람은 아무도 없다고 하겠습니다. 그가 말할 때 그의 언사는 신탁처럼 무게가 남다를 것입니다. 그의 신적인 권위는

당신의 모든 슬픔을 부술 것입니다. 따라서 그가 당신에게 다음과 같이 말한다고 생각하십시오. "운명이 너만 선택하여 그토록 큰 피해를 준 것은 아니다. 온 세상에 통곡하지 않는 집이란 지금껏 없었고 지금도 없다. 덜 중요한 대중적인 많은 예는 생략하고, 국가 책력과 연대기로 너를 데려가고자 한다. 너는 카이사르의 응접실을 가득 채운 이 모든 밀랍 두상을 아느냐? 이들 중에서 식구들의 불행으로 유명하지 않은 것은 없다. 시대의 장식으로 찬란히 빛나는 이 사람들 가운데 식구들을 갈망하며 괴로워하거나, 거꾸로 식구들이 너무나 마음이 아파하며 그들을 갈망하지 않은 사람은 없었다.

스키피오 아프리카누스[13]를 언급할 필요가 있을까? 그는 망명 중에 동생[14]의 죽음을 알았다. 그는 동생을 감옥에서 빼냈어도 운명에서는 빼낼 수 없었다. 아프리카누스가 우애 때문에 법적 평등까지도 무시했다는 것은 모두에게 알려져 있다. 그는 동생을 집행리의 손에서 빼내고 바로 그날 사인(私人)인데도 호민관에게 이의를 제기했다. 동생을 옹호했던 마음만큼 그만큼 깊이 그는 동생을 그리워했다. 아이밀리아누스 스키피오[15]를 언급할 필요가 있을까? 그는 아버지의 개선식과 두 형제의 장례식을 거의 동시에 보았다. 청년, 아니 오히려 소년에 가까운 나이였음에도 그는, 로마에 스키피오가 있음을, 카르타고가 로마를 이길

---

13) 제2차 카르타고 전쟁에서 한니발을 물리친 로마의 전쟁 영웅이다.

14) 루키우스 코르넬리우스 스키피오 아시아티쿠스는 기원전 190년에 쉬리아의 안티오코스 왕에게 승리를 거둔 후, 왕에게서 뇌물을 받고 돈을 유용했다는 혐의로 고발당했다.

15) 기원전 167년에 마케도니아의 페르세우스 왕을 이겨 개선식을 거행했던 아이밀리우스 파울루스의 친아들로, 스키피오 가문에 입양되었다. 그의 두 동생 중 하나는 개선식 며칠 전에, 다른 하나는 며칠 후에 죽었다. 그는 기원전 146년에 카르타고를 멸망시켰다.

수 없음을 보여줄 운명을 안고 태어난 그는 사내다운 용기로 파울루스의 개선식 무렵에 닥친 집안의 갑작스러운 몰락을 견뎌냈다.

15 죽음으로 더는 화목을 누릴 수 없었던 루쿨루스 형제를 언급할 필요가 있을까? 폼페이우스 형제는? 미쳐 날뛰는 운명은 형제가 동일한 파멸로 함께 죽도록 놔두지 않았다. 먼저 섹스투스 폼페이우스는 여동생16)보다 오래 살아남았는데, 그녀의 죽음으로 로마의 아주 단단한 평화의 사슬이 끊어졌다. 또 그는 아주 훌륭한 형보다 오래 살아남았는데, 운명은 그의 아버지를 내던졌던 높은 곳으로 그의 형도 들어올려 내던져버렸던 것이다. 이런 불운을 겪고 나서 그는 슬픔뿐만 아니라 전쟁까지 겪었다. 죽어서 이별하는 형제들의 예는 사방에 무수하지만, 함께 늙어가는 형제는 한 쌍도 보기 힘들다. 그러나 나는 우리 가문의 예로 만족할 것이다. 운명이 카이사르 가문의 눈물까지도 탐한다는 것을 알면서도, 운명이 어떤 이에게 슬픔을 안겨주었다고 불평할 만큼 무지하고 실성한 사람은 없을 것이기 때문이다.

신황 아우구스투스는 가장 사랑하는 누이 옥타비아를 잃었다. 자연은 그에게 만인지상의 자리를 주었지만 슬픔을 면해주지는 않았다. 오히려 그는 온갖 종류의 사별로 고통받고, 후계자로 삼았던 조카17)마저 잃었다. 그의 슬픔을 일일이 열거하지는 않으니, 그는 사위들18)과 자식들과 손주들을 잃었다. 그는 생전에 자신이 사람에 불과함을 누구보다 깊이 절감했다. 그럼에도 모든 것들을 아주 잘 견딘 그의 가슴은 그토록

---

16) 세네카는 섹스투스의 여동생 폼페이아를 카이사르의 딸이자 폼페이우스의 아내인 율리아와 혼동한 것으로 보인다.
17) 아우구스투스의 누이 옥타비아가 낳은 아들 마르쿠스 클라우디우스 마르켈루스는 열아홉 살에 사망했다.
18) 율리아는 마르켈루스와 결혼했고, 이어 마르쿠스 아그리파와 다시 결혼했다.

많은 슬픔을 잘 참아냈기 때문에, 신황 아우구스투스는 만방의 승리자일 뿐 아니라 슬픔의 승리자였다. 나의 외할아버지 신황 아우구스투스의 아들이자 손자였던 가이우스 카이사르[19]는 갓 성인이 되었을 때 가장 사랑하는 동생 루키우스를 잃었다. 로마 청년들의 원수(元首)[20]인 그는 페르시아 전쟁을 준비하는 도중에 역시 로마 청년들의 원수였던 동생을 잃었는데, 마음의 상처는 나중에 입은 몸의 상처보다 훨씬 심각했다. 하지만 그는 전자는 깊은 우애로, 후자는 큰 용기로 견뎌냈다.

나의 삼촌 티베리우스 카이사르[21]는 그의 동생이자 나의 아버지인 드루수스 게르마니쿠스[22]를 잃었다. 게르마니아의 가장 깊숙한 곳까지 쳐들어가 가장 사나운 종족들을 로마 제국에 복종시켰던 드루수스를 그는 마지막으로 포옹하고 입맞춤했다. 그는 자신뿐만 아니라 타인을 위해서도 슬픔을 절제했으며, 슬픔에 빠져 망연자실한 전군(全軍)이 드루수스의 시신을 돌려달라고 주장했을 때, 그는 로마의 방식으로 슬퍼하라고, 싸울 때뿐만 아니라 슬퍼할 때에도 규율을 지켜야 한다고 전군에게 선포했다. 그가 먼저 눈물을 거두지 않았으면, 남의 눈물을 멈추게 할 수 없었을 것이다.

16 나의 할아버지 마르쿠스 안토니우스는, 그의 정복자[23]를 제외하고 누구에게도 뒤지지 않던 그는 동생이 죽었다는 소식을 들었는

---

19) 칼리굴라. 아우구스투스는 손자 가이우스 카이사르를 아들로 입양하여 카이사르 집안의 대를 잇게 했다.
20) 황위를 계승할 왕자들에게 붙여주는 일종의 명예.
21) 아우구스투스의 뒤를 이은 로마의 두 번째 황제로, 아우구스투스의 부인 리비아가 첫 번째 결혼에서 얻은 큰아들이다.
22) 아우구스투스의 부인 리비아가 첫 번째 결혼에서 얻은 작은아들이다.
23) 옥타비아누스.

데, 그때는 바로 그가 공화국의 질서를 확립하고, 삼두정치의 주역24)으로서 자기 위에는 아무도 없다고 생각하고, 두 명의 동료를 제외하고는 모두가 자기 아래에 있다는 사실을 알았을 때였다. 걷잡을 수 없는 운명아, 너는 인간의 불행을 가지고 어떤 장난을 치는가! 마르쿠스 안토니우스가 자국 시민의 생사존망을 판가름하는 자리에 앉았던 바로 그때, 동생은 사형을 선고받았던 것이다.25) 그럼에도 그는 다른 모든 역경을 견뎠을 때의 위대한 정신으로 그토록 쓰라린 상처를 견뎌냈다. 20개 군단의 피로26) 동생의 원수를 갚은 것이 그가 슬퍼하는 방식이었다.

다른 모든 예는 제외하고, 우리 집안 내에서도 다른 사람들의 죽음에 대해서는 침묵한다 하더라도 운명은 두 번이나 나를 형제를 잃는 슬픔으로 공격했으며, 두 번의 공격을 당하고도 내가 굴복하지 않음을 운명은 알게 되었다. 나는 동생 게르마니쿠스를 잃었는데, 우애 깊은 형제들이 서로를 얼마나 사랑하는지를 아는 사람은 누구든 내가 동생을 얼마나 사랑했는지 이해한다. 하지만 나는 나의 감정을 다스려서, 좋은 형에게 요구되는 의무를 남김없이 이행했고, 로마 청년들의 원수로서 비난받을 수 있는 행위는 하지 않았다."

따라서 이것들을 국부(國父)가 당신에게 전하는 예들이라 생각하십시오. 운명에 의해 신들의 가문이 될 집안일지라도, 죽음을 가져다주는 운명은 그들을 가만두지 않으니, 운명에게 신성불가침이란 없음을 그가 보여주고 있습니다. 누구도 운명의 잔인함과 불공정함에 놀라지 않기를! 그토록 자주 가차 없이 잔인하게 신들의 좌대를 더럽혔던 운명이

---

24) 옥타비아누스, 안토니우스, 레피두스.
25) 가이우스 안토니우스는 카이사르 암살 당시 마케도니아 총독으로 있었고, 카이사르의 암살자들이 희랍 땅으로 도망쳐왔을 때, 이들에 의해 총독 자리에서 쫓겨났다. 이후 반란을 선동했다는 죄목으로 브루투스에 의해 사형에 처해진다.
26) 그는 기원전 42년에 필리피 전투에서 브루투스와 카시우스의 군대를 물리쳤다.

보통사람들의 집안을 공격할 때 공정함이나, 절제를 알겠습니까? 우리 뿐만 아니라 모두가 비난할지라도 운명은 꿈쩍하지 않을 것입니다. 운명은 온갖 간청과 온갖 불평에 아랑곳하지 않고 우뚝 설 것입니다. 이것이 인간사에서 숙명이었고 숙명일 것입니다. 운명은 감행하지 않은 것이 없었고 손대지 않은 것이 없을 것입니다. 운명은 늘 하던 대로 더욱 난폭하게 사방을 뚫고 지나갈 것이고, 성소를 통과해야 들어갈 수 있는 집에까지도 해를 끼치려고 감히 넘어갈 것이며, 월계수 잎으로 장식된 집안에도 상복을 입힐 것입니다. 운명이 인류를 완전히 없애지 않을진대, 운명이 아직도 로마인의 이름을 호의적으로 바라볼진대, 국가적으로 서약하고 간청하여 다음 한 가지를 운명에게서 얻어냅시다. 인간에게 주어진 사멸할 것들 가운데 오직 이 국가원수만은 모든 사람과 더불어 운명도 신성하게 여기기를! 운명이 그에게서 자비를 배우기를! 모든 국가원수 가운데 가장 온화한 그를 운명도 온화하게 대하기를!

17 따라서 제가 조금 전에 언급한 모든 사람, 즉 하늘에 이미 자리를 잡았거나 곧 자리를 잡을 사람들을 바라보며, 운명이 당신에게 손을 뻗칠 때에도 당신은 운명을 평온한 마음으로 견뎌내야 하는바, 운명은 우리가 이름을 걸고 맹세하는 대상들도 가만두지 않는 법입니다. 슬픔을 견디고 극복할 때 당신은 그들의 굳건함을 본받아야 하는바, 신들의 자취를 따라가는 것이 인간에게 허용된 한에서 말입니다. 다른 것들은 지위와 신분에 따라 큰 차이가 있지만, 덕은 모두에게 기회를 줍니다. 덕은 누구라도 자기 자신이 덕에 합당하다고 판단하는 사람을 경멸하지 않습니다. 당신은 분명 이런 사람들을 아주 잘 본받을 것인바, 그들은 이런 불행을 면제받지 못한 데 분개하면서도 이런 불행을 남들도 겪는 인간의 숙명이라고 생각하며, 닥친 일에 너무 냉담하거나 무심하

지 않으면서도 그렇다고 해서 나약하거나 과민하게 반응하지 않습니다. 실로 불행을 느끼지 않는 사람을 인간이라 할 수 없고, 견뎌내지 못하는 사람을 사내라 할 수 없습니다.

운명에 형제와 누이를 빼앗긴 카이사르들을 모두 언급했는바, 카이사르의 목록에서 빼야 마땅한, 자연이 인류에게 치욕을 주고 인류를 멸망시키려고 낳은 저 카이사르[27]도 빼놓을 수는 없습니다. 그로 인해 제국은 깡그리 불타고 무너졌으나, 가장 온화한 국가 원수의 자비로 인해 소생되었습니다. 가이우스 카이사르[28]는 누이 드루실라[29]를 잃었을 때, 슬퍼하기보다 대체로 즐거워한 사람으로, 시민의 눈과 입을 피해 누이의 장례식에 참석하지 않았고, 누이에게 제물을 바치기는커녕 알바롱가의 집에서는 주사위에, 시장에서는 기타 그런 종류의 놀이에 푹 빠져서 비통한 죽음에서 비롯된 고통을 누그러뜨렸습니다. 제국의 수치여! 누이를 슬퍼하는 로마 국가원수에게 노름이 위안이 되었다는 말입니까! 위안을 위해 가이우스는 광기와 변덕을 부려, 때로 수염과 머리털이 자라게 내버려두었고, 때로 이탈리아와 시킬리아 해안을 방황했는데, 그가 누이를 슬퍼하고 싶었던 것인지 아니면 숭배하고 싶었던 것인지는 불분명하거니와, 어쨌든 그는 누이를 위해 사당과 신전을 건립할 때 사람들이 별로 슬퍼하지 않는다고 하면서 그들을 매우 잔인하게 처벌했습니다. 행복에 의기양양하여 인간의 한계를 넘어설 정도로 거만했던 그는, 그런 무절제한 마음으로 불행의 공격을 견디려고 했던 것입니다. 모든 로마 사내로 하여금 그의 사례를 멀리하게 하십시오. 슬픔을 부적절

---

27) 칼리굴라.
28) 칼리굴라.
29) 기원후 38년 스물두 살의 나이로 사망했고, 칼리굴라는 여동생을 위해 판테아라는 이름의 신전을 건립했다.

한 놀이로 잊거나, 흉한 상복 차림으로 슬픔을 자극하거나, 타인에게 고통을 가하는 그런 비인간적 위안을 얻는 것 말입니다.

18 그런데 당신이 습관을 바꿀 필요는 없으니, 확실히 당신은 학문을 사랑하기로 했기 때문인바, 학문은 행복을 최고로 증대시키고, 불행 역시 최고로 감소시키며, 사람에게는 가장 큰 자랑이자 가장 큰 위안입니다. 따라서 이제는 학문에 더욱 매진하고, 마음의 성채와도 같은 학문으로 자신을 둘러싸십시오. 슬픔이 당신에게 침입할 곳을 찾아내지 못하도록 말입니다. 기록이라는 기념비로 동생이 오래오래 기억되게 하십시오. 실로 인간의 업적 가운데 기록만이 유일하게 시간의 해를 입지 않고 세월의 부식을 비껴가기 때문입니다. 석조 건물, 대리석 건축물, 흙을 높이 쌓아 만든 무덤 등을 통한 기억은 오래가지 못하니, 그것들마저 사라지기 때문입니다. 하지만 재능을 통한 기억은 불멸합니다. 동생을 아낌없이 기억하십시오. 그를 기억 속에 간직하십시오. 쓸데없이 그를 슬퍼하고 애도하는 것보다, 영원히 지속할 당신의 재능으로 그를 불멸의 존재로 만드는 것이 더 좋을 것입니다.

비록 지금은 당신 앞에서 운명을 변호할 수 없으나—운명이 앗아간 것 때문에 운명이 우리에게 준 모든 것에 화를 내는 격이니 말입니다만—세월이 흘러 당신이 공정하게 판단하게 될 때 운명을 변호해야 할 것입니다. 실로 그때에 당신은 운명과 화해할 수 있을 것입니다. 운명은 손해를 상쇄할 많은 것을 이미 주었고, 보상할 많은 것을 줄 것입니다. 운명이 당신에게서 빼앗은 것은 앞서 당신에게 주었던 것입니다. 따라서 재능을 낭비하지 말고, 슬픔에 머물러 있지 마십시오. 당신의 언변은 중요하지 않은 것을 중요한 것으로 만들고, 반대로 중요한 것을 중요하지 않은 사소한 것으로 만들 수 있습니다만 이것은 다음 기회로 미루고,

지금은 당신의 언변이 전적으로 당신에게 위안이 되게 하십시오. 그리고 다음과 같은 것 또한 쓸데없는 것은 아닌지 살펴보십시오. 자연이 우리에게 무엇인가를 요청할 때, 우리는 허영심 때문에 자연의 요청보다 더 많은 것을 내놓기 때문입니다. 당신이 결코 슬퍼해서는 안 된다고 요청하지는 않겠습니다. 제가 알기로, 강하다기보다는 오히려 완고한 지혜를 가지고 있는 사람들이 현자는 슬퍼하지 않아야 한다고 주장합니다.[30] 제 생각에 그들은 이런 불행에 빠져본 적이 없는 것 같습니다. 그랬다면 운명은 그들에게서 오만한 지혜를 빼앗아, 그들이 원치 않는 진리를 받아들이도록 강요했을 것입니다. 과도하고 넘치는 슬픔을 제거하는 것만으로도 이성은 충분히 제 할 일을 한 것입니다. 어떤 슬픔도 용납하지 않는 이성을 누구도 희망하거나 욕망해서는 안 됩니다. 오히려 이성이 중용을, 적대심도 광란도 모방하지 않으며, 우리로 하여금 우애가 있고 평온한 마음을 유지하게 할 중용을 보존하기를! 눈물이 흐르게 하십시오. 하지만 눈물이 멈추게도 하십시오. 가슴 깊숙이에서 통곡하기도 하고, 그치기도 하십시오. 현자들과 동생들부터 인정받을 수 있도록 마음을 다스리십시오. 동생을 자주 기억하고자 하십시오. 대화 속에서 그를 자주 언급하고, 끊임없이 그를 기억하여 떠올리십시오. 이는 오직 당신이 그에 대한 기억을 슬프기보다는 즐거운 것으로 만들 때 가능합니다. 마음은 슬퍼서 바라보게 되는 대상에서 항상 멀어지기 마련입니다. 동생의 절제를 생각하십시오. 그의 현명한 처사를, 그의 근면한 태도를 생각하십시오. 그의 변함없는 신의를 생각하십시오. 그의 모든 말과 행위를 타인에게 말해주고, 당신 자신도 상기하십시오. 동생이 어떤 사람이었고, 어떤 사람이 되리라고 기대되었는지를 생각하십시오. 도대체 동생에게 확실히 보증될 수 없던 것이 있었겠습니까?

---

30) 엄격한 스토아 철학의 가르침.

제 마음은 오래 녹슬고 무기력하고 둔하지만, 최선을 다해 이 편지를 썼습니다. 이 편지가 당신의 재능에 비추어 모자란다거나 당신의 슬픔을 치유하지 못한다면, 불행한 제가 타인을 위로할 여유가 없음을, 그리고 교양 있는 이방인들조차 괴로워하는 저 이방인들의 시끄러운 소리에 둘러싸인 제가 라티움어를 떠올리기가 쉽지 않음을 참작해주십시오.

제12권

어머니 헬비아에게 보내는 위로

De Consolatione ad Helviam

1 사랑하는 어머니, 저는 종종 어머니를 위로해야겠다는 충동을 느꼈지만, 그때마다 참았습니다. 사실 저로 하여금 그렇게 해보라고 충동질하는 것들이 많았습니다. 우선 어머니의 눈물을 제가 그치게 해드릴 수는 없겠지만 때때로 최소한 닦아드리기라도 한다면, 저로서는 모든 시름을 내려놓을 수 있겠다고 생각했습니다. 또한 제가 먼저 털고 일어난다면 어머니를 일으켜 세우는 데도 더욱 큰 힘이 될 것을 의심치 않았습니다. 더불어, 정작 저는 운명을 이겨냈지만 그런 저의 운명이 식구 중 누군가를 해치지 않을까 두려웠습니다. 그리하여 그때마다 저는 제 상처를 손으로 누르며 기어가서 식구들의 상처를 묶어드리고자 시도했습니다. 하지만 이런 저의 생각을 만류하는 것들이 있었습니다. 아직 아물지 않고 쓰린 어머니의 상처를 위로랍시고 건드려 더욱 악화시키는 일이 일어나서는 안 된다는 것을 저는 알고 있었습니다. 왜냐하면 여타 질병에서도 마찬가지로, 때 이른 약 처방만큼 위험한 것은 없기 때문입니다. 그리하여 저는 기다렸습니다. 어머니의 상처가 기운을 잃고, 치료를 받아들일 만큼의 시간이 지나 가라앉아 처치와 치료를 용납할 때까지 말입니다. 또한 저는 매우 훌륭한 사람들이 슬픔을 달래고 억제하기

357

위해 저술한 모든 기념비적 작품들을 읽어보았지만, 아직 자신 때문에 슬픔에 빠진 식구들을 본인 자신이 위로하는 사람의 예를 찾지 못했습니다. 하여 저는 전례 없는 이런 일을 망설였고, 혹 이것이 위안이 아니라 도리어 악화가 아닐까 두려웠습니다. 화형의 불길 속에서 머리를 쳐들고 있는 위인이 자신의 식구들을 위로하기 위해서는 대중의 일상 언어가 아닌 새로운 언어가 필요하지 않겠습니까? 하지만 슬픔은 무엇이든지 그 크기가 한계를 넘어설 경우 목소리마저 종종 막아버리기 때문에, 어휘를 고를 여력은 남아 있을 수 없습니다. 여하튼 시도하는 것은 저의 재주를 믿어서가 아니라, 제가 직접 위로함으로써 가장 효과적으로 위로할 수도 있기 때문입니다. 제게 아무것도 싫다 하지 않으신 어머니시니 이 또한 싫다 하지 않으시리라, 슬픔이 제아무리 완강하기로 어머니의 그리움에 제가 한도를 정해드리는 것을 마다하지 않으시리라 저는 믿습니다.

2   제가 어머니의 인내심에 얼마나 큰 희망을 걸고 있는지 어머니는 아셔야 합니다. 불행한 사람들을 무엇보다 압도하는 것은 슬픔이라고 하지만, 어머니의 슬픔보다 제가 강력하게 어머니를 압도하게 될 것임을 의심치 않습니다. 그러므로 곧장 어머니의 슬픔과 부딪히지 않고, 먼저 슬픔에 다가가 슬픔을 야기하는 것들을 밝혀내고자 합니다. 덮고 있는 모든 것을 헤집고 드러낼 것입니다. 누군가 말할지 모릅니다. "잊힌 고통을 다시 살려내어, 하나도 제대로 견뎌내지 못하는 영혼으로 하여금 겪었던 끔찍한 모든 것을 보게 하는 것은, 도대체 무슨 종류의 위안인가?" 하지만 치료약에도 낫지 않는 질병은 대개 정반대의 치료법에 의해 치료된다는 것을 그가 생각하기를! 그 영혼에다가 저는 그가 겪은 모든 슬픔과 모든 근심을 보여줄 것입니다. 이것은 부드러운 길로

치료하는 것이 아니라 불로 지지고 잘라내는 것입니다. 그래서 무엇을 얻을 수 있을까요? 참으로 많은 시련을 이겨낸 영혼은 상처투성이 육신에 생긴 상처 하나 때문에 슬픔에 빠지는 것을 부끄러워하게 될 것입니다. 오랜 행복 때문에 정신이 힘을 잃고 나약해진 사람들은 오랫동안 슬퍼하고 한탄하기를! 사소하기 이를 데 없는 작은 상처에 휘청거리며 쓰러지기를! 모든 세월을 재앙을 겪으며 지나온 사람들은 용감하고 흔들리지 않는 마음으로 제아무리 심각한 것이라도 이겨내기를! 끊이지 않는 불행이 가진 한 가지 이점은, 불행에 늘 시달리던 사람들을 불행이 마침내 강인하게 만들어놓는다는 것입니다.

운명은 어머니에게 커다란 슬픔을 면제하지 않았고, 태어나던 순간마저 예외를 두지 않았습니다. 태어나자마자, 아니 태어나는 동안 어머니는 생모를 여의셨고, 어떻게 보면 삶에 내던져지셨던 것입니다. 계모 슬하에서 성장했지만, 친딸에게서 볼 수 있는 그런 헌신과 복종으로 계모를 봉양하여 그분이 친모가 되게 하셨습니다. 아무리 선량한 계모일지라도 자식들은 모두 큰 대가를 치르는 법입니다. 어머니는 아주 훌륭하며 강인한 사내였던 자애로우신 백부님이 돌아오시기를 기다리셨지만, 그분은 끝내 세상을 떠나셨습니다. 그리고 운명은 자신의 횡포를 분산시켜 가볍게 만들지 않았으니, 어머니는 이어 30일 만에 사랑하는 남편을, 자신을 세 아들의 어머니로 만들어준 남편을 잃으셨습니다. 이 소식이 전해진 것은, 마치 어디에도 고통을 기댈 곳이 없을 때에 운명이 일부러 모든 불행을 집중시키려고 했던 것처럼, 백부님을 애도하시던 때, 아들들이 모두 멀리 나가 있던 때였습니다. 어머니가 쉴 새 없이 겪으셨던 수많은 근심과 수많은 걱정은 언급하지 않도록 하겠습니다. 최근에는 세 명의 손자를 떠나보냈던 품에 세 명의 손자의 유해를 안으셨습니다. 어머니의 손과 입맞춤 속에 세상을 떠난 제 아들을 땅에 묻으시던 날로부터 20일이 채 지나가기도 전에 제가 붙잡혔다는 소식을 들으셨습니다. 아직 한번도 겪어보지 못하신 것인바, 살아 있는 저를 애도하게 되셨습니다.

3 어머니의 몸에 가해졌던 지난 상처들 가운데 가장 큰 상처는 최근에 받으신 것임을 저는 고백합니다. 살갗만 찢어놓은 것이 아니라 심장과 내장까지 들쑤셔놓았습니다. 가볍게 상처 입은 신병들은 있는 대로 비명을 지르고 적의 칼보다는 의사의 손을 더 두려워하지만, 반대로 고참병들은 제아무리 깊이 칼에 찔려도 참아내며 신음도 없이 마치 남의 몸인 양 치료에 몸을 맡겨두는 것처럼, 꼭 그렇게 용감하게 치료에 몸을 맡기셔야 합니다. 거의 모든 여인이 그러하듯, 고통을 시끄럽게 드러내는 탄식과 비명 등은 멀리하십시오. 아직도 불행 대처법을 배우지 못하셨다면, 그것은 지난 많은 불행이 준 교훈을 놓치신 것입니다. 두려움 없이 제가 어머니 문제를 다루고 있음이 보이지 않으십니까? 저는 어머니가 겪으신 불행 가운데 어떤 것도 감추지 않고 모든 것들을 높이 쌓아 어머니 앞에 놓았습니다.

4 저는 이를 엄청난 용기를 가지고 행했습니다. 어머니의 고통을 덮어버리지 않고 물리치기로 했습니다. 먼저 저를 포함해서 저와 관계된 사람들을 불행한 사람이라고 말할 어떤 이유도 없음을 보여드린다면, 이어 제가 어머니에게 눈을 돌려 저의 운명에 전적으로 매달려 있는 어머니의 운명이 결코 심각한 것이 아님을 입증한다면, 그것은 제가 생각하기에 물리친 것입니다.

저는 먼저 어머니의 사랑이 듣고 싶어하는 것인바, 제가 전혀 불행하지 않음을 이야기할 것입니다. 제가 할 수 있다면, 어머니께서 생각하기에 저를 괴롭히는 것들 자체는 결코 견뎌낼 수 없을 만한 것이 아님을 분명히 드러낼 것입니다. 제가 이를 믿게끔 할 수 없다면, 흔히 사람들을 불행하게 만들곤 하는 것들 속에서 저는 행복하다는 것을 보여드리는 것으로 족할 것입니다. 저에 관해 다른 사람들을 신뢰하는 것은 옳지 않습니다. 불확실한 소문들로 혼란스러워하지 않으시도록, 제가 분명히 말씀드리겠는데, 저는 전혀 불행하지 않습니다. 더욱 확신하실 수 있도록 결코 저는 불행할 수 없음을 보태려고 합니다.

5 저희는 애써서 버리지만 않는다면, 누릴 것은 누릴 수 있는 좋은 조건에서 태어났습니다. 자연은 행복하게 사는 데 많은 도구가 필요하지 않게끔 해놓았습니다. 각자는 모두 자기 자신을 행복하게 만들 수 있습니다. 외적인 사물들은 중요하지 않으며, 어느 쪽으로든 커다란 힘을 가지고 있지 않습니다. 현자는 행운에 들뜨지 않으며 불운에 좌절하지 않습니다. 현자는 최대한 자신에게 의지하도록, 모든 즐거움이 자신에게 달려 있도록 노력했습니다. 어떻게 생각하십니까? 제가 저 자신을 현자라고 말하고 있는 것입니까? 전혀 그렇지 않습니다. 만약 제가 이를 공공연하게 말할 수 있다면, 저는 제가 불행한 사람임을 부정하는 한편, 모든 사람들 중에서 가장 행복한 사람이며 신의 이웃이 되었음을 선언했을 것입니다. 허나 지금은 모든 불행을 충분히 경감시키기 위해 저는 현자들에게 저를 맡겼으며, 아직 저 자신을 도울 만큼 힘을 갖추지 못했기 때문에 타인들의 성채로, 분명 자신과 친지들을 쉽게 지켜낼 수 있는 사람들의 성채1)로 도망했습니다. 그들은 저에게 보초를 서는 것처럼 굳건히 버티고 서서, 운명이 행하는 모든 시도와 공격을 그것들이 닥쳐오기 전에 살펴보라고 명했습니다. 운명이 갑작스럽게 덮

---

1) 스토아 학파.

친 사람들에게 운명은 가혹하지만, 늘 예의주시하는 사람은 운명을 쉽게 견뎌냅니다. 적들의 출현은 아무 생각 없는 사람들을 붙잡아 때려눕히지만, 미래의 전쟁을 전쟁 전에 대비한 사람들은 철저히 준비하고 적절히 무장했기 때문에 가장 파괴적인 첫 공격을 쉽게 견뎌냅니다. 저는 결코 운명을 신뢰하지 않았으며, 특히 운명이 평화를 제공하는 것처럼 보일 때는 더욱 그러했습니다. 운명이 저에게 호의적으로 가져다주는 모든 것들, 금전과 명예와 영향력을 저는 아무런 동요 없이 다시 내어줄 수 있는 것으로 생각했습니다. 저는 이런 것들과 저 사이에 큰 거리를 두고 있었습니다. 따라서 운명은 이것들을 저에게서 빼앗아간 것이 아니라 그저 가져간 것입니다. 행운에 속지 않는 사람에게 불운은 결코 해를 입히지 못했습니다. 운명의 선물을 마치 영원한 자산인 양 사랑했던 사람들은, 이런 것들로 숭앙 받기 원하는 사람들은, 그들의 헛된 유치한 마음을, 꾸준한 즐거움을 전혀 모르는 마음을, 거짓되고 허망한 즐거움이 배신할 때에 쓰러져 울게 될 것입니다. 하지만 행복한 일들로 우쭐하지 않은 사람은, 운명의 급변에도 위축되지 않습니다. 이미 굳건함을 시험받은 그는 어느 경우든 불굴의 정신을 유지합니다. 왜냐하면 그는 행복할 때 불행을 어떻게 이겨낼 것인지를 배웠기 때문입니다. 그리하여 저는 모든 사람이 가지기를 바라는 그런 것들 속에는 참된 선(善)이 전혀 없다고 늘 생각했습니다. 저는 그런 것들은 공허하며, 화려한 속임수의 색채로 장식되었으나, 그 외모에 부합하는 어떤 것도 안에 가지고 있지 않음을 알았습니다. 저는 불행이라고 불리는 것들 속에, 대중의 생각이 들먹이는 두려움과 시련은 전혀 없다고 생각합니다. 추방이라는 말은 그 함의와 쓰임 때문에 듣는 귀에는 아주 섬뜩한 것으로 다가오고, 듣는 사람들에게 슬프고 저주스러운 것으로 들립니다. 그래야 한다고 인민들은 결의했습니다. 그러나 현자들은 이런 인민의 결의를 대부분 기각합니다.

6 따라서 믿는 대로 사물의 첫인상에 압도되는 대중들의 판단은 내다버리고, 추방이 어떤 것인지를 살펴보겠습니다. 우선 거주지의 변화입니다. 의미를 축소하여 그것의 가장 나쁜 점을 은폐하는 것으로 보이지 않기 위해 말하자면, 물론 거주지의 변화에는 불편들이 따라옵니다. 가난, 불명예, 모욕 등이 그것들입니다. 이런 것들은 나중에 다루기로 하겠습니다. 그전에 우선 거주지의 변화 자체가 무슨 아픔을 가지고 있는가 하는 문제에 집중하고자 합니다.

"조국이 없는 것은 견디기 어려운 일이다." 그렇다면 거대한 도시의 수많은 집으로도 수용할 수 없는 수많은 사람들을 보십시오. 이들 군중 가운데 대부분은 조국이 없습니다. 자신이 살던 자치도시로부터, 자신이 살던 식민시로부터, 세상 전체로부터 모여들었습니다. 어떤 이들은 야망이 데려왔고, 어떤 이들은 공무의 필요가, 어떤 이들은 부여받은 사신의 임무가, 어떤 이들은 악덕을 저지르기에 편리하고 풍요로운 고장을 찾는 사치가, 어떤 이들은 자유인다운 학문을 익히려는 욕망이, 어떤 이들은 굉장한 구경거리들이 데려왔습니다. 일부는 우정이 데려왔고, 일부는 능력을 과시할 많은 기회를 만난 열정이 데려왔습니다. 혹자는 잘 팔리는 미모를 가지고 왔고, 혹자는 잘 팔리는 연설능력을 달고 왔습니다. 온갖 인간 족속들이, 능력은 물론이고 악덕에도 큰 값을 부여하는 도시로 모여듭니다. 이들 모두를 이름에 따라 호명하도록 명하십시오. 그리고 각자 '어디 출신'인지 물어보십시오. 그러면 그들 대부분이 태어난 곳을 떠나 매우 크고 가장 아름다운 도시, 자신의 고향이 아닌 도시로 왔음을 알게 되실 것입니다. 다음으로 만인의 도시라고 불릴 수도 있는 이 도시를 떠나, 모든 도시를 돌아다녀보십시오. 이방에서 찾아온 대중을 위한 커다란 구역이 없는 도시는 없습니다. 지역의 훌륭한 위치와 편리성으로 많은 사람을 유혹하는 도시들은 지나치십시오. 궁벽한 마을과 아주 황폐한 도서들, 스키아투스와 세리푸스, 귀아루스와 코수라[2] 등을 살펴보십시오. 모든 귀양지에는 재미 삼아 그곳에 머무는 사람이 반드시 있음을 발견하실 것입니다. 이 바위섬[3]만큼 헐벗은 곳이 있겠습니까? 이 바위섬만큼 사방으로 솟아 있는 곳이 있겠습니까? 생산물을 보건대, 이보다 굶주린 곳이 어디입니까? 사람을 보건대, 이보다 야만의 고장이 어디입니까? 섬의 지세를 보건대, 이보다 거친 곳이 어디입니까? 기후를 보건대, 이보다 극단적인 곳이 어디입니까? 그럼에도 불구하고 여러 명의 외국인이 이곳 주민들만큼 머물고 있습니다. 이런 것을 볼 때, 거주지의 변화 자체는 심각한 문제가 아닙니다. 이런 섬조차 몇몇 사람들로 하여금 그들의 고향을 떠나 이곳에 살게 만들었으니 말입니다. 저는 거주지를 바꾸고 거처를 옮기게 하는 어떤 본성적 불안이 인간 영혼에 들어 있다고 주장하는 사람들을 보았습니다. 인간은 계속 움직이며 가만히 머물지 않는 정신을 가졌습니다. 정신은 결코 가만히 있지 못하고 여기저기 돌아다니며, 아는 것이든 모르는 것이든 모든 것에 생각을 보내며, 헤매다니고 휴식을 견디지 못하고 새로운 사물에 아주 즐거워합니다. 정신의 뿌리를 보신다면 이에 놀라실 일은 없습니다. 정신은 흙으로 만들어져 무게를 가지는 그런 물질로 만들어진 것이 아니라, 저 창공의 숨으로부터 내려온 것입니다. 천상의 모든 자연은 계속해서 움직이고, 달아나며, 엄청난 속도로 자신의 궤도를 달려갑니다. 세상을 밝히는 천체를 보십시오. 그것들 중 어떤 것도 머물러 있지 않습니다. 태양은 끊임없이 미끄러지며, 이 장소에서 저 장소로 이동하고,

---

2) 몰타 근처에 있는 작은 섬. 언급된 다른 섬들은 아이기나 해에 있는 작은 섬들이다.
3) 세네카의 귀양지는 코르시카 섬이었다.

우주와 함께 회전하지만, 우주와는 정반대로 돌아가며, 별들의 모든 장소를 지나가고, 결코 멈춰서지 않습니다. 태양의 운동은 영원하며 한 장소에서 다른 장소로 자리를 바꿉니다. 만유는 영원히 회전하며 운동합니다. 필연적인 자연법칙이 정한 대로 한 장소에서 다른 장소로 이동합니다. 한 해의 정해진 일정을 따라 자신의 여정을 마무리하고, 지나갔던 길을 따라 다시 여정을 반복합니다. 그러니 이제, 신들의 본성이 지속적이며 매우 빠른 변화 가운데 즐거워하거나 스스로를 보존한다고 할 때, 신성한 것들과 같은 원소들로 구성된 인간 영혼이 변화와 운동을 힘겹게 여기리라 생각하시렵니까?

7 이제, 천상의 것들로부터 인간적인 것들로 눈을 돌리십시오. 민족들과 인민들 전체가 자리를 바꿨음을 아시게 될 것입니다. 희랍의 도시들이 왜 야만인들의 지역 한가운데에 있겠습니까? 왜 인도와 페르시아의 틈바구니에 마케도니아 언어가 있겠습니까? 스퀴티아 등 거칠고 길들지 않은 종족들의 전체 영역은 흑해 연안에 자리한 아카이아인들의 도시들을 보여주었습니다. 영원한 겨울의 혹독함도, 날씨와 유사한 그곳 사람들의 성향도 거주지를 바꾸려는 이주자들을 막지 못했습니다. 아테네 사람들의 일부는 아시아에 자리를 잡았습니다. 밀레토스는 사방 75개 도시[4]로 사람들을 이주시켰습니다. 바다가 물결치는 이탈리아 반도의 옆구리 전체에 대희랍이 자리합니다. 아시아는 에트루리아 사람들[5]을 자신의 동포라고 주장합니다. 튀리아 사람들은 아프리카에 살고 있으며, 페니키아 사람들은 히스파니아에 살고 있습니다. 희랍

---

4) 예컨대 흑해나 그 근처의 아뷔도스, 토미, 퀴지코스, 오데소스 그리고 이집트의 나우크라티스.
5) 에트루리아 사람들은 뤼디아에서 왔다고 믿어졌다.

사람들[6]은 갈리아로 사람들을 보냈으며, 갈리아 사람들은 희랍[7]으로 사람들을 보냈습니다. 퓌레네 사람들은 게르마니아 사람들[8]이 지나가는 것을 저지하지 않았습니다. 가만히 머물지 못하는 인간들은 길도 없는 곳으로, 알려지지 않은 곳으로 발길을 향했습니다. 자식들과 부인들과 노년으로 몸이 무거운 부모들을 데리고 갔습니다. 어떤 사람들은 오랜 방황에 기진하여 판단해보지도 않고 거처를 선정했으며, 피로 때문에 아무 데나 가까운 곳에 자리를 잡았습니다. 어떤 이들은 무기를 들어 자신들의 권리를 남의 땅에 확보했습니다. 미지의 땅을 찾고 있던 어떤 민족들을 바다가 삼켜버렸으며, 어떤 부족은 물자가 부족해서 절망했던 곳에 그대로 주저앉았습니다.

모든 사람이 같은 이유로 고향을 떠나 새로운 고향을 찾는 것은 아닙니다. 어떤 사람들은 적들의 무기로 파괴된 조국을 떠나 고향을 잃고 다른 곳으로 내쫓깁니다. 어떤 사람들은 내부적인 혼란 때문에 이탈합니다. 어떤 사람들은 심각한 인구 압박을 덜어내기 위해 내보내집니다. 어떤 사람들은 전염병 때문에 혹은 빈번한 지진 때문에 혹은 불모의 대지의 견딜 수 없는 결함 때문에 내쳐집니다. 일부는 널리 칭송된 비옥한 대지에 대한 소문에 사로잡혔습니다. 각자는 각자의 이유로, 살던 고향에서 유리됩니다. 모두에게서 분명한 것은, 태어난 장소에 그대로 머물고 있는 사람은 없다는 것입니다. 인간 종족의 방랑은 멈추지 않습니다. 매일 이렇게 넓은 세상에서 무엇인가는 바뀝니다. 새로운 도시의 기초가 다져지고, 옛 종족의 이름은 사라지거나 혹은 더욱 강력한 종족으로

---

6) 포카이아 사람들.
7) 갈리아 사람들이 기원전 3세기에 여러 곳을 침략한 후에 정착한, 소아시아의 갈로크라이키아 또는 갈라티아.
8) 세네카는 이들을 초창기에 갈리아에서 히스파니아로 건너간 켈티베리아 사람들과 혼동한 것 같다.

흡수되고, 새로운 종족의 이름이 만들어집니다. 이렇게 모든 인민이 이주하는 것은 집단적 망명이 아니고 무엇이겠습니까? 제가 왜 어머니를 길게 끌고 다니겠습니까? 파타비아의 건설자 안테노르를 언급해서 무엇하겠습니까? 티베리스 강가에 아르카디아를 건설했던 에우안드로스는 어떻습니까? 승자 혹은 패자로 트로이아 전쟁이 낯선 땅에 흩어놓은 디오메데스와 여타의 사람들을 왜 언급하겠습니까? 사실 로마 제국은 망명자[9]를 개국자로 모십니다. 정복된 조국에서 도망쳐서 소수의 유민을 데리고 먼 곳을 찾아가던 그를 위급함과 정복자에 대한 두려움이 이탈리아로 데리고 왔습니다. 이어 이 백성들은 얼마나 많은 식민도시를 모든 속주에 건설했습니까! 정복한 곳이면 어디든지 로마인들은 도시를 세웠습니다. 이러한 거처의 변화에 사람들은 자원했으며, 노인도 일구던 밭을 버리고 바다 건너 식민시 건설단을 따라갔습니다. 이 문제는 많이 열거할 필요가 없습니다. 하지만 하나만 덧붙이겠습니다. 이 섬 자체도 종종 주민이 바뀌었습니다. 세월로 흐릿해진 먼 옛날은 그만두고라도, 현재 마살리아에 사는 희랍인들은 포키스를 떠나왔습니다.[10] 이들은 먼저 여기 코르시카 섬에 정착했는데, 무엇 때문인지는 불확실하지만, 계절의 혹독함 때문이었는지 아니면 위용을 자랑하는 이탈리아를 보았기 때문인지, 아니면 항구를 만들기에 좋지 못한 바다 때문인지는 모르겠으나, 이들은 이 섬을 떠났습니다. 원주민들의 야만성 때문이 아닌 것은 명백한바, 이후 이들이 가장 흉악하고 사나운 갈리아 민족들 사이에 자리 잡았기 때문입니다. 리구리아 사람들이 이어 이 섬에 이주했으며, 히스파니아 사람들이 이주했습니다. 이는 종교 행사의 유사성에서 확인됩니다. 이들은 칸타브리아인들과 같은 모자를 쓰며 같은 신

---

9) 트로이아의 유민 아이네아스.
10) 마살리아의 정착민들은 희랍의 포키스가 아니라 소아시아의 포카이아에서 왔다.

발을 신습니다. 또한 어휘도 약간 그러한데, 희랍인들과 리구리아인들과의 교류를 통해 언어 전체가 모국어에서 크게 달라졌습니다. 여기에 로마 시민들의 식민도시 두 개가, 하나는 마리우스에 의해, 다른 하나는 술라에 의해 세워졌습니다. 거칠고 가시덤불로 덮인 바위섬의 인구는 여러 번 변천되었습니다. 오늘날에도 여전히 원주민들이 거주하는 땅이란 전혀 찾아보실 수 없을 것입니다. 모든 거주민은 밖에서 들어와 뒤섞여 있습니다. 하나가 다른 하나를 따라옵니다. 하나가 싫증을 느낄 때 다른 하나가 욕망합니다. 하나는 쫓아내며 다른 하나는 쫓겨납니다. 운명이 그렇게 정한 것으로, 어떤 것의 운명도 늘 같은 곳에 머물지는 않습니다.

8 추방 생활에 따르는 여타 불편들은 제쳐놓고 거주지의 변화 자체에 대해, 로마인들 가운데 가장 박식한 바로는 우리가 어디를 가든지 결국 같은 자연을 접하게 된다는 충분한 처방을 제시했습니다. 마르쿠스 브루투스는 추방지로 가더라도 각자는 자신의 덕을 그대로 가져가는 것으로 충분하다고 생각했습니다. 추방을 위로하는 데 이런 것들로 충분하지 않다고 누군가 생각한다 할지라도, 적어도 이 두 가지가 하나로 합쳐지면 무엇보다 강력하다는 점에는 동의할 것입니다. 우리가 이를 잃는 경우는 얼마나 드문 일입니까! 가장 아름다운 두 가지 것들, 모두의 자연과 각자의 덕은, 우리가 어디로 가든 우리를 따를 것입니다. 이것은, 저를 믿으십시오, 그것이 무엇이 되었든, 우주를 창조한 조물주가 한 일입니다. 전능한 신이 되었든, 위대한 작업을 수행한 비물질적 이성이 되었든, 아주 큰 것에서 아주 작은 것까지 만물에 퍼져 있는 신성한 숨이 되었든, 바뀔 수 없는 인과로 서로 얽혀 있는 사슬 같은 운명이 되었든 간에, 이 창조주는, 제가 말씀드리오니, 가장 값어치가 없는

것들만 남의 손에 좌우되도록 정해놓았습니다. 인간에게 가장 중요한 것은 타인의 힘이 미치지 않는 곳에 놓여 있으며, 그것은 내줄 수도 빼앗을 수도 없습니다. 세계는 자연이 창조한 무엇보다 위대하고 아름다운 것입니다. 그리고 이 세계의 관조자이자 찬미자인 영혼은 세계의 가장 장대한 부분으로 우리 인간에게 고유한 것이며, 우리 인간이 살아 있는 한 계속해서 우리한테 머물러 있을 것입니다. 그러므로 활기차게, 똑바로 몸을 세우고, 세상일이 우리를 데려가는 곳이면 어디든지, 흔들림 없는 발걸음으로 걸어갑시다. 어떤 땅이든지 가로질러 가봅시다. 세계 속에 유배지라고 할 수 있는 곳은 없습니다. 세계 속에 있는 것은 인간에게 낯설지 않기 때문입니다. 대지로부터 하늘을 향해 얼굴을 들면, 모든 신적인 것과 모든 인간적인 것은 어디서나 같은 거리에 떨어져 있습니다. 따라서 제 눈이 이런 질리지 않는 장관에서 벗어나지 않는 한, 태양과 달을 쳐다보는 것이 가능한 한, 그밖에 별자리들을 응시할 수 있는 한, 별들의 뜨고 짐을, 별들의 주기를, 때로는 좀더 빠르게 때로는 좀더 느리게 운행하는 이유를 조사하고, 밤새도록 반짝이는 별들을, 붙박여 있는 어떤 것들을, 멀리 벗어나는 일 없이 제 자신의 궤도를 돌아가는 어떤 것들을, 갑자기 불을 뿜는 별들을, 마치 떨어지는 것처럼 불을 내뿜는 눈부신 별들을, 빛으로 가득한 꼬리를 길게 늘어뜨리며 스쳐지나가는 별들을 관찰하는 것이 가능한 한, 제가 이런 별들과 함께 있으며 인간에게 허락될 때까지 천상의 것들과 소통할 수 있는 한, 같은 뿌리의 것들을 바라볼 수 있도록 영혼을 늘 숭고한 것에 둘 수 있는 한, 제가 어떤 땅을 밟는 것이 무슨 대수이겠습니까?

9
"하지만 이 땅에는 과실이 매달리는 유실수들이, 혹은 즐거움을 주는 나무들이 없다. 배가 다니지도 못하는 미미한 강들이 흐를 뿐이다. 여타 민족들이 구하는 것들을 하나도 산출하지 못하며, 주민들을 먹일 만큼도 기름지지 못하다. 값나가는 돌이 채석되는 것도 아니고 금맥과 은맥이 발견되지도 않는다." 지상의 것들에 기뻐하는 것은 옹졸한 영혼입니다. 영혼은 어디서나 한결같은 모습으로 나타나며, 어디서나 한결같은 모습으로 빛나는 것들을 향해야 합니다. 그리고 지상의 것들은 거짓되고 헛된 믿음 때문에 참되고 선한 것들에 이르지 못한다는 것 또한 생각해야 합니다. 회랑을 길게 늘일수록, 첨탑을 높게 세울수록, 저택을 크게 넓힐수록, 여름 동굴[11]을 깊게 팔수록, 연회장의 지붕을 웅장하게 올릴수록, 그런 것들에 의해 하늘이 가려지는 일은 더욱 늘어납니다. 우연한 일로 가장 호화로운 거처라곤 움막뿐인 곳으로 내몰렸습니다. 그때 실로 만약 로물루스의 움막[2]을 알고 있기 때문에 이를 용감하게 견뎌낸다면, 참으로 유치하고 천박하게 자신을 위로하는 영혼의 소유자입니다. 오히려 이렇게 말씀하십시오. "이런 허름한 초막이 덕을 모시는 것이 아닌가? 이곳에서 정의를, 절제를, 현명함을, 충효를, 모든 의무를 올바르게 분배하는 합리성을, 인간적이며 신적인 학문을 본다면, 어느 신전보다 아름답지 않겠는가? 이렇게 위대한 덕들의 무리를 품은 영혼에 결코 협소한 공간이란 없는 법이다. 이런 동반자와 함께 걸어갈 수 있는 사람에게는 어떤 추방도 힘겹지 않은 법이다."

브루투스는 덕을 주제로 논의한 책[13]에서 말합니다. 그가 뮈틸레네에서 추방 생활을 하고 있던 마르켈루스[14]를 보았는데, 그는 자연이 인간

---

11) 피서용 동굴.
12) 로마를 건국한 로물루스는 팔라티움 언덕에 움막을 짓고 살았다고 전한다. 이는 라티움 지방의 전형적인 초가집으로, 로마인들은 그 움막을 정성들여 보존했으며 기원후 3세기까지 남아 있었다.
13) 이 책은 키케로에게 바쳐졌다.
14) 기원전 51년에 집정관을 역임했다. 카이사르의 정적으로, 폼페이우스가 파르살

에게 허용한 만큼 행복하게 살고 있었으며, 그때보다 열심히 자유인의 학문에 욕심을 보여준 적은 없었다고 합니다. 그래서 그가 덧붙이기를, 마르켈루스를 그곳에 남겨두고 로마로 돌아왔을 때, 그가 추방당한 것이 아니라 되레 자신이 추방당한 것 같았다고 합니다. 추방 생활에서 브루투스에게 이런 평가를 받은 마르켈루스는, 국가가 그에게 집정관직을 허락했을 때보다 훨씬 행복했습니다. 마르켈루스는 얼마나 위대한 인물입니까? 추방지로부터 돌아오는 사람이 스스로를 오히려 추방지에 온 것처럼 생각하게 만들었다니 말입니다. 마르켈루스는 얼마나 대단한 사람입니까? 카토조차 높이 평가한 사내를 탄복시켰으니 말입니다. 브루투스는 또, 모욕당한 인물을 차마 볼 수 없다는 이유로 가이우스 카이사르가 뮈틸레네를 그냥 지나쳐 갔다고 말했습니다. 원로원은 마르켈루스에게 공식적으로 귀향[15]을 허락했습니다. 걱정에 시달리고 슬픔에 빠져 있던 원로원은 그날 모두 브루투스와 같은 마음인 듯, 마르켈루스의 부재에 비추어 자신들이 추방객이지 않을까 싶어, 마르켈루스가 아니라 자신들을 위해 그의 귀환을 간청했던 것입니다. 브루투스가 그를 추방객으로 버려둘 수 없었던 그날, 카이사르가 추방객을 차마 볼 수 없었던 그날, 마르켈루스는 훨씬 더 많은 것을 성취했습니다. 왜냐하면 마르켈루스는 양자의 증언을 얻게 되었기 때문입니다. 브루투스는 마르켈루스 없이 귀환하는 것을 슬퍼했으며, 카이사르는 부끄러워했던 것입니다. 위대한 사내 마르켈루스가 평상심으로 추방 생활을 견뎌내기 위해 종종 스스로 이렇게 격려했음을 의심할 자가 있겠습니까? "조국을 떠난 것은 불행이 아니다. 이제 모든 곳이 조국임을 알고 있을 만큼 너는 학문을 익혔다. 어떤가? 너를 추방한 이 자도 사실 10년 내내 조국을 떠나 있지

루스에서 패한 후 뮈틸레네로 망명했다.
15) 기원전 46년. 하지만 마르켈루스는 귀향 도중 피라이우스에서 살해당했다.

않았더냐? 제국을 확장한다는 이유로 말이다. 하지만 아무튼 조국을 떠나 있었다. 지금도 전쟁을 다시 일으키려는 위협으로 가득한 아프리카 땅이, 깨지고 분열된 당파들을 재건하려는 히스파니아가, 불신의 이집트가, 그렇게 제국을 파괴할 기회를 노리고 있는 세상 전체가 그를 끌어낸다. 어떤 문제를 먼저 처결할까? 어느 지역을 먼저 타격할까? 그의 승리가 그를 세상 곳곳으로 데리고 갈 것이다. 세상 모든 민족은 그를 우러르고 공경하라 하라! 너는 너의 칭송자 브루투스에 만족하며 살아가라!"

10 마르켈루스는 추방 생활을 잘 견뎌냈으며 거주지의 변화가 그의 영혼에 전혀 어떤 변화도 가져오지 않았습니다. 다만 가난이 뒤따라오기는 했지만 말입니다. 가난에는 아무런 악이 들어 있지 않음을, 모든 것을 뒤엎는 탐욕과 사치를 경험해보지 않은 사람들도 알고 있습니다. 인간을 먹여 살리는 데 필수적인 것은 얼마나 적습니까! 뭔가 덕을 가진 사람에게 이 정도가 없을 수 있겠습니까? 저와 관련해서 제가 잃은 것은 재산이 아니라 분주함입니다. 몸이 원하는 것은 아주 적습니다. 추위를 피하기를 원하며, 먹거리로 굶주림과 목마름을 없애기를 원합니다. 그 이상을 몸이 원한다면, 그것이 무엇이든 몸은 필요가 아니라 결함 때문에 고생하는 것입니다. 모든 심해를 살펴볼 필요는 없으며, 사냥한 동물로 위장을 채우는 것도, 바다 끝 미지의 해안에서 조개를 채취하는 것도 불필요합니다. 신들과 여신들은 이렇게 황량한 변방 너머까지 사치를 추구하는 자들을 멸망시키기를! 그들은 파시스 강 건너에서 야심 찬 식탁을 장식할 것을 잡아오기를 원합니다. 그들은 우리가 아직 마땅한 벌을 내리지 못한 파르티아로부터 새들을 수입하기를 부끄러워하지 않습니다. 그들은 세상 방방곡곡에서 알려진 것이나 알려지지 않은 것이나 모든 것을, 싫증 난 목구멍을 위해 가져옵니다. 미식에 지쳐

버린 위장이 허락하지 않는 것을 바다 끝에서 실어옵니다. 이들은 먹기 위해 토하며, 토하기 위해 먹습니다. 그리하여 그들은 전 세계로부터 구해온 음식들을 소화해야 할 것으로 생각하지 않습니다. 이런 것들을 경멸하는 사람이라면, 가난이 그에게 무슨 해악을 입히겠습니까? 이런 것들을 원하는 사람이 있다면, 가난은 그에게 이익도 줍니다. 원하지 않더라도 치료되기 때문입니다. 강제적으로 약을 먹이지 않더라도, 그럴 수 없는 동안에는 분명 그것들을 원치 않는 사람과 비슷하게 됩니다. 가이우스 카이사르[16]는—제가 보기에 자연이 그를 세상에 내놓은 이유는, 커다란 행복 속에서 최고의 악덕이 무엇을 할 수 있는지를 보여주기 위함이었는데—단 하루 만에 1,000만 세스테르티우스 어치를 먹어치웠습니다. 그리고 모든 사람의 재능으로 도움을 받았음에도 불구하고, 세 개의 속주로부터 거둬들인 조세를 단 한 번의 저녁 식사거리로 만들 방법은 아직 찾지 못했습니다. 값비싼 음식이 아니면 밥맛이 돌지 않는 사람들은 불행하여라! 하지만 음식을 귀하게 만드는 것은 특별한 맛 혹은 목에 걸리는 달콤함이 아니라 희소성과 획득의 어려움입니다. 만약 이들에게 제정신이 돌아올 기회가 있다면, 위장에 시중드는 그렇게 많은 기술이 무슨 소용이겠습니까? 물건을 수입하는 사람들이 왜, 숲의 황폐화가 왜, 심해의 탐사가 왜 필요하겠습니까? 자연이 사방에 배치해놓은 먹을거리들이 곳곳에 놓여 있습니다. 하지만 그들은 이것들을 마치 장님처럼 지나쳐버리고 세상 곳곳을 헤매고 돌아다니며, 바다를 건너며, 적은 비용으로 굶주림을 진정시킬 수 있는데도 엄청난 비용으로 배고픔을 야기합니다. 누군가는 말할 것입니다. "왜 너희는 배를 띄우느냐? 왜 짐승을 향해 그리고 인간을 향해 손에 무기를 잡느냐? 왜 그렇게 소란스럽게 오가느냐? 왜 부유함 위에 부유함을 보태느냐? 너희 몸이 얼마

16) 칼리굴라.

나 작은지 넌 생각지 않느냐? 그렇게 작은 몸을 가지고 그렇게 많은 것을 원하는 것은 광기와 정신병의 극단이 아니겠느냐? 재산을 늘려도 좋겠고, 땅을 넓혀도 좋겠다. 하지만 그렇다고 너희 몸이 확장되지는 않는다. 장사가 번창하더라도, 전쟁이 많은 것을 가져다주더라도, 사방에서 찾아낸 음식들이 모이더라도, 너희는 이런 너희의 물자들을 쌓아둘 곳을 가지지는 못할 것이다. 왜 그렇게 많은 것을 찾아다니느냐? 그렇다면 우리 조상들은, 그분들의 덕이 지금까지도 우리의 악덕을 막아내고는 있지만, 불행했다. 그들은 스스로의 손으로 음식을 마련했고, 땅바닥이 잠자리였고, 집은 아직 황금으로 빛나지 않았고, 신전은 아직 보석들로 번쩍이지 않았으니 말이다. 그래서 그때는 흙으로 만든 신상에 걸고 경건하게 맹세했고, 신들을 불러 맹세한 사람들은 거짓 맹세를 하지 않으려고 죽을 줄 알면서도 적에게 돌아갔다.[17] 그렇다면 우리 독재관[18]은 불행하게 산 것이다. 삼니움 대표들의 말을 경청하면서 자신의 손으로, 이미 여러 번 적들을 물리치고 카피톨리움 유피테르의 품에 승리의 월계관을 바친 자신의 손으로 직접 아주 값싼 음식을 마련했으니 말이다. 우리 기억에 살아 있는 아피키우스, 이 도시에서 한때 청년들을 타락시킨다는 이유로 철학자들을 추방하던 때[19]에 미식(美食)의 학[20]을 외치며 우리 시대를 감염시킨 자보다 불행하게 산 것이다." 이 자의 마지막을 아는 것은 가치가 있습니다. 그는 1억 세스테르티우스의 돈을 부엌에 쏟아부은 후에, 황제들의 은사금 몇 배와 엄청난 카피톨리움 국고에 맞먹는 금액을 한 번의 잔치로 탕진한 후에 부채에 시달리다가,

17) 레굴루스. 그는 제1차 카르타고 전쟁의 영웅이고, 카르타고인들에게 한 맹세를 지키고자 그들에게 돌아가서 죽임을 당했다.
18) 마니우스 쿠리우스 덴타투스.
19) 기원전 161년.
20) 아피키우스는 『요리에 관하여(De re coquinaria)』라는 책의 저자로 알려져 있다.

그제야 어쩔 수 없이 장부를 살펴보았습니다. 자신에게 1,000만 세스테르티우스의 돈이 남을 것을 계산했고, 만약 1,000만 세스테르티우스로 살아간다면 그것은 마치 극단의 기아 속에서 살게 되는 것처럼 생각하고 음독하여 생을 마쳤습니다. 그에게는 1,000만 세스테르티우스가 가난이었다니, 이 얼마나 엄청난 사치입니까! 그에게 영혼의 상태가 아니라 돈의 양이 중요했음을 생각해보십시오. 누군가는 1,000만 세스테르티우스가 두려웠고, 다른 사람들은 간절한 소망으로 가지기를 원하는 것을 그는 음독으로 도망쳤습니다. 그렇게 비뚤어진 정신을 가진 인간에게는 최후의 한 모금이 가장 건전한 음식이었던 것입니다. 그가 어마어마한 잔치를 즐기고 떠벌릴 때, 자신의 결함을 자랑하고 온 나라를 자신의 사치 속으로 끌어들일 때, 나쁜 본보기가 아니더라도 뭐든지 잘 배우는 나이의 청년들에게 자신을 모방하라고 부추길 때, 그때 그는 이미 독약을 들이켜고 있었던 것입니다. 이런 일은 재산의 한도를 이성이 아니라 잘못된 습관에 따라, 끝없이 과도한 자의에 따라 정하는 사람들에게 일어납니다. 욕구에는 충분함이란 없지만, 본성에는 작은 것으로도 이미 충분합니다. 따라서 가난함은 추방자들에게 어떤 불편함을 주지 않습니다. 왜냐하면 한 사람을 풍족히 먹여 살리지 못할 만큼 메마른 땅을 가진 척박한 추방지는 세상에 없기 때문입니다.

11 "하지만 추방자는 의복과 주택을 간절히 원하게 될 것이다." 추방자도 다만 필요에 따라 그것들을 원하게 될 것입니다. 그에게 집이 없지 않을 것이며 옷이 없지 않을 것입니다. 왜냐하면 몸은 작은 것으로도 가려지고 양육되기 때문입니다. 자연은 인간에게 필수적인 것들을 만들어주면서도 힘들이지 않고 얻게 해주었습니다. 하지만 인간은 소라고둥으로 물들인 붉은, 황금실로 바느질한, 다양한 색깔과 솜씨가 돋보

이는 옷을 원합니다. 그는 운명의 잘못이 아니라, 자신의 잘못으로 가난한 것입니다. 그에게 그가 잃은 것을 모두 돌려준다고 해도 아무런 소용이 없을 것입니다. 돌려받아도 그는 욕망으로 인해, 추방자일 때보다 오히려 더 많은 부족을 느낄 것입니다. 하지만 인간은 황금 그릇으로 빛나는 식탁을 원하며, 옛 장인들의 이름으로 유명한 은식기를 원하며, 소수의 광기로 비싸게 팔리는 청동기를, 그리고 넓은 집이 오히려 좁게 느껴지는 하인들의 무리를 원하며, 억지로 살찌워 한껏 부어오른 소들의 몸통과 세계 만방에서 가져온 대리석을 원합니다. 이런 것들이 수집될 수도 있을 것입니다. 하지만 만족할 줄 모르는 영혼을 채우지는 못할 것입니다. 부족 때문이 아니라 불타는 내장의 열기 때문에 생긴 욕망을 가진 자를 한 방울의 물로 충족시키지는 못하는 법입니다. 그것은 갈증이 아니라 질병입니다. 이런 일은 돈 혹은 음식에서만 생기는 것이 아닙니다. 부족 때문이 아니라 병폐 때문에 생긴 모든 욕망은 같은 성질을 가지고 있습니다. 그에게 얼마를 가져다주든지 간에, 그의 욕망은 끝나지 않고 커지게 될 것입니다. 따라서 자연적 한계 안에 스스로 만족할 사람은 가난을 느끼지 않습니다. 자연적 한계를 벗어나는 사람을, 최고의 부유함 속에서도 가난이 따라다닐 것입니다. 추방 생활도 필요한 것은 채워주며, 왕궁 생활은 넘쳐나도 만족하게 하지 못합니다. 부자를 만드는 것은 영혼입니다. 영혼은 추방 생활과 거친 황무지에서 몸을 지탱함에 자족을 발견하여 풍성함을 얻으며 즐깁니다. 금전은 영혼과 무관하며, 신들만큼이나 무관합니다. 배우지 못하고 지나치게 몸에 집착하는 마음이 떠받드는 것들, 대리석, 황금, 은화, 크고 빛나는 원탁 등 이런 모든 것들은 육체의 짐입니다. 건강한 영혼은 이런 것들을 사랑할 수 없으며, 자신의 본성을 잊지 않으며, 가볍고 자유롭고, 일단 몸을 벗어나면 저 높은 곳에서 빛나게 될 것입니다. 하지만 그동안이라도 사지의 훼방과 사방을 휘감고 있는 이런 무거운 짐에도 불구하고 날개 달린 재빠른 사색으로 신적인 것을 두루 헤아려볼 수 있습니다. 따라서 자유롭고, 신과 같은 뿌리의, 전 세계와 함께 모든 시간에 머물렀던 영혼은 결코 추방될 수 없습니다. 왜냐하면 영혼의 사유는 하늘 전체를 활보하며, 지나간 모든 시간과 장래의 모든 시간으로 뛰어들기 때문입니다. 영혼의 감옥이자 구속인 이 몸뚱이는 이리로 저리로 던져집니다. 몸에 형벌이, 몸에 강탈이, 몸에 질병이 가해집니다. 하지만 영혼 자체는 신성하고 영원하며 누구도 손을 가져다대고 자기 소유물이라 주장할 수 없는 그런 것입니다.

12 어머니께서 제가 가난의 불편함을 덜어낼 목적으로 다만 철학자들의 주장을 꺼내놓는다고 생각하지 않으시도록 말씀드리자면, 사실 가난은 힘겹게 생각하는 사람에게만 힘겨울 뿐, 어머니 보십시오, 많은 빈자는 부자들보다 고생하지도 괴롭지도 않음을 알게 되실 것입니다. 오히려 그들의 영혼을 괴롭히는 것들이 적은 만큼 그들은 더욱 행복하지 않은가 싶습니다. 부자들을 이야기하겠습니다. 부자들도 빈자들을 흉내내는 때가 얼마나 많습니까! 멀리 여행할 때 여행 보따리는 단출해지며, 여행이 긴급할 때 동행자들의 수는 줄어듭니다. 병영 훈련이 온갖 사치를 금지할 때 병사들은 얼마나 적은 물건을 소지합니까? 시간 혹은 장소의 조건만이 부자들을 가난에 있어 빈자들과 비슷하게 만드는 것은 아닙니다. 부유함에 대한 염증에 사로잡힐 때, 그들은 날을 잡아 길바닥에서 식사하고 금식기와 은식기를 마다하고 옹기를 사용합니다. 제정신이 아닌 자들! 그들은 끊임없이 두려워하면서도 간혹 이것을 원하는 것입니다. 얼마나 큰 정신의 우매함이, 얼마나 큰 진리의 무지함이 그들의 눈을 멀게 한 것입니까! 그들은 가난의 두려움에 시달리면서도 즐거움 때문에 가난을 흉내냅니다. 옛날의 사례를 돌아볼 때 가난의 위로를 받

는 제가 부끄럽습니다. 왜냐하면 시대의 사치함이 대단히 만연하여 추방자들의 여비가 옛날 지도자들의 유산보다 많아졌기 때문입니다. 호메로스에게는 한 명의 노예가 있었고, 플라톤에게는 세 명의 노예들이 있었으며, 엄격하고 용맹한 스토아 학파를 창시한 제논에게는 한 명의 노예도 없었음은 이미 널리 알려졌습니다. 어떤 사람이 이들을 두고 비참하게 살았다고 말하겠습니까? 그런 말을 하는 본인이 모두에게 가장 비참하게 보일 것입니다. 메네니우스 아그리파는 귀족과 평민 사이에 공공의 안녕을 중재했던 사람으로 공공 기금으로 그의 장례식이 거행되었습니다. 아틸리우스 레굴루스는 아프리카에서 카르타고인들을 물리친 사람으로, 그가 원로원에 편지를 보내 그의 고용인이 떠났으며 그래서 그의 농장이 버려졌다고 알렸을 때, 원로원은 그가 아프리카에 머무는 동안 공적(公的)으로 그의 농장을 돌보기로 결의했습니다. 노예를 소유하지 않아 로마 인민이 그의 소작인이 되었다니, 대단하지 않습니까? 스키피오의 딸들은 부친이 자신들에게 아무런 유산을 남기지 않았기 때문에 국고로부터 지참금을 받았습니다. 로마 인민이 카르타고로부터 늘 조공을 받으므로, 하늘에 맹세코, 로마 인민이 스키피오에게 조공을 한 번쯤 바치는 것은 공평한 일입니다. 그녀들의 행복한 남편들이여! 그대들은 로마 인민을 장인으로 두었습니다! 무희인 딸들을 100만 세스테르티우스의 지참금을 딸려 결혼시킨 사람들이, 원로원의 후원으로 얻은 동화(銅貨)를 자식들의 지참금으로 딸려 결혼시킨 스키피오보다 행복하다고 어머니는 생각하십니까? 참으로 빛나는 조상의 밀랍 두상을 가진 사람들의 가난을 누가 비난합니까? 스키피오에게 지참금이 없었고, 레굴루스에게 고용인이 없었고, 메네니우스에게 장례비가 없었고, 이들 모두의 필요가 그들의 가난 덕분에 명예롭게 채워졌는데, 추방자가 가난을 불평하겠습니까? 이런 분들을 변호인으로 할 때, 가난은 안전을 가져올 뿐만 아니라 감사할 일입니다.

13 누군가는 반론을 제기할 수 있습니다. "왜 그것들을 인위적으로 쪼개놓는가? 하나하나는 견딜 수 있지만 모아놓으면 그럴 수 없는 것들이다. 단순히 장소만 바꾸는 문제라면 장소의 변화는 견딜 만하다. 그 하나만으로도 마음을 짓누르는 치욕이 없다면 가난은 견딜 만하다." 악들의 무리로 저를 위협하려는 이 사람에게 이런 말로 대답해야 할 것입니다. "운명의 어느 한 부분이든 이를 견뎌낼 힘이 그대에게 충분하다면, 모든 부분에 대해서도 마찬가지일 것이다. 덕이 일단 영혼을 단련시키고 나면, 어디서든 영혼은 결코 상처 입지 않을 것이다. 인류에게 무엇보다 격렬한 역병인 탐욕이 일단 떠나면, 야심은 그대에게 머물지 않을 것이다. 생의 마지막 날을 처벌이 아니라 자연의 법칙으로 본다면, 그래서 죽음의 두려움을 가슴에서 몰아낸다면, 가슴 속에 어떤 다른 것에 대한 두려움이 감히 틈입하지 않을 것이다. 만약 욕망이 쾌락 때문에 인간에게 주어진 것이 아니라, 인류의 생산을 위해 주어진 것으로 생각한다면, 몸속 깊이 뿌리 내린 이 비밀스러운 멸망을 그대가 피한다면, 다른 모든 욕망도 그대를 건드리지 않고 사라질 것이다. 이성은 악덕들을 개별적이 아니라, 한꺼번에 모두 쓸어낸다." 치욕 때문에 어떤 현자가 흔들리리라 생각하십니까? 현자는 모든 것을 자신 안에 두었으며, 대중들의 의견에서 멀리 떨어져 있는 존재입니다. 치욕보다 더 나쁜 것은 치욕스러운 죽음입니다. 일찍이 소크라테스는 30인 참주에게 홀로 불복종하던 때와 동일한 표정으로 감옥에 들어갔으며, 그 장소가 가지는 치욕을 떼어내버렸습니다. 소크라테스가 머무는 곳은 감옥일 수 없기 때문입니다. 누가 과연 진실에 눈을 감은 채, 마르쿠스 카토가 법무관과 집정관 선거에서 두 번 낙선한 것은 치욕이라고 생각하겠습니까?

오히려 치욕은 법무관직과 집정관직에 있었는바, 두 관직은 카토에 의해 명예를 얻을 수도 있었습니다. 스스로가 먼저 자신을 업신여길 때 남들에게 업신여김을 당하는 법입니다. 천하고 비굴한 영혼이 남들의 비방에 노출되는 것입니다. 아주 지독한 운명에 맞서 스스로를 반듯하게 세우고, 남들이 굴복하는 그런 불행을 무화시키는 사람은 이런 역경을 성스러운 머리띠로 여깁니다. 용맹하게 불행한 사람보다 우리에게서 찬탄 받을 것은 없다 할 만큼, 우리는 이에 감명을 받습니다.

아테나이에서 아리스티데스[21]가 처형을 당하게 되었을 때, 그를 본 사람들은 누구나 고개를 숙여 한탄했습니다. 정의로운 사람에게 닥친 일이 아니라 정의 자체에 닥친 일이라고 생각했던 것입니다. 그런데 그의 얼굴에 침을 뱉는 한 사람이 있었습니다. 아리스티데스는 이를 불쾌하게 여길 수도 있었습니다. 왜냐하면 깨끗한 입을 가진 사람은 감히 그런 짓을 하지 않으리라는 것을 알았기 때문입니다. 하지만 그는 얼굴을 닦고 웃으며 옆에 있던 관리에게 말했습니다. "앞으로는 그토록 고약하게 입을 벌리지 말라고 가르치시오." 이것은 모욕에 모욕을 되돌려준 것입니다. 저는 어떤 사람들에게는 모욕보다 고통스러운 것은 없으며, 이들은 차라리 죽음을 바람직한 것으로 생각한다는 것을 알고 있습니다. 이들에게 저는 추방 생활도 종종 모욕이 되지 않는다고 대답할 것입니다. 큰 사람은 쓰러지면 크게 눕습니다. 그에게 모욕을 주는 것은, 마치 멀쩡할 때 경배하던 신전을 무너졌다고 해서 신앙심을 가진 사람들이 짓밟는 것만큼이나 불가능한 일입니다.

14 사랑하는 어머니, 저 때문에 끝없는 눈물로 어머니 자신을 몰아갈 아무런 이유가 없습니다. 따라서 어머니의 눈물을 자극하는 것은

21) 아리스티데스가 아니라 포키온이다.

어머니 자신입니다. 두 가지 이유가 있습니다. 어머니를 자극하는 것은 일종의 보호막을 잃었다고 생각하시기 때문이거나, 혹은 어머니 자신이 그리움을 견디지 못하시기 때문입니다.

첫 번째는 가볍게 지나가야 합니다. 왜냐하면 저는 어머니의 마음이 식구들 말고 식구들이 가진 다른 것들을 사랑하는 분이 아님을 알고 있기 때문입니다. 여성적 무절제 때문에 자식의 권력을 이용하는 어미들, 여성들에게 관직의 길이 허용되지 않았기 때문에 자식을 이용하여 야심을 품는 어미들, 자식의 유산을 낚아채 이를 탕진하는 어미들, 자식의 연설술을 남들에게 빌려줌으로써 이를 고갈시키는 어미들, 이런 어미들은 깨달아야 합니다. 어머니는 자식들의 재능을 누구보다 기뻐하셨을 뿐, 이를 전혀 이용하지 않으셨습니다. 어머니는 늘 저희의 베풂에 절제를 명하셨을 뿐, 어머니의 베풂에는 끝이 없었습니다. 어머니는 외조부의 딸이라는 지위로 계셨지만,[22] 부유한 자식들에게 선물을 주셨습니다. 어머니는 저희의 유산을 마치 어머니 자신의 것인 양 열심히 지키셨고, 마치 남의 것인 양 결코 손대지 않으셨습니다. 어머니는 저희의 영향력을 마치 남의 것을 쓰듯 아껴 쓰셨으며, 저희의 공직 생활로부터 어머니께서는 기쁨과 희생 외에 다른 것은 취하지 않으셨습니다. 어머니의 애정은 결코 유용성을 향하지 않습니다. 아들이 무탈할 때도 결코 취하고자 하지 않으신 것들을, 아들을 빼앗기신 마당에 구하실 리 없을 테니 말입니다.

15 저의 모든 위안은 어머니의 고통이 생겨나는 참된 원인으로 향해야 합니다. "사랑하는 아들의 포옹을 받을 수 없구나. 아들의 모

---

22) 세네카의 어머니는 결혼 당시 남편의 세력하에 귀속되는 방식의 혼인이 아니라, 자신의 가문에 머물러 아버지의 세력하에 머무는 방식의 혼인을 했음을 알 수 있다.

습도, 아들과의 대화도 누릴 길이 없구나. 내 시름 가득한 표정을 풀어 주던 아들은 어디 있는가? 내 모든 슬픔을 잊게 하던 아들은 어디 있는 가? 해도 해도 모자랐던 아들과의 대화는? 여성에게 허락된 것보다 더 자유로이, 어미들이 늘 하는 것보다 더 친근하게 아들과 함께했던 공부 는? 만남은 어디에? 어미를 보고 늘 소년처럼 즐거워하던 모습은 어디 에?" 어머니는 여기에 보태실 것입니다. 축복을 나누며 함께했던 장소 들과 마음을 괴롭게 하는 강력한 이유가 되는 최근 대화의 추억들을 말 입니다. 제게 비운이 닥치기 2-3일 전에, 근심하고 두려워할 것이 아무 것도 없는 상황에서 여행을 떠나시도록 한 것, 이 또한 어머니한테 운명 의 잔인한 계획입니다. 앞서 멀리 떨어져 지내셨던 것은 어머니와 저에 게 다행한 일이었으며, 몇 년 동안 떨어져 지내와서 이런 불행에 앞서 준비한 것도 다행한 일이었습니다. 어머니는 돌아오셨고, 아들을 보는 기쁨은 맛보지 못하시고, 아들과 떨어져 지내던 익숙한 습관만 잃어버 리셨습니다. 훨씬 전에 떠나셨다면, 거리가 그리움을 완화해서 더욱 용 감하게 견디셨을 것입니다. 아니 떠나지 않으셨다면, 아들을 보는 마지 막 즐거움을 이틀 더 누리셨을 것입니다. 지금 잔인한 운명은, 어머니가 불행한 저와 함께하시는 것도, 저의 부재에 익숙해지시는 것도 막아놓 았습니다. 시련이 가혹하면 가혹할수록, 그만큼 더 큰 용기를 어머니께 서는 청하셔야 합니다. 마치 이미 잘 알고 있는, 그리고 여러 번 물리쳐 본 적을 상대하는 것처럼 더욱 맹렬히 싸우셔야 합니다. 이 피는 한 번 도 상처 입지 않았던 부분에서 흐르는 것이 아닙니다. 옛 상처의 흉터 위에 다시 상처를 입으신 것입니다.

16 어머니가 여성의 이름을 핑계로 삼으시는 것은 옳지 않습니다. 여자에게는 마음껏 눈물을 흘릴 권리가 허용된 듯하지만, 그렇다

고 무한정은 아닙니다. 선조들은 10개월의 기간을 남편을 애도하는 부인에게 허용하여, 끝도 없는 여인들의 슬픔을 공적인 규율로써 제한했습니다. 애도를 금지한 것은 아니지만, 한계를 두도록 한 것입니다. 사랑하던 사람들 중에 누군가를 잃었다고 무한한 고통으로 스스로를 채우는 것은 어리석은 애정이기 때문입니다. 전혀 아파하지 않는 것은 비인간적인 냉정함일 테지만 말입니다. 애정과 이성 사이에 최선의 한계는 그리워하면서도 그리움을 누르는 것입니다. 일단 빠져든 슬픔을 죽음으로 끝내는 여인들을 돌아보시는 것은 옳은 일이 아닙니다. 어머니도 아시는 것처럼, 아들들을 잃고 입은 상복을 다시는 벗지 않았다는 여인들이 있습니다. 시작부터 용감해야 했던 어머니의 삶은 어머니에게 더 많은 것을 요구합니다. 어떤 여성적인 결점도 가지고 있지 않은 여인에게 여성이라는 핑계는 가당치 않습니다.

정숙하지 못함이라는 시대의 최고 악덕이 어머니를 대다수 여인에게로 유인하지 않았습니다. 보석도 어머니를, 진주도 어머니를 굴복시키지 못했습니다. 부유함도 어머니에게 인류 최고의 가치로 빛나지 않았습니다. 옛 방식의 엄격한 집안에서 잘 교육 받으신 어머니를, 똑바른 사람들도 위험에 빠뜨리는 부덕한 여인들의 모방이 왜곡시키지 못했습니다. 어머니는 질책받을 나이에도 불구하고 다산을 부끄럽게 여기지 않으셨으며, 외모에 모든 매력을 두는 다른 여인들과 달리 불러오는 배를 마치 창피한 짐처럼 여기지 않으셨고, 몸속에 잉태된 자식들의 희망을 지우지도 않으셨습니다. 얼굴을 형형색색 화장품으로 더럽히지 않으셨습니다. 입어도 벗은 것이나 매한가지인 그런 옷들을 즐기지 않으셨습니다. 어머니의 유일한 장신구, 다른 무엇보다 아름다운, 세월에도 상처를 입지 않는 아름다움, 어머니의 가장 큰 명예, 그것은 정숙함입니다. 그러므로 슬픔을 고집하려고 여인의 이름을 내세우는 것은 불가능합니다. 어머니의 덕이 어머니를 여자라는 이름에서 떼어놓았습니다. 악덕에서 멀리 있는 만큼 여인들의 눈물로부터도 멀리 있으셔야 합니다. 알려진 덕으로 위대한 영웅들 사이에 드는 여인들은, 만일 가만히 살펴보신다면, 어머니에게 상심으로 고통받는 것을 허락하지 않을 것이며, 꼭 필요한 만큼의 슬픔으로 서둘러 마치고 더욱 가볍게 일어서라 명할 것입니다. 운명은 12명 자식의 코르넬리아를 2명 자식의 코르넬리아로 바꿔놓았습니다. 코르넬리아가 치른 장례식을 열거한다면 그녀는 10명을 잃었고, 소중함을 따진다면 그녀는 그락쿠스 형제를 잃었습니다. 하지만 그녀는 주변에서 울며 운명을 저주하는 이들에게 운명을 탓하지 말라 명했습니다. 운명이 자신에게 그락쿠스 형제들을 허락했노라고 했습니다. 이런 여인에게서 민회에서 이렇게 연설한 아들이 태어난 것은 당연한 일입니다. "당신은 나를 낳아주신 내 어머니에게 악담을 하려는가?" 제가 보기에 아들보다는 어머니의 말이 훨씬 더 용감하다고 생각됩니다. 아들은 그락쿠스 형제의 탄생일을 중히 여겼다면, 어머니는 자식들의 장례식 또한 중히 여겼던 것입니다. 루틸리아는 아들 코타23)를 따라 추방 생활을 했으며, 그리움을 견디느니 차라리 추방 생활을 견딜 정도까지 애정을 품고 있었습니다. 아들과 함께 돌아올 때까지 조국에 돌아오지 않았습니다. 복권되어 조국에서 경력을 꽃피우던 그를 용감하게 따라나설 때처럼 용감하게 떠나보냈습니다. 아들을 잃고 누구도 그녀의 눈물을 보지 못했습니다. 아들의 추방에서 용기를 보여주었고, 아들의 상실에서 현명함을 보여주었습니다. 어떤 것도 그녀를 자식 사랑에서 떼어내지 못했고, 어떤 것도 그녀를 지나치고 어리석은 슬픔에 붙들어두지 못했습니다. 어머니도 이런 여인들 중 한 사람이기를 저

---

23) 아우렐리우스 코타는 이탈리아 반란자들을 지지했다는 혐의로 기원전 91년에 추방당했으나, 기원전 82년에 돌아왔다.

는 소망합니다. 어머니가 늘 그 삶을 추종하셨던 여인들이 슬픔을 억제하고 진정시키는 것에서 보여준 모범을 어머니도 훌륭하게 따르시게 될 것입니다.

17 저는 사태가 저의 능력 밖인 것을, 그리고 어떤 정념도 순종적이지 않다는 것을, 특히 고통에서 생겨나는 것이 그러하다는 것을 알고 있습니다. 정념은 사납고 모든 치료법에도 수그러들지 않습니다. 때로 우리는 정념을 억누르고 신음을 삼킵니다. 하지만 지어내고 꾸며낸 얼굴 위로 눈물이 쏟아집니다. 때로 우리는 축제 혹은 검투사 경기에 정신을 온통 빼앗깁니다. 하지만 혼을 빼놓는 구경거리들 가운데 영혼은 그리움의 작은 흔적에 무너집니다. 그러므로 정념을 속이는 것보다 물리치는 것이 훨씬 더 좋습니다. 쾌락으로 속이고 혹은 분주함으로 덮어둔 정념은 다시 일어나며, 조용한 휴식 속에서 폭발할 기운을 모읍니다. 하지만 이성에 굴복한 정념은 영원히 진정됩니다. 그러므로 저는 어머니께, 많은 사람이 사용하고 있는 것으로 제가 알고 있는 것들을, 예를 들면 멀리 떠나는 여행으로 마음을 다른 곳으로 돌리거나 혹은 즐거운 여행으로 마음을 달래거나, 가계부를 정리하는 데, 유산을 관리하는 데 많은 시간을 소비하거나, 계속 새로운 일을 만들거나 하는 것들을 권해드리지는 않을 것입니다. 이런 모든 것들은 짧은 순간에는 유효하나 슬픔의 치료라기보다는 방해입니다. 그래서 저는 속이기보다 없애기를 선호합니다. 그래서 저는 어머니를, 운명에서 도망친 사람들 모두에게 피난처가 되는 곳으로, 자유인의 학문으로 인도할까 합니다. 학문은 어머니의 상처를 치료할 것입니다. 모든 슬픔을 어머니에게서 축출할 것입니다. 전에 익숙하지 않으셨을지라도 지금은 익숙해지셔야 합니다. 아버지의 낡은 엄격함이 허락하는 한에서, 모든 학문을 속속 파악하지

는 않으셨지만, 어느 정도는 손을 대셨습니다. 아버지는 최고의 남편으로서 선조의 관습을 덜 추종하셔서, 어머니께 철학의 가르침을 축이는 정도가 아니라 깊이 배우게 하셨으면 좋았을 것을! 그렇다면 지금 어머니는 운명에 맞서는 도움을 준비하시는 것이 아니라 꺼내놓으셨을 텐데. 아버지는 글을 지혜로 사용하는 것이 아니라 사치로 활용하는 여인들 때문에 어머니가 공부에 탐닉하는 것을 허락하지 않으셨습니다. 재빨리 배우는 재능 덕분에 어머니께서는 배운 시간에 비해 많은 것을 흡수하셨습니다. 모든 학문의 기초가 놓였습니다. 이제는 철학으로 눈을 돌리십시오. 철학은 어머니를 지켜줄 것입니다. 철학이 위로할 것이고, 철학이 즐겁게 할 것이고, 만약 철학이 진정으로 어머니의 마음속에 들어선다면, 슬픔과 근심은, 혼란스러운 시름의 쓸모없는 걱정은 이제는 들어서지 못할 것입니다. 이런 것들 가운데 어떤 것에도 어머니의 마음은 열리지 않을 것입니다. 왜냐하면 다른 악덕들에 벌써 어머니의 마음은 닫혔기 때문입니다. 철학이 가장 안전한 보호막이며, 오직 그것만이 어머니를 운명에서 구할 수 있습니다.

18 하지만 공부가 어머니에게 허락할 항구에 도착하기 전까지 어머니가 기댈 버팀목이 필요하므로, 저는 그 사이 어머니에게 위로가 될 것들을 보여드리고자 합니다. 형제들을 돌아보십시오. 이들이 아직 살아 있는데 어머니께서 운명을 한탄하는 것은 정당한 일이 아닙니다. 서로 다른 덕을 가진 두 형제는 각자 어머니를 즐겁게 해드릴 것을 가지고 있습니다. 한 명은 열심히 공직 생활을 하고 있으며, 다른 한 명은 지혜롭게 공직을 멀리하고 있습니다. 한 아들의 지체 높음으로, 다른 아들의 은둔으로, 둘 다의 효성으로 위로를 얻으십시오. 저는 제 형제들의 깊은 뜻을 잘 알고 있습니다. 하나는 어머니의 자랑이 되기 위해 높

은 지위를 구하는 것이며, 다른 하나는 어머니를 위해 시간을 비워두고자 한가하고 조용한 삶으로 물러난 것입니다. 운명은 두 아들을 어머니에게 드려 즐거움을 얻는 동시에 도움을 받을 수 있도록 했습니다. 어머니는 한 아들의 지체 높음으로 보호를 받으실 수 있으며, 다른 아들의 은둔으로 함께 시간을 보내실 수 있습니다. 그들은 어머니를 위한 헌신을 놓고 다투고 있으며, 한 아들에 대한 그리움은 두 아들의 효성으로 채워질 것입니다. 저는 자신 있게 약속드릴 수 있습니다. 숫자만 빼고 어떤 것도 어머니께는 모자람이 없을 것입니다.

두 아들에게서 손자들에게로도 눈을 돌려보십시오. 누구보다 사랑스러운 소년 마르쿠스[24]를 보십시오. 그를 보고 있노라면 어떤 슬픔도 오래가지 못합니다. 어떤 사람의 가슴에 자리한 아무리 큰 슬픔이라도, 아무리 생생한 슬픔이라도, 품에 안긴 마르쿠스가 달래주지 못할 것은 없습니다. 그의 천진난만함이 모두의 눈물을 닦아주지 않겠습니까? 그의 재잘거림에 모두들 슬픔으로 답답한 마음을 풀지 않겠습니까? 그의 장난에 모두들 농담을 하지 않겠습니까? 물리지 않는 그의 재롱에 모두들 정신없어서 고민을 잊지 않겠습니까? 저는 신들에게 기도합니다. 이 아이가 장성하는 것을 우리가 볼 수 있도록 기도합니다. 운명의 모든 잔인함은 저에게서 멈추기를 기도합니다. 어머니가 어머니로서 겪으셔야 했던 모든 슬픔은 저에게 옮겨지고, 할머니로서 겪으실 것도 저에게 옮겨지기를 기도합니다. 나머지도 모두 제 위치에서 번창하기를 기도합니다. 저의 자식 없음에 대해, 저의 형편에 대해 제가 불평하지 않기를, 다만 제가 이제는 슬픔을 겪지 않을 집안의 속죄물이기를 기도합니다.

어서 노바틸라를 안아주십시오. 그녀는 곧 어머니에게 손자를 안겨드

---

24) 세네카의 조카 마르쿠스 안나이우스 루카누스로, 『내전(*Bellum civile*)』의 저자로 큰 명성을 얻었으나, 피소 음모에 연루되어 26세에 사형당했다.

릴 것입니다. 저는 그 아이를 제게로 데려와 딸로 입양했기 때문에, 지금 저를 잃은 아이는 친부는 살아 있지만, 마치 고아가 된 것으로 볼 수도 있습니다. 이 아이를 저 대신 아껴주십시오. 운명은 얼마 전 그 아이에게서 친모를 빼앗았습니다. 어머니의 사랑은 그 아이로 하여금 친모를 잃은 것을 다만 슬퍼하되, 느끼지는 못하게 만들 것입니다. 때로 아이의 품성을 돌봐주시고, 때로 이를 다듬어주십시오. 아직 어린 나이에 배운 것들은 더욱 깊이 자리를 잡는 법입니다. 어머니의 말씀에 익숙해지도록, 어머니의 판단에 따르도록 만들어주십시오. 비록 본보기밖에 보여주시지 않더라도 이미 많은 것을 아이에게 주신 것입니다. 이런 참으로 신성한 임무가 어머니에게 치료약을 대신할 것입니다. 사랑으로 슬픈 영혼을 슬픔에서 떼어놓을 수 있는 것은 오로지 이성 혹은 명예로운 분주함입니다.

많은 위로 가운데 저는 외할아버지도 열거했을 것입니다. 멀리 살고 계시지만 않았다면 말입니다. 그럼에도 불구하고 어머니의 그리움으로부터, 어머니에게 외할아버지가 어떤 분인지를 생각하십시오. 그럼 저를 위해 희생하는 것보다 외할아버지를 위해 건강을 보존하는 것이 훨씬 더 마땅한 일임을 알게 되실 것입니다. 슬픔의 커다란 힘이 어머니를 공격하여 자신을 따르라고 명할 때마다, 외할아버지를 생각하십시오. 어머니는 실로 손자와 증손자를 안겨드림으로써 외할아버지가 외동딸만을 두지 않게 하셨습니다. 하지만 지난 행복한 세월의 모든 완결은 어머니에게 달려 있습니다. 외할아버지가 살아 계신 한, 어머니가 삶을 한탄하는 것은 불효입니다.

19 저는 이제껏 어머니에게 가장 큰 위안이 될 것을 침묵하고 있었습니다. 외숙모, 즉 어머니의 모든 걱정거리가 함께 담겨 있는,

어머니에게 가장 충실한 가슴, 저희 모두에게 어머니와 같은 마음 말입니다. 어머니는 외숙모와 눈물을 함께하셨고, 외숙모의 품 안에서 어머니는 비로소 다시 숨을 쉬셨습니다. 외숙모는 늘 어머니의 감정을 따르셨습니다. 하지만 저의 경우 외숙모가 슬퍼하시는 것은 단순히 어머니를 위해서만은 아닙니다. 외숙모의 손에 들려 저는 로마에 왔습니다. 외숙모의 애정 어린, 어머니 같은 돌봄으로 오랜 세월 병치레를 하던 저는 건강을 되찾았습니다. 외숙모는 제가 재무관직을 얻을 수 있도록 저를 지지해주셨으며, 대화 혹은 큰 소리로 인사를 할 대담함은 가지지 못한 분이었지만 저를 위해 애정으로 수줍음을 극복하셨습니다. 외숙모의 조용한 생활 태도, 여자들이 대단히 극성을 부리는 세태에 시골의 정숙함, 차분함, 세상과 이별한 채 여가에 전념하는 성품에도 불구하고, 저의 성공을 열망하셨습니다. 사랑하는 어머니, 외숙모야말로 어머니가 기력을 회복할 수 있는 위안입니다. 가능한 한 가까이 외숙모의 품속에 어머니를 의탁하십시오. 슬픔에 빠진 사람들은 흔히 자신들이 가장 사랑하는 것들을 멀리하고, 자신들의 슬픔을 위한 자유를 찾곤 합니다. 하지만 어머니는 외숙모에게 어머니가 생각하는 모든 것을 이야기하십시오. 어머니의 현 상태를 유지하든 혹은 내려놓든, 외숙모에게서 슬픔의 끝을 찾으시거나 혹은 슬픔의 동무를 찾으십시오. 하지만 제가 알고 있는 한, 완벽한 여인인 외숙모는 어머니가 아무런 도움도 되지 못할 슬픔으로 쇠약해지는 것을 내버려두지 않으실 것입니다. 저도 지켜보았던 외숙모의 전례를 어머니에게 이야기해주실 것입니다.

외숙모는 처음 결혼했던 사랑하는 남편, 저희의 외삼촌을 항해 중에 잃었습니다. 하지만 슬픔과 두려움을 동시에 이겨내시며, 폭풍을 이겨내어 남편의 시신을 난파선으로부터 꺼내셨습니다. 얼마나 많은 여인의 위대한 업적이 어둠 속에 가려져 있습니까! 덕이 칭송받던 순박한 옛날에 외숙모가 태어나셨다면, 외숙모의 부덕(婦德)을 얼마나 많은 시인들이 다투어 칭송했겠습니까! 자신의 약함을 잊고서, 제아무리 강건한 사내들도 두려워하는 바다를 잊고, 자신의 목숨을 죽음의 위험에 맡기셨던 분입니다. 남편의 장례를 생각하는 동안, 자신의 생명은 전혀 두려워하지 않으셨던 분입니다. 남편을 위해 대신 죽었던 여인[25]은 만인의 노래로 칭송되고 있습니다. 생명의 위기에도 남편을 위해 무덤을 만들었던 여인은 이보다 더욱 큰일을 한 것입니다. 덜한 보상에도 동일한 위험을 감수한 사랑이 더 큰 것입니다.

이 사건에 비한다면, 남편이 이집트 속주에서 총독으로 근무하는 16년간의 일은 경탄할 것도 못 됩니다. 외숙모는 당시 대중 앞에 모습을 드러내지 않으셨고 속주민을 집안에 들이지도 않으셨으며, 남편에게 청탁하지 않으셨고 자신에게 청탁이 들어오는 것도 허락하지 않으셨습니다. 그리하여 총독에 대한 악담에 재능을 가진 수다스러운 속주는, 그곳에서는 잘못을 저지르지 않은 사람들도 추문을 벗어나지 못하거늘, 외숙모를 경건함의 유일한 모범으로 추앙했으며, 위험한 농담도 즐기는 사람에게는 아주 힘겨운 일이었겠지만, 말의 방종함을 자제했으며, 오늘날에는 거의 가망 없는 일이겠지만, 외숙모 같은 분이 오시기를 바라고 있습니다. 속주가 16년 동안 외숙모를 높이 평가했다는 것도 대단한 일인데, 더욱 대단한 일은 속주가 외숙모를 보지 못했다는 것입니다. 제가 이것들을 언급하는 것은 외숙모를 칭송하기 위함이 아닙니다. 이렇게 소략하게 칭송을 언급하는 것은 오히려 칭송을 소홀히 하는 일이 될 테니 말입니다. 다만 이것들을 언급하는 것은 외숙모가 위대한 영혼을 가진 여인임을 아시라는 뜻입니다. 모든 권력의 동반자이자 파괴자인 어떤 야심도, 어떤 욕심도 외숙모를 이기지 못했습니다. 이제는 항해할

---

25) 아드메토스의 아내 알케스티스.

수 없는 배에서 난파를 목격한 외숙모를 죽음의 두려움이 막지 못했으며, 생명을 잃은 남편을 손에서 놓지 않고, 어떻게 그곳에서 탈출할까가 아니라 어떻게 남편의 시신을 꺼낼까를 걱정했습니다. 외숙모에 맞먹는 덕을 어머니도 보여주셔야 합니다. 슬픔에서 마음을 다잡으시어, 행여 누군가로 하여금 어머니가 아들을 둔 것을 후회한다고 생각하게 하지 마십시오.

20 이 모든 것을 다 하셨어도 어머니의 생각이 때로 저에게로 향하는 것은 필연적이기 때문에, 지금 이 순간 자식들 가운데 누구보다 제게 마음을 쓰시는 것은 필연적이기 때문에—형제들을 덜 사랑하셔서가 아니라 아픈 쪽에 자꾸 손이 가는 것은 자연적이니—저를 어떻게 생각하셔야 할지를 말씀드리겠습니다. 모든 일이 행복할 때처럼 제가 행복하다, 즐겁다 생각하십시오. 왜냐하면 실제 모든 일이 행복하기 때문입니다. 제 영혼은 모든 분주함을 벗어나 본연의 일을 하고 있는바, 때로 가벼운 공부로 즐거움을 얻고 있으며, 때로 진리를 열망하여 영혼과 자연의 본성을 탐구하기 위해 깨어나기 때문입니다. 먼저 대지와 대지의 위치를 탐구하고 있으며, 이어 주변을 에워싸고 있는 바다의 조건과 바다의 조수를 연구하고 있습니다. 제 영혼은 하늘과 대지 사이에 있는 놀라움으로 가득한 것은 그 무엇이든 살펴보고 있습니다. 천둥과 번개, 기류의 변화, 비와 눈과 우박으로 소란스러운 공간을 말입니다. 또 제 영혼은 낮은 세계를 떠나 높은 곳으로 올라가, 신성한 것들로 아름다운 장관을 즐기고 있습니다. 영혼의 영원무궁함을 기억하며, 억만 대에 걸쳐 있는 과거와 미래와 현재의 모든 것들로 나아가고 있습니다.

해설

"부당함이 오직 당신만을 겨눈다면, 분노하라!
허나 만인에게 불편부당할진대, 운명과 화해하라!
운명은 만물의 해방자이니."
—세네카, 『도덕 서한』 91.15

1. 세네카의 생애

루키우스 안나이우스 세네카(Lucius Annaeus Seneca)는 히스파니아 속주의 코르도바에서 기원전 4년(혹은 기원전 1년)에 태어났다.1) 그의 아버지 마르쿠스 안나이우스 세네카는 코르도바의 부유한 기사 신분으로, 수사학에 조예가 깊었으며 오늘날도 전해지는 수사학 교본2)을 저술했다. 그의 어머니는 헬비아이며, 세네카의 말에 따르면 친정에서 인문학 교육을 받았다고 한다. 세네카는 삼 형제 중의 둘째였다. 그의 형 루키우스 안나이우스 노바투스(Lucius Annaeus Novatus)는 원로원 의원 유니우스 갈리오(Iunius Gallio)에게 입양되었고, 56년에 집정관을 역임했다. 세네카는 대화편 『분노에 관하여(De Ira)』와 대화편 『행복한 삶에 관하여(De Vita Beata)』를 형 노바투스(개명 후 갈리오)에게 바친다. 세네카의 동생은 루키우스 안나이우스 멜라(Lucius Annaeus Mela)이며, 이 동생의 아들이 시인인 마르쿠스 안나이우스 루카누스(Marcus Annaeus

---

1) 세네카의 정확한 출생 연도는 전해지지 않는다. 따라서 기원전 4년 혹은 기원전 1년도 확실한 숫자는 아니다. 다만 몇몇 학자들이 그의 저작들에서 추론한 것이다.
2) 『모의법정연설집(Controversiae)』과 『모의의회연설집(Suasoriae)』이 남아 있다.

Lucanus)이다. 세네카가 아직 어린아이였을 때, 그의 아버지는 아들들을 데리고 코르도바를 떠나서 로마로 이주했다. 세네카는 로마에서 수사학을 공부했으며, 아탈루스와 소티온에게서 스토아 철학을 배웠다.

세네카는 기원후 16-30년 사이에 건강상의 이유로 이집트에 머물렀다. 31년 로마로 돌아와서 재무관직을 시작으로 정무관직을 역임했으며, 원로원 의원이 되었다. 41년 1월에 제3대 로마 황제 칼리굴라가 근위대장에게 살해된 이후, 클라우디우스 황제의 통치기간에 세네카는 클라우디우스의 세 번째 부인 메살리나의 계략으로 41년부터 49년까지 코르시카로 추방당한다. 『어머니 헬비아에게 보내는 위로(De Consolatione ad Helviam)』와 『폴뤼비우스에게 보내는 위로(De Consolatione ad Polybium)』가 이 기간에 쓰였다.

49년 클라우디우스의 네 번째 부인이자 네로의 모친인 아그리피나는 세네카를 코르시카에서 다시 불러들여 네로의 선생으로 삼는다. 이때 『인생의 짧음에 관하여(De Brevitate Vitae)』가 쓰였다. 50년 세네카는 법무관직을 역임했다.

황후 아그리피나의 독살설을 안고 클라우디우스 황제가 사망하자, 54년에 열여섯 살의 네로가 황위를 계승한다. 비교적 평화로운 통치기간이 59년까지 이어졌다. 네로 황제의 정치적 결정에 세네카가 얼마나 큰 영향력을 미쳤는지에 대한 역사적 증거는 남아 있지 않다. 세네카가 55년 집정관을 역임한 것은 이에 대한 방증일 뿐, 그가 집정관으로서 한 일에 관해서는 구체적인 기록이 없다. 55년 2월에 네로의 이복동생 브리타니쿠스가 독살 의혹을 남기고, 간질로 사망했다. 55년 12월에는 『관용에 관하여(De Clementia)』가 네로 황제를 가르치기 위해서 서술되었다. 세네카는 네로 황제의 희사(喜捨) 덕분에 로마 제국 내에서 가장 큰 부자 중의 한 사람이 된다. 58년 무렵에 쓰인 『행복한 삶에 관하여』는 스토아 철학자가 어떻게 물질적 풍요를 누릴 수 있느냐는 비방에 대한 세네카의 대답이었다.

네로가 어머니 아그리피나의 간섭을 배척한다는 명목으로 모친 살해를 택하고 이를 실제로 실행한 것은 59년 3월이다. 이로써 네로는 누구의 간섭도 받지 않고 홀로 권력을 독점할 수 있었으며, 아그리피나를 견제하고 네로를 지지하던 세네카의 조언조차 받아들이지 않으려고 했다. 아그리피나의 뜻에 따라 51년 이래로 네로를 경호하며 그를 황제로 등극시키는 데에 커다란 역할을 했던 친위대 사령관 섹스투스 아프라니우스 부르스가 62년에 사망했고, 그의 후임자 티겔리누스는 세네카를 경계했다. 한편 네로 역시 자신의 문학적 취향을 높이 평가하고 칭찬을 아끼지 않던 페트로니우스를 가까이하고 세네카를 멀리했다.

62년 이후, 네로의 궁정을 떠난 세네카는 로마의 북동쪽에 있는 도시 노멘툼에 머무른다. 이 시기에 그는 『은둔에 관하여(De Otio)』를 집필한다. 65년까지 이어진 은둔의 시기에 세네카는 『은전(恩典)에 관하여(De Beneficiis)』와 『자연의 탐구(Quaestiones naturales)』를 쓰기도 한다.

65년, 티겔리누스에 의해서 역모 사건이 발각된다. 네로 황제 암살 계획은 독재자의 잘못된 국정 운영에 반감이 있는 사람들이 가이우스 칼푸르니우스 피소를 중심으로 오랫동안 준비한 일이었으나, 실행에 옮기기 직전 발각되었다. 세네카의 조카 루카누스도 이 사건으로 죽음을 맞았다. 세네카는 이 사건에 연루된 것을 부인했으나, 네로 황제는 그에게 자살을 택할 것을 권했고 세네카는 이를 받아들였다.

2. 세네카의 저작

현재 전해지는 세네카 작품은 문학작품, 서간문, 논구(論究)로 구분된다. 세네카의 연설문은 전혀 남아 있지 않다. 문학작품은 9편의 비극작품과 1편의 풍자시를, 서간문은 친구 루킬리우스에게 보낸 편지를, 논구는 여기에 번역된 대화편을 포함하여 몇 개의 철학적 저작을 포함한다. 크게 보면 문학적 저작과 철학적 저작으로 나눌 수도 있는데, 비극작품들과 풍자시를 문학적 저작이라고 한다면, 서간문과 논구는 철학적 저작에 속한다.

문학작품으로는 『분노한 헤라클레스(*Hercules furens*)』, 『트로이아 여인들(*Troades*)』, 『페니키아 여인들(*Phoenissae*)』, 『메데아(*Medea*)』, 『파이드라(*Phaedra*)』, 『오이디푸스(*Oedipus*)』, 『아가멤논(*Agamemno*)』, 『튀에스테스(*Thyestes*)』, 『오이타의 헤라클레스(*Hercules Oetaeus*)』 등 9편의 비극작품이 남아 있다. 제목에서 엿볼 수 있는바, 세네카는 작품 소재에서 희랍의 3대 비극 시인들의 작품을 따왔지만, 단순한 모방에 그치지 않고 새로운 시도를 통해서 이에 도전하고 있다. 예를 들면, 『메데아』에서 세네카는 메데아가 무대 위에서 자식들을 살해하고 독약을 만드는 과정을 실연(實演)하도록 만들었다. 또 세네카의 『파이드라』에서는 파이드라 본인이 히폴뤼토스에게 직접 자신의 사랑을 고백하며, 남편에게 히폴뤼토스에 대한 모함까지 서슴지 않는다. 또 『오이디푸스』에서 테이레시아스는 죽은 혼령을 불러내는 과정을 보여준다.

또한, 풍자시 1편이 전해진다. 클라우디우스 황제가 사망한 직후에 만들어진 작품으로 원래 제목은 『신황(神皇) 클라우디우스의 장례식 경기(*Ludus de morte Divi Claudii*)』인데, 이를 희랍어로 바꾸면서 『황제호박화(化) 찬가(*Apocolocyntosis*)』라는 제목이 생겨났다. 로마 황제가 사망하면 황제를 신격화(apotheosis)하던 관례를 모방하여, 클라우디우스가 저승에서 심판받는 과정을 풍자한 작품이다.

철학적 저작에 속하는 서간문으로는 친구 루킬리우스에게 보낸 『루킬리우스에게 보내는 도덕 서한(*Epistulae morales ad Lucilium*)』이 남아 있는데, 124개의 편지가 20권으로 나누어져 있다. 20권 이후에 적어도 2권 정도 분량의 편지가 더 있었던 것으로 보이지만, 오늘날 전해지지 않는다. 세네카는 여기서 스토아 학파의 의견을 전달하면서도 스토아 학파의 입장만을 엄격히 고집하지 않으며, 특히 스토아 학파와 정반대 태도를 보인 에피쿠로스 학파에 대한 긍정적 평가를 내리고 있다.

철학적 저작에 속하는 것으로 이 책에 번역된 12편의 철학적 수필들을 포함하여, 『관용에 관하여』, 『은전에 관하여』, 그리고 『자연의 탐구』 등이 남아 있다. 『관용에 관하여』는 네로 황제가 즉위한 첫 번째 5년 동안 네로에게 훌륭한 통치자와 독재자를 차이점을 가르치기 위해서 쓴 책으로, 애초 3권으로 구성되어 있으나 현재 마지막 권은 전해지지 않는다. 『은전에 관하여』는 험난한 세상에서 인간이 서로 어울려 사는 데에 필요한 덕목으로, 서로에게 선행을 베풀고 감사를 표하는 방법을 가르치고 있다. 『자연의 탐구』는 자연의 탐구를 통해서 자연의 모든 현상이 신적인 섭리에 따라 일어나고 있음을 밝히고 있다.

한편 철학적 수필 12편을 묶어 흔히 『대화편(*Dialogi*)』이라고 부르는데, 플라톤의 대화편처럼 엄격한 의미에서 분명한 대화형식을 취하지는 않지만, 주장과 반론과 재반론의 구조를 갖추고 서술되기 때문에 대화편이라고 불린다. 대화편들에서 세네카는 가상의 대화 상대를 놓고, 그가 주장하는 내용을 먼저 제시하고 그에 답하는 방식을 취한다.

세네카의 저작들을 열거하면서 '대화편'이라는 용어를 처음 사용한 사람은 기원후 1세기 수사학자 퀸틸리아누스이다(『수사학 교본[*Institutio oratoria*]』 10.1.129). 베네딕투스 필사본 연구자 로우(E. A. Lowe)와 영국 옥스퍼드 판 세네카 '대화편' 편집자 레이놀즈(L. D. Reynolds)의 연구에 따르면, 현재 전해지는 가장 오래된 '대화편'의 필사본은 11세기 말이탈리아 몬테카시노의 베네딕투스 수도원(529년 창설)에서 만들어진 것이다. 11세기 중엽부터 수도원을 이끈 수도원장 데시데리우스는 대규모 건축공사를 벌여 도서관을 설립하는 한편, 도서관에 보관할 책들의 필사를 명했는데, 필사본 목록에 아우구스티누스, 오비디우스를 포함하여 세네카의 이름이 언급된다. 이때 베네딕투스 수도원에서 세네카 '대화편'이 만들어진 것으로 보인다. 세네카 '대화편'의 유력한 필사본 가운데 하나는 이탈리아 밀라노의 암브로시아누스 도서관(Biblioteca Ambrosiana)에 보관된 '암브로시아누스 사본(Codex Ambriosianus)'으로, 암브로시아누스 사본의 세네카 '대화편'에는 이 책에 번역된 순서대로 모두 12편의 작품이 포함되어 있다.

세네카의 산문 문체는 흔히 간결체라고 불린다. 긴 문장들 사이 짧고 단순한 형식의 문장이 이어지며, 틈틈이 촌철살인의 문장이 박혀있다. 특히 짧고 간결한 문장 속에 담긴 심오한 사상적 깊이는 일종의 숭고미를 대화편에 부여한다. 이런 문체는 로마 고전기를 대표하는 키케로의 문체와는 사뭇 다른 것으로 보이며, 세네카의 문체를 두고 반(反)고전주의적이라고 평가하는 사람들도 있다.

3. 대화편들의 개요

『섭리에 관하여』의 수신인인 루킬리우스는 "섭리가 세계를 다스리는데도 선한 이들에게 많은 나쁜 일이 생기는 이유"를 세네카에게 묻는다. 이에 세네카는 섭리가 있으며 선한 사람들에게는 나쁜 일이 생길 수 없다는 점을 다음과 같이 주장한다. 신은 선한 사람들을 단련시키기 위해서 그들이 나쁜 일을 겪도록 만드는데, 이에 불평하지 말고 좋게 받아들여야 한다. 나쁜 일을 겪어야만 그들은 자신의 덕을 보여줄 수 있기 때문이다. 그리고 그들이 겪는 나쁜 일은 실제로 나쁜 것이 아니다. 스토아 철학에 따르면, 덕만이 좋고, 악덕만이 나쁘며, 가난, 망명, 죽음과 같은 나머지 것들은 좋지도 나쁘지도 않다. 따라서 선한 사람들에게 나쁜 일은 생길 수 없다. 다만 선한 사람들이 진정한 행복에 도달하기 위한 수단으로 나쁜 일이 필요했을 뿐이다.

『현자의 항덕에 관하여』의 수신인 세레누스가 마르쿠스 카토가 불의와 모욕을 당한 사실에 분개하자, 세네카는 현자는 불의도 모욕도 당할 수 없다고 주장한다. 그는 현자가 불의를 당할 수 없는 이유를 제시한다. 누군가 현자에게 불의를 가할 경우, 현자는 신체나 재산과 관련하여 손해를 볼 수는 있지만, 우연히 주어진 그것들을 잃는다고 해서 진짜로 해를 입는다고 여기지 않는다. 현자는 어떤 상황에서도 마음을 평정하게 유지하고 덕을 잃지 않기 때문에 불의를 당할 수 없다. 또 현자는 대범하고 굳건한 마음을 가지고 있기 때문에 모욕을 당할 수 없다.

『분노에 관하여』는 전체 3권으로 이루어져 있다.『분노에 관하여 I』에서 세네카의 형 노바투스가 분노를 누그러뜨릴 방법을 요청하자, 세네카는 분노가 아주 끔찍한 정념이라고 지적하며, 분노에 대한 기존 철학자들의 정의(定義)를 반박하고 전쟁과 처벌에 관한 여러 가지 사례들을 통해서 분노가 유용하지 않은 것임을 입증한다.

『분노에 관하여 II』에서 세네카는 분노와 같은 정념의 발생을 세 단계로 제시한다. 첫 번째는 의지와 무관한 정념의 준비 단계이고, 두 번째는 정념이 의지에 따르지만 완강하지 않은 단계이며, 세 번째는 이성이 마비되어 정념이 마음대로 하는 단계이다. 정념은 의지를 갖고 동의할 때에 발생하는 것이기 때문에, 정념을 피하기 위해서는 정념에 동의하지 않는 치유책을 추구해야 한다. 치유책으로는, 분노에 빠지지 않는 것과 분노에 빠진 상태에서 잘못을 저지르지 않는 것을 들 수 있다.

『분노에 관하여 III』에서 세네카는 분노를 영혼에서 떨쳐내거나 제어하는 일을 시도한다. 그는 분노를 피하는 방법, 분노에서 벗어나는 방법, 그리고 분노한 타인을 치료하는 방법에 관해서 이야기한다. 분노를 피하기 위해서는 평정한 마음을 가져야 하고 분노하지 않는 사람들과 어울려 살아야 한다. 분노에서 벗어나기 위해서는 분노의 징후를 파악하고 대비하여 분노를 초기에 진압해야 한다. 분노한 타인을 치료하기 위해서는 시간을 확보하여 분노를 누그러뜨려야 하며, 때에 따라서는 속임수도 써야 한다. 인생은 분노하면서 살기에는 짧기 때문에 분노하지 않는 삶을 살아야 한다.

『마르키아 여사에게 보내는 위로』에서 세네카는 아들 메틸리우스의 죽음에 무척 슬퍼하는 마르키아를 위로한다. 자식이나 재산은 영원한 소유물이 아니라 언젠가 돌려주어야 하는 것에 불과하기 때문에, 누군가 죽거나 무엇인가를 상실한다고 해서 슬퍼할 이유는 없다. 극심한 슬픔을 피하기 위해서는 미리 불행을 예상할 필요가 있다. 그리고 누구 때문에 슬퍼하는지도 생각해보아야 하는데, 예컨대 죽은 아들 때문이라면, 슬퍼할 이유가 없다. 아들은 죽어서 더 큰 기쁨과 행복을 누리기 때문이다. 죽음이 불행을 가져오는 것도 아니며, 오래 산다고 해서 더 행복한 것도 아니다. 따라서 죽음이나 상실에 슬퍼할 이유가 없으며, 슬픔의 이유가 없음을 아는 것으로 위안을 얻을 수 있다.

형 갈리오에게 헌정한 『행복한 삶에 관하여』에서 세네카는 "모두가 행복하게 살기를 원하지만, 정작 행복한 삶이 무엇에 달렸는가를 고민하는 데까지는 생각이 미치지 못한다"고 말하며, 행복한 삶에 대해서 논의한다. 행복한 삶의 잘못된 정의를 바로잡기 위해서, 세네카는 스토아 학파를 따라서 진정으로 "행복한 삶은 자신의 본성에 따르는 삶"이라고 주장한다. 우선 그는 쾌락이 최고선이라는 주장과 쾌락이 최고선의 일부로서 덕과 결합되어 있다는 주장을 물리치고, 진정한 행복은 쾌락이 아니라 덕에 있다고 주장한다. 다음으로 세네카가 그의 말과 다르게 부유하게 산다는 비판이 제기되자, 그는 자기가 말하는 현자는 자기처럼 현자가 되는 과정에 있는 사람이 아니라 이미 현자가 된 사람이라고 주장함으로써 자신을 변호하며, 현자와 부의 관계에서 부는 좋은 것도 나쁜 것도 아니지만, 호의를 베풀 수 있게 한다는 점에서 어느 정도 가치가 있다고 말한다.

은둔을 권하는 세네카에게 스토아 학파의 가르침인 현실참여에서 벗어났다는 비판이 제기되자, 그는 『은둔에 관하여』를 통해서 "복무를 마치고 나서 나이가 지긋해지면 정당하게 물러나와 다른 일에 마음을 쓰게 된다"고 답한다. 걸림돌이 없는 한 은둔하는 에피쿠로스 학파와 달리 그는 걸림돌이 있을 때에만 은둔하는 스토아 학파를 따르는데, 스토아 학파는 에피쿠로스 학파와 달리 은둔할 때에도 정치에 참여한다. 은둔할 때조차 참된 국가에 헌신할 수 있기 때문이다. 현자는 아테네나 로마와 같은 현재의 국가에서는 은둔하며 관조적 삶을 살지만, 이와 동시에 전 인류를 위한 훌륭한 일을 하며 실천적 삶도 산다. 은둔 중에도 국가를 위한 실천적 삶은 가능하다.

『평상심에 관하여』의 수신인 세레누스는 세네카에게 자기 마음이 병든 상태도 아니고 건강한 상태도 아니라고 말하면서 자기 마음의 혼란한 상태를 이야기한다. 이에 세네카는 마음의 평정이 필요하다고 주장한다. 마음의 평정은 외적인 것에 동요되지 않는 확고한 마음 상태이다. 세네카는 세레누스에게 마음의 평정에 도달할 수 있는 두 가지 방법, 즉 국사에 종사하는 것과 시민으로서 자신의 임무에 헌신하는 것을 제안한다. 이를 위해서 우선 자기 자신을, 다음으로 자신이 목표로 하는 일을, 기타 이 일의 혜택을 입을 사람들 그리고 함께 일할 사람들을 살펴보아야 한다. 마음의 평정을 유지하기 위해서는 재산이나 불운 등에 동요해서는 안 되고, 악덕에 흔들리지 않도록 항상 주도면밀하게 신경 써야 한다.

『인생의 짧음에 관하여』에서 세네카는 사람들이 흔히 시간이 짧다고 불평하지만, 자신의 생각으로는 시간은 사람들에게 충분히 주어져 있다고 주장한다. 사람들은 중요하지 않은 일, 예컨대 쾌락의 탐닉, 부의 증대, 권력의 추구 등을 위해서 시간을 낭비하기 때문에 시간이 짧다고 느낀다. 세네카는 이런 일에 분주한 사람들은 자신을 위해서가 아니라 남을 위해서 살면서 시간을 낭비한다고 말한다. 과거, 현재, 미래라는 시간의 의미를 올바르게 받아들이고 이에 올바른 가치를 부여할 때, 시간에 얽매이지 않고 시간을 낭비하지 않는 인생을 살 수 있다.

『폴뤼비우스에게 보내는 위로』에서 세네카는 동생의 죽음 때문에 슬퍼하는 폴뤼비우스를 위로하려고 편지를 썼다. 세네카는 폴뤼비우스에게 여러 가지 조언을 한다. 슬퍼하는 것은 죽은 동생에게 도움이 되지 않으며, 동생을 잃었기 때문에 불의를 당했다고 생각할 것이 아니라 동생과 우애를 누렸었기 때문에 은혜를 받았다고 생각해야 한다고 말한다. 폴뤼비우스에게 모방할 본보기로 세네카는 신황 아우구스투스 등을 제시하며, 특히 클라우디우스 황제로부터 위안을 찾으라고 권고한다. 세네카는 폴뤼비우스에게 슬퍼하지 말고 죽은 동생의 행적을 기록하여 그를 불멸의 존재로 만들기를 권한다.

세네카는 율리아 리빌리아와 간통한 혐의로 기원후 41년에 코르시카로 추방당했는데, 이 소식을 듣고 슬퍼하는 어머니를 위로하기 위해서 『어머니 헬비아에게 보내는 위로』를 썼다. 어디에 거주하든지 간에, 얼마나 가난하든지에 간에 상관없이 그런 것에 본인은 중요성을 부과하지 않으므로, 자신은 불행하지 않고 따라서 어머니가 슬퍼할 이유가 없다고 말한다. 그는 어머니가 자신이 추방되기 이전에도 가족들이 죽는 슬픔을 겪었지만 이를 잘 극복했으므로 지금의 슬픔도 잘 이겨낼 것이라고 위로한다. 그는 어머니에게 자기 형제들을 비롯하여 위로를 가져다 줄 사람들을 언급한 다음, 어머니가 슬픔에서 벗어날 수 있는 방도를 제시한다.

인명 색인

(대화편의 권 번호와 장 번호를 적었다.
예를 들면 1.3은 대화편 제1권의 제3장을 가리킨다)